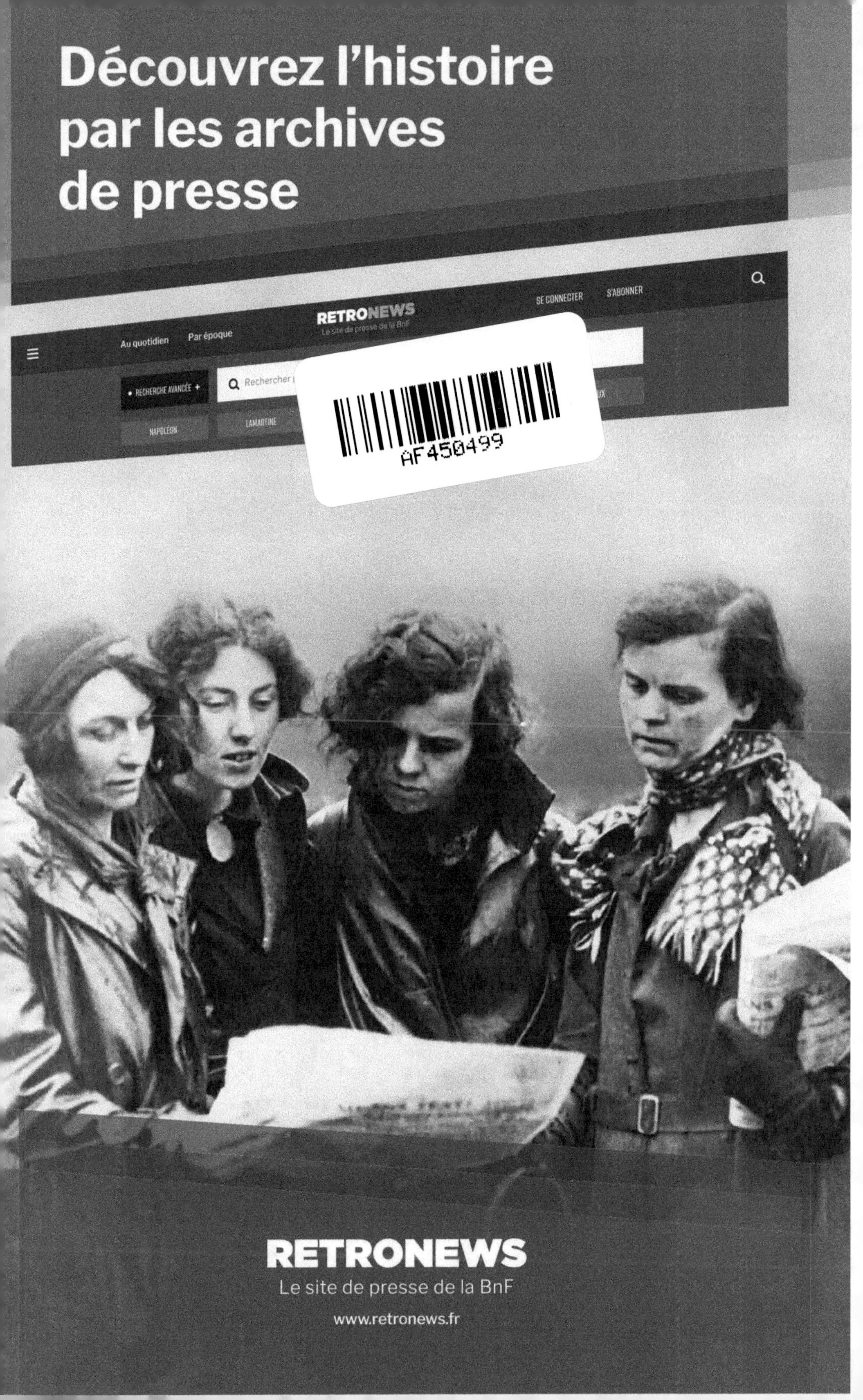
Découvrez l'histoire
par les archives
de presse
RETRONEWS
Le site de presse de la BnF
Au quotidien
Par époque
SE CONNECTER
S'ABONNER
• RECHERCHE AVANCÉE +
NAPOLÉON
LAMARTINE
RETRONEWS
Le site de presse de la BnF
www.retronews.fr

REVUE

DE L'ORIENT,

DE

L'ALGÉRIE ET DES COLONIES.

VI.

Paris. — Imp. de POMMERET et MOREAU, 42, rue Vavin.

REVUE
DE L'ORIENT

DE

L'ALGÉRIE ET DES COLONIES

BULLETIN DE LA SOCIÉTÉ ORIENTALE DE FRANCE.

Recueil consacré à l'étude

DE LA GÉOGRAPHIE, DE L'HISTOIRE, DES VOYAGES, DE LA LITTÉRATURE,
DES SCIENCES, DE LA COLONISATION, DE L'AGRICULTURE,
DU COMMERCE, DES RELIGIONS, DES MOEURS ET COUTUMES DES PEUPLES,
DES DIVERSES CONTRÉES DE L'ORIENT, ETC.

RÉDIGÉ

AVEC LE CONCOURS DE LA SOCIÉTÉ ORIENTALE

ET AVEC LA COLLABORATION

DE Membres de l'Institut, d'Orientalistes, de Consuls et de Voyageurs.

NOUVELLE SÉRIE.
TOME SIXIÈME.

PARIS,

JUST ROUVIER, LIBRAIRE-ÉDITEUR,

20, rue de l'École-de-Médecine.

1857

HARIRI

SA VIE ET SES ÉCRITS.

[Les séances de Hariri avec un commentaire choisi par M. Sylvestre de Sacy. Deuxième édition, revue sur les manuscrits et augmentée d'un choix de notes historiques et explicatives en français, par MM. Reinaud et Derenbourg. Paris, 1847-1853; deux volumes in-4°.]

I.

Les Maures du dixième et du onzième siècle damasquinaient leurs palais comme leurs cimeterres et leurs dagues. Voyez l'Alhambra de Grenade. Il n'y a pas là un pouce de mur où le ciseau n'ait buriné un emblème, découpé une guipure, évidé une acanthe, guilloché quelque tresse ou quelque palme. Les lambris ruissellent de perles et d'astragales ; les arcs en plein cintre regorgent de guirlandes ; les frises pullulent d'entrelacs et d'inscriptions ; les pavés de mosaïque miroitent comme de l'émail. Ce ne sont pas des hommes, mais des *djinns* qui ont donné l'être à ces fantastiques demeures. Ils ont filé la pierre comme on file la soie : ils l'ont tissée au métier comme on tisse une étoffe ; ils l'ont brodée à l'aiguille comme un brocard ; ils l'ont garnie de franges et de dentelles que le temps ne peut user. Cependant, cette exubérance de richesses ornementales ne nuit en rien à l'effet et à la beauté de l'ensemble. Telle est la gentillesse des arabesques sculptées par la main des génies, que, loin d'alourdir l'édifice, elles lui donnent une légèreté aérienne, si bien qu'il semble à peine toucher la terre de la pointe de ses frêles colonnettes ; et que quand le vent se joue sous les portiques, on croit voir frissonner à son souffle les rinceaux des corniches et les festons des piliers.

Il est des livres qui rappellent l'Alhambra par le soin que le poète a mis à en polir les moindres détails, à en parer de fleurs les moindres parties. Ces livres-là sont de vrais édifices par la forme et par la durée, et leurs auteurs de véritables architectes qui peuvent s'écrier avec le lyrique latin :

Exegi monumentum ære perennius.

On l'a dit souvent : les ouvrages d'imagination ne se sauvent que par la forme ; c'est la forme qui les fait surnager sur les flots dévorants du fleuve d'oubli. Combien n'avons-nous pas vu de romans à grand spectacle, en cinq ou six volumes, s'engloutir misérablement dans le torrent, après avoir quelque temps amusé les badauds par le jeu compliqué de leur machine à haute pression, et par l'engrenage multiple de leurs rouages ? En revanche, de courts récits, avec peu d'invention, mais beaucoup de style, ont traversé les siècles pour venir jusqu'à nous et passeront de même à la postérité la plus reculée. Qu'y a-t-il de plus simple que les contes de Boccace et les fables de la Fontaine ? Le fond en est tiré d'autres auteurs plus anciens ; Boccace a copié les Trouvères ; la Fontaine a imité Esope. Cependant ces copies, ces imitations ne cesseront jamais d'être admirées, car la forme dont elles sont revêtues leur donne une valeur artistique qui ne pourra qu'augmenter avec les années. Le même éloge s'applique avec non moins de justesse aux petits poëmes de Hariri ; le sujet en est souvent futile ; la donnée n'en était pas neuve quand ils furent composés, mais la forme en est irréprochable ; l'exécution des détails est d'une perfection sans pareille ; de là vient que le livre de Hariri vivra autant que la langue dans laquelle il est écrit.

C'est à bon droit que les Arabes sont fiers de leur langue, de cette langue qui est aujourd'hui telle qu'elle était du temps de Hariri ; qui était du temps de Hariri, telle qu'elle était du temps de Mahomet, et qui du temps de Mahomet était probablement telle que du temps de Moïse et d'Abraham. Une langue devant qui tout change et qui ne change pas ! une langue dont les mots sont plus solides que le bronze et le marbre, et sur lesquels ni les hommes, ni les âges ne peuvent rien ! Une langue qui a vu, sans sourciller, périr les nations, s'écrouler les empires, passer les civilisations, les cultes, les lois ; qui a assisté, tranquille spectatrice, à la chute de Babylone, de Memphis, de Carthage et de Rome, et qui est encore debout ! Elle verra tomber Paris, Londres et toutes nos capitales modernes et elle ne tombera pas ! Le temps a pu broyer à belles dents Thèbes et Ninive, mais il n'a pu altérer l'idiome de l'Yémen ; il n'en a pas éraillé un vocable, pas écorné un élif. Tandis que nos langues européennes, filles décrépites du sanscrit, toussent à chaque syllabe, bronchent à chaque virgule, et ne peuvent marcher qu'appuyées sur le grec et le latin leurs éternelles béquilles ; tandis qu'elles se transforment tous les trois cents ans, au point de devenir méconnaissables et inintelligibles pour ceux mêmes qui les parlent, la langue arabe, doucement assise sur ses racines trilittères, comme sur des trépieds d'or, brille d'une jeunesse immortelle, d'une beauté inflétrissable, pareille à l'odalisque d'Ingres sur son divan de velours ; toujours fraîche, toujours vive et radieuse, sans une ride au front, sans une peine au cœur ! Elle brave les caprices de la mode et nargue Saturne et sa faux.

Aussi les Arabes, à l'époque de leur puissance, faisaient-ils de leur langue une étude spéciale, assidue, approfondie ; ils la considéraient comme la connaissance la plus essentielle, comme la plus utile et la plus féconde des sciences. Ils avaient des académies où l'on passait au creuset de l'analyse toutes les richesses du dictionnaire, où l'on parfilait et laminait l'or des locutions, où l'on alambiquait la signification des mots de manière à en extraire la quintessence. Les recherches étymologiques et grammaticales furent poussées aussi loin qu'elles pouvaient l'être par ces infatigables pionniers de la philologie ; ils firent pénétrer l'air et la lumière dans les recoins les plus obscurs du dédale du langage, et leurs travaux, vrais modèles de critique et de sagacité philosophique, n'ont été surpassés que de nos jours par les Allemands, par les Grimm, les Bopp, les Pott, et autres immortels fondateurs de la PHILOLOGIE COMPARÉE qui est la *scienza nuova* de notre époque.

On qualifie ordinairement Hariri de romancier ou de poète ; son véritable caractère est celui de profond philologue et d'ouvrier éminent dans l'art d'écrire ; c'est un linguiste comme le fut Rabelais chez nous ; les Macames sont un trésor de beau langage, absolument comme les écrits du joyeux curé de Meudon. Les Macames doivent faire la lecture habituelle de quiconque veut s'initier à tous les secrets de la langue arabe, comme Pantagruel et Gargantua doivent être sans cesse médités par qui veut s'approprier toutes les ressources, s'assimiler toutes les magnificences, toutes les finesses du parler français. Hariri a incrusté dans ses séances, comme des pierreries dans un diadème, tous les idiotismes, tous les proverbes, tous les tours heureux épars dans les ouvrages de ses devanciers. Son livre tient lieu aux Arabes de Dictionnaire des synonymes, de Traité de rhétorique et d'éloquence ; c'est leur Encyclopédie. On l'explique dans les écoles, on le lit dans les assemblées, on le cite à tout propos ; c'est, après le Coran, le livre qui a été le plus commenté et le plus étudié par les sectateurs de l'islâm.

La partie narrative des *Séances* est écrite en prose rimée (kelâm mesdja), genre de style qui est commun à la plupart des nations de l'Orient. On en trouve les premières traces dans les livres sacrés des Hébreux, surtout dans les prophéties d'Isaïe et de Jérémie, où les assonnances et les jeux de mots abondent. Nous ne possédons pas l'original syriaque de l'Evangile de saint Matthieu; mais, à en juger par la traduction grecque que nous en avons, il devait foisonner de paréchèses que le traducteur grec s'est efforcé de reproduire autant que possible dans sa version. Ainsi, pour n'en citer qu'un exemple, la plupart des sentences du chap. XXIII sont rimées :

1°   Ὅστις δὲ ὑψώσει ἑαυτὸν, ταπεινωθήσεται,
καὶ ὅστις ταπεινώσει ἑαυτὸν ὑψωθήσεται.

2°   (Οἱ Φαρισαῖοι) φιλοῦσι τὰς πρωτοκαθεδρίας ἐν ταῖς συναγωγαῖς
καὶ τοὺς ἀσπασμοὺς ἐν ταῖς ἀγοραῖς.

3°   Ὁ ὀμόσας ἐν τῷ οὐρανῷ ὀμνύει ἐν τῷ θρόνῳ τοῦ Θεοῦ,
καὶ ἐν τῷ καθημένῳ ἐπάνω αὐτοῦ.

4°   Εἰ ἤμεθα ἐν ταῖς ἡμέραις τῶν πατέρων ἡμῶν
οὐκ ἂν ἤμεθα κοινωνοὶ αὐτῶν
ἐν τῷ αἵματι τῶν προφητῶν, etc., etc.

Le peuple aime la rime ; presque tous les proverbes, qui sont les apophthegmes du peuple, se composent de deux propositions consonnantes. Les romanciers qui mettent des proverbes dans la bouche de leurs personnages les font parler en prose rimée. Les conseils de Sancho Pança à son maître Don Quichotte sont formulés en ce que les Arabes appellent kelâm mesdja. L'honnête Franklin a mis du mesdja dans son conte du BONHOMME RICHARD; on y trouve plus d'un passage comme celui-ci : *Early to bed and early to rise, — makes a man healthy wealthy and wise. — There are no gains — without pains; — Then help hands — for I have no lands. — Plough deep — while sluggards sleep — and you shall have corn to sell and to keep... — Etc.*

Voilà sous quelle forme se produit ordinairement la sagesse des nations. La rime est comme une vis qui rive indissolublement dans notre esprit les idées exprimées par la parole. Elle sied merveilleusement bien aux dictons populaires, aux maximes morales ; de là vient que les Arabes, dont le ton, dans leurs livres, est constamment didactique et sententieux, font de la rime un usage si fréquent. La rime, c'est l'éperon qui tient sans cesse en éveil le coursier de la pensée ; c'est l'agrafe d'or qui fixe sur notre poitrine les conseils des sages et des poètes.

« La rime, a dit un savant écrivain [1], marque les temps de la

(1) M. Le Fèvre Deumier, *les Vespres de l'abbaye du Val*, Prose, pag. 531-33.

pensée... Elle a surtout cela d'admirable qu'elle complète et qu'elle entraîne ; des échos involontaires s'éveillent dans vos phrases ; l'identité des sons accuse la parenté des idées. Des idées sœurs appellent forcément des ressemblances d'expressions : la fraternité des expressions est marquée par la fraternité des consonnances. Au lieu d'être une gêne, la rime devient un auxiliaire... On l'accuse d'établir dans les idées un parallélisme ridicule, une symétrie contre nature... Que ceux qui sont capables de réfléchir veuillent bien se livrer un instant à cet exercice! ils avoueront bientôt qu'il n'y a rien de plus naturel que ce qui semble si peu l'être. Cette symétrie, vous êtes obligé de l'observer en tout, dans l'alignement de vos maisons, dans l'arrangement de vos statues, de vos tableaux, de vos meubles ; dans les plantations de vos parterres, dans le tracé de vos sillons. Pourquoi ne l'observeriez-vous pas dans vos discours ? »

La magnifique édition des Macames, que M. Hachette vient de publier par les soins de MM. Reinaud et Derenbourg, est une véritable bonne fortune pour les amateurs de littérature arabe. La première édition française donnée par l'illustre Sylvestre de Sacy étant épuisée, il fallait en faire une nouvelle supérieure, s'il se pouvait, à son aînée. Hâtons-nous de dire que ce programme a été rempli à bien des égards : le Hariri de M. Hachette est d'un format commode et élégant ; l'impression est d'une netteté parfaite ; le papier est solide et corsé. Les Séances de Hariri, sous la forme attrayante dont M. Hachette les a revêtues constituent un véritable livre de luxe digne d'être offert aux souverains de l'Orient comme présent diplomatique. Nous sommes persuadé que rien ne serait plus propre à donner aux princes musulmans une haute idée de notre savoir et de notre industrie que cette belle reproduction typographique d'un des chefs-d'œuvre de leur littérature. — Passons maintenant du contenant au contenu.

Les trois premières livraisons renferment le texte des Macames, accompagné du commentaire choisi par M. Sylvestre de Sacy ; la quatrième est consacrée aux notes françaises, et à une notice très-développée sur la vie et les écrits du poète arabe. Cette notice, rédigée par MM. Reinaud et Derenbourg, sur les sources originales et en grande partie d'après des documents inédits existant à la bibliothèque impériale des manuscrits, est certainement le travail le plus complet qui ait encore paru sur Hariri et sur son temps. L'analyse succincte que nous allons essayer d'en donner suffira, malgré sa brièveté, pour faire juger de l'importance de ce travail. C'est Hariri raconté par ses contemporains, et surtout par lui-même, car ses écrits abondent en traits relatifs aux différentes phases de sa carrière et en peintures fidèles des usages de son siècle.

Hariri naquit à Bassora, l'an 446 de l'hégire (1054 ou 1055 de notre ère). Le nom qu'il reçut à sa naissance ou au moment de la circoncision était Cassem. Le mot Hariri signifie *ouvrier en soie (soyer)*, ou *marchand de soie*. Il paraît que le père de notre poète avait exercé l'une ou l'autre de ces deux professions. Les habitants de Bassora désignèrent le fils par le métier du père, et le nom de Hariri lui resta. Les Italiens ont procédé de même à l'égard de quelques-uns de leurs peintres les plus distingués, qui s'appellent encore *le fils du teinturier* (Tintoretto) ; *le fils du tailleur* (Andrea del Sarto) ; *le fils du faiseur de guirlandes* (Ghirlandajo).

Hariri reçut une éducation libérale ; il apprit tout ce qu'on enseignait dans les écoles arabes [1]. Quant aux études proprement dites, elles avaient lieu à la grande mosquée ; les élèves se rendaient sous un des portiques, et le professeur enseignait, adossé contre une colonne ou contre un mur. C'est ainsi qu'en Grèce, Socrate entretenait ses élèves dans les bosquets de l'Illissus, Platon à l'Académie ou au cap Sunium, et Zénon sous la stoa d'Athènes. Heureux pays, heureux climats, où l'on n'était pas obligé d'aller chercher les lumières dans des salles ténébreuses, qui ressemblent plus à des cavernes qu'à des écoles !

A l'époque où Hariri fit ses études, la ville de Bassora conservait encore quelques restes de son ancienne splendeur. Il a tracé dans sa dernière Macame une esquisse de l'aspect que présentait alors cette ville célèbre, exclusivement occupée de commerce et d'études littéraires.

> « Ses lumières jamais n'étaient d'ombre offusquées.
> Les flambeaux de l'esprit brillaient dans ses mosquées ;
> Ses fontaines étaient des sources de savoir ;
> Et comme les troupeaux courent à l'abreuvoir,
> Des gens de tous pays et de toutes naissances
> Y venaient étancher leur soif de connaissances.
> Les voûtes résonnaient du doux bruit des Sélams ;
> Les parchemins criaient sous le bec des calams !
> Tous ceux qui de talent pouvaient donner un gage,
> Cueillaient dans ses jardins les fleurs du beau langage ;
> Moissonnaient dans ses champs des gerbes d'heureux tours,
> Et pêchaient dans ses eaux les perles du discours.

« Jamais le culte impur du feu — n'y vint arborer ses sym-

---

[1] Voy. l'*Introduction*, de MM. Reinaud et Derenbourg, page 4.

« boles. — Les habitants de ce beau lieu, — ennemis jurés des
« idoles, — n'adoraient d'autre dieu que Dieu. — Bassora four-
« millait d'écoles, — de palmiers aux verts éventails, — de vastes
« caravansérails, — de glorieuses métropoles. — On y rencontrait
« par milliers — les chameaux et les chameliers, — les chevaux
« et les cavaliers, — les bateaux et les bateliers, — les bergers
« avec leur houlette, — les archers avec l'arbalète, — les seigneurs
« avec leurs valets, — les pêcheurs avec leurs filets, — les mar-
« chands avec leurs balances — et les lanciers avec leurs lances.
« — Le Tigre y monte avec le flux et s'abaisse avec le reflux. »

On manque de renseignements sur la personne de Hariri pendant les trente premières années de sa vie; mais on peut sup-
pléer à ce défaut en consultant l'histoire politique de cette époque; l'histoire politique d'un pays est nécessairement toujours
celle des habitants.

Bassora appartenait alors aux Turcs, qui en avaient fait une
principauté; malheureusement pour cette ville, le soldat de fortune à qui elle était échue en partage n'y résidait pas et s'y faisait remplacer par un lieutenant obscur, circonstance qui devint
pour la contrée une source de calamités.

Hariri fut investi de bonne heure de fonctions publiques. Un
biographe arabe, le secrétaire du grand Saladin, Emad El-din, à
qui on doit un recueil des lettres de Hariri, nous apprend que le
titre officiel de notre poète était Saheb-al-Khabar, ou homme aux
nouvelles, ce qui ferait croire qu'il était chargé d'instruire l'autorité centrale de tout ce qui survenait d'important dans sa
circonscription. Les auteurs de la notice pensent qu'il conserva
cette charge même après que Bassora eut passé au pouvoir du
sultan.

Au mois de djoumada premier de l'année 483 (juillet 1090 de
notre ère) un différend s'étant élevé entre les indigènes et les
Turcs, en l'absence de la garnison, les Arabes nomades du voisinage profitèrent de cette occasion pour pénétrer dans Bassora, la
mirent au pillage et détruisirent deux de ses principales bibliothèques. Ils se retirèrent à l'approche des secours envoyés de Bagdad; mais le mal qu'ils avaient fait était irréparable. Vers l'an
491 (1098), un nommé Ismaël, qui n'était que le lieutenant du
prince de Bassora, parvint à se rendre indépendant et essaya
même d'étendre sa domination jusqu'à Bagdad. Il échoua pitoya-
blement, et, ayant renoncé à ses folles prétentions, il obtint la
paix; mais, pendant quatre ans, la ville de Bassora et son territoire avaient été en proie à tous les maux que la guerre entraîne
à sa suite.

— 8 —

Les armées des croisés venaient de franchir le Bosphore et l'A-
sie-Mineure ; elles se répandaient en Mésopotamie et en Syrie.
L'annaliste Ibn-el-Atir s'exprime comme suit, sous la date de 494
(1101) : « Cette année, un chef turc (appelé Sokman) rassembla,
dans une ville voisine, nommée Seroudj, une troupe considérable de Turkomans, et se disposa à marcher contre les Franks.
Ceux-ci s'étant avancés à sa rencontre, on en vint aux mains.
L'armée de Sokman fut mise en déroute, et les Franks, se portant
vers Seroudj, en entreprirent le siége. La ville fut prise et les habitants passés au fil de l'épée ; il ne se sauva que les personnes
qui s'étaient dérobées au danger par la fuite. »

C'est à cet événement que MM. Reinaud et Derenbourg rattachent la composition des Macames, dont l'idée fut fournie à Hariri
par un des habitants de Seroudj, nommé Abou-Zeïd, qui s'était
réfugié à Bassora après le sac de sa ville natale. Au rapport du
biographe Ibn-Kallikan, un des fils de Hariri faisait plus tard le
récit suivant : « Mon père étant un jour assis dans la mosquée des
Benou-Haram, il survint un vieillard vêtu de deux habits usés (le
caleçon et le vêtement qui couvre les épaules). Son équipage était
celui d'un voyageur, et il avait l'extérieur très-misérable ; mais
il s'exprimait avec beaucoup de facilité et d'élégance. L'assemblée lui demanda d'où il était; il répondit qu'il était de Seroudj.
Interrogé sur son nom, il dit qu'il s'appelait Abou-Zeïd. A cette
occasion, mon père composa la Séance intitulée *Haramya*, qui
est maintenant la quarante-huitième du recueil, et la mit sous
le nom d'Abou-Zeïd. »

Voici comment Hariri fait parler Abou-Zeïd dans cette Macame :
« Seroudj est le berceau des miens. — Je suis une triste victime
« — de l'invasion des chrétiens; — ils m'ont privé de tous mes
« biens. — J'étais riche, entouré d'estime... — mais Dieu, par-
« fois, en un clin-d'œil, — nous jette du trône au cercueil. — Le
« fer, le vol et l'incendie — ont dévasté nos bords riants;—seul,
« en proie à la maladie, — je suis à bout d'expédients; — je suis
« sans pain et je mendie, — moi, le patron des mendiants! — Ma
« fille, ma fille que j'aime — plus que mes yeux, plus que mon
« cœur, — ma fille cette autre moi-même, — est captive aux
« mains du vainqueur! — Donnez pour cette infortunée — un
« épi de votre moisson ; — dans votre ville fortunée, — je m'en
« vais glaner sa rançon. »

Un des commentateurs de Hariri cite quelqu'un qui avait en-
tendu de la bouche du poète le récit suivant : « L'homme de
Seroudj est un cheîkh éloquent et un esprit plein de ressources.
Etant venu à Bassora, il entra dans la mosquée des Benou-Haram,

et se mit à adresser la parole à chacun, demandant des secours.
Un des magistrats de la ville était présent, et la mosquée renfermait beaucoup de personnes de mérite. L'élégance qu'Abou-Zeïd
mettait dans son élocution, la facilité qu'il avait à s'exprimer sur
tous les tons, les traits piquants dont il assaisonnait ses discours,
frappèrent les assistants d'admiration. Le soir même de ce jour
plusieurs personnes distinguées de la ville s'étant réunies chez
moi, je témoignai mon étonnement du talent remarquable dont
ce mendiant faisait preuve. Là-dessus, les diverses personnes de
l'assemblée racontèrent ce qu'elles avaient eu occasion de voir
dans les autres mosquées de Bassora. Abou-Zeïd les avait par-
courues successivement chaque fois sous un costume différent,
et chaque fois employant un artifice nouveau. Frappé de ce fait si
singulier, je me mis la nuit même à composer sur ce modèle ma
première Macame, qui eut un succès prodigieux. »

Ainsi, c'est pour que Hariri pût écrire ses Macames que Pierre
l'Hermite prêcha la seconde croisade, que Godefroi de Bouillon
et Baudouin son frère conquirent la moitié de l'Asie, que des
royaumes furent réduits en déserts, que des villes furent changées en tombeaux, que des populations entières furent noyées
dans leur sang, que des fleuves furent détournés de leurs cours
par des barrières de cadavres! Il fallait que ces nuées de ravis-
seurs féroces et stupides s'avançassent jusqu'à Seroudj, qu'ils en
taillassent en pièces les habitants, et que l'un de ceux-ci, mira-
culeusement échappé au carnage, s'en vînt demander l'aumône
à Bassora, pour que Hariri eût l'idée du livre qui a immortalisé
son nom.

Du moins, maintenant que ce fait est acquis à l'histoire, on
peut affirmer que les croisades ont servi à quelque chose. C'est
la peste de Florence qui donna naissance au Décaméron.

Tant de calamités publiques et privées avaient nui aux études
littéraires. Hariri dit dans la préface de ses Macames que le vent
de la littérature avait cessé de souffler et que ses flambeaux
avaient cessé de brûler. Cependant les lettres étaient encore cul-
tivées par les fonctionnaires civils et ecclésiastiques. Les princes
eux-mêmes, disent les savants auteurs de la nouvelle édition des
Macames, tenaient à honneur de ne point paraître étrangers au
goût général. Un chef arabe, de la tribu d'Assad, et appelé Padaca,
s'était créé une espèce de seigneurie sur les bords de l'Euphrate,
aux environs de Babylone; c'est lui qui, avec les ruines de cette
antique cité, bâtit la ville de Hilla. Padaca, qui aspirait à rappeler les temps héroïques de l'Arabie, attirait auprès de lui les
poètes et les gens de talent; homme de guerre, mais en même

temps homme d'esprit, il avait la repartie prompte et la mémoire bien garnie ; il ne savait pas écrire, mais il savait lire, et il s'était formé une bibliothèque composée de plusieurs milliers de volumes dont la plupart étaient remarquables par une belle exécution [1].

Tandis qu'en Orient les lettres étaient dans un état si florissant, malgré les guerres continuelles qui ravageaient ce beau pays, quel était leur état chez nous, qui sommes les fils aînés des Romains? Qu'on ouvre l'histoire littéraire des Bénédictins de Saint-Maur, au volume qui traite du onzième siècle. Les écrivains célèbres de cette période sont Aimoin, Glabert et saint Fulbert. Ce dernier, de qui il nous reste un recueil de cent trente-huit lettres, se mêlait aussi de faire des vers, et des vers rimés. Voici un échantillon de son talent :

> Qui cupis imm*undi* vitare pericula m*undi*
> Teque sitis D*io* (sic) tradere negot*io*.
> Cursu non p*igro* claustro succubere n*igro*
> Velle relinque tu*um*, fer monachale jug*um*.

Tandis que chez ces Arabes que nous allions saintement massacrer au nom de la foi, les moindres émirs possédaient des bibliothèques considérables, les livres étaient chez nous un luxe presque inconnu. Personne ne sachant écrire, il n'y avait plus de copistes et par conséquent plus de livres. Les Bénédictins de Saint-Maur racontent que les homélies d'Aimon d'Halberstadt furent payées par Grécie, comtesse d'Anjou, deux cents brebis, un muid de froment, un autre de seigle, un troisième de millet et une certaine quantité de peaux de martres. Il fallait vider sa basse-cour et son grenier pour acheter un volume.

Tandis que les princes et les seigneurs arabes s'appliquaient à l'étude, s'entouraient de savants et de poètes, les princes et les seigneurs français, disent les Bénédictins de Saint-Maur, passaient leurs jours dans l'ignorance la plus profonde, dans l'oisiveté la plus honteuse. Ils savaient monter à cheval, courre les daims et les cerfs, battre leurs serfs et leurs vassaux ; mais ils ne savaient pas lire. Vers la même époque, telle était l'irréligion de cette nation qui faisait la guerre aux infidèles d'outre-mer, tel était le mépris où étaient tombées les choses les plus sacrées que nul ne se faisait scrupule de prêter de faux serments ; en sorte que le roi Robert, toujours selon les Bénédictins de Saint-Maur,

[1] Introd., page 9.

faisait jurer sur un reliquaire de cristal, où il avait eu la précaution de mettre, au lieu de reliques, un *œuf de griffon*. Malheureusement l'histoire ne nous apprend pas ce que c'était qu'un œuf
de griffon.

En l'an 1106 de notre ère, Bassora fut de nouveau prise et
pillée par des Arabes nomades. Hariri, dans une lettre que Emad
El-din nous a conservée, implore l'intervention de Naad-el-Mulk,
le vizir de Mohammed, en faveur de sa malheureuse patrie.
Quand l'ordre eut été rétabli par les soins du vizir, Hariri se
remit à ses Macames.

« Dès qu'il en avait une de faite, il se rendait sous le portique
de la grande mosquée et la lisait à haute voix devant les assistants. Sa réputation s'était répandue, et l'on venait des contrées
les plus éloignées pour l'entendre. En même temps il eut l'idée
de joindre le précepte à l'exemple [1], » et il composa deux traités
de philologie dont l'un est intitulé *les Délices de la syntaxe* et
l'autre *la Perle du plongeur*. M. de Sacy a inséré des fragments de
l'un et de l'autre de ces livres dans son *Anthologie grammaticale*.

Hariri paraît avoir été un de ces génies à qui les idées ne viennent que par une mûre réflexion, dans le silence du cabinet ou
de la campagne ; il n'avait pas de l'esprit tous les jours ; la muse
lui était quelquefois rebelle et Pégase rétif. C'est ce qui résulte
d'une anecdote qui nous a été transmise par le grammairien
Soyouti. Un jour qu'il se trouvait à Bagdad, le vizir du kalife
voulant le mettre à l'épreuve, lui ordonna de composer quelques
lignes sur un sujet qu'il lui indiqua. Hariri se retira dans un
coin du divan ; mais tous ses efforts pour échauffer sa verve demeurèrent infructueux : il lui fut impossible de rien produire.

De retour à Bassora, il continua ses Macames, dont il porta le
nombre à cinquante. Il mourut le 6 du mois de redjeb de l'année
516 (12 septembre 1122). Il était âgé de soixante-huit ans environ.

Le beau travail de MM. Reinaud et Derenbourg finit par une
biographie des principaux commentateurs de Hariri et par un
catalogue raisonné des différentes éditions des Macames.

II.

O Diogène! prête-moi ta lanterne ; je cherche un homme…
qui sache l'A B C. Comment saurait-on l'A B C? On ne l'enseigne
nulle part, ni dans nos écoles, ni dans nos colléges. Et pourtant

[1] Introd., page 27.

l'A B C est le pivot de toute connaissance; l'étude de l'A B C est le premier pas de la raison dans le champ de l'instruction ; c'est de lui que dépend la destinée future des peuples et des empires. Ce premier pas étant un faux pas, tous les autres lui ressemblent nécessairement. L'alphabet étant enseigné et appris par routine, on apprend de même par routine tout le reste. Qu'on enseigne l'alphabet philosophiquement par labiales, dentales, liquides, et aussitôt le monde change de face; ces millions de bipèdes imbéciles dont se composent les nations, se transforment en êtres intelligents, en esprits purs dont le regard ne s'arrête pas à l'épiderme des choses, mais en pénètre la chair et en déguste la moelle. Leur premier pas dans la vie intellectuelle a été raisonné, les autres le seront aussi. L'alphabet! l'alphàbet! apprenez l'alphabet !

Rien n'est petit, rien n'est grand. Le plus vaste monde est un atome; le moindre atome est un monde. L'un mérite autant d'attention que l'autre. Qui ne remarque pas le grain de sable qui crie sous ses pieds ne remarquera pas non plus la planète flamboyante qui gravite sur sa tête. Qui ne connaît pas la valeur des lettres, ne connaît pas la valeur des mots; qui n'a pas une idée nette des mots, n'a pas non plus une idée nette des choses, car la plupart des choses nous ne les connaissons que par les mots, ces messagers ailés de la pensée proclamant avec une trompette d'or les saintes aspirations de l'âme et les rêves folâtres de l'imagination.

Ne répète-t-on pas encore tous les jours dans les écoles orientales la vieille faribole des *lettres lunaires* et des *lettres solaires,* mêlant ainsi l'astrologie à la grammaire où elle n'a que voir, au lieu de dire que l'alphabet arabe se divise, comme tous les alphabets, en labiales, dentales, sifflantes, liquides, etc. ; que les dentales, les sifflantes et les liquides s'assimilent, tandis que les autres consonnes ne s'assimilent pas? Apprenez l'alphabet!

Hariri savait l'alphabet. Il savait mieux encore; il savait les mots et avec les mots il a construit ce charmant palais fantastique en quarante-cinq salles, qu'il appelle *Séances,* et où il offre à ses hôtes, je veux dire à ses lecteurs, des divans moelleux pour s'étendre, et de délicieux sorbets pour se rafraîchir. C'est l'art de la parole porté à sa plus haute puissance, — mais voilà tout. Si la forme était la seule qualité requise pour prendre place à côté des premiers poètes, Hariri marcherait l'égal d'Homère, de Shakespeare et de Dante; mais la régularité des traits ne suffit pas : il y faut joindre le magnétisme irrésistible de la grâce; une voix claire et argentine ne suffit pas : il faut y joindre l'expres-

sion qui touche et qui va chercher les larmes au fond de nos
paupières pour les en faire jaillir; un œil bleu et limpide ne suffit pas : il faut y joindre le regard sympathique, tendre, brûlant,
qui bouleverse les sens, qui éveille en vous mille idées vagues,
charmantes, d'éternité, d'espérance, de bonheur et d'amour.
Les grands poètes n'ont pas d'autre lyre que leur cœur, et les
cordes de leur lyre ce sont les fibres de leur cœur qu'un souffle
divin anime.

Avec les mœurs des Arabes, il était impossible que leur poëme
revêtît ce caractère dramatique et pathétique qui distingue la
poésie des Hellènes. La gravité compassée de leurs manières, le
fatalisme indolent de leur religion, se reflètent dans leurs vers.
Leurs vers sont brillants, imagés, incisifs; ils ne sont pas pas-
sionnés; ils partent presque toujours de l'esprit et rarement de
l'âme. Et voilà pourquoi aucun poète arabe n'a encore conquis
dans notre estime une place égale à celle des grands noms que
je viens de citer. Ceux-là sont les poètes de l'humanité tout entière; les poètes arabes ne peuvent guère être que les poètes des
Arabes. Quand on les change de climat, ils perdent leur éclat et
leur saveur. Hariri surtout est de ce nombre. Il n'a rien de commun avec ce que nous connaissons. Hariri, c'est l'écrivain arabe
dans toute sa bizarrerie native. Amant passionné de la rime, zé-
lateur fanatique de la paréchèse et du jeu de mots; tendant à
chaque coin de phrase un traquenard à la sagacité du lecteur;
échafaudant une Babel d'hémistiches sur la pointe d'une équi-
voque; soufflant au bout de son calam mille bulles irisées
qu'emporte le vent; distillant sa pensée dans son cerveau jusqu'à
la rendre plus subtile que l'éther! Pour bien goûter Hariri, il
faut se faire Sarrazin, il faut passer l'éponge sur ses souvenirs
classiques; il faut oublier Homère et Virgile, Démosthènes et
Platon; il faut se croire à Bassora, sous quelque arceau mauresque, près d'un bosquet de dattiers, un abâye sur les épaules, un
kandjar au côté, un nardjileh à la bouche, un turban sur la tête
et une odalisque à ses pieds. Il faut se figurer qu'on entend le
poète inspiré déclamer lui-même son mesdja cadencé, au frais
rejaillissement des fontaines d'eau vive, au doux balancement
des palmiers et des orangers en fleur. Il faut accoutumer son
oreille à des harmonies nouvelles, à une prose consonnante dont
les phrases d'inégale longueur se nouent et se festonnent, au
gré de la navette du poète, en mille ramages variés qui reproduisent aux yeux tous les reflets de l'arc-en-ciel dans les nues.

Hariri a deux interprètes à Paris : M. Reinaud l'explique à la
bibliothèque nationale, et M. Caussin de Perceval au Collége de

France. Grâce aux leçons de ces savants professeurs, les Macames,
l'ouvrage le plus difficile de la littérature arabe, n'a point de difficulté qui n'ait été tranchée, point d'énigme qui n'ait été résolue,
point d'obscurité qui n'ait été éclaircie. La nouvelle édition publiée par MM. Reinaud et Derenbourg, d'un format commode et
d'un prix raisonnable, met les Macames à la portée de tous les amateurs que le prix de l'ouvrage effrayait peut-être encore plus que
les difficultés du texte.

« Peu d'ouvrages ont eu un plus grand nombre de scholiastes
et de commentateurs, dit M. Sylvestre de Sacy. Il en est peu, en
effet, qu'on puisse moins lire sans le secours d'un commentaire,
ce qui vient soit des expressions peu usitées ou figurées, ou énig-
matiques, que cet écrivain affecte d'employer, soit de la multitude d'allusions et de proverbes dont il enrichit ses compositions.
Le mérite de ces compositions est bien moins dans les sujets qui
y sont traités que dans les formes dont l'auteur a su les revêtir.
Il y a des séances qui consistent tout entières en énigmes, en lo-
gogriphes, en expressions à double entente, sorte de jeux d'esprit
que le plus grand talent ne saurait faire passer dans une autre
langue. »

Les séances tirent leur titre du lieu où se passe l'action. La
première s'appelle séance de Sanaa, nom d'une ville de l'Yémen.
Nous essayons de la traduire en prose rimée :

MAKAME DE SANAA.

« — Banni de mon pays par le besoin, — je m'en allai bien
loin, bien loin, — sur la bosse voyageuse du dromadaire, — qui
court, vif et léger comme une bayadère. — Avec un grand désir
et un bagage très-petit, — pauvre d'argent et riche d'appétit, —
je gagnai Sanaa dont les foires sont tant courues, — et je me mis
à parcourir ses rues ; — rôdant par-ci, par-là, comme un oiseau
flottant — qui volète autour d'un étang. — Je cherchais un mor-
tel plein d'indulgence, — à qui je pusse conter mon indigence,
— un être ami dont l'éloquence — étanchât ma soif et satisfît ma
faim. — Après maint long détour, je débouchai enfin — sur une
place toute pleine — de Sanaïens se lamentant, — pleurant,
criant et sanglotant, — et j'allais demander la cause de leur
peine, — lorsque je remarquai, au milieu de ce troupeau, — un
homme n'ayant plus que la peau — sur les os ; dans sa main était
une tige lourde — et à sa ceinture une gourde. — Il semait sur
ces vivantes moissons — les diamants et les topazes, — de ses
pensers et de ses phrases ; — et flagellait les cœurs du fouet de

ses leçons. — Et par groupes — ou par troupes — les auditeurs
l'entouraient comme une frange — et l'enveloppaient comme l'é-
corce enveloppe l'orange. — Je me poussai vers lui à travers ces
flots humains — pour ouïr sa voix plus douce que le chant des
merles, — et ramasser quelques-unes des perles — qu'il répandait à pleines mains.

« Malheureux, disait-il, qui vivez d'injustice, — rétifs à la
« censure, impétueux au vice, — ruant contre la vérité — et
« courant vers l'abîme du crime et de l'iniquité! — Quand re-
« noncerez-vous à la coutume impie — de cueillir la ciguë au
« lieu des doux raisins, — de vous cacher aux yeux de vos voi-
« sins, — quand vous savez que Dieu vous voit et vous épie? —
« Pensez-vous le gagner comme un juge vénal? — Pensez-vous
« qu'à vous atteindre il n'ose se résoudre, — ou que votre rang
« soit trop haut pour sa foudre, — ou que vos amis viendront
« devant son tribunal — jurer que votre voie est bonne? — Ne
« comptez pas sur eux, ne comptez sur personne; — comptez
« sur Dieu seul qui ne frappe jamais à demi. — Insensés qui de-
« vriez laver avec l'éponge — la lèpre du péché qui vous ronge,
« — et dompter votre cœur, votre pire ennemi! — La mort
« n'est-elle pas votre hôte? — êtes-vous préparés à la bien rece-
« voir? — Si vous manquez à ce devoir, — ne sera-ce pas votre
« faute? — Divers événements ont dû vous éveiller! — Mais vous
« feignez de sommeiller. — Mes reproches amers troublent par-
« fois vos veilles; — mais vous vous bouchez les oreilles; — des
« prodiges sans nombre épouvantent les cieux; — mais vous
« hochez la tête et vous fermez les yeux! — Vous entassez des tré-
« sors périssables, — au lieu d'accumuler des bourses de bien-
« faits; — vous édifiez des palais, — au lieu d'édifier vos frères,
« vos semblables. — Aux livres saints, — pleins d'aliments sains,
« — les mets de vos banquets vous semblent préférables. —
« Dans vos ambitieux desseins, — vous dédaignez le chaume et
« courtisez les trônes; — vous faites des présents, plutôt que des
« aumônes. — Vides de probité, nus de compassion, — sur l'hu-
« maine perversion, — vous éclatez en sévères reproches; — vous
« déclamez contre l'oppression, — et vous tyrannisez vos valets
« et vos proches. — La vérité vous touche peu; vous aimez
« mieux l'erreur immonde; — vous craignez les regards du
« monde; — quand vous ne devriez craindre que ceux de Dieu! »

. . . .

Les foudres de sa voix cessèrent de rouler — et les pleurs de la
foule cessèrent de couler. — Il plaça sa gourde et son gourdin
sous son aisselle — et allait se dérober à ses admirateurs : —

voyant cela, ses nombreux auditeurs — mirent la main à l'es-
carcelle — et le comblèrent, heureux et charmés , — de dons,
d'écus et de médailles. — Il les reçut les yeux à demi fermés,
— remercia ses pieuses ouailles , — et prit congé de ceux
qui l'escortaient, — afin de leur cacher le lieu de sa retraite. —
Ô le dévot anachorète ! — s'écriaient ceux qui le quittaient. — Je
soupçonnais sa vertu mensongère, — et sans être ouï, ni aperçu,
— glissant comme une ombre légère, je le suivis à son insu. —
Après de longs détours, il s'arrête enfin, il frappe, — on ouvre ;
il disparaît comme dans une trappe. — Qui pouvait loger là? Des
filous? des fripiers? — Je lui laissai le temps de changer de ba-
bouches — et de se laver les pieds. — Puis, j'entrai. Pour tout
dire, il me faudrait deux bouches !

Ce très-saint homme, je le vis — avec un charmant vis-à-vis,
— du vin choisi, du pain d'une blancheur extrême, — un bon
chevreau rôti, des dattes, de la crème... — « Grand donneur de
« sages avis, — toi qui parles si bien, c'est ainsi que tu vis! » —
Alors, il se glonfla comme un soufflet de forge, — et je crus qu'il
allait me sauter à la gorge. — Enfin son cuir se détendit , — il
reprit haleine et me dit :

> Je vis de ce que Dieu m'envoie.
> Mes beaux sermons sont mes appeaux.
> Mes airs contrits sont mes pipeaux.
> Ma haire est le filet où je saisis ma proie.
> Je gagne noblement mon pain.
> Je vis du produit de ma chasse.
> Le gibier pleut dans ma besace,
> Et le poisson sous mon grappin.
> Hélas ! assez souvent, Fortune, tu nous triches!
> S'il te restait une ombre de bon sens,
> Les sots ne seraient pas puissants;
> Les fripons ne seraient pas riches.

Puis il ajouta : « Viens t'asseoir à mon côté, — partage mon
« repas ainsi que ma gaîté. » — Je me tournai vers son convive,
— et demandai la patrie et le nom — de ce joyeux compagnon.
« — C'est Abou-Zeïd, de Seroudj. » « Qu'il vive — aussi longtemps
« que Bassora ! — on sera gai tant qu'il vivra. »

La troisième Macame, intitulée Macame de Keïla ou du Dinar,
est une des plus piquantes. En voici une imitation :

MACAME DU DINAR.

« Je me trouvais un jour dans un cercle d'amis, — où les sages
seuls sont admis, — où la plaisanterie, en déployant ses ailes, —

fait voler de toutes parts des torrents d'étincelles ;—où la discorde ne secoue jamais son brandon, — et où règne toujours le plus doux abandon. — Et nous nous amusions à tirer par la manche — la belle muse de qui l'éloquence dépend , — lorsqu'un cheik boiteux, en haillons, à barbe blanche,—s'avança vers nous, clopin, clopant. — « O fleur de vos tribus ! dit-il, puissiez vous « boire — chaque matin dans la coupe d'ivoire — le baume de « la paix, le nectar du bonheur ! — Naguère encore j'étais un « grand seigneur, — je répandais au loin mes dons comme la « rosée ; — mon cœur était serein, ma joue était rosée ; — j'a-« vais des palais, — des hameaux, — des valets, — des cha-« meaux, — des chevaux, — sans rivaux ; — mes salles vastes « et hautes — retentissaient du pas des hôtes ; — les poètes et « les savants — se prélassaient sur mes divans ; — mes jours « étaient tissus de jeux, de chants de joie ; — mes habits étaient « filés de fin lin et de soie ; — mais le sort cruel a changé en un « clin-d'œil — mon manteau de fête en sac de deuil ; — il a des-« séché mes sources — et tari mes ressources ; — il a fait ces-« ser mes joyeux chants ; — il a livré aux mains des méchants— « mes palais, mes troupeaux, mes champs ! — Il a dégarni mes « tables — et dépeuplé mes étables ; — si bien que mes envieux « ont eu pitié de mes malheurs, — et que mes ennemis en ont « versé des pleurs ! — Et maintenant, sans feu, — ni lieu, — j'ai « le ciel pour toiture,— le vent pour couverture, — mes jambes « pour monture, — la faim pour nourriture... — et j'erre à « l'aventure, — à la grâce de Dieu ! »

Cette plainte touchante et douce — m'inonda tout ensemble de tristesse et de plaisir ; — elle m'inspira même le désir — de le voir venir à la rescousse ; — et, tenant un dinar entre l'index et le pouce : — «Célèbre ce métal, ce roi de l'univers, — et ce dinar ira dans ta gargousse. »— Il nous regarde, il nous salue, il tousse, — et aussitôt il nous décoche ces vers :

> Béni sois-tu, despote au radieux visage,
> Dinar ! pour moi ta vue est un heureux présage !
> Les fruits et les moissons dansent sur ton passage.
> Ton doux sourire enivre et le sot et le sage ;
> Chacun te veut avoir, chacun te rend hommage,
> Et semble reconnaître en toi sa propre image.
> Celui qui te possède est le roi de cet âge.
> Vertu, beauté, bonheur, deviennent son partage.
> Du succès ta présence est l'infaillible gage.
> Quelle belle ne cède à ton divin langage ?
> Des tigres irrités tu peux calmer la rage.

VI.   2

Ton souffle, de nos fronts, peut détourner l'orage,
Et si je ne craignais d'exhaler un outrage,
Je dirais : Gloire à toi, le monde est ton ouvrage.

Après ces vers il étendit — la main et dit : — « L'homme
« d'honneur acquitte sa promesse; j'ai acquitté la mienne, — à
« toi, maintenant, de remplir la tienne.—Tu la rempliras, c'est
« ton devoir, — le nuage qui tonne est tenu de pleuvoir. » — Je
m'assis sur ma couche — et lui jetai le dinar; il le mit dans sa
bouche. — « Que Dieu le bénisse ! » dit-il. — Et du départ il dé-
nouait le fil. — Mais j'avais pris goût à ses rimes. — Je tirai de
ma bourse un autre dinar — et lui dis : « Avec ce prince du ba-
« zar, — il faut qu'encore une fois tu t'escrimes. — Avec la muse
« j'aime à te voir jouer : — allons, blâme l'argent que tu viens
« de louer. »

Trois mille fois maudit le traître à double face,
Le métal corrupteur, insolent et rapace,
Jaune comme l'avare et froid comme la glace !
Il n'est rien qu'il ne fasse et rien qu'il ne défasse.
O démon tout puissant sur notre pauvre race !
Du tyran, du voleur, tu couronnes l'audace ;
Pour toi les sots mortels s'exterminent en masse ;
Et par toi l'amitié n'est plus qu'une grimace.
Tu n'es d'aucun usage au richard qui t'entasse ;
Pour que tu sois utile, il faut que l'on te chasse.
Va ! quiconque te prise a l'âme ignoble et basse !
Le sage te dédaigne ; il te regarde et passe.

« — Vraiment ta faconde — est féconde ! — Nous t'admirons
« tous, moi et mes amis ; — tes vers coulent comme une onde —
« dont on a lâché la bonde. — Tiens, voici le dinar que je t'ai
« promis. — Rends grâces au Tout-Puissant et à son apôtre ! »
Il le mit dans sa bouche à coté de l'autre — et se retira en
m'appelant son *Sid.* — Je soupçonnai que c'était Abou-Zeïd —
qui feignait de boiter par astuce ou par frasque.—Je lui fis signe
et lui dis : « Esprit fantasque,—ton éloquence te démasque ; —
« nous te connaissons. Marche droit ! — Mais quel est ton sort ?
« est-il chaud ? est-il froid ? —As-tu su prendre l'occasion par sa
« tresse ? — Ton ciel est-il d'ébène ou de saphir ? » — Il répondit : « Je flotte entre l'aisance et la détresse, — entre l'ouragan
« et le zéphir… »—« Mais pourquoi boites-tu, bizarre créature ?—
« Un homme tel que toi doit haïr l'imposture. »—Il me guigna
tout mécontent, — et s'éloigna en marmottant :

Ne vous étonnez pas, bonnes gens, si je boite.
Il faut, pour réussir, avoir la main adroite,
Plutôt que l'âme honnête et la démarche droite.
L'honneur est le dada d'une cervelle étroite.
Un vice qu'on cultive enrichit qui l'exploite.
Je boite pour happer l'argent que je convoite.
Voyez comme il sourit, voyez comme il miroite !
Ne vous étonnez pas, bonnes gens, si je boite. »

Après cet essai de traductions en prose rimée et en vers, en voici un en vile prose non rimée. Nous ne savons lequel de ces deux moyens de traduction est le plus perfide : le lecteur en jugera. Nous avons choisi, pour cette seconde épreuve, la première moitié de la huitième Macame, intitulée *la Makame de Sindjar*. Nous avons rendu ce morceau aussi littéralement que possible ; nous avons tâché à reproduire le texte arabe dans toute sa crudité, sans nous inquiéter des contorsions que le lecteur pourra faire en mordant à cette grappe de verjus.

MACAME DE SINDJAR.

« Je revenais une fois (du pays) de Châm (Damas) et je me rendais à la cité de Paix (Bagdad) avec des cavaliers (à chameaux), de la tribu de Nomir, gens abondamment pourvus de richesses et de vivres, et avec nous (voyageait) Abou-Zeïd, de Séroudj, qui arrête les (plus) pressés et qui charme les (plus) affligés ; (Abou-Zeïd), la merveille de notre âge (celui), qu'on montre au doigt pour sa faconde. Or, pendant notre halte à Sindjar, il advint qu'un négociant donna un banquet, auquel il invita les amateurs de la ville et de la campagne, et son invitation s'étendit à (notre) caravane, et il comprit (dans son appel) ceux qu'il est obligatoire et ceux qu'il est superflu de prier. Et quand nous eûmes dit *oui* à son messager et que nous fûmes entrés dans sa demeure, il nous offrit (toutes sortes) de mets à une main et à deux mains [1], tout ce qui flatte le palais et charme les yeux. Puis il plaça devant nous un vase d'argent qui semblait formé d'air cristallisé, ou de rayons condensés, ou de lumière jetée au moule, ou de perles blanches (fraîchement écaillées). Et (ce vase) renfermait des trésors de délices imprégnés de parfums péné-

---

[1] Les mets *à une main* sont les fruits, les sorbets, etc. ; les autres sont les viandes et tous les plats qui exigent l'emploi des deux mains.

trants et nageant dans de l'eau (de roses) de Tesnim [1]. Enfin, on
enleva le couvercle (de ce vase). Nous jouîmes de son aspect
charmant et de son souffle embaumé, et notre appétit s'alluma à
la vue (de son contenu), et notre palais brûlait d'en goûter ; et
(le moment) approchait de (monter à) l'assaut de son cœur [2] et
et de crier en le saccageant : Sang pour sang [3] ! Mais Abou-Zeid
se leva comme un insensé et s'éloigna (du vase) autant que le lé-
zard s'éloigne du poisson. (Alors), nous le priâmes de revenir et
de n'être pas pour nous (ce que fut) Kodar pour (la tribu de)
Thamud [4]. Mais il répondit : Par celui qui ressuscite les morts
de la pierre du sépulcre, je ne reviendrai pas que ce vase n'ait
été emporté. — Ne trouvant pas (d'autre) subterfuge pour le calmer et délier (notre ami) de son serment, nous écartâmes (le
vase). Mais nos désirs s'en allèrent après lui, et nos larmes cou-
lèrent (à son départ). Dès qu'(Abou-Zeïd) se fut rassis sur son divan, exempt (de toute crainte) de péché, nous lui demandâmes
pourquoi il s'était levé et pourquoi il avait voulu qu'on emportât
le vase. Et il dit : (Vous savez) que le verre est perfide [5], et j'ai
fait vœu à Dieu, quelques années (en arrière), de ne jamais me
trouver ensemble avec un traître. Nous lui dîmes : Quel est le
motif de ce vœu, qui enchaîne ta foi et ta liberté ? Il dit : J'avais
un voisin au langage insinuant, mais au cœur de scorpion. Ses
discours étaient des gâteaux de miel rafraîchissants, et ses pensées des infusions de venin ; mais la proximité (de nos demeures)
fit que je recherchai sa compagnie, que je me laissai induire par
son sourire à me lier avec lui, et que je me rapprochai de ce fumier semé de fleurs ! L'imposture de ses dehors m'entraîna à
flairer (sa personne), et je m'accointai avec lui comme avec un
(bon) ami ; mais il m'est démontré que c'était un vautour car-
nassier, et le prenant pour un bon camarade, je devins son camarade ; mais il est manifeste que c'était un dragon vénéneux, et je
lui offris le sel (de l'hospitalité) sans me douter qu'en frottant son
coin (à la pierre de touche), je trouverais qu'il était (de ces monnaies) dont on aime à se défaire ; et je m'attachai à lui sans savoir

[1] Fontaine du paradis.

[2] *Siraboun* signifie *troupeau* et *cœur*. Nous préférons cette dernière
acception.

[3] Mot à mot, *la peine du talion,*

[4] Tribu que Dieu détruisit à cause de l'incrédulité d'un de ses membres nommé Kodar.

[5] Parce qu'étant transparent, il ne cache rien. Le même mot signifie
en arabe *perfide* et *diaphane.*

qu'en examinant ses dents, je trouverais qu'il était (de ces chevaux) qu'on est heureux de revendre. Or, je possédais une jeune
fille qui n'avait pas son égale en perfection (de beauté) ; quand elle
ôtait son voile, elle faisait honte aux deux luminaires (du ciel), et
elle changeait les cœurs en buchers de désirs ; quand elle souriait (la blancheur de ses dents) éclipsait les perles, et, mises auprès des siennes, les autres eussent été données gratis ; quand
elle regardait, elle excitait à la mélancolie et réalisait les enchantements de Babylone ; quand elle causait, elle fascinait les sens des
(plus) sages, et faisait sortir les faons les plus farouches de leur refuge ;
quand elle lisait le Koran, elle déridait les (plus) moroses, elle ranimait les gens enterrés vifs, et on aurait cru qu'elle pinçait la harpe
de David ; quand elle chantait, Maabac [1] devenait son esclave,
(et) l'on disait d'Isaac [2] : « Sors d'ici » ; quand elle jouait des pipeaux, Zonam [3] semblait auprès d'elle un bâtard (dans son art),
lui qui passait, à bon droit, pour le prince (des musiciens) de son
temps ; quand elle dansait, elle dérangeait les turbans sur les têtes [4], elle faisait oublier la danse des bulles d'air dans les coupes,
et je dédaignais pour elle les chameaux rouges [5], et de sa société
(comme d'un collier précieux), j'ornais le cou du plaisir, et je dérobais sa vue au soleil et à la lune, et j'écartais sa mention du
chemin de mes conversations du soir, et j'étais blanc de crainte
que le vent de la nuit ne déflorât ses parfums, ou que Satiéh [6] ne
la dépistât, ou qu'un éclair rutilant ne la trahît (à tous les yeux).
Mais il arriva, par la faute de ma mauvaise fortune, et par la malignité de ma mauvaise étoile, que la toute-puissance du vin me
fit faire la description de cette belle à mon voisin le sycophante ;
la connaissance me revint quand déjà ma flèche était décochée,
et j'éprouvai du regret et de l'amertume (d'avoir) épanché (mon
cœur) dans ce crible, quoique je lui eusse fait promettre de cacher (soigneusement) ce que je lui avais dit, et de garder mon
secret même après quelque injure (de ma part) [7], et qu'il m'eut
protesté qu'il enterrait les secrets (dans son esprit) comme l'avare enterre ses dinars (dans sa cave) et que jamais il ne tirerait
le rideau (du mystère), dût-il s'exposer (par là) à entrer dans le
feu. Or, il advint, un jour ou deux après, que l'émir qui gouver-

[1] [2] [3] Musiciens célèbres de la cour d'Aaron el Rachid.

[4] Les Arabes mettent leurs turbans de travers pour témoigner leur
enthousiasme.

[5] Je dédaignais les choses les plus estimées. Les chameaux rouges
passent pour les meilleurs.

[6] Célèbre devin.

[7] *Même si je le mettais en colère.*

nait cette ville résolut (de se rendre) à la cour de son maître pour
renouveler le déploiement de ses troupes, et en obtenir une pluie
de cadeaux ; et désirant emporter un présent qui flattât le goût
(du prince) , et qu'il pût lui offrir pendant l'audience, il fit promettre de larges récompenses aux émissaires et à ceux qui le
mettraient en possession de ce qu'il souhaitait. Alors, mon lâche
voisin s'abaissa jusqu'à (convoiter) cette récompense, et ne rougit
pas d'endosser l'opprobre (de cette somme). Il alla chez le gouverneur, tendant l'oreille, et lui révéla ce que je lui avais confié,
et je vécus sans alarmes (jusqu'au moment où) ses satellites fon-
dirent sur moi, me pressant de leur livrer cette perle (de beauté)
et d'en fixer le prix ; et alors (une mer) de désolation m'accabla
pareille à celle qui engloutit Pharaon et son armée. Je ne cessais
de le repousser loin d'elle , mais mes efforts étaient vains ; je ne
cessais d'intercéder auprès de lui , mais mon intercession était
infructueuse ; car, lorsqu'il voyait que je barrais (le chemin à)
ses désirs, il m'accusait, il s'irritait, il grinçait des dents. Cependant, il ne put me décider à détacher mon cœur de ma pleine
lune , jusqu'à ce qu'enfin il passa (de la prière) à la menace et à
la violence, et que la crainte de perdre la vie m'induisit à lui
livrer la (prunelle) noire de mes yeux, en échange de la (. . ?)
jaune de ses écus ; mais le délateur ne gagna (à ce marché) que
crime et infamie. Depuis ce temps, j'ai juré à Dieu de ne jamais
me trouver en société avec rien de perfide; et, comme le verre a
ce vice (au plus haut degré), et que le proverbe le lance pour son
indiscrétion , j'ai déchaîné contre lui un torrent d'imprécations.
— (Maintenant, vous savez) pourquoi ma droite ne s'étend pas vers
lui, etc., etc., etc.

Les narrations en prose rimée entremêlée de vers, sont peut-
être de très-mauvais goût, nous voulons bien le croire; mais,
ainsi que le fait observer Frédéric Rückert, dans la Préface de sa
paraphrase de Macames, c'est un genre de mauvais goût qui
fera peu de prosélytes; une telle manière d'écrire demande trop
de temps et trop de soin pour qu'elle trouve beaucoup d'imitateurs; les brasseurs littéraires préféreront toujours la prose sans
rime... ni raison, et pour faire danser les écus de notre bon public, il n'est rien de tel que le *crincrin* du roman-feuilleton.

Les quarante-sept séances ont toutes à peu près ce ton et cette
allure. C'est toujours le même personnage, Abou-Zeïd, qui y
joue le rôle principal. Aussi, Rückert a-t-il intitulé sa traduction
des Macames les *Transformations d'Abou-Zeïd.* Tantôt mendiant,
tantôt prédicateur, tantôt marchand, guide, maître d'école, im-
provisateur, chamelier, toujours Abou-Zeïd occupe la scène sous

une qualité et sous un nom supposé ; car, au fond, Abou-Zeïd n'est autre chose qu'un imposteur de génie, qui se moque de tout le monde, et même de ce que les Arabes respectent le plus : le Prophète Mahomet et son Koran. Cependant, à la fin du roman, Abou-Zeïd se convertit ; il fait son testament comme Don Quichotte, et demande pardon à Dieu et aux hommes de toutes ses fautes. On conçoit très-bien que les Macames ne soient pas en odeur de sainteté auprès des rigides observateurs de la loi ; les choses les plus sacrées y sont traitées avec une désinvolture voltairienne qui devait indigner et scandaliser les puritains de l'Islâm. Rückert les trouve empreintes d'un bout à l'autre de cet esprit badin que les Anglais appellent *humour* ; mais il se demande si cette tendance existe réellement dans l'original arabe, ou si ce n'est pas sa traduction à lui, en prose allemande rimée, qui a prêté ce caractère au livre de Hariri. Autant que nous en pouvons juger, nous croyons que la tendance dont parle Rückert est bien dans la nature du talent de Hariri, et il nous semble qu'elle perce à chaque page du texte pour quiconque sait l'y sentir. Hariri est un mystificateur de première force ; son sérieux n'est jamais sincère, mais est toujours assaisonné de cette pointe d'ironie qui constitue l'*humour* des Anglais. Même quand son héros fait amende honorable, on se dit : Il joue la comédie ; c'est le loup qui se fait ermite ; c'est un nouveau travestissement, un nouveau masque, une nouvelle fourberie.

Le commentaire, choisi avec tant de discernement et de goût par M. Sylvestre de Sacy a été l'objet d'une critique de la part d'un lettré arabe de Beyrout, encore vivant, et qui s'appelle Nasif-al-Yazigi. M. Mehren a traduit en allemand le travail de l'aristarque syrien ; mais les observations qu'il présente ne portent guère que sur des vétilles. Cependant, il s'en trouve dans le nombre quelques-unes de fondées, et les nouveaux éditeurs des Macames en ont profité.

Il serait à souhaiter, dans l'intérêt des études orientales, que M. Hachette, encouragé par le succès de cette magnifique édition de Hariri, la considérât en quelque sorte comme le premier anneau d'une série d'auteurs arabes qui paraîtraient successivement dans le même format et aux mêmes conditions de souscription.

Ce qu'on a fait pour les classiques grecs, latins, anglais, peut être tenté pour les classiques arabes, aujourd'hui que leur langue compte en France un assez grand nombre d'amateurs pour assurer le succès d'une pareille publication. Mais à cette occasion, nous soumettrons à M. Hachette une réflexion que nous a suggérée sa belle édition de Hariri : c'est qu'il serait désirable et utile que chaque texte fût accompagnée d'une tradution latine, ainsi que cela se pratique en Allemagne, où une traduction en cette langue est considérée comme le complément indispensable de toute bonne édition d'un auteur oriental.

La nouvelle édition de Hariri, éclatant hommage rendu au mérite de ce grand philologue, ne peut manquer d'exercer une salutaire influence sur l'étude de la langue arabe ; nous voudrions que cette influence pût s'étendre à notre langue maternelle qui, faute d'une bonne culture, s'étiole et dépérit de jour en jour comme une plante d'où la sève commence à se retirer. Livrée à des Judas littéraires qui ne l'embrassent que pour la trahir, à des brocanteurs de prose qui ne l'épousent que pour la prostituer, la langue française se meurt, ses yeux n'ont plus de regards, ses lèvres n'ont plus de sourire.

Des voix qui font autorité ont signalé le mal ; le gouvernement impérial s'en est ému : pour y remédier, il a institué des chaires d'ancien français et de grammaire comparée. En effet, la science philologique est la source vive où les langues épuisées se retrempent et se raniment. Les vocables s'usent et se cassent en vieillissant ; mais on peut, en leur faisant respirer encore l'air natal, en les ramenant à leur sens primitif, leur rendre l'éclat et la vigueur de la jeunesse. L'histoire des mots est l'histoire des idées. Les bons écrivains ont toujours été de bons étymologistes : les nuances délicates, les images si fraîches, les tournures heureuses qu'on admire dans Racine et dans André Chénier, ces poètes les doivent à leur connaissance approfondie des ressources du langage et de l'exacte valeur des expressions. L'auteur arabe dont nous venons d'esquisser la biographie n'aurait jamais été un grand poète s'il n'eût été un grand linguiste. Les Macames sont le chef-d'œuvre de la philologie.

Louis **Delatre**.

ÉTUDE COMPARATIVE

SUR

LA LANGUE BERBÈRE [1].

« Les recherches à venir nous apprendront de quelle manière
« cette grande chaîne de Berbers, que l'unité de langage réunit
« en un seul tout, s'est répandue autour de l'immense océan de
« sable, depuis le golfe arabique, à travers l'Afrique septen-
« trionale, la Nubie, les oasis, l'Atlas, jusqu'aux îles Canaries. »
K. Ritter, *Afriq.*, trad. franç., t. iii, p. 189.

P. 41. — Le N signalé à cette page, dans le mémoire de M. de
Rougé, comme marque du cas oblique en égyptien, joue, à ce titre, dans cette langue, un rôle fréquent et vraiment caractéristique ; il en est de même en berbère, et cette nouvelle ressemblance témoigne d'une manière frappante des rapports des deux
idiomes.

Au terme égyptien ReT étudié à la même page et que le savant
académicien prouve signifier *race humaine*, se rattache le mot
berbère redjez, ergaz, erdjez (Beni Mzab) [2], *homme*. Je
pourrais faire remarquer que les articulations G et R ont, en
berbère, une tendance à s'attirer réciproquement. Ainsi l'*aïn*
dur est souvent prononcé *ghr, ghraïn*. On pourrait donc penser
que le R de ret a pareillement appelé la gutturale et que de là
seraient venues les syllabes redj, erg, erdj, mais il y a mieux.
Le thème égyptien ReT se lie certainement à Chroti, Hroti, signifiant *fils, progéniture;* l'aspiration, que l'on voit s'affaiblir
dans ces deux mots, a disparu dans celui dont nous nous occupons ; mais elle est restée dans le mot berbère où elle est exprimée par le G, Dj persan. L'euphonie a amené la transposition ;
rdj ou erg = donc, chr, rr, r. Quant à la mutation du T en Z,

[1] Deuxième article, voir la livraison de mai dernier.

[2] Au sujet de ces différences de prononciation, M. Hodgson dit :
« The grammatical structure of berber dialects is every were the same.
« There is a difference in the pronunciation of some letters between the
« mountaineers and the inhabitants of the plains. The former, for in-
« stance, change *th* into *t* and *g* hard into the softer *dj* or *djim*. The-
« mis, *fire*, is made temis, and ergaz, *a man*, is pronounced erdjaz. »
Notes ou noth. Africa, the Sahara and Soudan, New-York, 1844, p. 24
et 27.

nous la voyons aussi dans le mot grec correspondant RHIZ-A [1], *racine, source, origine;* l'articulation intermédiaire se montre dans le dérivé latin RAD-IX, dépouillé aussi de l'aspiration gutturale. On peut penser qu'en berbère la substitution, dans les thèmes, du Z au T avait pour but d'éviter la répétition du même son et surtout la confusion de sens qu'aurait amenée le fréquent emploi grammatical du T; mais, même sans invoquer un motif si calculé, la loi commune à toutes les langues relativement aux analogies des lettres explique suffisamment cette mutation, et il est notoire que les Berbères affectionnent les sifflantes douces.

P. 48. — Le verbe égyptien A°R, *être*, correspondant au copte ER, IR, etc., présente en memphitique IRI, en baschmourique EL. En se rappelant la mutation presque constante de R en L, mutation dont on a précisément ici un exemple dans le baschmourique, on verra, je pense, sans aucun doute, dans IRI l'origine du verbe berbère ILI, qui signifie aussi *être*, de même que, dans l'acception *faire*, le mot thébain et memphitique IRI, devient lui-même ILI en baschmourique.

P. 57. — M. de Rougé, à l'égard des pronoms en régime indirect, fait observer que, dans la langue hiéroglyphique, le datif est exprimé par les particules R et N; le génitif ordinaire des pronoms personnels ou le pronom possessif se rend par un simple affixe; ainsi *ch*EPER-A°, *ma vie,* *ch*EPER-T [2] N-A°, *ce qui est arrivé à moi.*

Aux particules précitées, pour le datif, on peut ajouter *ch*EB, signalée aux pages 60 et 159, *ch*ER A° (ce qui est arrivé), *à moi*

Les mêmes particules, avec des usages semblables, existent en berbère.

AR exprime le datif, mais particulièrement dans le sens de *jusque;* avec le pronom, on emploie de préférence AD*h* avec l'affixe.

N, comme nous l'avons déjà dit, est l'un des grands points de contact des deux langues. En berbère, avec les pronoms, il n'indique pas seulement le datif; il est souvent employé aussi pour marquer, comme en beaucoup d'autres circonstances, le génitif, c'est-à-dire le pronom possessif; ainsi : *Mon* se dit, soit I, *ou*, IO*u* suffixes, soit INO*u* séparé après le substantif.

A *ch*ER correspondent les variantes G*h*ER, G*h*OUR, qui paraissent comporter plus particulièrement le sens *avec, auprès, par devers,*

[1] Ce mot a aussi un correspondant avec l'aspiration initiale et le T, savoir : χόρτος, *herbe, plante* = CHROTI, en berbère K'ORT.

[2] T est la marque du participe passé.

ainsi qu'on le voit pareillement en égyptien dans une des citations empruntées page 64 au *Rituel funéraire* , cher-f, *avec lui, auprès de lui*, et à la page 182.

P. 77. — On trouve à cette page un nom auquel M. de Rougé, qui s'en est occupé dans quatre publications, a donné, si je puis ainsi parler, de la célébrité, c'est le nom des *oreilles*. Il en a été question en 1845 dans la *Lettre à M. de Saulcy*, p. 5; en 1847, dans l'*Exam. de l'Ouvr. de M. de Bunsen*, p. 41 , et dans la *Lettre à M. Maury, Rev. arch.*, mai, p. 127; en 1851, dans le passage auquel nous sommes arrivé.

L'importance du mot roule sur la valeur phonétique de divers équivalents hiéroglyphiques que le savant académicien rend conventionnellement ainsi T', qu'il prouve représenter essentiellement une articulation intermédiaire entre la *Djendja* ou le *Ghima* et le T simple, correspondre dans les transcriptions sémitiques aux sifflantes Z et T*s*, ainsi qu'à D*j*, et reproduire quelquefois les deux consonnes primitives dont la *Djendja* et le *Ghima* sont l'altération, T et K.

Ce mot s'écrit hiéroglyphiquement meser'er (*Mesdjer.*) En copte, où le R final est tombé , ainsi qu'il arrive si souvent, on trouve deux variantes, *Maschadj* et *Maadj*, en démotique *Madji* (Insc. de Ros., ligne 4); j'en donnerai l'explication un peu plus loin. Ce que je veux ici signaler, c'est le fait très-remarquable que les deux formes, avec une ressemblance frappante, existent en berbère, amezough, imedj, soit mezough, medj, en faisant, comme nous l'avons déjà indiqué , abstraction du A et du I préfixes.

La lettre discutée est rendue ici, d'une part, par *ghaïn*, de l'autre, par *Djim*. Mais la première variante a, au singulier, une autre forme chez les Beni-Mzab et les Touaregs; elle est féminine [1] et s'écrit, chez les premiers, te-mazouk' [2], chez les seconds, te-meshek'. C'est l'un des autres exemples précédemment annoncés de l'affinité du *ghaïn* et du *K'of*. La présence de ce *K'of* concorde, d'une manière très-curieuse, avec les observations dont le caractère hiéroglyphique a été l'objet, et elle confirme péremptoirement l'analogie du mot berbère avec le mot égyptien.

P. 79. — En recherchant la valeur phonétique du caractère

---

[1] Dans le dialecte *Ergiah*, la variante *Medj* est aussi au féminin sous la forme normale *Temdjit*.

[2] C'est probablement avec la même orthographe, en ce qui concerne la dernière lettre radicale, qu'on dit à Syouah, *tammezoct*.

en question, M. de Rougé cite le mot hiéroglyphique ɴᴇᴛ'ᴄʀ, en
copte ɴᴏᴅᴊ, *Jacere, ejicere, emittere;* ɴᴇᴅᴊ, *jacere, decumbere,
projici.* L'image d'un homme tombé, abattu, étendu horizonta-
lement, *projectus, provolutus*, est le déterminatif ordinaire des
idées *vaincre, tuer.* Je vois donc sans hésitation, dans le thème
égyptien, auquel je rattache en outre les mots coptes ɴᴏᴅᴊɴᴇᴅᴊ,
vituperare, ɴᴏᴜɢʜᴇ, *irasci*, l'origine du verbe berbère ɴᴏᴜɢ*h*,
se battre, combattre, d'où les nombreux dérivés ᴇɴɢ*h*ᴀ, *Tue,
massacre*; ᴛs-ɪɴɢ*h*ɪ, *meurtre, tuerie, massacre;* ɪɴᴏᴜɢ*h, en venir aux prises;* ᴀᴍ-ᴇɴɢ*h*ɪ, *zizanié, combat.*

Ces déductions me semblent confirmées par des dérivations
analogues que l'on reconnaît en copte en tenant compte de mutations très-régulières de lettres. Ainsi, par l'affaiblissement de
la *Djendja* en *hori*, on a ɴᴇʜ, ɴᴏɢʜᴇ, *Excutere, concutere;* puis,
par la mutation de N en L, ʟᴏʜᴛ, *Percutere, verberare, dejicere,*
(ʀᴏʜᴛ, ʀᴀʜᴛ, idem); ᴍʟᴀᴄʜ, *Rixari, dimicare, quatere, contun-
dere;* ᴍʟᴀʜ, *pugna, contentio.* La concordance de l'analogie des
lettres et de la liaison des idées me paraît rendre ces assimila-
tions très-rationnelles.

Les deux derniers mots exigent une explication particulière à
raison du M qui leur est préposé. Le berbère nous fournit cette
explication. On trouve aussi ce M préfixe au dernier mot de la
série de termes berbères, ᴀᴍᴇɴɢ*h*ɪ, *combat, bataille, guerre.*

Nous avons déjà vu un M préfixe servant, d'une manière générale, en berbère, à former des adjectifs et des substantifs. Dans
certaines circonstances particulières, il a une signification spéciale, celle d'action collective ou réciproque [1], et alors il se pré-
pose aux verbes comme aux autres mots; ainsi : ᴇꜰʀᴇᴋ', *séparo*,
ᴇᴍ-ꜰᴀʀᴀᴋ'[2], *se séparer :* ᴛᴇꜰᴀᴋᴀ, *convention*, ᴇᴍ-ᴛᴀꜰᴇᴋ, *convenir entre soi, être d'accord;* sᴇʟʟᴀʜ, *réconcilier*, ᴇᴍ-sᴀʟᴀʜ,
se réconcilier, ᴇᴍ-ᴄʜᴇᴛsᴛsᴄʜᴀᴏᴜ, *se quereller :* ɪᴄʜᴏᴜʙᴀʜ, *ressembler*, ɪᴍ-ᴄʜᴀʙᴀʜ, *se ressembler.* Les mots coptes ᴍʟᴀᴄ*h,
Rixari, dimicare,* ᴍʟᴀʜ, *contentio, pugna,* si l'on admet la dé-
rivation que je viens de proposer, prouvent que cette forme grammaticale existait aussi en égyptien. Je crois qu'on pourrait en
citer d'autres exemples, tels que ʟᴏᴅᴊ, *agglutinare*, ᴍᴏʟᴅᴊ,

---

[1] Cette propriété a été déjà reconnue par M. Newman, qui s'exprime
ainsi : « A verb expressing chiefly mutual or reciprocal action is often
« formed by prefixing *ma* or *m.* »

[2] La racine de ce verbe, comme celle de plusieurs autres que j'ai cités
ou que je citerai plus tard, est sémitique; mais les formes grammaticales sont berbères : l'appropriation n'est que plus caractéristique.

AMALDDJ [1], *circumplecti*, *implicare se*, *amplecti*, *amplexari*; BON, BONI, *malus*, *noxius invidus*, MBON, EMBON, *indignari*, *irasci*, *ira*, *furor*; SADJI, SCHADJE, DJE, *parler*, MASADJER, MASCHADJE, MADJE, *l'organe de la réciprocité de la parole*, *l'oreille*.

Si, au surplus, les dérivations que j'ai indiquées pour le copte n'étaient pas admises, le simple rapprochement de l'égyptien NODj et du berbère NOUGh, ainsi que des dérivés de ce dernier, ne m'en paraîtrait pas moins vraisemblable. Nous y retrouvons le *Ghaïn* correspondant au caractère hiéroglyphique qui a provoqué cet examen et à la *Djendja* copte.

P. 95. — M. Birch a proposé de rendre par *boire* un groupe hiéroglyphique écrit SOUR, et en adoptant ici cette interprétation, M. de Rougé fait observer que ce groupe est également le copte SO, dont le R final est tombé. En berbère, *boire* se dit SOU. On pourrait, à la rigueur, ne voir dans cette ressemblance qu'une onomatopée fortuite si l'origine n'en était justifiée par tous les autres rapports que nous avons déjà constatés, et si, d'après M. Hodgson, *Notes, etc.*, p. 89, on ne retrouvait le R lui-même dans l'impératif kabyle ESSORIA, *bois*.

P. 99. — M. de Rougé mentionne ici, dans la signification *pupille de l'œil*, *iris*, le copte *Allou :* le mot berbère *all-en*, bien qu'usité seulement au pluriel que représente la terminaison *en*, n'est-il pas identique? Et l'analogie ne se borne point là. M. Peyron dit dans son *Dict. copte*, au sujet de ALLOU : « *Pupilla*, quasi « ALOU, *Puella*, uti Græci eam *κόρην*, vocant. » Or en berbère on dit ILL pour *fille*; l'analogie semble donc doublement démontrée.

IBID. — L'illustre académicien indique à la même page le N suffixe comme marque du prétérit dans l'écriture hiéroglyphique; un cas s'en était déjà montré à la page 91; un autre se présentera à la page 108.

[1] Le berbère EMLAK'A, *se rencontrer*, peut venir de cette source; on peut toutefois le rattacher aussi, malgré la différence de gutturale, au sémitique LAK, *envoyer, déléguer*.

Mais un mot berbère qui me paraît dériver certainement de l'égyptien LODJ et plus directement de la forme secondaire AMALEDJ, c'est AMLEK'EK', *aine*, le lien d'attache, de réunion, d'agglutination de la cuisse au tronc; de même que le copte ALODJ, ALODJ, *cuisse, genou, lombes*, c'est-à-dire *partie attachée* (cuisse) ou *point de réunion, d'articulation* (genou, lombes). N'est-ce pas là un rapport immédiat, tel et aussi frappant que celui que nous venons de voir dans les noms de l'oreille?

Cette forme correspond au parfait et à l'imparfait coptes, ainsi que Champollion l'a fait remarquer dans sa grammaire, p. 406. En copte, en effet, l'imparfait a pour caractéristique *ne*, T, *na*, M. B. Le second parfait a pour préformante en memphitique *et;* en sahidique, une combinaison de cette caractéristique et de celle de l'imparfait, savoir, *nt*.

M. Newmann avance qu'en berbère le prétérit est formé par l'addition à l'aoriste de la consonne *d* ou de la syllabe *ed* suffixes le plus souvent, mais préfixes lorsqu'une circonstance particulière fait placer un pronom avant le radical; ainsi : Ischeia, *misil*, Ischead, *misil*, Ischeiaid, *misil me*, Ouinna ei-edd-ischeia, *qui me misil* [1].

Or, en égyptien, *nt* se prononçait souvent *d*, ainsi que le prouvent, entre autres monuments, plusieurs cartouches nominaux de Darius. La caractéristique berbère répond donc exactement à celle du dialecte sahidique de la langue copte, laquelle représente elle-même la forme complète. En outre, le T copte lui-même $=t$ et *d;* la préformante berbère peut donc être aussi assimilée à celle du second parfait memphitique. Nous avons déjà vu la préformante des adjectifs berbères *d* correspondre au *et* égyptien.

Ce n'est pas le seul rapprochement à faire au sujet des modes et des temps des verbes.

J'ai déjà signalé dans une note la fréquente formation de l'impératif berbère au moyen de l'*alef* préfixe. Venture avançait que, lorsque la première radicale de l'impératif est un *alef*, il est élidé souvent au prétérit, mais que la règle n'est pas générale. Je crois qu'en considérant ce qui se passe, moins communément il est vrai, en égyptien, pour l'expression du même mode [2], et en recherchant, lorsqu'il y a lieu, le véritable radical dans les langues auxquelles le berbère emprunte souvent [3], on doit dire plus

[1] Selon M. de Slane *d* ou *ad* est un adverbe qui peut se placer à la fin de toutes les personnes de l'aoriste et de l'impératif et ajoute au sens du verbe une idée de localité se rapportant au lieu où se trouve la per- sonne qui parle ou celle dont on parle. Ce fait n'est pas, je crois, ex- clusif de celui remarqué par M. Newman.

[2] On en trouve quelques exemples dans la note page 132 du mém. de M. de R.

[3] Ainsi E-ghli, *tombe*, e-gleb, *maîtrise*, e-k'leb, *renverse sens des- sus dessous*, dont il sera parlé bientôt et qui se rattachent à deux ver- bes arabes congénères dont les thèmes commencent l'un par *ghaïn*, l'autre par k'*of;* ainsi encore e-ssoria, tiré de l'égyptien, dont il vient d'être fait mention.

exactement que, dans ces cas, l'alef est non radical, mais formatif; non élidé au prétérit, mais ajouté à l'impératif : lorsque cette initiale subsiste au prétérit, c'est alors qu'elle est radicale. Au surplus, en berbère aussi, de même qu'en égyptien, l'impératif consiste souvent dans le simple radical.

M. Newman indique comme futur un temps formé en ajoutant *ara* préfixe à l'aoriste. C'est un futur éloigné, car *ar*, comme particule isolée, indique la tendance vers une chose plus ou moins distante, tandis que la particule *ad*, marque d'un lieu ou d'un temps présent, actuel, sert aussi à former un autre futur, ou un aoriste, un futur présent, ou un présent. Quoi qu'il en soit, la première forme ne correspond-elle pas au futur dont Champollion parle à la page 413 de sa grammaire, c'est-à-dire celui qui est formé au moyen du verbe auxiliaire Aou, quelquefois contracté en A (M. de R., p. 109), suivi de la préposition R (la *bouche*, qui vaut aussi L indiqué dans l'illustre auteur) signifiant *pour; Être pour faire telle chose?*

Au surplus, le principe même d'additions de cette nature, dont plusieurs autres variétés sont relevées dans la grammaire de M. Newman, établit entre la conjugaison berbère et la conjugaison égyptienne une analogie générale qui me paraît assez marquée. Ces observations vont se compléter au paragraphe ci-après.

P. 102. — En discutant la généralité du rapport entre deux termes qu'exprime en égyptien la particule de jonction N, M. de Rougé dit qu'elle lui paraît s'expliquer naturellement si l'on considère que cette particule peut avoir le sens du relatif *qui, que,* comme abréviation de NT*e*; il fait remarquer que la particule N a réellement conservé cette valeur en copte, et il cite à l'appui une phrase du Dictionnaire de M. Peyron. Cette interprétation semble facilitée par l'observation qu'en berbère une des formes du pron. dém. est *ayni, ouayni,* du pron. rel. *ayn, ouin, ouinna* [1], ce dont se rapproche beaucoup plus le N abréviatif. En outre ce N lui-même, lié à un radical, ne se retrouve-t-il pas dans le N formatif, selon M. Newman, du participe présent, et comme je l'ai antérieurement indiqué, de quelques adjectifs? A la vérité, dans

---

[1] D'autres variantes du pron. dém. sont dénuées du N terminal; ainsi : *Oua, ayi, ouayi;* le N caractérise donc plus particulièrement le pron. relatif. Les formes *oua, ayi, ouayi,* f. *T-a, t ayi,* répondent à l'égyptien P-AI, *ce,* P-OUI, *celui-ci,* T-OUI, *celle-ci,* de R., pp. 13 et 112, au copte OUAI, *quidam;* la forme *ayn, ouin,* f. *T-ayni, T-in, T-inna,* à l'ancien égyptien P-EN, *ce,* f. T-EN, *cette,* relevé par M. de R., p. 106.

les propositions affirmatives, cette lettre est suffixe, tandis qu'elle est préfixe en égyptien; ainsi en berbère on dit : IZZA, *il a vu*, IZ-ZAN, *voyant* (*videt-qui?*). Mais dans les propositions négatives, elle est préfixe : OUR NEZZI, *non-voyant*, *ne voyant pas* (*non qui-videt?*). Cette circonstance de placement à la suite du radical, dont nous avons eu déjà, au paragraphe précédent, un exemple dans la caractéristique *d* ou *ed* correspondant presque certainement à *nt* préfixe du prétérit thébain, n'est pas un obstacle vraiment embarrassant; elle pourrait au contraire être un nouvel indice de relation avec l'antique écriture sacrée; Champollion dit, en effet, à la page 391 de sa grammaire : « Dans les textes hiéroglyphiques « et hiératiques, les scribes se conformaient à la règle d'expri-« mer d'abord l'idée principale et de rejeter, à la suite des ca-« ractères qui servaient à sa notation, les signes de toutes les « modifications de genre, de nombre, de temps ou de personne « que cette idée pouvait subir. » Dans le futur égyptien dont il a été fait mention il y a quelques lignes, le signe indiquant la préposition *pour* (la bouche), est à la fin du groupe hiéroglyphique, et le N marque du prétérit dans la langue sacrée, correspondant à NT préf. copte, est suffixe. Mais Champollion nous fournit encore une analogie plus étroite. Aux pages 427 et 428 de sa grammaire, il nous apprend que le participe présent, dans la langue hiéroglyphique, était souvent formé au moyen du conjonctif ou relatif, *nt*, *qui*, préfixe; ainsi : NT NOHEM, *qui sauve, sauvant, sauveur*, mais qu'à la place de ce préfixe, en copte *nt* et *et*, on employait fréquemment aussi, par abréviation, à la suite du verbe, l'une des variantes hiéroglyphiques valant T, par exemple, MN-T, *subsistant*, du radical MN, en latin *man-ere*, ou KA-T, *jouissant, possédant*, que l'on trouve à la page 143 du mémoire de M. de Rougé, note 3; sa forme est tout à fait semblable en berbère, seulement du bilittère *nt*, on a pris le premier élément au lieu du second, ainsi que dans les cas invoqués par M. de Rougé. M. Schwartze, *Das alte Œgypten, etc.*, I, 2, p. 1364, regardait aussi N comme représentant, à titre de racine, le relatif copte en composition. D'après une remarque de M. Newman, il est possible qu'en berbère on ait rejeté le N à la fin du thème pour éviter la confusion avec la formation de la 1ʳᵉ p. pl., laquelle est N préfixe. Cependant le fait a une généralité qui me paraît déborder une explication si limitée. En effet, en berbère, on trouve le N suffixe représentant évidemment le relatif dans AKKE-N, AKKE-NNI, *ainsi* QUE, *afin* QUE, formé de AKKA, AKKAYI, *ainsi*, et à un point de vue plus large, le bilittère NT, qui est l'essence de l'affixe dont nous nous occupons et qui se montre surtout en égyptien, est formatif du participe présent de la voie active et de la voie passive en sanscrit, ex. : Tud, *vexer*, Tud-ant, *vexant;* dans la déclinaison le *t* disparaît au nom. sing. masc. et le *n* reste seul comme en berbère, Tud-an; Budh, *savoir*, Bothsy-ant, Botsy-an, *devant savoir;* Driç, *voir*, Driçy-ant, Driçy-an, *étant vu.* Il me semble impossible de méconnaître ces rapports, d'autant plus que les formes pronominales en berbère *ayn*, en égyptien (*p-*) *en* se rattachent aussi au sanscrit, savoir au démonstratif *ayam*, ainsi que le prouve le persan, où le pron. dém. détaché est *in* pareillement, mais en composition, dans plusieurs mots, *im* (cfr. P. A. P. Possart, *Gramm. d. persisch. Sprache*, p. 63, et A. Chodzko, *Gramm. persane*, p. 121), que l'on regarde comme primitif.

P. 120. — Une habile analyse développée à cette page a pour objet de prouver que la signification essentielle d'un groupe antique transcrit CheB ou CheV, lequel rappelle le mot latin *cav-us*, est celle de *courbure.* Je ne connais point de mot berbère qui se rattache directement à ce thème; mais il me paraît que le mot *ia*-kef, *courbé par la vieillesse*, s'y lie très-vraisemblablement; c'est bien là la qualification du personnage représenté à la p. 60 et dans la note 98, personnage courbé comme la guêpe.

P. 121. — M. de Rougé mentionne le rôle grammatical assigné avec tant de justesse par Champollion au S ajouté en préfixe aux verbes, rôle qui consiste à faire passer le radical de l'état neutre à l'état transitif ou causatif.

Cette propriété remarquable, qui existe d'ailleurs, mais avec peu d'extension, dans les langues sémitiques, se retrouve en berbère, et l'application en est si fréquente, qu'elle est, en quelque sorte, la règle commune; les exemples se pressent: je me restreindrai aux suivants : Sou, *boire*, Ses, *abreuver, faire boire;* Els, *s'habiller*, Sels, *habiller;* Ioua, *cuire*, Seou, *faire cuire;* Itehth, *téter;* Southeth, *faire téter, donner à téter, allaiter;* Ekker, *se lever*, Sekker, *faire se lever, éveiller.* Ce large domicile établit, à cet égard, un rapport beaucoup plus intime avec la langue égyptienne qu'avec les idiomes sémitiques.

A cette occasion, je ferai remarquer, d'une manière plus générale, que les mutations que les verbes reçoivent en berbère selon les circonstances modificatrices de l'idée principale méritent de fixer l'attention, et je crois utile d'entrer, à cet égard, dans quelques détails.

J'ai déjà fait remarquer que M. Newman a découvert la fonction du M préposé aux verbes, fonction dont j'avais été aussi frappé avant de connaître le travail de cet habile linguiste.

Il dit au sujet du S préfixe : « The commonest of the derivative

« verb is formed by prefixing *s* or *sa* to the primitive and gene-
« rally communicates a causative sense. » Il y a lieu d'ajouter
que cette articulation est quelquefois, par euphonie, remplacée
par *z*, exemples : T-azzer-t, *van*, z-azzer [1], *vanner, sasser;* inza,
être vendu, z-enz, *vendre.* On voit que c'est l'assimilation qui appelle ce changement dans le degré d'intensité du son [2].

Champollion, dans une réponse à G. de Humboldt qui a été publiée par Ideler dans l'*Hermapion,* indique dubitativement, pour
la langue sacrée, une forme *réfléchie* au moyen d'un T suffixe,
comme en copte Tom, *fermer,* Tomt, *se fermer.* Je crois que c'est,
au fond, une forme *passive,* avec laquelle se confond souvent la
forme réfléchie. En berbère, la même servile, préfixe à la vérité,
marque souvent le passif; ainsi : A-outs, *bats,* T-outs, *être battu.*
Le T préf. est aussi la caractéristique du passif en éthiopien. On
lit encore à ce sujet dans la grammaire de M. Newmann : « A se-
« cond mode of derivation is by prefixing *ta, tta* or *t...* This may
« sometimes be a genuine passive, as in ghyz and amharic. »

On voit que le savant auteur, en ce qui concerne le S préf.,
néglige la comparaison avec l'égyptien qui est si importante.
Quant au T préf., il n'en a pas approfondi toutes les nuances de
fonction.

Cette forme en éthiopien, ainsi que dans les autres langues sémitiques, prend assez souvent l'acception réfléchie ou neutre, à
l'instar des déponents, et il en est de même en berbère.

Au contraire, dans la même langue, et ceci est emprunté de
l'égyptien (cfr. la note, p. 176 du mém. de M. de R.), le T préf.
sert quelquefois, au lieu du S, à former les transitifs, les causa-
tifs : Dourrek', *s'abriter,* etderrik', *abriter.*

L'imitation de l'éthiopien se reproduit dans la combinaison du
T, signe du passif et de la voix réfléchie, avec le S, marque du
transitif : Da-adjib, *étonnant,* estadjeb, *s'étonner.* Toutefois cette
combinaison, en éthiopien, n'est qu'une manière de former le
causatif.

M. Newman ne parle point d'une autre forme passive des ver-

---

[1] Ce mot a sa racine dans les langues sémitiques sous les sens *mouvoir, agiter, se mouvoir fréquemment;* mais ce n'est qu'en égyptien, je
pense, qu'on trouve le correspondant direct shosh, *van.* Il faut, à cette
occasion, faire remarquer qu'il n'est pas rare que la langue berbère
ajoute une lettre à la fin des mots qu'elle emprunte à d'autres langues,
de même que souvent elle en détourne plus ou moins l'acception.

[2] M. de Slane a récemment indiqué aussi la substitution de Z à S,
ainsi que plusieurs des autres caractéristiques.

bes berbères, plus commune cependant, je crois, que celle par **T**
préf.; c'est une forme par **N** préf., comme en hébreu, etc., quelquefois réciproquement par **M** : ᴇɢʜʟᴇʙ, *vaincre*, ɴᴇɢᴜʟᴇʙ, *être
vaincu;* ᴇɢʜʟɪ, *tomber,* ꜱᴇɢʜʟɪ, *faire tomber, abattre, renverser,*
ɪɴɴᴇɢʜʟᴀɪ, *être abattu;* ꜱᴇɢʜ, *acheter,* ɪᴍꜱᴇɢʜ, *être acheté.*

Le N préf., comme le T, et plus souvent que celui-ci, exprime
aussi le sens réfléchi : ᴇᴅᴊᴇʀᴀʜ, *blesser;* ɴᴇᴅᴊᴇʀᴀʜ, *se blesser;*
ʜᴇᴅᴅᴇɴ, *calmer;* ɴᴇʜᴇᴅᴅᴇɴ, *se calmer;* ᴇᴋ'ʟᴇʙ, *renverser sens
dessus dessous;* ɴᴇᴋ'ʟᴇʙ, *se renverser.* Les deux caractéristiques
sont même quelques réunies : ᴢᴇʜᴏᴜ, *divertissement;* ᴇᴛɴᴇᴢᴢᴀʜ,
se divertir [1].

Le N passif ou réfléchi se joint comme le T au S causatif; ex. ;
ᴇᴋ'ʟᴇʙ, *renverser;* ɴᴇᴋ'ʟᴇʙ, *être renversé, se renverser;* ꜱᴇɴᴇᴋ'ʟᴇʙ,
renverser, retourner, faire être renversé; ɢᴜᴇʀ, *jeter, précipiter;* ꜱᴇɴɢᴜᴇʀ, *saccager, faire être jeté, précipité.*

Enfin le S causatif se combine aussi avec le M, signe de réciprocité. Ainsi : ᴇᴛʜꜰᴇʀ, ᴇᴛʙᴀ, *suivre;* ꜱᴇᴛʜꜰᴇʀ, ꜱᴇᴛʙᴀ, *faire suivre;* ɪᴍꜱᴇᴛʜꜰᴇʀ, ɪᴍꜱᴇᴛʙᴀ, *se suivre.*

P. 128. — Une citation du rituel funéraire faite à cette page
commence par ᴏᴜᴀ, *un.* Le berbère a, pour la même idée, un
mot absolument identique.

P. 131.—De même, la particule égyptienne ᴀ°ꜱᴛᴇ, *voici, voici que,*
égale, en copte, à *eiste,* se présente, en berbère, sous la forme *atsa.*

P. 132. — Les verbes de la langue hiéroglyphique ᴏᴜᴀ°, ᴡᴀ°,
porter, en copte, ꜰᴀɪ, ᴡᴀɪ; impératif ᴀᴜ, ont en berbère leur
équivalent homophone dans ᴏᴜɪ, impér. ᴀᴏᴜɪ.

P. 140.—Nous retrouvons à cette page la mention du M préf.,
signe des adjectifs, dont il avait été déjà question en plusieurs
endroits, notamment à la page 112, et dont nous avons parlé
nous-même au commencement de notre travail; nous voyons
qu'il était aussi la marque des adjectifs démotiques, et qu'il provient sans doute du M *d'état* de la langue sacrée. Il se montre
pareillement en tête de quelques substantifs coptes, comme en
berbère; ex. : ʙᴀᴋɪ, ᴍʙᴏᴋɪ, *ville;* ʙʀᴇʜɪ, ᴍʙʀᴇʜɪ, *char, etc.*

Sur la valeur de ce préfixe M ou AM, pourrait-on, sans trop de
témérité, asseoir une conjecture qui, si elle n'était pas repoussée,
aurait en général une grande importance au point de vue ethnologique, et serait en particulier la conclusion décisive du présent travail? Cette conjecture porte sur l'assimilation du nom
national des Berbères à celui des Ethiopiens.

---

[1] Peut-être ici, par assimilation aux dentales, entre lesquelles il se
trouve, le N remplace-t-il le M de réciprocité, en sorte qu'il faudrait
dire : *Se divertir ensemble.*

Le nom que les Berbères se donnent est, selon les uns, Amazigh, *libre* (*Maxyes, Mazyes,* des auteurs grecs ; *Mazicae* des latins), selon les autres, Amazirgh, *noble.* Je pense que c'est au fond le même terme. On sait qu'en Barbarie, la prononciation du *ghaïn* se combine souvent avec celle du R uvulaire; aussi donne-t-on fréquemment à cette lettre le nom de *ghraïn,* et dit-on, par exemple, tantôt *ghazia,* tantôt *rhazia ;* d'autres fois *ghrazia; amghar, amrghar.* S. de Sacy, en rendant compte, dans le *Journ. des Sav.* de juillet 1836, d'un mémoire de M. Gräberg' de Hamsoë, disait : « M. Gräberg écrit *Amazirgh,* parce que, à « l'imitation de Hoëst, il rend le *ghaïn* arabe par l'union des « trois lettres *rgh.* Je ne crois pas devoir imiter ce procédé, qui « peut dénaturer l'orthographe primitive des mots. » *Amazigh* s'appuie sur les transcriptions anciennes.

Le nom national des Éthiopiens est aghaazi. Ludolf le rend par *homme libre,* de ghaaz, *liberté,* ghaaza, *être libre.*

Bruce (*Voyage, etc.,* trad. franç., in-8 , iii, p. 102 et 103) avance que *agaazi,* ainsi écrit suivant la prononciation éthiopienne, est radicalement *agagi,* pluriel de *ag-ag,* dénomination de la plus élevée des trois classes dans lesquelles il divise les *pasteurs abyssins* ou *souah ,* celle des nobles ou des chefs des *pasteurs armés.*

Ainsi, nous retrouvons ici les deux acceptions du nom des Berbères, *libre* ou *noble.* Ce nom, réduit à la racine *zigh,* qui se trouve en effet, d'une part, dans *zeugis,* radical du nom de la *Zeugitanie,* et, d'une autre part, dans *Asachæ,* appellation donnée par Pline, *Hist. nat.,* vi, 35, à une peuplade abyssinienne [1], ce nom, dis-je, peut correspondre à *ghaaz, gheez, ghiz,* de l'une des manières suivantes ; soit, par métathèse, *zigh* pour *ghiz, aghiz,* d'où *am-zigh = am-ghiz;* soit par la mutation en Z du premier G d'*agag,* tandis qu'en éthiopien la mutation porte sur le second G. Le changement est aussi naturel dans un cas que dans l'autre. On a des exemples de la métathèse dans les *Gyzantes* ou *Zigantes* d'Hérodote, ainsi que dans le nom de ville de la Marmarique *Gyzis,* selon Ptolémée, *Zygris ,* selon le *Stadiasme maritime ;* et, dans cette dernière forme, on doit remarquer, en outre, la présence du R, comme dans *Amazirgh* pour *Amazigh.*

Indépendamment de ces cas, on reconnait *ghiz,* plus ou moins

[1] K. Ritter, à ce propos, dit : i, 303 : « On est disposé à voir, avec « Salt et Vincent, dans ces *Asachæ* (ou *Azighs*), les Abyssins axumi- « tes, qui se nomment encore aujourd'hui *Agaazi,* et parlent la langue « *gheez.* »

modifié orthographiquement, dans diverses dénomination eth-
niques d'une extrémité de l'Afrique à l'autre, notamment dans
Gélules correspondant à *Gez-ulâh* des indigènes modernes.

Je ne présente ces considérations qu'avec une grande réserve.
Toutefois, je ne veux pas laisser échapper l'occasion qui en naît
de faire un rapprochement avec la langue des Guanches que
Ritter, dans le passage que je lui ai emprunté pour épigraphe,
enveloppe dans le berbère. L'a-propos de ce rapprochement
peut être reconnu à cette conclusion du très-intéressant *Mémoire
sur les Guanches* de M. S. Berthelot, p. 149 [1] : « Nous avons fait
« remarquer les rapports qui existent entre le système d'embau-
« mement des Guanches [2] et des Egyptiens : ceux qui ressortent
« de l'examen comparatif des têtes osseuses canariennes appar-
« tenant au type dominant avec les crânes des momies de race
« copte ne sont pas moins frappantes. Ajoutons à ces remarques
« celle de l'analogie entre un certain nombre de mots de l'ancien
« égyptien et des mots berbères, d'après les recherches de
« M. Champollion. »

Ainsi M. Berthelot admet les rapports du guanche, d'une
part avec le berbère, d'une autre part avec l'ancien égyptien,
rapports qui, d'après ma thèse, doivent en effet être connexes.

En ce qui concerne les rapports avec le berbère, nous avons à
la vérité peu d'éléments de comparaison ; mais quelques-uns de
de ces éléments me paraissent assez caractéristiques pour entraîner la plus grande vraisemblance.

Les anciens et héroiques habitants des Canaries étaient, comme

[1] Dans les *Mém. de la Soc. ethnol.*, T. I, 1ʳᵉ partie. Ce travail a reçu
depuis son complément dans l'ouvrage *ex-prof.* intitulé : *Hist. nat. des
îles Canaries*, T. I. Miscellanées.

[2] Le nom de la momie en guanche était *xaxo*. Ne peut-on pas rap·
procher ce mot du copte ʀᴇꜱᴋôꜱ, *convolvere*, *obvolvere*, itératif de
ᴋôꜱ *obvolvere*, *involvere fasciis*, *curare cadaver ut sepeliatur*, d'ou ᴋôꜱ
ᴋôôꜱ, *cadaver conditum, mumia*?
Cette étymologie se fortifie de celle qui convient à *xerco* indiqué
comme ayant signifié en guanche, *sandale, soulier, bottine*. Ce mot
répond à *korkor* qui, en syouah, veut dire *botte (chaussure)*. Ainsi,
d'abord, voici une nouvelle similitude du guanche avec le berbère. En
second lieu ces termes se rattachent au thème hiéroglyphique ᴛ'ᴇʀ, ᴋᴇʀ
signalé par M. de Rougé, p. 150 de son mémoire, comme synonyme
du copte ᴅᴊᴏʟ, *entourer, vétir*, ɢʜᴏᴏʟᴇ, en sahidique, auquel ou peut
ajouter ɢʜʟ, se *vétir*, ᴋʟ, ᴋᴇʟ, ᴋôʟ, etc., *envelopper, entrelacer*, etc.
Les mots guanches et berbères sont des redoublements de la racine
hiéroglyphique; on trouve en copte ce redoublement dans ꜱ-ᴋᴇʀᴋᴏʀ,
s'enrouler.

les Abyssins mentionnés plus haut, divisés en classes. Ils étaient,
disent les chapelains de Béthencourt, à la fois pasteurs et
guerriers (pasteurs armés des Abyssins, selon Bruce) soumis
à des chefs héréditaires, reconnaissant une sorte d'aristocra-
tie. « Des castes bien tranchées, dit à son tour M. Berthelot,
« existaient chez les insulaires de Lancerotte ; Les *Guayres*, ou
« les nobles, exerçaient une grande influence et jouissaient de
« certains priviléges... Le reste du peuple était esclave... A Té-
« nériffe, le *Quehebi* était le plus haut placé. Le titre de *Mensey*
« ou *seigneur* s'appliquait au prince dont les chefs de tribus
« avaient reconnu l'autorité souveraine, et ce titre était hérédi-
« taire. »

Ce dernier titre n'a-t-il pas la plus grande ressemblance avec le
grec *Mazyes* et le berbère *Mazigh* qui veut dire aussi *maître, seigneur* (Voy. Chamberlayne, *Orat. dom.*)? Le rapport ne ressort-il
pas de ce rapprochement fait, sous le point de vue des fonctions,
par M. Berthelot, *Mém. cité*, p. 185 : « A Ténériffe et à Canarie,
« des menseys et des guanartèmes, princes électifs, concentraient
« l'autorité dans leurs familles, comme les *omzarghs* ou sei-
« gneurs berbères » (*om - zaghs* selon l'orthographe réelle;
AGHZIA [1], *seigneurs*, chez les Ethiopiens).

L'emploi, dès une haute antiquité, du mot *amazigh* dans cet
archipel me semble, en outre, indiqué par une remarquable légende de Diodore de Sicile. L'auteur, L. III, ch. 52, la rapporte
avec des précautions oratoires et comme devant paraître nouvelle
et tout à fait étrange à beaucoup de lecteurs : « Aux confins de la
« terre, dit-il, et à l'occident de la Libye, dans l'île *Hespera*, ha-
« bitait une nation d'*amazones*. Les femmes y faisaient le ser-
« vice de guerre pendant un temps déterminé en conservant
« leur virginité, et quand le terme du service militaire était
« passé, elles approchaient des hommes pour en avoir des en-
« fants. Elles remplissaient les magistratures et toutes les fonc-
« tions publiques. Les hommes passaient leur vie à la maison,
« comme chez nous les ménagères, et ils ne se livraient qu'à des
« occupations domestiques; ils étaient tenus éloignés de l'armée,
« de la magistrature et de toute autre fonction publique qui au-
« rait pu leur inspirer l'idée de se dérober au joug des femmes.
« Celles-ci, après leur accouchement, remettaient le nouveau-
« né entre les mains des hommes, qui le nourrissaient de lait et
« d'autres aliments convenables à son âge. Si l'enfant était une

---

[1] Ce mot me paraît avoir un rapport certain avec les variantes égyptiennes DJOEIS, GHIS, GHOEIS, *seigneur, maître.*

« fille, on lui brûlait les mamelles afin d'empêcher ces organes
« de se développer par suite de l'âge, car des mamelles saillantes
« eussent été incommodes pour l'exercice guerrier; c'était ce
« qui expliquait le nom d'amazones (Ἀμαζόνος, *sans mamelles*),
« que les Grecs leur avaient donné [1]. » Ici, comme en beaucoup
d'autres circonstances, les Grecs ont bâti une légende moitié vérité, moitié fable, sur le rapport d'un mot étranger, barbare,
comme ils disaient, le nom national du peuple dont il s'agit,
Amazigh, avec un mot de leur langue. Ce rapport est d'autant
plus sensible que l'*aïn* terminal prend souvent un son nazal ;
aussi plusieurs auteurs le rendent-ils par *ng* ou *ngh*. Suivant les
Arabes, les anciens habitants d'Alger s'appelaient *Enfants de
Mazgannâ* [2] et, d'après le comte Castiglioni *Rech. sur les Berb.
atlantiques*, p. 61, ce nom tire sans doute son origine de celui
d'*Amzigh* ou *Mazig*, dont les Berbères ou anciens indigènes s'appelaient eux-mêmes dès l'antiquité la plus reculée. *Mensa*, qui
signifie *roi* dans le Soudan et répond à *mensey* des îles Canaries,
à *mazigh* des Berbères, est écrit par Mungo-Park [3] *mansong* à
l'occasion du roi de Bambarra qui lui promettait protection et
sûreté jusqu'à Timbouctou. On voit donc ici le son nasal pris par
l'*aïn* ou *ghaïn* final. Ainsi, d'*amazang* ou *amazân*, les Grecs n'ont
pas eu de peine à faire *amazone*. De même, dans la légende de
Sophax, fils d'Hercule et de Tingé, ils se sont approprié le même
nom en le convertissant en celui de *Mycènes*, et celui des *Li-
byens* en en faisant des *Olbiens* [4]. Il a été ensuite d'autant plus
aisé de développer le thème, que plusieurs faits réels s'y prê-
taient singulièrement. Il est constant que les Gouanches avaient
un grand respect pour les femmes. M. Berthelot, au sujet des naturels de l'île Ténériffe, *Mém. cité*, p. 176, s'exprime ainsi :
« La loi imposait le plus grand respect pour les femmes ; celui
« qui en rencontrait quelqu'une sur son chemin devait s'arrêter
« et la laisser passer, sans lui adresser la parole. » Les hommes,
tant s'en faut, n'étaient pas exclus de la guerre, mais les femmes
y prenaient aussi une grande part. Viera, dans ses *Noticias*, dit
des habitants de Palma : « Ils étaient tous gens de cœur, et
« les femmes, douées la plupart d'un courage viril, s'élevaient
« au rang des hommes par leur force et leur audace. » M. Berthelot, p. 169, cite un exemple où une femme brille seule, ce
qui, considéré isolément, aurait pu faire croire à l'exclusion des

---

[1] Traduction de M. Hœfer.

[2] Voy., entre autres, El-Bekri, trad. de M. Et. Quatremère, p. 86.
Journal, p. 140 et 154.

[4] Cf. Plutarque, *in Sertorio*.

hommes, et il est remarquable que notre auteur caractérise précisément l'héroïne par le titre d'amazone : « Les Espagnols ve-
« naient de débarquer à Tazacorte : Guarinfanta se présente et
« les défie au combat. D'abord forcée de fuir devant le nombre,
« elle les trompe par une fausse retraite; mais bientôt revenant
« sur ses pas, l'intrépide amazone abat celui qui la suit de plus
« près et l'emporte comme une proie. Les Espagnols s'acharnent
« à sa poursuite; déjà Guarinfanta a gagné les bords escarpés
« d'un ravin, lorsque, entourée par huit combattants, elle tombe
« brisée de coups, au moment où elle allait se précipiter avec
« son ennemi. »

Les femmes exerçaient quelquefois la royauté, mais c'était exceptionnellement.

Les chapelains de Béthencourt rapportent qu'à Lancerotte « la
« plupart des femmes avaient trois époux, et servaient par mois;
« et celui qui la devait avoir après la servait tout le mois que
« l'autre la tenait; ils faisaient toujours ainsi à leur tour. » Ceci explique bien l'assertion de Diodore, relativement aux fonctions domestiques des hommes.

Voici un autre trait de rapprochement non moins curieux. M. Berthelot dit, à la page 171, que les Houarithes de Palma
« faisaient des goupillons avec des racines de fougère qu'ils
« imbibaient de lait ou qu'ils frottaient avec du beurre pour
« donner ensuite à sucer aux petits enfants. Ces sortes de bibe-
« rons, ajoute notre auteur, sembleraient indiquer que les
« femmes palmaises, comme celles de Lancerotte et de Fortaven-
« ture, ne pouvaient non plus allaiter leurs enfants, et qu'en
« général, dans ce climat, elles avaient recours pour les nourrir
« à des moyens artificiels, lorsqu'elles ne les confiaient pas à des
« chèvres. » En effet, Boutier et Le Verrier ont fait savoir que les Lancerottaines étaient très-fécondes, mais que, n'ayant pas de lait au sein pour nourrir leurs enfants, elles les faisaient allaiter par des chèvres. On comprend comment de là les Grecs ont pu facilement passer à l'idée qu'elles étaient privées de mamelles, puis, que cette privation provenait d'une ustion pratiquée sur les filles nouvellement nées, et ainsi se trouvait justifiée leur étymologie.

La commune existence du même nom national chez les anciens Canariens et chez les Berbères me paraît un premier argument à l'appui de l'identité d'origine et, par suite, des affinités du langage. Poursuivons.   Dr A. JUDAS.

(La fin au prochain numéro.)

AVENTURES ET IMPROVISATIONS DE KOUROGLOU

HÉROS POPULAIRE

DE LA PERSE SEPTENTRIONALE [1].

SIXIÈME SÉANCE.

Dans l'un des districts de l'Anatolie vit une importante tribu de nomades, connue sous le nom de *Haniss*. Elle se compose de trente mille familles, toutes riches et habitant une magnifique contrée. Chacun des principaux membres de la tribu a quelque goût prédominant : les uns aiment par-dessus tout les riches vêtements, les autres préfèrent les femmes douées de beauté, et quelques-uns sont fous de chiens de chasse ou de faucons. Le chef, Hassan-Pacha, avait une passion extraodinaire pour les chevaux, et, quand il entendait parler de quelque noble coursier, il n'épargnait ni peine ni argent pour parvenir à se le procurer.

Un jour que Hassan-Pacha visitait ses écuries, après avoir examiné plusieurs de ses chevaux, il dit à son vizir : — « Certes, aucun roi des cinq parties du monde ne peut se vanter de posséder des écuries aussi bien garnies que les miennes. » Le vizir répondit : — « Il est vrai qu'aucun monarque n'a des écuries comparables à celles-ci, Mais Koûroglou possède, à Tchemlî-bil, un cheval du nom de Kîrat, dont le pareil ne saurait appartenir à personne, pas même à Keyvan, le gouverneur des Sept-Cieux. — Vraiment ! Vizir, il me faut cette perle ; je

---

[1] Neuvième article, voir les numéros de mai, août, septembre, octobre 1855, février, juin, septembre 1856, et mars 1857.

suis prêt à donner tous mes biens pour l'avoir. — Pacha, ce n'est pas chose facile ; Koûroglou n'a pas besoin d'argent, et il n'y a guère possibilité de lui prendre quelque chose de force. — Vizir, à l'homme qui m'apportera ce cheval, je lui abandonnerai la moitié de mon pouvoir ; s'il n'est pas satisfait, je lui donnerai encore la moitié de mes richesses ; et s'il trouve la récompense insuffisante, je lui permettrai de choisir pour femme la plus belle d'entre mes sept filles. Va, que cet ordre soit porté par la trompette dans la direction des quatre vents, à tous les campements de la tribu. Beg ou mendiant, vieux ou jeune, celui qui m'apportera Kîrat sera mon gendre. »

Or, il y avait dans la tribu de Haniss un certain marmiton nommé Hamza, sans cheveux ni sourcils et marqué de la petite vérole. Cet individu, ayant entendu la proclamation, se rendit aussitôt, et à moitié nu, chez le vizir. — Que signifie cette proclamation, vizir? lui demanda-t-il. — Qu'est-ce que cela peut te faire, à toi, vilain chien pelé?— Je serais bien aise d'avoir quelques renseignements là-dessus. » — Le vizir alors lui donna tous les détails nécessaires, et il ajouta : — « Celui qui réussira dans cette entreprise sera riche. — Oh !! répliqua Hamza, je n'ai que faire d'argent. Une douzaine de sequins, ou autant de côtes de pastèque qu'on me donne à ronger tous les jours à la cuisine, c'est tout ce qu'il m'en faut. — Mais le pacha a promis de partager en même temps son pouvoir et ses richesses, et même de donner une de ses filles à l'homme qui parviendrait à lui amener Kî-rat. » — A cette dernière partie des propositions du pacha, Hamza releva la tête et dressa les oreilles. — « Vizir, j'ai vu les sept filles du pacha, et s'il consent à me donner la plus jeune... — Je te l'ai dit : celui qui amènera le cheval en question aura la faculté de choisir, entre les sept filles, celle qui lui conviendra le mieux. » — Hamza frappa sa poitrine de ses deux mains en s'écriant : — « Regarde-moi, regarde-moi bien! voilà votre homme! c'est moi qui ferai la chose! Cependant, dis-moi, le pacha aura Kîrat, mais, il faut, premièrement, me conduire en sa présence. » — Le vizir se dit : Au fait! voilà déjà plusieurs jours passés depuis la proclamation et personne ne s'est présenté pour entreprendre cette expédition ; celui-ci est le premier et sera le dernier sans doute ; il faut le faire voir au pacha.

Hamza fut donc mis en présence du pacha. — « Quoi! lui dit ce dernier, c'est donc toi, malheureux pelé, qui as promis de m'amener Kîrat? — Moi-même, pacha, mais que me donneras-tu pour cela? — Je te donnerai la moitié de toutes mes richesses. — Je n'ai que faire de tes richesses. — Je t'abandonnerai la moitié de mon pouvoir. — Je ne tiens pas à partager ton pouvoir; que veux-tu que je fasse de cela? — Tu choisiras celle de mes sept filles qui te plaira le mieux. — Pacha, je ne saurais croire à cette promesse. — Eh! que faut-il donc que je fasse pour te convaincre de ma sincérité? — Jure sur le Koran que, s'il t'arrive de manquer à ta parole, tu divorceras d'avec tes sept femmes. » — Le pacha consentit à prêter le serment exigé. Hamza lui dit alors : — « Il y a long-temps que je suis amoureux de la plus jeune de tes filles; si, dans l'entreprise où je me hasarde, je viens à périr, je ne regretterai nullement la vie; si, au contraire, je reviens sain et sauf, ramenant le cheval avec moi, il est bien entendu que j'épouserai la plus jeune de tes filles. — Tu l'épouseras, » dit le pacha; et il baisa le Koran.

Sans perdre de temps, Hamza se rendit à Tchemlt-bil, où l'arrivée d'un si pauvre diable n'attira pas l'attention. Après un mois de résidence dans la place, il se dit en son cœur : Il faut que je tâche de me faire prendre en amitié par Daly-Ahmed, et s'il mord à l'hameçon, j'essaierai de me glisser dans l'écurie. — Il entra d'abord adroitement, à petits pas, dans la cour de l'écurie; il déchira sa chemise à l'endroit de la poitrine, amoncela un tas considérable du fumier de cheval répandu autour de lui, s'assit dessus, et se prit à pleurer et se lamenter à grand bruit. Les larmes tombaient de ses yeux comme une véritable pluie. Daly-Mehter, écuyer de Koûroglou vint précisément à passer par là et vit ce misérable sanglotant et assis sur son tas de fumier. Il se sentit pris de pitié. On sait, en effet, que les fous [1] sont facilement accessibles à la pitié. — « Qu'as-tu à crier ainsi, mon pauvre pelé? » dit-il. — Hamza répondit : « Que je sois ta victime! Je suis un malheureux orphelin et de plus étranger ; à cause de ma tête chauve, personne ne veut de moi pour domestique. Où trouverais-je un maître qui consente à me donner un morceau de pain? » — Daly-Mehter pensa : Tout le monde vit du pain de Koûroglou : je vais prendre ce garçon pour l'écurie, et on le nourrira. Sur ce, il tendit la main au pleurard et l'installa dans l'écurie. Daly-Mehter retroussa ses manches jusqu'au coude, puis ayant rempli d'eau chaude un bassin de cuivre, il lava la tête chauve du mendiant, à qui, ainsi nettoyé, il fit cadeau de quelques-uns de ses vieux habits, dont Hamza se revêtit aussitôt.

Le zèle que déployait le chauve Hamza dans son nouveau service était tel, que Daly-Mehter en était émerveillé. L'un des deux meilleurs chevaux des écuries était Kîrat. Ce noble cheval avait l'un de ses pieds attaché par une chaîne dont Koûroglou portait toujours la clef sur lui. — Le second cheval de prix, ordinairement monté par Ayvaz, s'appelait Durrat. Ce dernier était attaché à part, et la clef de sa chaîne restait aux mains de Daly-Mehter.

Toutes ces circonstances furent bientôt connues de Hamza, qui commença à désespérer de pouvoir jamais s'emparer de Kîrat. Koûroglou vint un jour dans l'écurie et y trouva Daly-Mehter profondément endormi. Il aperçut et se mit à considérer un garçon chauve et déguenillé qui,

---

[1] Allusion au sens littéral du mot *Daly*, qui veut dire *fou, insensé.*

un morceau de couverture de cheval dans une main, le peigne dans l'autre, était en train d'étriller Kîrat.

Koûroglou et Hamza ne se connaissaient pas, ne s'étant jamais vus jusqu'à ce moment. Kîrat se tenait courbé comme un arc sous la pression de la main puissante de Hamza, et la peau du cheval luisait extraordinairement sous les soigneuses frictions de son nouveau palefrenier. Koûroglou se sentit trembler de tous ses membres, et pensa dans son cœur : « L'individu sous la main duquel Kîrat peut plier ainsi ne saurait être un homme ordinaire; » et, l'interpellant : « Dis-moi, chien pelé, prends donc garde à la peau de ce cheval ! est-ce là une façon convenable d'étriller?

Hamza saisit un énorme marteau dans un coin, et, se précipitant sur Koûroglou, s'écria : « Ta place est-elle ici dans cette écurie? Au large, vagabond ! » — Car Daly-Mehter lui avait, dès le principe, expressément recommandé de ne laisser personne s'introduire dans l'écurie. Koûroglou répliqua : — « Insensé, qui te rend assez osé pour lever la main sur moi? »

Au bruit de cette altercation, Daly-Mehter s'était réveillé ; il se releva d'un bond et salua son maître. Celui-ci lui dit : — « Quel est donc l'homme que tu as engagé « pour le service de mon écurie? — Seigneur, que je sois ta victime, tant de gens vivent de ton pain! Ce garçon chauve est adroit et très-actif; j'ai pensé qu'il pouvait aussi être nourri par ta bonté. — Certes je ne refuse mon pain à personne. Continue d'en donner à cet homme, et qu'il en mange autant qu'il voudra; mais, si j'en juge par son extérieur et ses mouvements, il n'y a rien de bon à attendre de lui; je ne sais pourquoi il a tout l'air d'un voleur de chevaux. — Oh! non, mon seigneur; c'est un pauvre diable et, fût-il de fer, on « n'en tirerait pas plus de cinq aiguilles. »

Hamza vit bien qu'il avait eu affaire à Koûroglou en personne. Il jeta vivement à terre son marteau, et, plein de frayeur, courut se cacher sous un bât de mulet. Avant de quitter l'écurie, Koûroglou dit à Daly-Mehter : « Aie l'œil ouvert sur le cheval, et ne te fie pas trop à cet homme. » puis il ne s'occupa plus davantage de cet incident.

Plus Hamza prolongeait son service à l'écurie, plus il se persuadait qu'il lui serait vraiment impossible d'enlever Kîrat ; il se dit alors au fond du cœur : « Si je ne puis avoir Kîrat, il me faut au moins Durrat par compensation. Le premier est le père du second, dont la mère est une jument arabe. Hassan-Pacha n'a jamais vu ni l'un ni l'autre. Il me croira et me donnera pour femme sa plus jeune fille ; et quand il viendrait ensuite à connaître la vérité, il n'ira pas me reprendre sa fille, une fois que je l'aurai épousée. »

Pendant la nuit Hamza prépara la selle et tous les harnais de Durrat. Daly-Mehter était ivre quand il revint du palais de Koûroglou, et voyant Hamza qui se lamentait, versant des pleurs amers et se tenant le visage caché de ses deux mains comme un homme qui vient de perdre sa femme, il lui demanda : « Qu'as-tu donc, Hamza ? — Mon seigneur, comment pourrais-je m'empêcher de pleurer ? tous les soirs tu vas chez Koûroglou boire le vin rouge, et tu ne t'es jamais dit : il faut que j'en emporte quelques gouttes pour mon pauvre orphelin. Qu'est-ce que c'est que ce vin ? je n'en ai jamais bu. Est-ce aigre ou doux ? »

Daly-Mehter se leva, prit le broc de l'écurie et se dirigea vers le cellier de Koûroglou. Le broc rempli, il revint et le plaça devant Hamza et lui dit : « Tiens ! bois, pauvre tondu ! » Hamza y puisa une pleine tasse, et la présentant à Daly-Mehter. « Mon seigneur, il faut que tu le goûtes d'abord, pour me montrer comment on boit cela. » Daly-Mehter avala le vin tout d'un trait, et, rendant le verre à Hamza, lui dit : « Voilà comment cela se boit ! » Hamza remplit la tasse comme pour boire à son tour, puis, feignant de la porter à ses lèvres, il lança adroitement le breuvage derrière son épaule, sans que

Daly-Mehter s'en aperçut. Quant à l'écuyer, son état
d'ivresse s'était tellement aggravé qu'il finit par tomber
sans mouvement sur le plancher.

Hamza se dit : « Il ne serait pas convenable de me montrer sous ces haillons. » Il se dépouilla donc de ses vieux
habits, dont il affubla le dormeur, après avoir pris et revêtu ceux de Daly-Mehter. Il prit dans la poche de celui-
ci la clef de la chaîne de Durrat, fit sortir le cheval de
l'écurie et se mit à fuir comme une étoile filante, le long
de la route conduisant au campement de la tribu de Haniss.

Le matin, en sortant du harem, Koûroglou, sans ceinturon, vint de bonne heure à l'écurie. Il vit bien Kîrat à
sa place, mais Durrat avait disparu. L'idée que c'était le
chauve qui l'avait dérobé lui vint tout de suite à la pensée.
Il appela son écuyer. Celui-ci bondit de sa place, se frotta
les yeux et fit un salut. « Drôle ! lui dit Koûroglou, que
signifient ces haillons dont je te vois couvert; quelle farce
est-ce là ? »

Le pauvre écuyer examinait sa toilette et ne pouvait en
croire ses yeux. — « Où est donc Durrat? » fit Kourouglou.
— « Seigneur, Hamza l'a sans doute emmené pour lui faire
prendre l'air ou pour le conduire à l'abreuvoir. — Mais,
misérable ! ne t'avais-je pas dit que ce devait être un voleur de chevaux? Allons, vite, qu'on me selle Kîrat.

Koûroglou, bien armé, chevaucha jusqu'au sommet de
la montagne la plus proche, sur laquelle stationnaient ses
avant-postes. Il examina autour de lui tout le pays, à
l'aide d'une longue-vue, jusqu'à ce qu'il aperçut le fuyard.
Il le vit courant au loin avec la rapidité d'une flèche qui
vole à son but.

Koûroglou, transporté de rage, cria du haut de la montagne : « Lâche gredin, où fuis-tu, où veux-tu fuir? Quand
tu irais jusqu'à Stamboul je saurai t'y suivre et t'y saisir. »
— La voix de Koûroglou, lorsqu'elle était animée par la
colère, pouvait être entendue à la distance d'un farsakh.
Il se mit alors, au grand galop, à la poursuite du fugi-

tif. Hamza reconnut de loin la voix de Koûroglou et dit : « O Père céleste, la vie est douce ! Malheur, malheur à moi ! » — Il jeta les yeux devant lui, aperçut un village situé à peu de distance, et il se dit : « Si je réussissais à atteindre ce village, mon âme pourrait encore être sauvée. » — En avant du village était un ravin profond. — « Qui sait, pensa Hamza, avant que je ne parvienne au village même, Koûroglou aura le temps de brûler mon père !

Au fond de la vallée se trouvait un moulin, dont le meunier était absent en ce moment et dont la roue était immobile. Hamza galopa dans la direction du moulin, attacha Durrat à la porte par la bride, et se précipita dans le bâtiment désert. Ayant trouvé la défroque du meunier, il s'en affubla précipitamment et se couvrit de farine de la tête aux pieds.

Tout le monde sait qu'un homme qui vient de faire, à cheval, une course rapide d'une douzaine de farsakhs, a les yeux comme couverts d'un nuage, et que sa vue en est troublée pour quelque temps. Koûroglou, à son arrivée, ne reconnut aucunement Hamza, à qui il demanda : « Meunier, où est le cavalier dont le cheval est à ta porte ? — O, mon agha, ce cavalier s'est jeté ici, et, soit par peur, soit pour toute autre raison, il a couru se cacher sous la roue du moulin. »

Koûroglou, tout tremblant de rage, sauta à bas de son cheval. — « Tiens mon cheval ! dit-il au prétendu meunier. — Il tira alors son poignard, et se mit à rechercher son fugitif avec ardeur. Kîrat avait cette qualité, qu'il devenait d'une obéissance parfaite vis-à-vis de tout individu auquel il était confié par les mains mêmes de Koûroglou, et, comme cela venait précisément d'arriver, il se laissa guider comme un enfant. Hamza, qui n'était pas sot, dépouilla aussitôt l'habit du meunier, grimpa sur l'étrier et de là sur la selle de Kîrat, à qui il fit exécuter un temps de galop, puis revint tranquillement et en toute quiétude. Koûroglou, de son côté, ayant mis sens dessus dessous tout ce qui se trouvait dans le moulin sans y trouver une âme, sortit et vit Durrat resté toujours à la porte. Aux pieds de Durrat, il aperçut, jetés là, les habits du meunier, puis enfin Koûroglou découvrit Hamza, triomphant, assis sur Kîrat. — Il pensa dans son cœur : « J'ai fait là un joli marché ; Dieu veuille que je ne le regrette pas plus tard! Puis élevant la voix : — « Hamza-Beg! que te plaît-il de faire, noble guerrier? Nous allons retourner chez nous, mais dépêchons, les chevaux sont fatigués. — Et où veux-tu aller? — Nous irons à Tchemlî-bil. Tu t'es formalisé sans raison, c'est pourquoi *je suis venu à toi en personne.* — Assez de plaisanteries, Koûroglou. Je demandais un cheval au ciel, mais, grâce à Dieu, je l'ai trouvé sur la terre. Tu as daigné me faire présent de Kîrat et me le donner de ta propre main. Puisses-tu vivre heureux et longtemps! seulement c'est peine perdue de me recommander de retourner avec toi. — Je t'en prie, je t'en conjure, Hamza-Beg! Que je sois ta victime! Dis-moi, veux-tu être riche? Est-ce un cheval ou quelque belle jeune fille qui est l'objet de tes désirs? Je te jure, guerrier, que tu seras satisfait. Choisis : tout ce que je possède est à toi. — Non, non, je ne me laisserai pas tromper par tes ruses. Ce que je désire n'est pas en ta possession ; je vais te dire la vérité : je suis amoureux de la plus jeune des filles d'Hassan-Pacha, qui m'a promis de me la donner en échange de Kîrat. Voilà six mois et plus que je desséchais de désespoir dans Tchemlî-bil. Maintenant, regarde, me voilà en possession de Kîrat, et c'est toi qui as fait mon bonheur de tes propres mains. Puisses-tu donc vivre heureux et longtemps ! je m'en vais chercher ma fiancée. — Hamza-Beg, rends-moi mon cheval et, à la pointe de mon sabre, je t'apporterai la tête d'Hassan Pacha. — Ce serait un lâche procédé de ma part ; et de quel exploit pourrais-je me vanter devant ma fiancée? »

Toutes les promesses et les prières de Koûroglou restèrent inutiles. Hamza jura, par la plus pure essence de Dieu, qu'il ne rendrait pas Kîrat. Koûroglou poussa un profond soupir et dit : — « Hamza-Beg, laisse-moi te chanter quelques vers qui me reviennent à la mémoire. »

Improvisation. — « Sans Kîrat la vie ne m'est plus rien au monde ! Infortuné Koûroglou, puisque Kîrat est sorti de tes mains, ô Koûroglou ! frappe-toi la tête de désespoir. »

Hamza-Beg le contemplait, tandis que Koûroglou continuait son chant.

Improvisation. — « Il te faut redemander Kîrat à Dieu lui-même. La queue de Kîrat ressemblait à un bouquet de fleurs. Chevaucher sur Kîrat, c'était monter le bonheur en personne. — O Koûroglou ! puisse Dieu te rendre un jour ton coursier. Je me noie en une mer profonde, et le chagrin de la perte de Kîrat est comme une lourde pierre qui pèse sur mon âme pour m'engloutir. Je ne suis plus qu'un jongleur, qu'un meunier ; arrière, mon épée ! Koûroglou, tu peux crier maintenant : du grain ! du grain, s'il vous plaît [1] ! »

Koûroglou avait le regard d'un fou, et il s'écria : « Sans Kîrat je ne suis plus digne d'être un guerrier, il me faudra devenir meunier, » et il chanta encore :

Improvisation. — « Je suis parti de Tchemlî-bil, je suis venu ici, j'ai livré Kîrat, j'ai repris Durrat en échange. Allons, Koûroglou, reviens chez toi maintenant, et trève aux regrets, puisqu'il est trop tard ! »

Hamza reprit la parole : « O Koûroglou, tes accents ont brûlé mon cœur [2], retourne à Tchemlî-bil et reste là tranquille pendant six mois ; ce temps expiré, prends le costume d'aushik, et viens au campement de la tribu de Haniss. Dans l'intervalle j'aurai conduit Kîrat au pacha, et j'aurai épousé la fille d'Hassan ; mais, je te le jure,

---

[1] Dans l'original *den!* exclamation propre aux meuniers et par laquelle montés sur la plateforme de leurs moulins, ils font connaître qu'ils n'ont plus rien à moudre et manquent de grain.

Comme les anciens, les Persans attachent souvent au mot *foie* la même signification qu'au mot *cœur;* ils le considèrent comme le siége principal des sentiments, et chez eux la prononciation de ces deux mots est très-rapprochée : *lecur* et *legher.*

de même que j'ai reçu Kîrat de tes mains, ce sont mes propres mains qui te livreront alors les rênes et ton noble cheval. — Comment saurais-je, Hamza-Beg, que tu parles, oui ou non, avec sincérité? — Je le jure par la plus pure essence de Dieu. Mon âme est noble, et, je te le répète, je conduirai Kîrat par la bride et te le restituerai de mes propres mains. »

Cela dit, il fit tourner tête à Kîrat et prit le galop dans la direction du campement de la tribu de Haniss. Koûroglou suivit des yeux son cheval bien aimé jusqu'à ce que l'éloignement le lui fit perdre de vue. Triste et la tête baissée, il retourna sur ses pas, monté sur Durrat. Tous les bandits étaient sortis de Tchemlî-bil, afin de voir quelle figure ferait Hamza ramené par Koûroglou, et ils furent saisis d'un grand étonnement lorsqu'ils s'aperçurent que leur maître n'était pas monté sur Kîrat. Ils se dirent que, bien sûr, Koûroglou s'était laissé duper par la rusée tête chauve; puis, effrayés de la colère de Koûroglou, ils se dispersèrent dans toutes les directions; chacun d'eux, comme un rat, se blottit dans quelque trou. Ayvaz seul trouva l'audace de parler, et dit : « Agha, tu as fait là un beau marché, Kîrat pour Durrat. As-tu pris ce faquin d'Hamza?—Va-t'en, fou, blanc-bec ! » — Le jeune homme effrayé détala.

Koûroglou s'enferma dans son harem, et durant six mois entiers il ne sortit pas de la chambre de Nighara; au bout de ce temps, il dit : — « Nighara, Hamza m'a fait une promesse; il faut que j'aille le trouver; je périrai, ou je reviendrai avec Kîrat. » Il sortit, s'habilla en aushik, et, après avoir pris congé de sa femme, il se mit en voyage.

Koûroglou, sans incidents remarquables, arriva enfin au camp de la tribu de Haniss. Comme il s'apprêtait à traverser une large rivière, il remarqua sur le sable du rivage les traces des pieds d'un cheval qui, d'un bond, avait dû sauter d'un bord à l'autre. Il dit alors dans son cœur : « Il n'y a pas un seul cheval au monde, excepté mon Kîrat, qui soit capable d'accomplir un pareil tour de force. Hamza

doit être venu ici avec lui. Etant entré dans le camp, il
rôda longtemps autour de toutes les tentes. Fidèle à ses
habitudes, il allait partout chantant de sa plus belle voix,
excitant l'hilarité de chacun, et tous ses chants étaient en
l'honneur du cheval.

La nouvelle en parvint bientôt aux oreilles d'Hassan-
Pacha. Celui-ci était, pour le moment, en assez mauvaise
humeur, parce que, depuis le jour où Kîrat lui avait été
amené par Hamza, le cheval n'avait pas voulu se laisser
monter par le pacha. Kîrat était donc resté attaché dans
l'écurie, ne permettant à personne de l'approcher, à l'exception de Hamza. Le pacha ordonna que le chanteur vînt
en sa présence. Il fit à Koûroglou une gracieuse réception
et lui permit de s'asseoir dans sa tente, puis il dit : « On
m'a dit que tu étais passé maître dans l'art de faire l'éloge
des chevaux. Tu es placé là, précisément, de manière à
pouvoir jeter un coup d'œil sur mon écurie, qui n'a pas sa
pareille au monde. » Koûroglou tremblait que Hamza ne
vînt à le trahir. Il regarda tout autour de lui, et voyant
que Hamza n'était pas présent, il se mit à chanter ce qui
suit :

Improvisation.—« Je vais chanter l'éloge du cheval arabe :
Sa crinière doit paraître comme si elle était faite de fils
de soie. Ses pieds, peu charnus, sont enveloppés d'une
peau épaisse. Ses sabots semblent faits au tour, et ses fers ne
doivent pas peser plus d'une okka d'argent. Il faut qu'il soit
vigoureux et de taille moyenne. Son cou est allongé, svelte
et lisse comme un ruban. Quand il sort de l'écurie, il témoigne sa joie de mille manières. Il doit manger comme
un loup affamé et de son ventre remplir exactement la
sangle.

« Bravo ! aushik, s'écria le pacha ; je n'ai jamais
entendu chanter le cheval d'une façon si diserte. Le
fameux Kîrat, que Hamza-Beg m'a amené ici, possède
précisément toutes les qualités que tu viens de mentionner.
Mais à quoi peut-il m'être bon ? il est méchant et difficile,

au point que je n'ai pu encore le monter en personne. »
Koûroglou dit : « Longue vie au pacha! Un cheval difficile est ce qu'il y a de meilleur pour un cavalier. — Eh!
pour quelle raison? » — Kouroglou reprit son chant :

Improvisation.— « Un noble cheval marche hardiment et
comme agité d'un secret désir de désarçonner son cavalier.
Il dresse les oreilles et il secoue si rudement les rênes,
qu'il oblige le cavalier à les tenir fermement d'une main,
sans repos. Le cheval d'un guerrier-bêlier doit être aussi
farouche que son maître. »

Le pacha appela ses serviteurs : « Allez, et dites à
Hàmza-Beg de venir ici; je désire qu'il entende ces belles
poésies sur les chevaux. »

Hamza-Beg, aussitôt après son retour de Tchemlî-bil,
avait épousé la plus jeune fille du pacha et avait été nommé
grand-vizir. Vêtu d'un magnifique vêtement noir, il vint
en la présence du pacha. Son turban était du plus fin ca-
chemire et sa suite se composait de trois cents personnes.
En entrant, il salua légèrement le pacha, puis, sans avoir
besoin d'attendre l'invitation de Hassan, il prit place à ses
côtés sur un siége, et s'y établit à son aise.

Koûroglou était grandement surpris de voir un tel air
de grandeur et de gravité dans un homme qui, six mois
auparavant, n'était qu'un simple marmiton. Il se leva humblement de sa place et lui fit une profonde révérence. Un
frisson lui courut cependant sur la peau, et, tout en sa-
luant, il plaça la main sur son cœur. Ce geste voulait
dire : « Hamza-Beg, sois généreux, ne me trahis pas! »
Comme réplique, Hamza plaça une main sur ses yeux, ce
qui signifiait : Ne crains rien et prends patience [1]!

Alors le pacha dit : « Aushik, répète-moi ton éloge du

---

[1] La conversation par signes est portée, en Perse, à un haut degré de perfection; il arrive souvent que des personnes présentes à ces
colloques, particulièrement des étrangers, ne comprennent rien aux
signes échangés.

cheval, qu'Hamza-Beg puisse entendre ce morceau. » Et Koûroglou improvisa ce qui suit :

Improvisation. — « Koûroglou dit : « Quand un homme a sous lui un bon cheval et dans sa main un djerid du Roi des Braves [1], il peut sans crainte laisser l'épée se lever sur sa tête, car Mahomet et Ali l'assistent. »

Le pacha reprit : « Vizir, pourrais-tu me dire pourquoi l'aushik a fait mention de Koûroglou au commencement de son improvisation? » — Hamza-Beg répliqua aussitôt : « C'est évidemment parce que ses louanges s'appliquaient spécialement au cheval que je t'ai amené ici, lequel, comme tu le sais, appartenait à Koûroglou. — Nul doute, continua le pacha, que l'aushik ne soit lui-même excellent cavalier; » puis, se tournant vers Koûroglou : « Aushik, serais-tu de force à monter mon cheval? » Koûroglou se prit alors à se lamenter, se plaignant qu'on voulût lui donner quelque méchante bête qui le tuerait et rendrait ses enfants orphelins. — « N'aie pas peur, répondit le pacha, je te promets deux cents tomans. Si le cheval cause ta mort, la somme sera remise à tes enfants et à ta veuve comme prix de ton sang. Si tu sors de l'épreuve sain et sauf, tu recevras toi-même la récompense promise. — Pacha, à toi bonheur et longue vie. Je ferai ce que tu désires; si je péris, puisses-tu vivre longtemps, toi, mon seigneur! » Le pacha donna l'ordre au vizir d'amener Kîrat.

Le rusé Hamza-Beg avait pensé à tout, et, dans la persuasion où il était que Koûroglou n'avait aucune arme sur lui, le vizir imagina, en même temps qu'il sellait Kîrat, de cacher une massue sous la housse et d'attacher une épée au pommeau de la selle. Cela fait, il brida Kîrat, dont on noua la queue.

Six hommes furent à peine suffisants pour faire sortir de l'écurie Kîrat, rendu ombrageux et sauvage par six mois

---

[1] *Shahi-Merdaun*, un des surnoms d'Ali, le gendre du prophète. C'est le grec ἄναξ ἀνδρῶν, et c'était probablement un des titres des anciens rois de Perse.

de repos. Il était couvert de l'écume qui sortait de ses naseaux fumants. Koûroglou vit tout cela et se mit à chanter.

Improvisation.—« O toi que mes mains ont touché pour la première fois dans le Turkestan, viens, Kîrat, viens, trésor de ma vie ! Tu es tombé dans des mains viles, viens, Kîrat, toi que je préfère à tout ici-bas, viens ! J'ai pour toi un mors fait de quinze livres de fer. Quand le chagrin te prend, tu refuses ta nourriture pendant trois jours entiers. Toi qui ne bronches pas une seule fois durant une course de quarante farsakhs, ô Kîrat, toi qui m'es plus cher que toute chose au monde, viens ! »

Le pacha s'écria : — « Je suis à bout de patience, aushik ; allons, monte le cheval à l'instant. — Pacha, je suis sûr que ce cheval va causer ma mort. Béni soit le sel que tu m'as donné, et protége mes pauvres orphelins ! — Mets-toi donc l'esprit en repos ; il ne te tuera pas ; je te vais recommander à la protection des quatre premiers califes. »

A ces mots le pacha remit à Koûroglou une bourse contenant les deux cents tomans promis. — Longue vie à toi, Pacha, s'exclama Koûroglou, qui sauta en même temps sur Kîrat. Hamza-Beg, de ses propres mains, remit les rênes à Koûroglou, en lui disant tout bas : « Guerrier, un guerrier n'a qu'une parole ; la promesse que je t'ai faite il y a six mois, je viens de l'accomplir à la lettre. » — Koûroglou répondit de la même façon. « Pour ta généreuse conduite, je le jure, tant qu'il me restera un morceau de pain, je le partagerai avec toi. » Hamza-Beg lui dit toujours à voix basse : « Prends l'épée suspendue à ta selle et attache-la à ta ceinture ; tu trouveras en outre une massue sous la housse. »

Koûroglou, à cheval, ceignit l'épée, et saisissant la massue se mit à la brandir autour de sa tête. Hamza-Beg se laissa tomber à la renverse comme frappé de terreur, et se cacha dans la foule des spectateurs.

Quand Koûroglou sentit enfin sous lui son Kirat, il fut si joyeux qu'il en perdit la raison et toute présence d'esprit. Il se prit à faire trotter le cheval en tous sens ; et le pacha l'appelant : Aushik, descends, rends-moi le cheval, il paraît tout à fait doux aujourd'hui ; je vais le monter.—En son cœur Koûroglou se dit : « Je te laisserais plutôt monter sur mes épaules, » et il ajouta tout haut : « Pacha, laisse-moi d'abord te chanter quelque chose, et je descendrai ensuite.

Improvisation. — « Ce cheval peut courir en un jour d'Ardebil à Kasan (environ 350 milles). Celui qui est monté sur ce cheval ne s'inquiète pas du sultan et se soucie encore moins d'aucun pacha. Ce cheval choppe une fois à peine tous les trente farsakhs ! O amour de ma vie, tu m'es donc enfin rendu ! »

En ce moment Koûroglou songea aux marques laissées par les pieds de Kîrat sur les bords de la rivière que Hamza avait franchie six mois auparavant. Il voulut décrire cette circonstance pour informer Hamza-Beg qu'il l'avait remarqué, et, en conséquence, il chanta ce qui suit :

Improvisation. — « Il a franchi une large rivière ; j'ai reconnu les traces de ses pieds. Oh ! je baiserai chacun de ses sabots, je baiserai chacun de ses yeux ardents. Dieu soit loué de m'avoir permis de te revoir. O mon Kîrat, amour de ma vie, tu m'es donc rendu !

« Aushik, dit le Pacha, mets le cheval au galop encore une fois, car j'aime à voir un habile cavalier. » Koûroglou passa deux fois au galop tout près de l'endroit où se tenait le pacha. — « Bravo! s'écria celui-ci, maintenant donne-le-moi, je veux l'essayer à mon tour. — Pacha, « tu ne monteras pas ce cheval. »

A ces mots le pacha se tournant vers Hamza-Beg : « Quoi ! cet insensé ne veut pas me donner le cheval ; serait-il, par hasard, Koûroglou en personne? Hamza-Beg répliqua : Comment pourrais-je le dire?—N'as-tu pas vu ce brigand lors de ton séjour à Tchemlî-bil ? —Non, je ne l'ai pas vu. Mes yeux et mon esprit n'étaient occupés qu'à chercher les moyens de dérober Kîrat. Ce Koûroglou a plusieurs milliers de braves qui lui ressemblent, et personne ne pourrait les connaître tous. »—Alors le pacha se tournant vers Koûroglou, lui cria : « Hola! viens ici avec le cheval, je veux le monter ; » mais Koûroglou répondit : « Santé au pacha. » Un nouvel air me vient en tête, écoute cela. »

Improvisation. — « Un cheval bai pour le cavalier qui le monte est un gage de bonheur, et une source de délices. Ses genoux sont noirs, son cou rappelle celui du chameau *Baggar* [1]. Le cœur du cavalier s'inonde de délices. Quand le cheval bai, est en marche, son allure ressemble à celle du chameau *Koshak* [2] ; quand il a de l'embonpoint, son dos paraît de même largeur que sa poitrine, et la distance qui existe entre ses jambes de derrière est telle, que, dans cet espace, un archer peut s'asseoir pour bander son arc. Le cœur du cavalier s'inonde de délices. »

Le pacha dit : « Aushik, tu deviens par trop familier ; je te le répète, en voilà assez ! Je veux monter moi-même Kîrat. » — Koûroglou se prit à rire dédaigneusement, et répondit : Fou de pacha que tu es ! j'éclabousserai ton turban ! Comment peux-tu songer à monter un pareil coursier ? il a plus d'intelligence que toi. — Hamza-Beg, s'écria le pacha, ordonne-lui donc qu'il descende ; je le lui ai commandé, mais il n'en veut rien faire. En vérité je tremble que cet homme ne soit Koûroglou lui-même. Pourquoi lui as-tu livré le cheval. » Puis, s'adressant de nouveau à Koûroglou : — « Aushik, vite, mets pied à terre, es-tu sourd ? »

Koûroglou répliqua : « Pacha, je me rappelle un air, écoute . »

Improvisation. — « Ce cheval est à moi. J'ai couvert ses

[1] Espèce de chameau très-estimée en Perse.
[2] Autre espèce de chameau.

reins précieux d'une housse de soie. Je lui ferai prendre un bain dans une véritable rivière de vin rouge. Parmi les cinq cents coursiers de Koûrouglou, celui-ci est le préféré. Le cœur de son cavalier s'inonde de délices ! »

Le pacha s'écria : « Pas un mot de plus, en bas sur-le-champ. — Pacha, fit Koûroglou : ce cheval ne se laisserait pas monter par toi, à moins que je ne lui tienne la tête ; que veux-tu faire ? Ce cheval est à moi. Ecoute, voici encore quelques vers dont je me souviens : »

Improvisation. — « Laisse-moi chanter l'éloge du cheval arabe. Dès sa troisième année, tous ses traits extérieurs peuvent être parfaitement distingués. Sa peau est étroitement collée sur les jambes ; ses sabots paraissent comme si on les eût polis ; ses côtes ressemblent à celles d'un jeune taureau, et ses jambes de devant à celles d'un cerf. quand le cheval a quatre ou cinq ans, un homme assis en selle ne pourrait avec sa main atteindre la tête de l'animal. Au jour du combat, le noble coursier tourne sa tête du côté de l'ennemi, ses yeux sont levés vers le ciel, et il aspire le vent avec ses larges naseaux. »

Le pacha vit enfin clairement que Koûroglou ne voulait pas descendre. Il fit signe à ses nombreux serviteurs ; ceux-ci, immédiatement entourent Koûroglou, qui ressemblait à une pierre enchâssée dans une bague.

Ce voyant, Koûroglou, tout réjoui, s'écria : « Mécréant ! comment oses-tu entreprendre de donner la chasse à un vieux limier de cent ans, avec une poignée de roquets ? Laisse-moi t'achever la peinture du vrai cheval de sang : » Et il reprit son improvisation en ces termes :

Improvisation. — « Lorsque le cheval est entre sept et dix ans, sa robe devient de plus en plus lisse, et, à dix ans, la couleur propre du cheval est fixée à toujours. Si Daly-Mehter, le chef palefrenier, s'approche de lui, le cheval se dresse sur ses jambes de derrière, et, pour en venir à bout, on est obligé de le frapper sur la bouche avec un bâton. »

Le pacha s'exclama : — « Aushik, tu t'es emparé de mon cheval. Ce cheval est le mien et non le tien. Ai-je insulté ta mère, coquin? De ce que tu t'es montré capable de monter cet animal, s'ensuit-il donc qu'il doive t'appartenir? — Très-bien! pacha! si cela te convient, allons devant la cour du mufty, pour qu'il juge entre nous. Je puis fournir la preuve que ce cheval est ma propriété. » Puis Koûroglou chanta de nouveau :

Improvisation. — « Parti de Tchemlî-bil, je suis arrivé ici; j'avais appris que Kîrat s'y trouvait. Koûroglou ne ment pas. Il te dit que ce cheval est le sien. Je suis capable de le monter. Et voilà comment on dupe un vieux sot!...

« Tu es donc Koûroglou! s'écria le pacha ; Dieu en soit loué! Je t'ai cherché au ciel, et je te rencontre sur la terre. Je te ferai mettre en morceaux, de telle sorte qu'il ne reste rien de toi au monde! »

Hamza-Beg, voyant que la querelle s'envenimait et que les choses allaient tourner au pire, se retira à l'écart, pour voir de loin ce qui pourrait en résulter.

Le pacha s'écria : — « Hamza-Beg, viens ici, cet homme est Koûroglou. » — Hamza-Beg répliqua : — « Oui, je vois bien, mais que pourrais-je faire? Ne t'ai-je pas conseillé de ne pas lui remettre le cheval entre les mains? » — Le pacha fut effrayé par ces paroles, mais il n'en continua pas moins d'interpeller Koûroglou en lui commandant de descendre. Et celui-ci dit au pacha : — Un chant me vient encore en mémoire; prête-moi l'oreille : »

Improvisation. — « Hassan-Pacha, ne te fie pas trop à ton pouvoir : j'ai plus d'un serviteur qui te vaut bien. A quoi te servirait de grimper sur les monts et les rochers? Crois-moi, les pieds de ton cheval ne peuvent point passer par mes chemins. Aghas! sultans! portez vos regards sur le vaste désert. J'habillerai vos corps, de la tête aux pieds, de la pourpre du sang. Je vous tuerai avant de revoir mon

Ayvaz. Les épaules de mes serviteurs portent de lourds jezzaïrs [1]. Montre-moi le héros qui pourrait bander mon arc. — Dites-moi, héros béliers, lequel d'entre-vous ne craindrait pas d'aller choquer de la tête contre les boucliers ? Sachez que je puis mâcher le fer et le recracher vers le ciel. Je suis le maître de Tchemlî-bil et de ses montagnes aux cimes couvertes de neige ! »

Le pacha dit : — « Rends-moi le cheval, je t'en donnerai un autre en échange et te laisserai partir ; sinon, tu vas mourir, et ce sera malheur, en vérité. »

Le chant suivant fut la réponse de Koûroglou :

Improvisation. — « Koûroglou vous dit : Mon armée est en marche ; mes hommes, semblables à des béliers, brûlent d'une ardeur nouvelle au jour du combat. Je compte mille homme de chaque tribu réunis sous ma bannière. Seul, je puis montrer cent mille stratagèmes ! »

Le pacha donna l'ordre à ses hommes de saisir le chanteur. Sur ce, Koûroglou invoqua Ali, et, tirant son épée du fourreau, il se jeta sur les nomades comme un loup affamé sur un troupeau. Il eut bientôt entassé de tous côtés des monceaux de cadavres, et le pacha prit la fuite.

Koûroglou se dit en son cœur : Hamza-Beg m'a rendu de tels services que je dois lui prouver sérieusement ma gratitude. Je tuerai Hassan-Pacha et j'investirai Hamza de sa dignité. Je vais le faire régner sur la tribu de Haniss. Puis, donnant de l'éperon à Kîrat, il fut bientôt sur les talons du fugitif et, d'un coup de son épée, Koûroglou lui fendit le crâne comme une tête de pavot.

Ayant vu le sort de son maître, Hamza-Beg saisit son turban et le jeta aux pieds de Kîrat ; ce qui signifiait : nous nous rendons, nous sommes tes prisonniers. Koûroglou lui dit : — « Hamza-Beg, si j'ai mis à mort le pacha, c'est dans la seule intention de te faire son successeur.

---

[1] Longue arquebuse appelée aussi *shamkhal* ou *shakhmal*. — Cette arme porte à une grande distance.

Si, dans ton cœur, tu as conçu quelque autre désir, fais-le-moi connaître, afin que je l'accomplisse. »

Koûroglou, après avoir solidement établi l'autorité de son ami sur la tribu de Haniss, retourna à Tchemlî-bil.

En passant à travers le dernier campement, il jeta les regards dans l'intérieur de quelques tentes. Des eunuques en sortirent à l'instant et lui firent reproche de la hardiesse avec laquelle ils supposaient qu'il voulait pénétrer de l'œil dans le harem d'Hassan-Pacha. Koûroglou demanda si la femme d'Hamza-Beg était là. — « Elle y est, lui fut-il répondu. — Combien Hassan-Pacha avait-il de filles? — Sept; et l'une d'elles est mariée à Hamza, les autres sont encore sans époux. — Amenez-les-moi ici, placez-les en rang; je désire les voir. » — Ses ordres furent exécutés. Il dit. — « Celle-ci peut partir : c'est la femme d'Hamza-Beg, et dès lors, c'est une fille, une sœur pour moi. » Et il pensa dans son cœur : « Dernièrement j'ai blessé le cœur de Daly-Mehter au sujet de la perte de Kîrat. Je ne puis le consoler avec de l'argent ou des cadeaux, car il est assez riche pour n'avoir rien à souhaiter de ce côté. Ce que je puis faire de mieux, c'est de choisir la plus belle des filles du pacha, et de lui en faire présent, afin de tenir par là son cœur entre mes mains. »

Il fit donc choix de la plus jolie des six sœurs et la mit en croupe derrière lui. Puis il dit à l'eunuque : — « Si Hamza-Beg s'enquiert de ce qu'est devenue la fille du pacha, tu lui diras que Koûroglou l'a emmenée à Tchemlî-bil pour la donner à l'ancien maître d'Hamza, à Daly-Mehter. »

Koûroglou galopa de meuzill en meuzill jusqu'à sa résidence. Tous les bandits vinrent à sa rencontre. Il dit à Ayvaz de faire venir Daly-Mehter, et il fit conduire la fille du pacha dans son propre harem. Aussitôt qu'apparut Daly-Mehter, Koûroglou lui dit : — « Ecuyer, écoute-moi. Je me suis emporté contre toi au sujet de Kîrat, faisons maintenant la paix. J'ai ramené ici la fille d'Hassan-Pacha : elle est à toi. » — Puis, se tournant vers Ayvaz : — Qu'on n'épargne pas la dépense ; que des noces splendides soient préparées, car la fiancée de Daly-Mehter est une fille de haut rang, à laquelle il faut rendre les honneurs qui lui sont dus. »

Les cérémonies et les illuminations durèrent sept jours à Tchemlî-bil. A la fin du septième jour, la fiancée, conduite à la résidence de Daly-Mehter, fut enfin remise aux mains de son époux.

A. Chodzko et Ad. Breulier.

A suivre.

UN MUSÉE PERSE AU LOUVRE.

L'histoire des différentes vicissitudes qu'ont éprouvées les arts chez les peuples civilisés présente un vaste sujet d'études. En ces derniers temps, l'esprit d'investigation historique s'en est emparé et a trouvé une source abondante de renseignements nouveaux.

Déjà au seizième siècle on avait commencé à donner quelque attention aux monuments épigraphiques grecs et romains. Les médailles avaient été consultées. Elles vinrent jeter leur lumière sur l'histoire, et furent d'un grand secours aux artistes de la renaissance. En ces derniers temps, l'Orient a eu son tour. Des voyageurs et des artistes ont parcouru l'Egypte et ont rapporté de cette intéressante contrée, non seulement des descriptions étendues et des dessins exacts, mais des monuments qui nous ont fait apprécier l'art des anciens dans son expression la plus solennelle.

L'Inde a été pour les Anglais une mine féconde qui n'a cependant pas été suffisamment exploitée. La Judée, la

Mésopotamie ont été tout récemment le but de nombreux visiteurs. Nos musées se sont enrichis des bas-reliefs de Ninive, d'un tombeau de Judée et de celui d'un roi de Sidon.

La Grèce et Rome sont glorieusement représentées dans les salles basses du Louvre.

Il n'est pas jusqu'aux peuples à demi sauvages de l'Amérique du sud qui n'aient leur place dans ce palais des arts.

Un seul peuple paraît oublié, et cependant il a son rang parmi les plus illustres. C'est le peuple perse. Les voyages de Chardin et de Ker-Porter nous ont appris qu'il y avait, non loin de Chiraz, les ruines les plus imposantes du monde après celles de Thèbes. Récemment une commission composée de M. Coste, architecte, et de M. Flandin, dessinateur, a exploré ces ruines.

Les palais de Darius et de Xerxès ont été mesurés et dessinés. Un magnifique ouvrage a mis le public en état de juger de la beauté de l'art perse. Nous ne savons rien de mieux fait ni de plus complet sur ce point. Cependant il nous reste un vœu à former. C'est de voir une collection d'antiquités perses venir compléter au Louvre la série de l'histoire de l'art. La sculpture des anciens Perses n'est point inférieure aux produits de la Grèce primitive, alors que les formes hiératiques n'avaient point encore été altérées.

Le musée britannique nous offre quatre bas-reliefs tirés des palais de Persépolis qui rappellent les sculptures éginétiques. Même simplicité de lignes, même calme d'expression. Ces bas-reliefs destinés à décorer des monuments, participaient à l'effet général par l'habile disposition des lignes verticales. C'est du grand art, trop vite méconnu plus tard.

Nous souhaitons donc que le gouvernement impérial qui vient de mener glorieusement à fin le travail gigantesque de l'achèvement du Louvre, songe à enrichir une des salles de ce palais, de divers spécimens de l'art des anciens Perses.

Le moment semble d'autant plus opportun, que nous avons encore à Paris S. E. Feroukh-Khan, prince persan, aussi remarquable par son éminent savoir que par sa bienveillance pour les idées européennes. Il a visité nos musées et comprendra le degré d'intérêt que nous pouvons avoir à posséder quelques fragments des ruines de Persépolis. Nul doute que de retour dans son pays, il n'aide de tout son pouvoir les jeunes savants que le gouvernement français désignerait pour aller choisir des bas-reliefs dans la plaine de Mardacht.

Et qu'on ne crie point au vandalisme et à la profanation ! A ce point de vue il n'y aurait pas de musée possible. Ces ruines sont abandonnées au milieu d'un désert, et nul ne s'inquiète aujourd'hui de ces débris du passé.

Sans nuire d'une manière sensible à ces immenses monuments, on peut détacher quelques bas-reliefs, relever quelques chapiteaux tombés. Un choix habilement fait, nous donnerait au moyen de spécimens variés des notions vives d'un art que nous ne connaissons en France que par ouï dire. Ce que nous entreprendrons là, nous venons de l'exécuter en Egypte, à Ninive. Sachons agir à propos à Persépolis, afin que d'autres ne choisissent pas avant nous.

CHARLES COURNAULT.

LE RAGHOU-VANSA[1]

POEME HISTORIQUE DE KALIDASA

Publié pour la première fois en français.

CHAPITRE VI.

Le choix d'un époux[2].

Aja aperçut là des chefs de peuples, ornés de pompeux habits, assis sur des trônes, que garnissaient des coussins magnifiques, et égaux en beauté aux dieux portés sur leurs chars célestes[3]. Dès qu'à leur tour ils eurent vu ce jeune homme, pareil à ce Kâmadéva[4] auquel Siva, sur les vives prières de Rati[5], avait rendu un corps[6], leur esprit perdit l'espoir d'obtenir Indumati. — Pour lui, il monta, par un chemin tracé entre des gradins, jusqu'au siége que Bhoja lui avait destiné, de même qu'un lionceau, à travers les pierres d'une roche, gravit le sommet élevé d'une montagne. — Quand il se fut placé sur le trône, émaillé de pierres précieuses et recouvert d'étoffes d'une couleur éclatante, sa beauté l'aurait fait aisément comparer à Cârtikéya, assis sur le dos d'un paon. — Dans cette royale assemblée, sa

[1] Cinquième article. Voir les numéros de décembre, janvier, avril et juin derniers.

[2] On appelait *swayambara* la cérémonie par laquelle les princesses indiennes, plus heureuses que la plupart de celles de l'Occident moderne, proclamaient librement l'époux de leur choix.

[3] Les dieux indiens étaient presque toujours portés sur des chars, comme le sont, dans la mythologie gréco-latine, Cybèle, Mars, Vénus, Amphitrite, Minerve, Apollon, etc.

[4] Kâmadéva, ou le divin Kâma, dieu de l'amour.

[5] Une des divinités les moins fameuses de l'Olympe hindou.

[6] D'après une tradition fort répandue, Kâma fut réduit en cendres, puis ressuscité.

beauté, dont on pouvait à peine soutenir l'éblouissante
splendeur, rayonnait çà et là comme un éclair dans un
amas de nuages. — Au milieu de ces princes qui, parés de
costumes somptueux, siégeaient sur des trônes éclatants,
le fils de Raghou brillait dans toute sa gloire, comme l'arbre *pârijâta* [1] parmi les autres plantes du ciel. — Les regards de tous les citoyens, dédaignant les autres rois, se
tournaient vers lui seul, comme les abeilles, négligeant les
arbres en fleur, se posent sur l'éléphant sauvage, dont les
tempes distillent une humeur odorante. — Alors des orateurs, habiles en généalogie [2], célébrèrent cette réunion de
monarques issus des dynasties de la lune et du soleil [3]; la
fumée de l'aloès brûlé se répandait au loin et montait jusqu'aux étendards. Le bruit solennel des instruments et
des conques sonores remplissait de toutes parts l'étendue
des airs et excitait aux danses les plus vives les paons
qui habitaient la forêt voisine de la ville [4]. La jeune princesse, qui allait choisir un époux, parée d'une toilette nuptiale, assise sur un char à quatre roues que traînaient des
hommes [5] et qu'entourait une grande escorte, entra dans
la route royale qu'on avait tracée au milieu des trônes. —
Cette vierge, belle entre toutes les créatures de Brâhma,
unique but de cent regards, attirait à elle les cœurs de tous
les rois ; leurs corps seuls restaient sur leurs siéges. —
Ces rois, dont la passion se concentrait sur elle, trahis-

[1] Arbre peut-être fantastique; car on supposait le ciel rempli de jardins merveilleux.

[2] On voit que cette science remonte plus haut que le moyen-âge ;
elle est vieille comme la vanité humaine : non seulement la Bible et la
poésie homérique, mais l'épopée indienne en attestent suffisamment
l'antiquité.

[3] Les deux familles rivales des temps primitifs de l'Inde. A cette
époque, où l'on adorait les astres, on en faisait tout naturellement
descendre les rois, de même qu'on y plaçait le séjour des morts vertueux.

[4] Les paons sautaient au bruit de ces conques, parce qu'ils croyaient
entendre le bruit du tonnerre.

[5] Ainsi que dans la Rome impériale, dans l'Inde ancienne, les esclaves
servaient de bêtes de somme.

saient leur amour et leurs sentiments par toutes sortes de
gestes et d'indices, comme on remarque dans les arbres
mille variétés de feuillage [1]. — L'un, pour badiner, serrant
dans sa main la tige d'un lotus, la faisait tourner en rond,
de façon que les abeilles voltigeantes en effleuraient mollement les feuilles agitées et que la poussière de leur calice
traçait un cercle dans l'air. — Un autre, en jouant, tour-
nait de côté son noble visage; puis il déliait et remettait à
leur place les chaînes de fleurs, qui, glissant de ses épaules, s'accrochaient aux bouts de son bracelet enrichi de
diamants. — Un autre, portant doucement en arrière ses
beaux yeux, heurtait son escabeau doré avec son pied,
dont les doigts étaient légèrement recourbés et dont les ongles brillaient au loin [2]. — Un autre, s'appuyant de son
bras gauche à son siége et par conséquent haussant trop
son épaule, faisait éclater ses guirlandes en levant le dos et
se livrait à une conversation avec un ami. — Un autre
jeune homme, touchant la feuille de *kétaka* [3], qu'il avait
suspendue à son oreille pour captiver la princesse, la dé-
chirait avec ses ongles, habitués à caresser les formes des
jeunes filles [4]. — Un autre, avec sa main, dont la paume
était brune comme le lotus et dont les lignes représentaient
un étendard [5], jetait en l'air, par plaisir, des osselets [6],
qui reflétaient l'éclat de ses bracelets de diamants. — Un
autre, levant sa main, dont les doigts étaient couverts de

[1] Il y a, sans doute, un peu d'affectation, mais beaucoup de finesse,
dans cette anatomie minutieuse des sentiments qui animent ces prétendants, plus galants que ceux de Pénélope dans Homère : les Indiens,
en poésie comme en philosophie, étaient d'assez habiles psychologues.

[2] N'oublions pas que les pieds des hommes étaient à moitié nus, couverts de peintures et ornés de bijoux.

[3] En botanique, *pandanus odoratissimus*.

[4] Ici, comme dans quelques autres rares endroits du *Raghou-Vansa*,
nous avons dû modifier la liberté par trop naïve du texte.

[5] Nouvelle allusion à la chiromancie, que les Tzingari ou Bohémiens
ont rapportée en Europe du fond de l'extrême Orient.

[6] Les osselets, le trictrac, les échecs, étaient connus des Indiens
avant qu'Homère et Hérodote nous les montrent en usage chez les Grecs.

brillants anneaux, la portait à son diadème, comme pour le remettre à sa place, quoiqu'il ne fût nullement dérangé.

— Alors Sunanda, l'éloquente gardienne de la porte [1], qui avait entendu parler des exploits et des ancêtres de ces princes, mena d'abord la jeune fille vers le roi de Magadha [2] et lui parla ainsi avec l'énergie d'un homme : — « Voici le roi qui siége à Magadha, le défenseur de ceux qui réclament sa protection ; d'un génie profond, illustre par le bonheur de ses sujets, il se nomme Parantapa et justifie bien sa renommée. — Qu'il y ait mille autres chefs ; lui seul peut passer pour bien gouverner la terre : de même, la nuit a beau posséder ses astres, ses étoiles, ses planètes ; la lune suffirait pour l'éclairer. — En pratiquant de continuels sacrifices, en invoquant perpétuellement Indra, il a été cause, pendant longtemps, que les cheveux de Sachi [3], flottant sur ses joues pâles, ont été dépouillés de fleurs célestes [4]. — Si tu veux donner ta main à cet homme éminent, entrant dans la ville de Pâtalipoutra [5], va charmer les regards des femmes assises aux fenêtres de son palais. »

— Quand la suivante eut parlé de cette manière, la vierge délicate, dont la couronne de fleurs de *madhûka* [6] mêlée d'herbe de *dûrva* [7] était un peu tombée, salua froidement le prince et, sans rien dire, le refusa. — Alors l'esclave

---

[1] Type fort semblable à ceux des nourrices ou intendantes, qui nous apparaissent souvent dans l'*Odyssée*.

[2] Ou Béhar, une des provinces soulevées en 1857 contre l'Angleterre.

[3] Sachi, femme d'Indra, représentait la matière, l'énergie des forces élémentaires de la création ; selon l'usage des mythologies orientales, elle a été reproduite dans les types variés de Mâyâ, Swadhâ, Prakriti, Aditi, Brahmi, Saraswati, Paraçakti, etc.

[4] Parantapa avait détrôné Indra ; la femme de celui-ci, Sachi, ne pouvait donc plus se parer. (Sur la manière dont les Indiennes portaient le deuil, cf. *Code of Gentoo Laws*, p. 286.)

[5] Appelée par les Grecs Palibothra. C'est là que régna Sandracottus (le Tchandra-Goupta qui figure dans le *Mudra Rakchasa*) ; c'est là que Séleucus Nicator, roi de Syrie, envoya son ambassadeur, l'historien Mégasthène.

[6] En botanique *bassia latifolia*.

[7] Appelée aussi *agrostis linearis*.

préposée à la garde de la porte conduisit la princesse vers
un autre monarque, comme le mouvement des flots, produit par un souffle des vents , pousse vers le lac Mânasa [1]
un cygne royal de lotus en lotus. — Et elle lui dit : — « Voici
le roi d'Anga, dont la beauté charmante est convoitée par
les vierges mêmes du ciel [2] ; ses éléphants sont domptés
par des hommes qui ont écrit les préceptes de cet art [3] ;
bien que vivant sur la terre, il jouit presque du bonheur
d'Indra. — Forçant les femmes de ses ennemis à verser
des larmes aussi grosses que des perles, il couvrait ainsi
leur sein de colliers de perles que ne retenait aucun fil [4].
Ce fameux couple de déesses, Sri [5] et Sarasvati, qui, naturellement, habitent à part, se réunissent pourtant en lui ;
heureuse Indumati ! par ta beauté et ta voix mélodieuse,
tu mérites d'entrer en tiers dans leur union. » — Mais la
jeune fille, détournant ses regards du roi d'Anga, pria la
favorite de sa mère de continuer sa route : non pas que ce
souverain ne fût très-désirable, non pas qu'elle aurait eu
tort elle-même de le choisir ; mais les inclinations humaines
sont fort diverses. Ensuite la gardienne de la porte lui
montra un prince redoutable à ses adversaires, distingué
entre tous, pareil à la lune nouvelle : — « Voici le maître
d'Avanti ; il a les bras longs, la poitrine large, le corps
gracieux et mince ; il brille comme le soleil aiguisé avec soin
sur la meule de Visvakarman [6]. — Sa puissance est considérable ; dans ses expéditions, la poussière, soulevée par
les chevaux qui le précèdent, obscurcit l'éclat des joyaux
qui brillent sur le front des monarques voisins. — Ce héros,

---

[1] Lac souvent cité dans la poésie indienne.

[2] Ce sont les *Apsaras*, nymphes belles et gracieuses, qui paraissent
à plus d'un endroit des drames et des épopées de l'Inde.

[3] En effet Pâlaka et d'autres auteurs, à ce que nous apprend Malli-
Nâtha, avaient écrit des livres sur la manière de dompter les éléphants.

[4] Métaphore de mauvais goût.

[5] Ce mot est un titre d'honneur souvent placé devant les noms
d'hommes ou de femmes ; c'est aussi le nom d'une déesse.

[6] Singulière légende. Visvakarman, considéré comme créateur, est
chanté dans les hymnes du *Rig-Véda*.

habitant tout près de ce Siva qui porte la lune sur sa tête et réside sur le Mahâkâla [1], peut, même dans la partie obscure du mois, jouir, avec ses femmes, de nuits éclairées par la lune.—Toi, dont les jambes ressemblent à deux troncs de *rhamba* [2], sens-tu dans ton âme le désir de te promener avec ce jeune prince au milieu des immenses bocages agités par les vents qui troublent les eaux du Sipra? » — Si le *nélumbio* [3] se tourne vers le soleil, la tendre jeune fille ne se tourna point vers ce chef, qui éclairait ses voisins de sa lumière, comme le soleil éclaire les *nymphœas* [4], et qui avait épuisé ses ennemis par sa vigueur, comme le soleil épuise les marais. — Puis, la plaçant devant le maître d'Anûpa, Sunanda parla encore à cette ravissante créature de Dieu, colorée comme l'intérieur du lotus, célèbre par ses vertus et embellie par l'éclat de ses dents : — « Le pieux Kârtavîrya, qui, dans les batailles, semblait avoir mille bras et qui éleva des trophées dans dix-huit îles, jouissait sans rivaux du titre de roi. — Marchant devant tous, un arc à la main, ce législateur étouffait les actions basses dans le cœur même des hommes, dès que la pensée du crime y naissait. — Le roi de Sânka [5], dont le bras resta immobile malgré l'arc dont il était armé et qui avait vaincu Indra, vécut dans les fers de Kârtavîrya et gémit sur la longue suite de ses maux, jusqu'à ce qu'il réussît à l'apaiser. — C'est de la race de Kârtavîrya que descend ce noble Pratîpa, partisan des sectateurs des *Védas;* grâce à lui, Sri

---

[1] Le roi d'Avanti habitait le nord de l'Inde; c'est là qu'on plaçait, sur les monts Mahendra, Kaïlaça ou Mahâkâla, la demeure de Siva, représenté avec un croissant sur le front.

[2] Espèce d'arbre. Ces comparaisons, familières à la poésie sanscrite, rappellent le *Cantique des Cantiques.*

[3] Plante aquatique, souvent citée par les poètes de l'Inde.

[4] Plante aquatique.

[5] Ou Ceylan (la Taprobane des Grecs), si fameuse dans le *Râmâyana* comme possession de Râvana et conquête de Râma; les indigènes l'appelaient Singhala. Il y a une littérature singhalaise, qui commence à être connue et qui nous a conservé beaucoup d'ouvrages et de traditions bouddhiques.

a échappé au reproche qu'elle méritait, en dépit des
faveurs prodiguées par elle, au reproche d'inconstance.
— Le feu [1] l'accompagne dans les combats ; la pointe aiguë
de la hache de Râma, meurtrière pour les Kshatryas, ne
lui parut pas plus tranchante qu'une feuille de lotus. —
Repose, comme Lakshmi, sur le sein de ce héros aux longs
bras, si tu éprouves le désir d'apercevoir, par les fenêtres
de ton palais, Réva [2], agréable par les flots qui la baignent,
et entourée, ainsi que d'une ceinture, par les barrières du
Mâhishmati [3]. » — Mais ce roi, à l'aspect si imposant, ne
plut pas à la jeune fille autant que la lune plaît aux
nymphœas quand elle est pleine et que l'automne a écarté
le voile des nuages. — Alors celle qui ferme les apparte-
ments des femmes, lui montrant Sushéna, prince de Sûra-
séna, comblé de louanges même dans l'autre monde et
rehaussant l'éclat de ses deux familles aux mœurs si
pures, adressa ce discours à la jeune fille : — « Ce pieux
roi descend de Nîpa ; les vertus, pénétrant en lui, comme
des animaux qui entrent dans le paisible ermitage d'un
saint [4], oublient pour lui la discorde réciproque qui leur est
naturelle [5]. — Dans sa demeure règne sa beauté, pareille
à cet éclat de la lune qui flatte les regards ; mais sa force
invincible s'est déchaînée contre les habitations de ses
ennemis, dont les toits sont couverts de gazon. — Quand
il se joue dans l'eau avec ses femmes, grâce à l'essence de

---

[1] Autrement dire, le dieu Agni ; en effet, comme le remarque Malli-
Nâtha, le *Mahâbhârata* nous raconte qu'Agni soutint ce prince dans
sa lutte contre Râma, fils de Jamadagui (une des incarnations de
Wishnou), surnommé Paraçou-Râma ou Râma à la hache, pour le distinguer du fameux héros de Vâlmiki.

[2] Capitale du roi Pratîpa.

[3] Nom de montagne.

[4] La poésie indienne nous montre sans cesse des animaux apprivoi-
sés par des anachorètes ; saint Antoine, saint Paul, saint Jérôme, saint
Roch, saint François d'Assise ont, depuis le christianisme, renouvelé
ces mœurs de l'âge d'or.

[5] Le poëte, comme plus haut (chapitre Iᵉʳ, sloka 22) veut parler de
l'opposition des diverses vertus entre elles.

sandal qui coule sur leurs poitrines, le Yamuna, jusqu'à la ville de Mathura, brille des mêmes couleurs qu'à l'endroit où il se confond avec les flots de la Ganga [1]. — Quand il porte ce diamant, étincelant sur son sein, que le serpent Kâlika, habitant les bords du Yamuna, avait laissé tomber par peur de Garuda [2], il humilie Krishna [3] lui-même, paré de la pierre précieuse de Kaustubha : — Prenant ce jeune homme pour mari, belle Indumati, jouis des félicités de la jeunesse, dans Vrindâvana [4], qui ne le cède pas même à Chaitraratha [5], et dors sur une couche de fleurs semée d'un agréable feuillage. — Assise sur le plateau d'une montagne qui exhale l'odeur du bitume et que des gouttes de pluie rafraîchissent à l'heure des orages, regarde les ébats des paons dans les attrayantes cavernes de Govardhana. » — La princesse, au nombril circulaire comme une trombe d'eau [6], passa devant ce monarque, voulant devenir l'épouse d'un autre, ainsi qu'un fleuve courant vers l'Océan passe devant une montagne qui obstrue sa route. — Puis la suivante recommença à parler à la vierge, que son visage faisait ressembler à la pleine lune, et qui s'était arrêtée près d'Angada, roi de Kalinga, aux bras entourés de bracelets, terrible vainqueur de ses adversaires.— « C'est

---

[1] Tel est le sens de ce sloka : « L'eau noire du Yamuna, mélangée avec les essences qui découlent de la poitrine des femmes occupées à se baigner, prend, même près de la ville de Mathura (c'est-à-dire loin du confluent de ce fleuve avec la Ganga), la même couleur qu'elle a auprès de Prayâga (Allahabad), où elle se confond avec les eaux blanchâtres du Gange. » Cf. le *Méghadûta* de Kâlidâsa, 53, le *Kâvyaprakâsa* (p. 184, 1. IV), et un autre endroit de notre poëme (ch. XIII, 54-57).

[2] Garouda, symbole de la course du soleil, aigle qui porte Indra et rappelle celui de Jupiter.

[3] Héros merveilleux de beaucoup de poëmes indiens, dont les actions ont quelque rapport avec celles d'Hercule ou de Bacchus.

[4] Ville des Etats de Sushéna.

Un des jardins célestes de la mythologie hindoue.

[6] Détail d'une ingénuité digne de la Bible ou d'Homère; ces traits s naturels constrastent avec la recherche d'expressions et d'images assez ordinaires chez Kâlidâsa, ce poète favori d'un brillant monarque et d'une cour civilisée.

le maître du mont Mahendra et de l'Océan ; il égale en force
cette montagne et elle a l'air de le précéder dans ses expéditions, sous la forme d'éléphants de guerre qui rendent
de l'humeur par les tempes. — Cet excellent archer aux
bras nerveux porte sur chacun de ces bras [1] une ligne tracée
par le froissement de la corde de l'arc ; on dirait deux sillons,
pétris de parfums et de larmes, où s'abîme la postérité des
ennemis captifs. — S'il dort dans son palais, il est réveillé
par la mer voisine, dont les flots brillent sous les fenêtres
de sa demeure et dont le bruit redoutable fait taire le tam-
bour destiné à marquer les heures [2]. — Promène-toi avec
lui sur le rivage de l'Océan, en écoutant le murmure des
palmiers, pendant que la sueur sera séchée sur ton corps
par les vents, qui apportent des autres îles les fleurs détachées des girofliers. » — La sœur cadette du roi de Vidarbha, dont la beauté charme et que charme la beauté, s'é-
loigna d'Angada, de même que Lakshmi, attirée de loin
par le caractère d'un homme, quitte celui auquel le destin
devient contraire [3]. — Ensuite la gardienne des portes,
s'approchant du possesseur de la cité à laquelle des serpents donnent son nom, de ce prince égal aux dieux par
sa beauté, adressa cet avertissement à la sœur de Bhoja :
— « Princesse aux yeux de perdrix [4], tourne par ici ton
visage ! » et lui tint aussi ce discours : — « Ce roi de la
race de Pandou, dont les épaules sont ornées de guirlandes
pendantes, dont l'huile jaune de sandal a parfumé les
membres, nous apparaît comme la première des montagnes.
ruisselante de torrents et pleine de rochers qui reflètent le
soleil levant. — Un jour, après la cérémonie de l'Asva-

[1] Malli-Nâtha fait observer que le mot est employé au duel et que,
par conséquent, ce roi était supposé ambidextre.

[2] Procédé tout primitif, qui précéda les sabliers, les cadrans solaires,
les clepsydres et les horloges à carillon.

[3] Lakshmi est aussi inconstante que la Fortune, célébrée par Horace
(Odes, I).

[4] C'est-à-dire aux yeux languissants.

médha[1], il avait terminé un sacrifice et baigné son corps; Agastya, qui avait contenu le grand mont Vindhya et laissé la mer à sec[2], lui demanda en riant si le bain lui avait réussi. — Enfin, cet insolent prince de Lânka, craignant de voir Janasthâni[3] dévastée, fit la paix avec ce monarque, qui avait reçu de Siva une arme fort difficile à obtenir, et partit pour prendre d'assaut le ciel d'Indra[4]. — Donnant ta main, selon les rites, à ce rejeton d'une noble origine, aussi féconde que la terre, montre-toi la rivale de la région du midi baignée par l'Océan que remplissent les perles. — Va soudain t'amuser dans les plaines voisines du mont Malaya, où les *tâmbûlas* enlacent de leurs bras les tiges des *pûgas*, où les branches des *élas* enveloppent le tronc des arbres de sandal, où les feuilles de *tamâlas* jonchent le sol. — Les membres de ce prince sont bruns comme le lotus, et ton corps délicat est doré comme l'essence de *rochana*[5]; pour augmenter mutuellement votre beauté, soyez donc unis, comme l'éclair et le nuage. » — Mais son conseil ne trouva point place dans l'âme de la sœur du roi de Vidarbha, de même que les rayons de la lune ne pénètrent pas dans le *nymphœa*, qui n'ouvre ses fleurs qu'à l'aspect du soleil[6]. — La jeune fille qui avait à choisir un époux parcourut les rangs de tous ces princes[7], comme la flamme d'une torche qui rayonne la nuit; et cha-

---

[1] Le fameux sacrifice du cheval, composé de cent cérémonies et mentionné dans les *Védas*, dans les lois de Manou et dans toutes les épopées sanscrites.

[2] Légende déjà indiquée.

[3] Nom de ville.

[4] Rien de plus bizarre et de plus commun que ces histoires de rois ou d'ermites détrônant les dieux à force de prières et de sacrifices.

Le *tâmbûla* a déjà été cité plus haut; les autres plantes énumérées ici sont encore peu connues.

[6] La distinction des plantes diurnes et nocturnes est souvent marquée dans les livres sanscrits.

[7] Cette revue des rois hindous passée par la jeune princesse est d'une couleur bien antique; on se rappelle, dans Justin, l'anecdote de cette fille d'un monarque gaulois préférant à tous les chefs du pays un exilé phocéen qui fonda Marseille.

cun d'eux, comme un palais dans une rue royale, restait ensuite dans l'ombre. — En face de la vierge, le fils de Raghou était incertain : « Me choisira-t-elle ou non? » se
disait-il ; mais un tremblement de son bras droit, du côté
où il est serré par le bracelet, dissipa ses doutes [1]. Une
fois arrivée à celui qui n'avait pas une tache dans tout son
corps, la princesse cessa d'examiner les autres rois : c'est
ainsi qu'un essaim d'abeilles, posé sur un *sahakâra* en
fleur, ne cherche plus ailleurs aucun autre arbre. — Sunanda, experte dans les convenances, voyant qu'Indumati, plus éclatante que la lune, avait concentré sur lui
ses pensées, essaya de l'instruire par ce long discours : —
« De la famille d'Ikshwâkou était originaire le roi Kakuts-
tha[2], célèbre par ses vertus, le plus éminent des souverains ;
c'est d'après lui que les chefs magnanimes du pays septentrional de Kosala tirent leur illustre nom de Kakutshides.
— Gravissant le mont Mahendra, qui ressemble à un
taureau énorme [3], rivalisant avec Siva de vitesse dans les
batailles, il força, à coups de flèches, les femmes des Asu-
ras à ne plus se couvrir les joues d'essences [4]. — Ce
même héros, heurtant de son bracelet le bracelet d'Indra,
usé par le contact d'Airâvata [5], s'empara de la moitié du
trône de ce dieu, même revêtu de sa forme première. —
De son sang naquit le roi Dilîpa, le flambeau de sa race,
couvert de la gloire la plus brillante, qui s'arrêta, après avoir
pratiqué quatre-vingt-dix-neuf sacrifices, pour ne pas exciter davantage la jalousie d'Indra [6]. — Pendant qu'il

---

[1] Le tremblement du bras ou de l'œil droit passait pour un présage
heureux chez un homme, pour un mauvais présage chez une femme.
Les Grecs et les Romains croyaient à des signes semblables.

[2] Cité dans le premier khânda du Râmâyana.

[3] On rapproche souvent ces idées du Mahendra, demeure de Siva,
et du taureau, sa monture.

[4] Ce qui veut dire, selon la remarque de Malli-Nâtha, qu'il tua les
époux de ces femmes, puisqu'il est défendu aux veuves de se parer.

[5] Éléphant qui porte Indra.

[6] On a vu plus haut tout au long le récit de cette pieuse lutte.

gouvernait la terre, le vent même n'avait pas écarté les vêtements des femmes enivrées et plongées dans le sommeil au milieu des allées des jardins [1] ; qui est-ce qui aurait donc cherché à étendre la main pour les saisir ? — Son fils Raghou occupe le trône paternel ; célébrant le grand sacrifice *visvajit* [2], il prodigua ses richesses, recueillies et amoncelées dans les quatre parties du monde, au point de ne plus posséder qu'un vase de terre. — Sa gloire infinie, qui a franchi les montagnes, pénétré au fond des mers, percé jusqu'au séjour des serpents [3] et atteint au ciel lui-même, sa gloire ne peut nullement se mesurer. — De lui est sorti ce jeune Aja, comme du maître des cieux est issu Jayanta, qui, à l'instar de son père, porte le lourd fardeau du monde, ainsi qu'un veau aide dans ses labeurs le taureau qui l'a engendré. — Choisis ce prince, qui te convient par sa noblesse, sa beauté, son jeune âge, ses diverses vertus, surtout sa modestie ; que le diamant s'enchâsse dans l'or ! » — A peine Sunanda eut-elle cessé de parler, que la princesse, surmontant sa pudeur et rayonnant de tout l'éclat de son amour comme des feux d'une couronne splendide, choisit le jeune homme. — La retenue l'empêchait d'exprimer sa passion pour lui ; mais cette passion s'exhalait du corps gracieux de la vierge aux boucles ondoyantes comme si elle hérissait tous ses cheveux. — La gardienne du seuil, voyant son élève en cet état, lui dit en souriant : « Noble Indumati, allons plus loin ! » Mais

[1] Par un contraste assez curieux avec l'austérité des Brahmanes, la dureté des Mounis et la frugalité des Waisyas, les poëmes indiens parlent assez souvent de l'ivresse des femmes : on croirait lire les épisodes des Ménades, séduites par Bacchus, dans les *Dionysiaques* de Nonnus de Panopolis.

[2] Sacrifice déjà indiqué plusieurs fois.

[3] Divinisés sous le nom de *Nâgas*. Ces légendes sur les serpents merveilleux sont fréquentes dans la tradition indienne, comme dans toutes les théogonies orientales. On y citait le roi des serpents Kâlika, le serpent céleste Ananta ou Cécha, le serpent infernal Vasouki, Nahoucha, le prince changé en serpent, etc.

la jeune fille, mécontente, la regarda de travers [1]. — Elle,
dont les jambes ressemblaient à des plantes flexibles, mit
dans les mains de sa compagne une guirlande jaunie par
une poudre odorante [2] et la chargea de l'attacher à l'endroit convenable, autour du cou de Raghou, comme un symbole matériel de son amour. — Ainsi enveloppé de cette
guirlande, tressée de fleurs riantes et suspendue sur sa
large poitrine, le noble jeune homme se figura que la sœur
du roi de Vidarbha lui avait passé au cou la chaîne de
ses bras. — « Voilà Kaumudi unie à la lune sans nuages !
Voilà la fille de Jahnou plongée dans l'Océan qui lui ressemble [3] ! » Tels étaient les discours, désagréables pour
les oreilles des rois, que tenaient d'une voix unanime les
citoyens, heureux de l'alliance de ces deux créatures,
douées d'égales vertus. — On voyait là, d'un côté, dans la
joie les amis du fiancé, de l'autre, dans la tristesse, la
troupe des rois, de même qu'au point du jour les *nélumbios* entr'ouvrent leurs fleurs sur les lacs, tandis que la
foule des nymphæas est ensevelie dans le repos [4].

CHAPITRE VII.

Aja emmène son épouse.

Alors Bhoja, roi de Vidarbha, menant avec lui sa sœur
unie à un époux convenable, comme Dêva [5] à Skanda,
s'apprêtait à rentrer dans sa ville. — Cependant, les au-

---

[1] Euripide, Virgile et Racine ne désavoueraient pas ces traits si délicats d'une passion virginale.

[2] De sandal probablement.

[3] Allusions mythologiques.

[4] Il est souvent question dans les poésies sanscrites des *nélumbios*
qui ne s'ouvrent que le jour, et des nymphæas, qui ne s'ouvrent que la
nuit.

[5] Femme du dieu de la guerre, Skanda ou Cârtikéya.

tres princes, brillant aussi peu que les planètes le matin, se dirigèrent vers les camps de leurs armées , trahissant sur leur visage et dans leur extérieur la colère que leur causait leur poursuite malheureuse auprès d'Indumati.—Au reste, grâce à la puissance efficace de Sachi, il n'y avait là personne qui eût osé troubler la cérémonie du choix de l'époux ; voilà pourquoi la troupe des rois resta tranquille elle-même, quelque irrités qu'ils fussent contre le descendant de Kakitstha [1]. — Le fiancé parcourut avec sa compagne la route royale, garnie partout de présents nouveaux, ornée de portiques brillants comme l'arc d'Indra et protégée contre l'ardeur du soleil par l'ombre des bannières [2]. — Quant aux femmes de la cité , dans leurs maisons enrichies de fenêtres dorées, désireuses de voir Aja, elles négligeaient leurs autres travaux et s'occupaient à peu près ainsi [3] : L'une, accourant tout à coup pour le regarder, laissant flotter dans l'air la couronne de ses cheveux, dont le lien était détaché, les retenait seulement de la main, mais ne pensait plus à les renouer. — Une autre, retirant son pied que soutenait l'esclave chargée de la parer et qui ruisselait d'essences, oubliait la grâce de sa démarche et traçait jusqu'à sa croisée un sillon humide. — Une autre, dont l'œil droit était enduit de pommade, mais qui n'avait pas encore peint son œil gauche, s'élançait de même à la fenêtre, tenant son pinceau à la main. — Une autre, les regards tournés vers sa croisée, ne rattacha point les nœuds de son vêtement déliés dans sa course ; mais elle apparut, soutenant de la main sa robe, dont les ornements faisaient ressortir la beauté de son nombril. — Une autre montra tant de précipitation que sa ceinture, à moitié garnie

[1] Aja.

[2] Toujours des mentions d'arcs-de-triomphe et d'étendards dans les fêtes hindoues.

[3] Encore une peinture un peu puérile , mais assez gracieuse, qui trahit un art fort avancé , en même temps que tous ces détails de coquetterie et de toilette témoignent d'une civilisation des plus raffinées.

de perles, retombait plus loin, chaque fois qu'elle avançait le pied avec négligence, et lui resta à peine enfin entre les doigts. — Emues d'une douce curiosité, elles exhalaient l'odeur des dattes; leurs yeux s'agitaient comme des abeilles et leurs fenêtres, où rayonnaient leurs figures, avaient l'air d'être couronnées de *nélumbios*. — Ces femmes, couvant des yeux le fils de Raghou, ne tournaient pas leur esprit vers d'autres objets; mais la force de leurs autres sens semblait avoir complétement passé dans leurs yeux : — « Elle a bien fait, la sœur de Bhoja, qui, désirée par des princes qu'elle n'avait jamais vus, a préféré choisir elle-même un époux; car eût-elle pu trouver autrement un amant qui l'égalât, comme Lakshmi[1] a trouvé Vishnou? — Si le père des créatures n'avait pas uni ce couple, doué, de part et d'autre, d'une beauté si digne d'envie, ses efforts pour répandre sur ces deux êtres tous ces dons de la beauté fussent restés inutiles. Sans doute autrefois ils ont été Rati[2] et Kâma, puisque, même entre mille princes, la jeune fille a rencontré celui qui lui convenait; c'est que leur cœur se rappelait leur union dans une vie précédente[3]! » — Après avoir entendu de la bouche des femmes de la cité ces paroles si flatteuses pour ses oreilles, le jeune prince entra dans le palais du frère de son épouse, brillant par le plus pompeux appareil. — Là, le prêtre de Bhoja, semblable au feu, ayant consacré à Agni du beurre et d'autres offrandes, le prit pour témoin du mariage et unit la vierge avec son fiancé. — Le fils de roi, saisissant dans sa main la main de la jeune fille, resplendit d'un éclat plus vif, comme la tige d'un *chûta*, qui enlace de ses rameaux les rameaux d'un *asoka* voisin[4]. — Les poils se

---

[1] Epouse de Wishnou et symbole de la Fortune.

[2] Epouse de Kâma et symbole de la Volupté.

[3] Allusion à la *Samsâra*, ou transmigration des âmes de corps en corps, improprement appelée métempsychose et que quelques savants, d'après Plotin, préfèrent appeler *métensomatose*.

[4] Le *chûta* et l'*asoka* étaient souvent enlacés, comme chez nous l'ormeau avec la lierre ou la vigne.

hérissaient sur les bras du fiancé ; la sueur inondait les doigts de la jeune fille ; à travers leurs mains serrées ensemble, l'agitation de l'amour semblait se partager également entre eux deux. — Leurs regards, à tous deux, errant çà et là, jaillissant du coin de leurs yeux, puis se détournant dès qu'ils se rencontraient à la fois dans le même sens, étaient contenus par le doux frein de la pudeur[1]. — Tous deux, faisant par la droite le tour du feu qui s'élevait dans les airs[2], brillaient comme le jour et la nuit, s'avançant de compagnie sur les plateaux du Mérou. — La fiancée, aux formes arrondies et aux yeux de perdrix, sur l'invitation du pontife pareil à Brâhma, jeta avec respect des grains dans la flamme. — De cette flamme sortit une fumée pure, répandant l'odeur du beurre, des racines de *sami* et de la farine[3], fumée qui, retombant d'en haut sur ses épaules, se confondit quelque temps avec les fleurs qui décoraient ses oreilles. — Pendant que cette fumée sainte se répandait sur le visage de la vierge, ses yeux furent inondés par les essences qui se fondaient ; les grappes de grains à demi consumés s'attachaient à ses oreilles comme des anneaux et ses joues étaient toutes pâlies. — Ensuite, tous deux, la vierge et le jeune homme, assis sur des siéges d'or, furent, selon l'ordre légitime, couverts de graines humides par les pères de famille, par leur royal parent[4] et par les femmes mariées[5]. Quand le roi qui illustrait la famille des Bhojas eût terminé le mariage de sa sœur, ce prince, jouissant d'un bonheur si remarquable, ordonna à ses ministres de rendre de justes honneurs à chacun des monarques. — Ceux-ci, déguisant leur colère sous des marques de joie, comme des lacs pai-

---

[1] Ce manége d'yeux en coulisse et de regards échangés est assez curieux.

[2] C'était, nous l'avons vu, un rite consacré.

[3] Offrandes habituelles dans les sacrifices.

[4] Bhoja.

[5] Ces aspersions de graines ont déjà été indiquées deux fois plus haut.

sibles où se cachent des crocodiles, envoyèrent leurs com-
pliments à leur hôte et partirent, répondant aux honneurs
reçus par l'offre de riches présents. — Ayant fait un pacte
pour consommer leur entreprise, voulant aborder cette
gracieuse femme pour s'emparer d'elle en temps opportun,
ils allèrent se poster sur le chemin d'Aja. — Quant au
chef des Krathakaisikas [1], après avoir achevé le mariage de
sa sœur et lui avoir donné en dot des trésors proportionnés
à ses ressources, il laissa partir le fils de Raghou et le suivit lui-même. — Puis, quand il eut accompagné en route,
pendant trois nuits, Aja, célèbre dans les trois mondes [2],
le maître de la ville de Kundina [3] revint en arrière comme
la lune quitte le soleil à l'extrémité du Parvani [4]. — Depuis
longtemps déjà, tous les princes étaient ennemis de Raghou, roi de Kosala, qui leur avait enlevé à chacun bien
des richesses ; aussi maintenant, réunis ensemble, ils ne
pouvaient supporter que son fils eût trouvé une épouse si
remarquable. Comme Aja emmenait avec lui la sœur de
Bhoja, la troupe audacieuse des prétendants obstrua sa
route, comme l'ennemi d'Indra [5] assiége l'habitation de
Wishnou, qui a tiré de Bali [6] toute sa splendeur. — Ce
jeune homme, confiant à un ministre de son père et à beaucoup de soldats la garde de son épouse, reçut la troupe
des rois, comme le fleuve Sona reçoit dans ses eaux bouil-
lonnantes le fleuve céleste Bhâgîratha [7]. — Les piétons
marchèrent contre les piétons, les gens en char contre les
gens en char, les cavaliers contre les cavaliers, les con-
ducteurs d'éléphants contre ceux que portaient des éléphants. Chacun dans la bataille se choisit un adversaire

[1] Bhoja.

[2] Le ciel, la terre et l'atmosphère.

[3] Bhoja.

[4] Montagne de l'Inde.

[5] Cet ennemi est Prahlâda ; Malli-Nâtha renvoie au *Vâmana-Pu-
rana* ceux qui seraient curieux d'étudier la fable à laquelle Kâlidasa
fait allusion.

[6] Bali ou Bala était un Asoura.

[7] Affluent du Gange, confondu souvent avec le Gange même.

digne de lui[1]. Au milieu du fracas des trompettes, les archers, dont on ne pouvait pas distinguer les voix, ne proclamaient plus les titres de leurs ancêtres; mais ils se faisaient connaître mutuellement leurs nobles noms par des caractères gravés sur leurs flèches[2]. — La poussière, soulevée dans la lutte par les chevaux, amoncelée sous les roues des chars, écartée par les coups d'oreilles des éléphants, enveloppait le soleil ainsi qu'un voile. — Les étendards en forme de poissons[3], dont les bords étaient déployés par la force du vent, absorbaient la poussière épaisse produite par les bataillons et avaient l'air de véritables poissons qui s'abreuvent d'eaux troubles nouvellement tombées. — Le char se reconnaissait au bruit de ses roues, l'éléphant au son de sa clochette en mouvement; et les soldats eux-mêmes, répétant le nom de leur chef, se distinguaient l'un l'autre à travers des flots de poussière. — Au milieu des ténèbres répandues par cette poussière, ténèbres qui obscurcissaient la vue, un fleuve de sang, ruisselant des plaies des chevaux, des éléphants et des soldats, ressemblait au soleil qui vient de se lever. — Cette poussière, séparée du sol par le sang, poussée en haut par le vent, faisait l'effet de la fumée, sortie d'un feu dont il ne resterait plus que des charbons. — Dès que les guerriers traînés par des chars sortaient de la torpeur où les blessures les avaient plongés, excitant les cochers dressés sur leurs siéges et faisant retourner leurs chevaux, ils attaquaient avec fureur celui qui les avait frappés et qu'ils reconnaissaient à son drapeau. — Les flèches des archers habiles, bien que coupées au milieu de leur vol par une flèche ennemie, étaient lancées avec tant de vitesse, que leur partie antérieure, garnie d'une pointe,

---

[1] Ce tableau de bataille, quoique un peu long, soutiendrait la comparaison avec plusieurs de ces peintures, qui sont un des lieux communs de l'épopée homérique.

[2] Usage déjà indiqué plus haut.

[3] En souvenir peut-être de Wishnou, qui, dans une de ses incarnations, a revêtu la forme d'un poisson.

atteignait encore le but. — Dans le choc des éléphants,
les têtes des chefs, quoique tranchées par des disques de
métal [1] aiguisés comme des rasoirs, ne tombaient que longtemps après sur la terre, parce que les serres des vautours
s'étaient enfoncées dans leurs cheveux [2]. — Le soldat à
cheval, combattant un ennemi, ne continuait plus à frapper
celui qu'il avait blessé et qui ne pouvait plus lui rendre
ses coups; il aurait même voulu voir revivre celui dont le
cadavre penchait incliné sur le cou de son coursier [3]. —
Epouvanté quand les guerriers, armés de cuirasses et pro-
digues de leur vie, tiraient leurs épées et en heurtaient ses
dents énormes, chaque éléphant éteignait le feu qui en
jaillissait alors avec l'eau lancée par sa trompe. — Le
champ de bataille avait pour fruits des têtes abattues par
les flèches, pour coupes des casques tombés à terre, pour
vin du sang; on eût dit le festin de la mort [4]. — Comme
des oiseaux avaient déchiré par les deux bouts un frag-
ment de bras, un loup, blessé au palais par l'agrafe d'un
bracelet, leur abandonna cette proie, malgré son avidité
pour la chair. — Un soldat, dont la tête avait été coupée
par le glaive ennemi, prit place aussitôt sur un char céleste; une nymphe du ciel s'y assit à sa gauche, et il put
voir son tronc mutilé palpitant encore dans la plaine [5]. —
Deux autres guerriers, dont les cochers étaient tués, devinrent en même temps cochers et guerriers; puis, privés

[1] Appelés *Tchakras*; on en donnait pour attributs à plusieurs dieux,
et ils servaient dans les combats comme une arme des plus meurtrières.

[2] Malli-Nâtha commente cet usage étrange en montrant que les
vautours s'étaient perchés sur la tête des guerriers, avant même qu'ils
eussent été décapités par les disques; aussi, quand ils s'envolaient
comme leurs serres étaient enfoncées dans les cheveux de ces têtes,
elles ne tombaient pas tout de suite sur la terre.

[3] Il est intéressant de voir cette image de la charité mêlée aux détails du carnage le plus affreux.

[4] Allégorie plus familière à la poésie arabe ou scandinave qu'à la
poésie indienne.

[5] Ces récompenses, accordées par les dieux à la valeur guerrière,
nous reportent au Walhalla d'Odin et au Paradis de Mahomet.

de leurs chevaux, ils luttèrent avec leurs massues ; leurs massues une fois brisées, ils tâchèrent de se défendre avec leurs bras [1]. — Deux autres, également blessés et combattant ensemble, rendirent l'âme au même moment ; mais jusque dans leur immortalité poursuivant une seule et même *apsara* [2], ils continuèrent le combat. — Les deux armées passaient par des phases successives de défaite et de victoire, comme deux flots fougueux du grand Océan refoulés par un double vent en avant et en arrière. — Même quand ses troupes étaient repoussées par l'ennemi, Aja, avec la force redoutable dont il était doué, attaquait les troupes ennemies ; en effet, même quand le vent chasse au loin la fumée, là où il reste de la paille il s'allume du feu. — A lui seul, ce prince superbe, emporté par son char, armé de son carquois, de sa cuirasse et de son arc, contenait la troupe des rois ; tel le grand sanglier [3] contiendra les flots de l'Océan soulevés à la fin du monde [4]. — On l'admirait dans la mêlée, quand il portait sa main si belle vers l'extrémité de son carquois ; la corde de l'arc de ce guerrier, une fois tendue jusqu'à la hauteur de son oreille, semblait enfanter des flèches meurtrières. — Il joncha la terre de têtes ennemies, dont les lèvres, mordues dans un mouvement de colère, étaient restées rouges, de têtes profondément plissées par le froncement des rides, qui avaient été séparées de leurs cous par les flèches et qui conservaient une expression terrible. Tous les rois l'attaquèrent avec la furie la plus violente, avec toutes les forces de leur armée, avec leurs éléphants et leurs autres ressources, avec les milliers de traits qui percent les cuirasses. — Sur son char, rempli des traits nombreux de ses adversaires, on ne

[1] C'est presque l'héroïsme de Cynégire, l'illustre frère de l'illustre Eschyle, dans la grande journée de Salamine.

[2] Ces nymphes jouent ici le rôle des Walkyries des *Niebelungen* ou des Houris musulmanes.

[3] Wishnou, sous la forme de sanglier ; voir les *Pouranas*.

[4] Une de ces destructions partielles de l'univers, appelées *Pralayas* destinées à jeter les bases d'une création nouvelle.

le reconnaissait plus qu'à la hampe de son étendard ; il ressemblait au jour naissant voilé par la neige et à peine éclairé par le soleil. — Beau comme le dieu de l'amour aux armes fleuries [1], incapable de rester en repos, ce jeune fils d'un roi puissant communiqua sa force au trait emprunté aux Gandharvas et reçu par lui de Priyamsada [2] ; puis il s'en servit contre les princes. — Aussitôt l'armée de ces princes, saisie par le sommeil, resta en place, les mains occupées à tendre l'arc, les résilles des casques déployées sur les épaules [3], le corps appuyé sur les bâtons des drapeaux [4]. — Ensuite le jeune homme, approchant une conque de ses lèvres, qui avaient aspiré l'haleine de sa bien-aimée, y souffla, et ce héros apparut à tous, comme s'il s'enivrait de sa gloire, devenue solide et rassemblée entre ses mains. — Ses soldats s'élancèrent en reconnaissant le bruit de sa conque et l'aperçurent au milieu des ennemis vaincus, comme la lune, son égale, brillant parmi des lotus endormis. — Avec les pointes de ses flèches teintes de sang il écrivit sur les bannières des rois ces paroles : « Le fils de Raghou vous a aujourd'hui ravi votre gloire ; mais, par pitié, il ne vous a pas enlevé en même temps la vie ! » — S'appuyant d'un bras sur l'extrémité de son arc, ôtant son casque pour laisser flotter ses cheveux, le front inondé de gouttes de sueur, il revint vers son épouse chérie et lui parla en ces termes : — « Princesse de Vidarbha, vois ces ennemis ; un enfant pourrait leur arracher leurs armes, et je leur fais grâce : tu étais en mon pouvoir, et c'est par une lutte acharnée qu'ils t'ont disputée à moi ! » — Délivré de la crainte des ennemis, le visage d'Indumati rayonna sur-

---

[1] Ainsi que l'*Eros* grec ou le *Cupidon* latin, Kâma avait des flèches d'or et un carquois garni de fleurs.

[2] Voir plus haut (chapitre v) le don de cette arme enchantée fait à Aja.

[3] Ces résilles terminaient les casques par derrière et protégeaient le cou des guerriers.

[4] Cette influence de l'arc d'Aja fait songer aux contes de Perrault ou aux prodiges du magnétisme.

le-champ, comme un miroir qui reprend son premier éclat dès que la vapeur dont il est terni commence à s'évanouir. — Bien que transportée de joie, enchaînée pourtant par sa pudeur, ce ne fut pas de sa propre bouche, mais par la bouche de ses compagnes qu'elle répondit à son bien-aimé : telle la terre, arrosée par les gouttes d'une pluie nouvelle,. emprunte le cri des paons pour s'entretenir avec la foule des nuages [1]. — Alors l'irréprochable Aja, foulant de son pied gauche le diadème des rois [2], emmena avec lui sa femme éclatante de vertus ; les cheveux souillés par la poussière des chars et des chevaux, elle ressemblait à sa fortune triomphante, revêtue d'un corps. — Quand il revint vainqueur et maître d'une illustre épouse, Raghou, qui, déjà savait tout, vint le saluer ; lui confiant l'honneur de sa race, il désirait entrer dans la route de l'affranchissement suprême [3] : en effet, les héros issus de la dynastie du soleil cessent de vivre avec leur famille dès qu'ils ont un héritier capable de soutenir leur nom.

A. PHILIBERT-SOUPÉ,
Docteur ès-lettres.

(*A suivre.*)

---

[1] Les paons, très-communs dans l'Inde, crient pendant les temps de pluie.

[2] Cette image, que nous avons déjà vue dans ce poëme, rappelle un beau passage d'une des meilleures odes d'un chansonnier contemporain, mort récemment et à jamais immortel.

[3] Appelé en sanscrit *nirvána* (ou *moukti*, *môkcha*), en pâli *nibbana*, en birman *nieban ;* c'était le but final de la dévotion, tant pour les prêtres Aryas et les Bráhmanes orthodoxes que pour les Sânkhyas et les Bouddhistes. Pour les détails de cette grave question théologique, consulter le livre curieux et savant, publié en 1856 par M. J. B. F. Obry, d'Amiens, *sur le Nirvána indien.*

ALGÉRIE.

ÉTUDE SUR LE MÉDRACEN

ET SUR LE TOMBEAU DE LA CHRÉTIENNE.

Vous avez bien voulu m'inviter à vous apporter mon contingent de renseignements sur le Médracen et le Tombeau de la Chrétienne. En répondant à votre appel, mon but a été surtout de fournir une base aux appréciations de vos lecteurs, en leur donnant la description de ces deux monuments.

Je commencerai par le Médracen, qui des deux est de beaucoup le mieux conservé, et que je visitais en février 1850, en compagnie de MM. Lavarande et Séroka.

Nous avions quitté Bathna par la gorge où serpente la route, et après un trajet de trois lieues, debouché dans cette grande plaine où sont les ruines d'Oûmel-Asnâm (la mère des idoles). A une distance à peu près égale, du côté de l'Orient, la plaine est fermée par une petite chaîne qui porte le nom de Djebel-Azem. C'est sur les pentes orientales de ce soulèvement, et non loin de la crête que s'élève le Médracen, invisible du fond de la plaine.

Le sol sur lequel il repose est aride, clairsemé de thuyas, de genévriers et d'oliviers rabougris. Les pentes extrêmes sont meilleures et aboutissent à une plaine cultivée, dominée au nord par une colline rocheuse, aux pieds de laquelle se voient les ruines d'une bourgade romaine. Autour du Médracen, c'est à peine si l'on aperçoit quelques vestiges de constructions antiques.

De loin le Médracen apparaît sous la forme d'un large mamelon crayeux. De près, malgré les ravages du temps, il est facile d'en opérer mentalement la restauration.

Imaginez une base circulaire de près de deux cents mètres de circonférence sur cinq à six de hauteur, revêtue d'une série de colonnes engagées, surmontées d'une corniche fortement saillante ; puis en retrait vingt-huit assises décroissantes dont la dernière s'élève à vingt-deux mètres du sol ; tel est en somme le Médracen.

Avant d'aller plus loin, je crois devoir ajouter que j'ai porté le mètre partout où j'ai pu le faire, et que les autres dimensions ont été légitimement déduites par voie de calcul.

Le tablier de le colonnade a 55 mètres de diamètre, et 172 mètres 8 cent. de circonférence ; chiffres donnés tant par la somme totale des colonnes et de leurs intervalles, que par la mesure de l'assise la plus inférieure dont les dimensions paraissent identiques avec celles du tablier. Nous dirons tout à l'heure comment nous avons obtenu les dimensions de cette assise.

Les colonnes reposent sur un soubassement de 0 mètre 35 c. de saillie, et de 1 mètre 2 cent. de hauteur. Elles sont au nombre de soixante, à demi engagées, d'une hauteur de 2 mètres 7 cent., en y comprenant le chapiteau, et de 2 mètres 3 cent., le chapiteau non compris. Leur diamètre est de 0 mètre 48 cent., et l'intervalle de l'une à l'autre de 2 mètres 4 cent. Trois petits filets règnent à la naissance du chapiteau. Ce chapiteau, qui rappelle la forme toscane, mesure en hauteur 0 mètre 4 cent., y compris le tailloir, qui compte pour sa part 0 mètre 17 cent.

Vient une frise obliquement taillée à sa naissance (où l'on pourrait voir une architrave), puis se relevant verticalement, surplombant un peu sur la verticale des colonnes, et détachant supérieurement un éperon mince et saillant qui supporte la corniche. La hauteur totale est de 0 mètre 65 cent.

Sur la frise repose une corniche saillante à son origine de 0 mètre 1 cent., décrivant ensuite un quart de cercle presque complet, et se relevant par une bande épaisse de 0 mètre 1 cent. La hauteur totale de la corniche est de 0 mètre 8 cent., et sa circonférence la plus large de 180.

Telle est la partie inférieure ou cylindrique du Médracen, dont la hauteur totale est de 5 mètres 35 cent. Nous avons déjà dit que la partie corroïde se composait de vingt-huit assises circulaires, en retrait les unes sur les autres. Ce retrait est de 1 mètre, et la hauteur de chaque assise ou gradin de 0 mètre 6 centimètres.

L'assise supérieure n'ayant qu'un mètre de diamètre, et les suivantes se débordant successivement d'un mètre de part et d'autre, on arrive à constituer à la plus inférieure un diamètre de 55 mètres et une circonférence de 172 mètres 8 cent. Ces dimensions sont encore celles du tablier de la colonnade, dont le profil paraît à l'œil se confondre avec celui de l'assise inférieure. Cette dernière est en retrait de 1 mètre 2 cent. sur la corniche, dont le diamètre serait ainsi de 57 mètres 4 cent. et la circonférence de 180 mètres 1 cent.

Tel est le Médracen restauré : voyons ce qu'il est réellement. Des soixante colonnes il en reste en place une cinquantaine, dont environ la moitié intégralement conservées. Trois éboulements ont intéressé la colonnade : l'un au levant, l'autre au midi et le troisième, le plus considérable, au couchant. Ces éboulements ont déterminé dans quelques assises une légère dépression.

Des vingt-huit assises il manque les cinq supérieures. La plus élevée de celles existantes, celle qui couronne actuellement l'édifice, a une circonférence d'environ 41 mètres, ce qui fait bien un diamètre de 13 mètres, ainsi que le veut d'ailleurs sa place dans la série. Elle se compose de quatre cercles concentriques, dont les trois antérieurs ont une largeur commune de plus d'un mètre. L'intérieur a un diamètre de plus du double : les angles des blocs qui convergent à son centre se sont affaissés, et ce centre est marqué par un hiatus. Il est évident que cette assise n'était pas la dernière. Ainsi que par tout le reste de l'édifice, les blocs sont creusés d'entailles à leurs points de contact, où devaient être implantés des liens métalliques. La série se continuait jusqu'à la vingt-huitième, constituée inévitablement par un seul bloc cylindrique dont le diamètre était l'unité de mesures françaises.

Les blocs de revêtement cubent généralement près de deux mètres. Nous avons déjà dit que leur hauteur était de 0 mètre 6 cent. et la largeur des gradins de 1 mètre. Les blocs d'un gradin s'avancent sur ceux du gradin inférieur de 0 mètre 2 cent., là où les éboulements nous ont permis de mesurer. Dans les parties éboulées, on voit les blocs d'une même assise creusés d'entailles qui se correspondent, au point où elles sont couvertes par ceux du gradin supérieur. Nous avons dit la destination de ces entailles.

Derrière les blocs de revêtement il en est une nouvelle série, d'égales dimensions, mais d'une roche moins consistante et moins soigneusement appareillés. Derrière cette deuxième série, on n'aperçoit plus qu'un travail en larges moellons.

A l'est de ce Médracen, une ouverture d'environ un mètre carré, oblongue, pratiquée dans une des assises inférieures, donne entrée par un escalier de cinq ou six marches, dans une excavation d'environ quinze mètres cubes, obstruée par des éboulements.

Du même côté, des fouilles ont été pratiquées par le colonel Carbuccia, jusqu'au plein pied du monument, généralement enterré d'un mètre. Elles ont mis à nu un pavement en dalles.

On a parlé de portes à saillies cruciales, aux quatre points cardinaux ; nous n'en avons pas observé.

Ajoutons enfin que les matériaux du Médracen sont d'une excellente nature et parfaitement appareillés.

Le tombeau de la Chrétienne, reproduction du Médracen, quant au plan général et quant aux proportions, est aujourd'hui dans un état de dégradation complète.

De tout l'entablement nous n'avons pu trouver en place qu'une seule pierre, appartenant probablement à la corniche. Les colonnes, également à demi engagées, sont répandues par fragments sur le sol ou mêlées aux éboulements. Nous n'en avons pas trouvé une seule debout ; nous en ignorons le nombre.

Nous avons pu rencontrer un chapiteau d'ordre ionique. Nous avons observé trois des quatre pierres cruciales correspondant aux quatre points cardinaux. Nous avons donné le dessin de celle qui regarde le nord. Ces fausses portes sont dans un enfoncement en retrait du plan de la colonnade.

Le nombre des assises était plus nombreux, et les gradins moins élevés. Le faîte s'est écroulé plus largement.

Les dimensions sont un peu supérieures à celles du Médracen, surtout en hauteur.

Les matériaux sont très-médiocres. En maints endroits la pierre est corrodée et comme pulvérulente. C'est une cause du délabrement actuel.

En somme, le Tombeau de la Chrétienne se présente aujourd'hui comme une masse presque informe, un tumulus de pierres. Les assises sont fréquemment rompues ; les inférieures ont cédé et se perdent aujourd'hui dans les éboulements. De nombreux buissons laissent à peine apercevoir quelques lignes des gradins.

Voilà bien certainement deux monuments congénères : Identité de plan, similitude d'exécution, tout nous autorise à admettre une identité de destination. L'analogie et le témoignage de l'histoire, positif pour l'un d'eux, nous autorisent à les considérer comme des monuments funéraires, comme les pyramides de la Numidie. Ainsi que dans les pyramides, nous trouvons une excavation dans le Médracen ; l'entrée est également étroite pour être fermée par une pierre qui pouvait se déplacer. Des fouilles nous diront peut-être un jour si la chambre était unique ou multiple. Il doit en être de même du Tombeau de la Chrétienne. De ses quatre portes il en était probablement une qui donnait entrée dans une chambre sépulcrale.

En raison de sa position géographique, le Tombeau de la Chrétienne est évidemment le *monumentum commune regiæ gentis* de P. Méla. Mais de quelle dynastie fut-il la sépulture, et de quelle autre le Médracen ?

On ne s'est pas encore sérieusement, que nous sachions, posé cette double question. Pomponius avait appelé l'attention sur le Tombeau de la Chrétienne [1]. Sa proximité d'Alger le mit en évidence ; on s'enquit de sa destination et de l'époque de sa fondation. Le Médracen relégué dans les terres et peu visité, resta dans l'oubli. Cependant il existe une connexité flagrante entre ces deux monuments. Les questions qui se rattachent à l'un intéressent l'autre. On sera toujours en droit de demander à ceux qui se sont exclusivement occupés du Tombeau de la Chrétienne : qu'avez-vous fait de son frère ? et cela par la raison qu'il y avait en Numidie, concurremment à ces deux monuments, deux peuples et deux dynasties qui doivent entrer en ligne de compte.

---

[1] Nous engageons les curieux à lire les commentateurs de P. Méla. Les uns lisent *munimentum*, les autres *monumentum*. Vossius, tout en admettant que la dernière version est plus commune dans les manuscrits, adopte la première et traite ses adversaires d'imbécilles. Perizonius lui répond que ses insolences ne convertiront personne, et que ce monument, sépulture commune de la famille royale est situé, sans aucun doute, entre Jol et Jcosium. C'est assez que P. Méla en parle, dit Gronovius, pour que nous croyons à son existence.

De toutes ces hypothèses boiteuses, une des plus accréditées est celle que M. Duplat à reproduite dans la *Revue de l'Orient et de l'Algérie* (livraison de juin 1856). Le Tombeau de la Chrétienne a été construit par Juba II.

Nous allons la soumettre à l'analyse, on verra si elle est concluante. Tel est l'enchaînement des propositions sur lesquelles elle repose :

1° Le savant Strabon, qui décrit en détail, n'a pas cité le monument, donc il n'existait pas alors ;

2° Le monument est cité par P. Méla, postérieur à Strabon, donc il fut édifié dans l'intervalle ;

3° La capitale de Syphax était trop à l'occident, ou autrement, le centre de ses Etats était trop éloigné du monument pour qu'on pût songer à l'attribuer à ce prince ;

4° Il y a des analogies entre le monument et Jol d'une part, et les pyramides de l'autre ; donc il est l'œuvre de Juba II, qui embellit Jol et épousa une Egyptienne.

C'est là une excellente méthode d'argumentation : malheureusement les faits à l'appui de la thèse sont dénaturés.

1° En affirmant que Strabon décrit *avec détail*, on veut dire, ce nous semble, dans l'espèce, que Strabon est soigneux de mentionner les localités du nord de l'Afrique, et que celles qu'il a lues n'existaient pas, ou étaient sans importance. Eh bien ce n'est point là ce que nous avons trouvé dans le livre XVII de Strabon. De nombreux détails etnographiques ou physiques, mais peu de localités mentionnées. Strabon est aussi sobre de noms propres que P. Méla, dont le cadre est de beaucoup plus restreint. Pline en cite au moins le double, mais il se tait sur le monument. Ptolémée qui a consigné les noms de tant de localités insignifiantes, garde le même silence.

2° Le silence de Strabon, tout comme celui de Pline et de Ptolémée, ne prouve donc pas que le monument n'existait pas de son temps, et qu'il fut construit après lui : il prouve seulement une ignorance ou une omission. Tous les géographes n'ont-ils pas lu le Médracen ?

3° « Qui ne sait que la capitale de Syphax était bien au-delà de Mostaganem [1] ? » A cela nous répondrons que Syphax

___

[1] Nous signalerons en passant les erreurs renfermées dans la phrase qui suit celle que nous venons de citer, page 516.

avait plus d'une capitale et partant que ses Etats s'étendaient
bien plus à l'orient que cette interrogation ne semblerait l'insi-
nuer. La même page de P. Méla qui contient la ligne relative
au monument, contient encore celle-ci : *Cirta, quondam regùm
domus, et, Syphacis conforet, opulentissima.* Tite-Live dit
aussi : *Cirta caput regni Syphacis erat.* Est-ce clair ?

4° « La même architecture a présidé à la construction de
Julia et à celle du Tombeau (de la Chrétienne). »

Cette assertion nous paraît dénuée de fondement. Elle pourrait se prouver par une similitude de style ou de matériaux.
Quant au style, l'ordonnance du Tombeau de la Chrétienne
n'est pas, que nous sachions, prédominante dans le peu de monuments trouvés à Cherchel. Quant aux matériaux, voici ce
que nous avons observé dans nos courses nombreuses à travers
l'Algérie. Les Romains n'employaient pas toujours les mêmes
matériaux. A défaut, dans les environs, d'une pierre excellente,
et pouvant être taillée en grandes masses, ils travaillaient en
briques et en béton. Parfois, sans doute, d'autres motifs inter-
venaient, mais nous avons cru souvent à la réalité de celui que
nous alléguons, notamment à Tipasa, ville voisine du Tombeau.
Les pierres de Tipasa nous paraissent tirées des mêmes carrières que celles du Tombeau ; c'est dire qu'elles sont mauvaises,
aussi sont-elles employées sobrement.

Quant aux ressemblances avec les pyramides, certes si le
Tombeau de la Chrétienne existait seul, nous comprendrions
qu'on songeât à en attribuer l'érection à l'époux d'une Egyptienne. Mais le Médracen existe et durera plus longtemps que
son frère ; les réminiscences égyptiennes y sont également ac-
cusées. C'est qu'en effet, aussitôt qu'un architecte a été chargé
par un prince numide, soit de l'est, soit de l'ouest, de lui construire un monument de l'importance et de la destination du
Médracen ou du Tombeau de la Chrétienne, sa pensée a dû naturellement se reporter vers les pyramides. Du moment où vous
admettez que le Tombeau de la Chrétienne est l'œuvre de Juba II,
vous ne pouvez alléguer à l'appui de votre thèse les analogies
avec les pyramides, car alors le Médracen est l'aîné des deux
monuments, et le Tombeau de la Chrétienne, au lieu de procéder
directement des pyramides, n'est qu'une simple imitation du
Médracen. Cette antériorité est forcée dans cette hypothèse. En

effet, on concevrait encore que le Médracen ayant été construit par un des anciens rois numides, Micipsa, par exemple, Juba II, régnant sur d'autres contrées, y ait, à l'instar de ses ancêtres, construit un monument pour la sépulture de sa famille [1]. Mais on concevrait difficilement que Juba II, ayant bâti le Tombeau de la Chrétienne, son fils Ptolémée soit allé dans le pays de ses ancêtres édifier un monument pour y déposer leurs restes. Il eût été plus naturel de les rapporter dans le monument de son père.

En résumé, la thèse soutenue par M. Duplat ne repose que sur des faits historiques dénaturés ou mal interprétés. Elle ne prouve aucunement que le Tombeau de la Chrétienne est l'œuvre de Juba II.

Nous allons proposer une nouvelle hypothèse, et c'est à dessein que nous nous servons de ce mot, à défaut d'un témoignage historique positif. Loin de faire violence à l'histoire, cette hypothèse aura l'avantage de concorder parfaitement avec les traits généraux les plus saillants de la race numide.

On sait que cette race se partageait en deux fractions : les Massyliens à l'orient, et les Massœsyliens à l'occident. Chacune de ces fractions formait un Etat indépendant et gouverné par ses rois. Nous trouvons encore aujourd'hui debout au centre de chacun de ces deux Etats deux monuments jumeaux dont la destination ne saurait être mise en doute. N'est-il pas naturel d'admettre que chacun d'eux servait de sépulture à la dynastie respective ?

Chacun des deux peuples numides eut sa période de puissance, et cela alternativement, de telle sorte que la chute de l'un servit à l'agrandissement de l'autre.

Dès leur apparition dans l'histoire, ce sont les Massœsyliens ou Numides occidentaux qui sont les plus puissants. Syphax en était roi. Ses Etats embrassèrent presque toute l'Algérie, puisqu'ils s'étendaient de la Maloa jusqu'au-delà de l'Irta, la moderne Constantine. On lui connaît deux résidences : Siga et Cirta.

Les Massyliens étaient à cheval sur l'Algérie et la Tunisie.

---

[1] Cette manière de voir ne nous répugne pas essentiellement, mais en attendant qu'elle soit bien établie d'une manière sérieuse et positive, nous croyons, l'histoire en main, pouvoir substituer Syphax à Juba II.

Leurs rois avaient plusieurs résidences, soit simultanément, soit successivement, ce qu'attestent les dénominations de : *Hippo regius, Zama regia, Bulla régia, Thirmida regia.* L'emplacement de ces localités démontre clairement que les frontières des Massyliens ne dépassèrent pas la moitié orientale de la province de Constantine (avant que Rome ne les eût enrichis des dépouilles de leurs voisins).

Comme nous venons de le dire, le royaume de Syphax avait beaucoup plus d'étendue. La puissance de ce prince est prouvée par le prix que Rome et Carthage mirent à son alliance. On sait qu'Asdrubal et Scipion, chargés tous deux de la disputer, se rencontrèrent sous son toit. Sous le règne de Syphax, au dire de P. Méla, Constantine fut florissante : *Cirta, Siphacis cum foret, opulentissima.* Cette opulence devait se traduire par le luxe des constructions tout aussi bien que par les autres signes extérieurs de la richesse.

Syphax n'apparaît guère dans l'histoire qu'une dizaine d'années ; mais l'âge de son fils Dermina fait supposer de longues années de règne. Pendant cette période de paix florissante, ne put-il pas, à l'instar de Carthage, son alliée, faire venir un artiste de la Sicile, depuis longtemps couverte de chefs-d'œuvre d'architecture? Le chapiteau du Tombeau de la Chrétienne ne semble-t-il pas accuser la main d'un Grec, tout comme celui du Médracen la main d'un Toscan ?

Avec le peu de connaissances que nous nous sommes acquises pour nous rendre compte des nombreux monuments que nous rencontrions en Algérie, nous ne voyons pas que rien empêche d'attribuer à Syphax la fondation du Tombeau de la Chrétienne et de lui appliquer la dénomination que Bruce a vicieusement donnée à son congénère.

Le champ des hypothèses est plus restreint autour du Médracen. Nous n'en voyons qu'une seule possible et qui nous paraît identique avec la vérité, c'est qu'il servit de sépulture à la famille Massinissa.

« Il est impossible, dit M. Carette, de ne pas reconnaître dans Médracen le pluriel berbère d'un adjectif formé de Madrès. Ce monument était consacré aux descendants de Madrès. » Nous allons dire ce qu'était Madrès.

La race berbère, qui n'est autre que la race numide, se par-

tageait, suivant Ebn-Khaldoun, en deux branches, celle de Madrès et celle de Bernès, tous les deux fils de Ber. L'histoire dira
peut-être un jour si ce fractionnement de la race berbère a de
l'analogie avec les divisions établies par les Grecs et les Latins,
de Maures et de Numides ou de Massyliens et Massœysiliens.
Déjà M. Carette, avec son esprit ingénieux de rapprochements
et d'inductions, est entré dans cette voie, en comparant les dénominations gréco-latines avec les dénominations berbères.

Quoi qu'il en soit, l'Aurès paraît avoir été le lieu de sépara-
ration des deux branches. Les descendants de Bernès se répandirent sur les pentes méridionales de l'Aurès où l'on retrouve
encore leurs noms. Les descendants de Madrès en occupèrent
les pentes septentrionales. L'Aurès fut toujours dans les luttes
contre l'invasion ce que la Terre était pour Antée.

Massinissa, qui régnait sur les contrées habitées par les fils
de Madrès, appartenait évidemment à cette branche; ses ancêtres étaient Médracen. Il y aurait peut-être même un rapprochement à faire entre le nom de Massinissa et celui de Mikneça,
tribu madrès, qui se maintint dans l'Aurès jusqu'au neuvième
siècle de notre ère, époque où elle émigra dans l'ouest.

La famille de Massinissa régna pendant deux siècles sur le
pays dont le Médracen occupe à peu près le centre; ce fut elle
incontestablement qui le fit édifier. Toute autre hypothèse est
interdite par l'histoire.

Mais quelle fut l'époque de cette édification?

Nous en voyons deux entre lesquelles on pourrait hésiter:
les dernières années de Massinissa et le règne de Micipsa. Nous
admettrions de préférence cette dernière.

Micipsa régna trente années d'une paix ininterrompue. Ne
dut-il pas songer, pendant ses loisirs, à honorer dignement la
mémoire de son illustre père, et ne fallait-il pas un monument
tel que le Médracen pour aller à la taille du personnage héroïque
de Massinissa?

Rome n'avait pas encore conquis la Grèce, et le chapiteau
toscan du Médracen pourrait bien signifier qu'un architecte
venu de Rome fut chargé de le construire. L'histoire, il est vrai,
ne dit rien, mais l'histoire bien souvent ne mentionne que les
guerres, et se tait sur les règnes paisibles. C'est ainsi que Sy-

phax n'apparaît sur la scène qu'à propos des démêlés de Rome avec Carthage,

Notre intention n'est pas de faire l'historique de toutes les hypothèses que ces deux monuments ont suscitées. La plupart ne supportent pas l'examen ; c'est qu'il a manqué quelque chose à leurs auteurs : la vue de l'objet en question.

Puisque nous avons donné, d'après M. Carette, l'étymologie du Médracen, nous donnerons également celle du Tombeau de la Chrétienne, appelé par les Arabes *Queber er Roumya*. M. Judas, qui a fait une étude approfondie des monuments puniques en Algérie, ne voit là qu'une corruption de l'appellation primitive dans la langue indigène, *Queber er Roum*, le tombeau des grands ou des princes, titre que les rois numides prennent sur leurs médailles (*Revue arch.*, déc. 1847).

L. LECLERC,

Membre correspondant de la Société orientale
et des Antiquaires de France.

NOTICE

SUR LA VIE ET LES OUVRAGES

DE L'ORIENTALISTE SUÉDOIS MATTHIAS NORBERG.

L'homme qui fait l'objet de cette notice jouit en Suède d'une grande renommée comme savant et comme orateur académique. Pendant ses quarante années d'enseignement à l'université de Lund (en Scanie, à peu de distance de Copenhague), il a puissamment contribué aux progrès des études orientales. Il n'avait pas pour unique but en s'adonnant à la philologie d'y chercher des secours pour l'interprétation de la Bible, son dessein était au contraire de donner à la science toutes les applications dont elle est susceptible. Par la direction nouvelle qu'il sut imprimer aux esprits, le domaine de l'orientalisme fut agrandi sans bornes, et l'on peut dire qu'il fut pour la Suède le promoteur d'une révolution littéraire dans cette branche des connaissances humaines. Plusieurs des ouvrages de Norberg sont venus ajouter à nos connaissances, et ont été étudiés, parfois critiqués et souvent mis à profit par d'illustres savants d'en deçà de la Baltique. A ces différents titres, il mérite d'être connu de tous ceux qui s'intéressent à l'histoire des études orientales.

Matthias Norberg naquit en 1747 dans la paroisse de Nætra, (Angermanland) située sur le golfe de Bothnie, vis-à-vis de la ville de Wasa, en Finlande. Son père remplissait les fonctions de *lœnsman* (collecteur d'impôts et sergent de bailliage) et avait en outre la charge de surveiller la fabrication de la toile dans le Noorland. Lorsqu'il mourut, ses enfants étaient encore dans un âge très-tendre, mais ils furent traités avec un soin tout paternel par le second mari de leur mère, Jonas Tœrnsten, alors co-ministre à Nætra, ensuite doyen à Njurandra. Ces orphelins furent élevés selon leur condition, mais aussi selon la dure coutume du temps ; ils travaillaient sans relâche et se trouvaient parfois si fatigués à la fin de la journée, qu'ils ne pouvaient attendre le repas du soir et s'endormaient aussitôt leur tâche accomplie.

On voit que la vie ne se présenta pas d'abord à Matthias sous
des couleurs brillantes : la pauvreté de sa famille semblait même
le condamner aux travaux manuels ; mais ses parents n'en jugèrent
pas ainsi. Ils le destinèrent aux professions libérales, bien qu'ils
ne fussent pas en état de lui assurer des moyens de subsistance
pendant le cours de ses études. Matthias fut donc placé avec ses
deux frères au gymnase ou collége d'Hernœsand. Les trois enfants
y endurèrent toute sorte de privations. On rapporte qu'ils étaient
obligés de se mettre en mer pour aller chercher, dans des îlots
voisins de la côte, les provisions qui leur manquaient. Cette existence inquiète et agitée par les soucis, cette continuelle préoccu-
pation des besoins matériels ne fut pas pourtant un obstacle
invincible aux succès de Matthias. Il se distingua parmi ses con-
disciples et fit de grands progrès en grec, en hébreu et en mathématiques, mais il ne réussit pas aussi bien en latin ; ce n'est qu'à
l'époque où il fut nommé professeur à Lund qu'il s'appliqua
sérieusement à l'étude de cette langue. Devenu étudiant à Upsal,
en 1768, il se livra aux études profanes, tandis que ses frères se
préparaient à la carrière ecclésiastique. Sa position commença dès
lors à s'améliorer. Il trouva dans le produit des leçons qu'il donnait à des fils de famille de quoi subvenir à son entretien. Parmi
ses disciples se trouvaient les neveux d'Aurivilius, circonstance qui
lui donna occasion de se lier avec cet orientaliste distingué. Norberg fut reçu maître ès-arts en 1773, et l'année suivante se mit au
nombre des candidats pour une chaire de *docens* (agrégé) en grec
à l'université d'Upsal. Il l'emporta sur tous ses rivaux et obtint le
titre qui faisait l'objet de son ambition. Désormais à l'abri du besoin, il résolut d'employer tous ses instants à des recherches sur
l'histoire et la philologie orientales. Mais il ne pouvait longtemps
se contenter des faibles ressources que lui offraient les bibliothèques
de sa patrie pour ce genre de travaux ; bientôt il sentit la nécessité de parcourir les pays étrangers et d'y chercher des documents
inconnus à la Suède. Ayant obtenu du roi un *stipende* ou bourse
de voyage, il s'éloigna d'Upsal en 1776 et visita successivement
le Danemark, l'Allemagne, la Hollande, l'Angleterre et la
France. Les manuscrits de la bibliothèque royale attirèrent particulièrement son attention. Il y copia deux ouvrages traduits en
syriaque, le second livre des Rois et les quatre Évangiles, puis
un livre curieux qu'il publia postérieurement sous le titre de *Li-*

ber Adami. Ce dernier manuscrit avait été apporté d'Orient par le Suédois Otter, professeur de langues orientales à Paris.

En 1778, Norberg partit pour l'Italie en compagnie de l'abbé de Villoison ; il traversa Lyon, Turin et Milan, ne séjourna que peu de temps à Rome : il avait hâte de revenir à Milan, où il comptait mettre à contribution la célèbre bibliothèque ambroisienne. Les directeurs de cet établissement ne montrèrent pas autant d'obligeance que les bibliothécaires de Paris. Norberg n'obtint l'autorisation de transcrire le *Codex syriaco-hexaplaris* que sous la dure condition de faire pour la bibliothèque une copie de cet ouvrage et du second livre des Rois. Ces restrictions, qui auraient pu refroidir l'ardeur du jeune savant, ne l'empêchèrent heureusement pas de persévérer dans son projet. Il se crut assez récompensé de ses peines quand il apprit que le roi lui donnait mission d'accompagner Bjœrnstahl dans son voyage en Orient. Il alla aussitôt s'embarquer à Venise en 1779, pour se rendre à Constantinople, mais à son arrivée il eut la douleur d'apprendre que Bjœrnstahl était mort à Thessalonique. Cet événement le priva de l'espoir de visiter l'Asie. Forcé de terminer son voyage où il venait de le commencer, Norberg voulut au moins utiliser son séjour dans la capitale de l'empire ottoman. Il étudia l'arabe et le turc sous la direction d'un certain Abdallah, qui avait été schérif de la Mecque au temps de la puissance de son protecteur Ali-Beg, chef des Mamelouks d'Égypte. Un savant turc lui fournit le catalogue des principales bibliothèques de Constantinople, et un maronite, Germanos Conti, vicaire du patriarche d'Antioche, lui donna de précieux renseignements sur l'état social et religieux des Sabéens. Norberg retourna à Venise en 1780 et se rendit de là à Gœttingue où il lut à l'Académie des sciences son mémoire intitulé : *de religione et lingua Sabæorum.* Cette société lui fit l'honneur de l'admettre au nombre de ses membres. Dans un second voyage à Paris, il étudia de nouveau les ouvrages relatifs aux chrétiens de saint Jean ou Sabéens et fut nommé membre du *Musæum* d'histoire naturelle. Enfin il rentra dans sa patrie en 1784 après une absence qui avait duré cinq ans. Il avait été nommé en 1779 adjoint extraordinaire de philosophie à l'université d'Upsal. A son retour il fut appelé à succéder à Bjœrnstahl, comme professeur de grec et de langues orientales à l'université de Lund. Il ouvrit son cours en 1782 par un discours qui fut publié sous le titre de : *de optima Methodo linguas orientales discendi.*

Le reste de la vie de Norberg s'écoula paisiblement entre l'étude, la composition d'ouvrages et les devoirs de l'enseignement. Il obtint sa retraite en 1820 ; mais, avant de quitter l'université de Lund, il voulut donner à cet établissement un témoignage de sa gratitude. C'est là, en effet, qu'il avait amassé une assez belle fortune, quoique ses honoraires ne s'élevassent originairement qu'à 83 rixdaler-banco (176 fr.). Il donna à l'université 16,666 rixdaler-banco (35,500 fr.) pour la création d'une chaire de français, d'allemand et d'anglais. Le titulaire prend le titre de professor *Norbergianus*, en mémoire du fondateur. Norberg employa le reste de sa fortune à l'acquisition du beau domaine de Stenhammar, situé dans le même îlot que la ville épiscopale d'Hernœsand. C'est dans cette propriété qu'il passa ses dernières années. Il se rendit pourtant à Upsal en 1824 et fit le catalogue des trois cent trente-neuf manuscrits orientaux que possédait alors la bibliothèque de l'université. Il y retourna en 1825. Ayant pris du froid dans une excursion qu'il fit aux environs de cette ville, à l'occasion des fêtes de Noël, il mourut le 11 janvier 1826, et fut inhumé à Upsal. La foule de savants, de professeurs et d'étudiants qui s'empressèrent d'assister à ses funérailles montre combien il fut regretté des personnes en état de l'apprécier. Lundvall et Traner chantèrent ses louanges dans des poëmes latins. Son ancien élève, l'archevêque C. V. de Rosenstein, prononça son oraison funèbre. Lundblad et Rogberg publièrent des écrits en son honneur. Toutes ces pièces ont été réunies sous le titre de *Souvenir de M. Norberg.* (Minne af M. Norberg. Upsal, 1826. in-8°).

Norberg conserva jusque dans sa vieillesse l'activité qui signala ses débuts dans la carrière scientifique. Peu de temps avant sa mort, il se proposait de publier l'essai de Palin sur l'explication des hiéroglyphes, une traduction arabe de cet ouvrage, à laquelle il devait mettre une préface dans la même langue ; enfin il voulait en faire lui-même une traduction française.

Il est auteur de dix ouvrages et de plus de cent soixante opuscules académiques. La plus importante de ses publications est le *Codex nasarœus, Liber Adami appellatus, syriace transcriptus, loco vocalium, ubi ricem litterarum gutturalium prœstiterint.*

his substitutis, latineque redditus. Londini Gothorum (tome I, 1815, 330 pag. in-4°; tome II, 1816, 320 pag; tome III, 1816, 320 pag. in-4°). L'auteur y a ajouté deux appendices, l'un intitulé : *Lexidion Codicis nasaræi, cui Liber Adami nomen.* Londini Gothorum 1816 (274 pag. in-4°) ; l'autre : *Onomasticon Codicis nasaræi,* Londini Gothorum 1817. (164 pag. in-4°). Ce livre singulier est le code religieux d'une secte qui est encore très-imparfaitement connue. On n'est pas bien fixé sur le nom et l'étendue des pays qu'elle occupe. Norberg, sur le témoignage de Germanos Conti, lui assigne pour établissements les environs de Latakieh (Laodicée en Syrie). D'autres savants et voyageurs assurent que cette nation habite les rives du Schatt-el-arab (fleuve formé par la réunion du Tigre et de l'Euphrate), et particulièrement les villes de Bassora, d'Howeiza, de Korna, de Schouster. Parmi les partisans de cette dernière opinion, on remarque le père Ange de Saint-Joseph, le père Ignace de Jésus, qui a publié : *Narratio originis rituum et errorum christianorum sancti Joannis.* Romæ, 1652, Melchisedech Thevenot, dont la collection de voyages renferme une carte en arabe des pays habités par les Sabéens ; et enfin Sylvestre de Sacy, qui avait reçu des documents particuliers de M. Raymond, alors vice-consul à Bagdad. Il n'est peut-être pas impossible de concilier ces divergences ; il suffirait pour cela de supposer que la peuplade dont il est question habite tout à la fois la Syrie et la Chaldée. On aurait plus de peine à mettre d'accord les données contradictoires que l'on possède sur le nombre des familles Sabéennes. Le père Ange les porte au chiffre de 25,000, tandis que M. Raymond réduit ce nombre des trois quarts. Mais peut-être ce dernier ne connaissait-il que les Sabéens établis près de Bagdad ?

Les diverses questions qui se rapportent à la langue, à l'origine, aux mœurs et aux institutions de ce peuple ont été traitées par Norberg dans deux Mémoires cités plus bas, et dans la préface du *Liber Adami.* Cet ouvrage lui-même n'est pas de nature à trancher ces discussions, puisqu'il n'a pour objet que les dogmes religieux et les préceptes de conduite imposés aux chrétiens de saint Jean ou Sabéens. Ces sectaires prétendent que ce livre a été envoyé au premier homme par le ministère de l'ange Rasaël. On ne s'amusera pas à combattre une opinion si absurde, mais il n'est pas indigne de la science de rechercher à quelle époque il a été réellement composé et quand se forma la secte qui le considère comme un livre sacré. Norberg pense qu'elle prit naissance vers les premiers temps de l'ère chrétienne. Quelques parties du *Liber Adami* pourraient être de la même époque ; mais il en est d'autres qui ont évidemment été composées plus tard, puisqu'il y est fait mention des Manichéens, de Mahomet et de la dynastie des Sassanides (226-642). L'ouvrage se divise en deux parties distinctes, qui sont elles-mêmes subdivisées en un grand nombre de pièces de différente étendue. Le dualisme est la base de la doctrine qui y est enseignée. Au reste, le système cosmogonique et théologique des Sabéens est extrêmement obscur. Il se rapproche en plusieurs points de celui des gnostiques ; ce ne sont que rêveries fantastiques qui semblent être sorties d'une imagination en délire. Leurs croyances ne s'accordent pas toujours avec la saine raison. Si les fidèles, par exemple, n'avaient soin de frotter d'une huile pure les corps des moribonds, les âmes de ces derniers ne pourraient monter au séjour de la lumière pour s'y rassasier de raisins délicieux, mais elles seraient détenues en prison sous la garde de Fetahil jusqu'à ce qu'elles eussent été frappées soixante-une fois, ou qu'on eût fait pour elles soixante-une prières (t. II, p. 281). Quelques préceptes du Code nasaréen sont d'un caractère plus élevé ou plus pratique. On peut considérer comme tels l'obligation de secourir les malheureux, de payer l'impôt, de prier trois fois par jour, la permission de manger de la chair de tous les animaux. On donne différents noms à ceux qui se soumettent à ces observances : la seule qualification qui leur soit appliquée dans le *Liber Adami* est celle de *Mendaï* (qui connaît), dont nous avons formé le nom de Mendaïtes. Les Turcs et les Persans leur donnent la dénomination de Sabéens quoique ces sectaires n'aient rien de commun avec les adorateurs des corps célestes. Ils les condamnent, au contraire, dans les termes les plus formels, et il leur est expressément défendu de manger des victimes immolées en l'honneur des sept planètes. Les auteurs européens les appellent presque toujours chrétiens de saint Jean-Baptiste et quelquefois Galiléens ou Nazaréens. Divers détails qui caractérisent les pratiques et les cérémonies religieuses des Mendaïtes les ont fait considérer comme disciples de saint Jean-Baptiste. Walch et plusieurs écrivains partagent cette opinion ; mais leurs arguments sont loin de conduire à la solution définitive de cette question compliquée, et on ne peut guère admettre que sous toutes réserves une telle assertion qui ne s'appuie que sur quelques faits isolés.

Le dialecte dans lequel est écrit le *Codex nasaræus* est, à ce que pense l'éditeur, le galiléen de Jésus-Christ et de ses apôtres ; il a de grands rapports avec le chaldéen et le syriaque, et c'est l'alphabet de ce dernier idiome qui, à défaut de caractère spécial, a été choisi pour la transcription du caractère sabéen. Dans l'édition et la traduction que Norberg a données de cet ouvrage, il a eu à lutter contre des difficultés sans nombre, soit parce que le sujet est fort obscur en lui-même, soit parce que la valeur de chaque lettre n'avait pas été suffisamment déterminée, bien que Melchisédech Thevenot, Kœmpfer, Hyde et Niebuhr en eussent publié des spécimens. Plusieurs fois il désespéra de vaincre ces obstacles et voulut abandonner une si pénible entreprise, mais les exhortations du cardinal Borgia et surtout le désir de faire connaître une doctrine que semblait avoir combattue l'évangéliste saint Jéan, le déterminèrent enfin à mettre au jour le fruit de ses longs travaux. Il a commis bien des erreurs dans la traduction et dans la correction du texte qu'il s'est permis de restituer d'une façon fort arbltraire. Il a eu aussi le tort, comme le prouve Sylvestre de Sacy, de négliger les précieux secours qu'auraient pu lui fournir le langage des juifs et surtout celui des Talmudistes. On lui reproche enfin quelques fautes de latin, comme *geniv*, *filie*, *cordia*. Le *Lexidion*, ou dictionnaire des mots qui se trouvent dans le *Liber Adami* est très-incomplet, l'*Onomasticon* est une excellente source de renseignements sur une partie des noms propres contenus dans le corps de l'ouvrage.

En résumé, la traduction du *Codex nasaræus*, malgré les fautes qu'elle renferme, restera un des principaux titres de Norberg à la reconnaissance des savants.

Un autre ouvrage qui lui fait honneur, c'est celui qu'il publia sous le titre de : *Annales de l'empire ottoman, extraites des sources originales* (Turkiska rikets annaler sammandragne ur dess egne urkunder), vol. I (1812), Christianstad, vol. II-IV Hernœsand, 1822. In-8. L'auteur n'a eu d'autre but que de donner un tableau des Turcs peints par eux-mêmes. Il s'est donc contenté de laisser parler les écrivains de cette nation, traduisant et abrégeant un grand nombre de passages qui, selon son expression, étaient plus abondants en paroles qu'en faits. Ses sources sont les histoires composées par Ali-Efendi, Naima-Efendi, Raschid-Efendi, Tschelebizadeh, Subhi, Yzzi et Wasaf-Efendi. C'est au point de vue de ces écrivains qu'il s'est placé pour juger les événements, sanss'inquiéter si leurs assertions sont contredites par les auteurs européens et sans rechercher si elles sont conformes à la vérité. Il a eu le tort de ne pas indiquer avec précision ce qu'il emprunte à chacun de ses auteurs. On regrette que son plan se soit opposé à ce qu'il donnât le récit des relations du sultan avec le gouvernement suédois, mais il s'excusait de cette omission en prétextant que les secrets d'Etat ne doivent pas être divulgués. Une telle maxime, si elle était adoptée, n'aurait d'autre résultat que de conduire à la suppression de toute espèce d'histoire.

Les autres écrits de Norberg sont : *Remarques sur la première partie du spécimen de la traduction de l'Ecriture Sainte* (Anmærkninger œfver fœrra stycket af prof-œfversættningen af den heliga skrift. Upsal. 1776. In-8.—*Codex syriaco-hexaplaris ambrasiano- mediolanensis editus et latinè versus*. Lund., 1787. In-8.—*Rudimenta linguæ hebrææ*. Lund., 1812. In-8. — *Rudimenta etymologiæ græcæ a primis suis originibus repetitæ*. Lund., 1816. In-8.—*Relation de la révolution de Circassie, par Schili-Efendi* (Beskrifning om regiments fœrændringen i Circassiska. Riket af Schili-Efendi), traduite de l'arabe. Stockholm, 1816. In-8. — *Gihan Numa, geographia orientalis ex turcico in latinum versa*. Lund., 1848. 2 vol. in-8. C'est une traduction abrégée de la géographie de l'Asie, composée par Hadji-Khalfa, et dont le texte a été imprimé à Constantinople en 1145 de l'hégire (1732). Selon M. de Hammer, cette traduction est tellement inexacte qu'elle ne peut être d'aucune utilité. Norberg a publié dans divers recueils les mémoires suivants : *de religione et lingua Sabæorum*, dans *Commentari iregiæ societatis scientiarum gottingensis*, 1780, t. III. —*Relation du séjour de Charles XII en Turquie, par Raschid-Efendi* (Reschid-Efendi om K. Carl. XIIs. vistande i Turkiet). Discours de réception inséré dans les Traités de l'académie royale des belles-lettres, d'histoire et d'antiquités, à Stockholm (Konglig vitterhets historie och. antiquitets handlingar, t. X). — *Quæstio linguæne orbis terrestris specie tantum differunt, genere autem concedant?* dans *acta regiæ Societatis scientiarum upsaliensis*, t. IX. Ce mémoire est resté inachevé. — Des lettres fort estimées dans *Voyage de Bjœrnstahl* (Bjœrnstahls resa til Frankrike, Italien, etc.), édité par Gjœrwell. Stockholm, 1780-84. 6 vol. in-8, t. V, VI.

Norberg déploya encore son activité et montra la souplesse de son talent dans un genre tout particulier. Il est d'usage dans les universités de Scandinavie, comme dans celle d'Allemagne, qu'à chaque solennité des professeurs publient des écrits commémoratifs, précédés ou suivis d'une allocution où l'auteur invite le public à prendre part à la cérémonie. Norberg était précisément doué du talent qui convient pour ces sortes de compositions littéraires. Aussi n'a-t-il eu garde de se soustraire aux devoirs que lui imposait sa place à l'université. Il a publié plus de cent soixante thèses, dissertations, éloges, oraisons funèbres, discours et programmes. Les plus remarquables de ces écrits ont été réunis sous le titre de : *Matthiæ Norbergi selecta opuscula academica*, edidit Norman. Lund., 1817-1819. 3 vol. in-8. Parmi ceux qui traitent de sujets orientaux, il faut citer : *Disputatio de Druziis Libani incolis*, — *Disputatio de regno Chataja* (Chine), — *de Paradiso indiano*, — *de Diluvio indiano*, — *de Semun vento pestifero*, — *de Lepra Arabum*, — *Fides vaticinii Danielis capite XI impleta*, — *de Sublimi Hebræorum*, —*Stellæ Nasaræorum æones ex sacro gentis codice*, 5 parties, etc. Plusieurs de ces opuscules académiques sont de véritables chefs-d'œuvre littéraires. Le lecteur est séduit par l'abondance des images, la variété des expressions, le charme d'une diction élégante et l'enchaînement logique des idées. Dans leur enthousiasme, les compatriotes de l'auteur n'ont pas craint de le comparer à Tacite. Captivés par son éloquence, les jeunes gens recommencèrent à étudier la langue latine, tombée dans un certain discrédit depuis que le suédois et le français étaient exclusivement cultivés par les beaux esprits. La langue grecque, dont Norberg était professeur, commença aussi à devenir l'objet d'études sérieuses. On s'en était si peu occupé jusqu'alors, que ceux qui sortaient de l'université étaient à peine en état d'expliquer le premier chapitre de saint Mathieu, qui ne renferme que des noms propres et le mot εγεννησε. La connaissance de l'hébreu, au contraire, paraît avoir décliné au temps de Norberg. Après sa mort, il ne se trouva pas un seul professeur capable

de présider à un examen qui portait sur une partie du texte de
l'ancien Testament. Rien ne semblait plus futile à Norberg que
de revenir sans cesse sur des questions depuis longtemps épuisées ; les longs commentaires lui deplaisaient au dernier point, et
il disait plaisamment à ce sujet que le mot commentaire tirait
sans doute son étymologie de *mentiri*, mentir. Il s'attacha surtout à l'enseignement du grec, de l'arabe, du persan et du turc.
Au nombre de ses élèves on ditingue Hylander, Skarin, Lauren,
Appelberg, Olsson, Nolleroth, Ahlman. C. de Rosenstein et W.
Faxe. Ces deux derniers devinrent, l'un archevêque d'Upsal et
primat de Suède ; l'autre évêque de Lund. Norberg lui-même
fut sur le point d'être élevé à la dignité d'évêque, quoiqu'il n'eût
pas reçu les ordres. Les fonctions ecclésiastiques qui procurent
la jouissance de riches revenus sont affectés, en Suède, non seulement aux théologiens, mais aussi aux hommes qui se sont fait
un nom comme poètes, comme historiens , comme savants , ou
qui se sont illustrés de toute autre manière. Norberg fut donc
proposé pour l'évêché d'Hernœsand en 1812; il obtint 57 voix,
et il lui en manqua seulement quatre pour être élu. S'il échoua
en cette occasion, il reçut, en revanche, un assez grand nombre
de titres honorifiques. Il était membre de l'academie des belles-
lettres, histoire et antiquités à Stockholm (1809) ; de la Société
des sciences d'Upsal (1817) ; de la Société des sciences de Stockholm, chevalier de l'étoile polaire (1812) , et, enfin, conseiller
de chancellerie. La faculté de théologie de Copenhague, pour
lui donner une marque de son estime , lui décerna spontané-
ment le diplôme de docteur en théologie (1806). Ces diverses
distinctions montrent que les mérites de Norberg furent convenablement appréciés tant à l'étranger que dans sa patrie. On peut
dire de lui que s'il ne fut pas doué de génie, il posséda du moins
des talents variés et une immense érudition. Ses ouvrages académiques lui assurent une place distinguée parmi les auteurs
latins dont s'honore la Suède.

Léon Gruet.

Sources. — Wollin, *Programma* , 1782 ; — Stahl, *biogra-
phier ; — Vetenskaps akedemiens handlingar*, 1826 ; — *Minne
af Matth. Norberg* (Recueil des discours prononcés à ses funérailles et des écrits publiés à cette occasion). Upsal, 1826, in-8 ;

— J.-H. Schrœder, *Lefvernes beskrifningar œfver M. Norberg* (ext. de *Svea*, 1826, cah. 9), Upsal, 1826, reprod. dans *Tal och minnest œckningar*, vol. I, Upsal, 1839; — A. O. Lindfors, *Memoria Matthiæ Norberg*. Lund, 1832; —*Svenskt Pantheon*, liv. 10, 11 ; — *Biographiskt lexicon œfver namnkunnige svenska mœn*, œrebro, 1835-1857. 23 vol. in-8, t. X, 3-17.—Sylvestre de Sacy, *Journal des Savants*, 1819-1820; — *Magasin encyclopédique*, année 1812, t. IV, p. 164, et t. V, p. 390; 1813, t. III, p. 149; 1814, t. I, p. 394.

MÉLANGES ET NOUVELLES.

Empire ottoman. — Omer-Pacha, Serdar-Ekrem, a été nommé gouverneur général civil et militaire de la province d'Irak et d'Hedjaz.

— Un éradé impérial vient de concéder à MM. Price, Larkins et Joice, une ligne de chemin de fer de Samsoun à Sivas, par Amassia et Tokat.

La concession est faite aux conditions suivantes : Le capital de l'entreprise est fixé à 4,500,000 livres sterling; le gouvernement impérial garantit aux concessionnaires un intérêt de 7 pour 100; il n'aura aucune part dans les dividendes.

— Un *memorandum*, adressé sous la date du 31 août, par la Sublime Porte aux diverses légations étrangères, interdit l'importation de la poudre dans toute l'étendue de l'Empire.

— On écrit de Tunis :

« Les scènes déplorables qui se sont passées à Tunis, dans la journée du 9 de ce mois, ont été sévèrement punies. Les fauteurs de ces troubles ont été arrêtés et envoyés aux galères.

Le bey paraît bien résolu à entrer dans la voie des réformes. Il vient de décréter l'institution d'un tribunal de commerce, et, en outre, celle d'un tribunal criminel autre que la *Charrá*, et qui devra connaître de tous les crimes et délits, notamment en matières religieuses.

Le tribunal suprême de la *Charrá*, aux volontés duquel le bey a dû souscrire lors de la condamnation à mort d'un juif accusé de blasphème contre le Prophète, a été dissous. Deux tribunaux, l'un pour les contestations commerciales, l'autre pour les affaires criminelles, le remplacent, au grand mécontentement du vieux parti mahométan.

Le 15, la fête de l'Empereur a été célébrée avec beaucoup d'éclat à Tunis. Le consul général de France avait réuni tous ses nationaux dans un grand dîner, où il a porté à S. M. I. un premier toast qui a été accueilli par les acclamations les plus vives, puis un second à S. A. le bey. M. Roches a profité de cette occasion pour féliciter hautement

S. A. des deux nouvelles institutions dont elle vient de gratifier son pays, et sa courte allocution a été couverte des cris de : vive l'Empereur ! vive le bey ! »

— M. le capitaine Magnan, l'un des chefs de la *Société franco-danubienne*, compagnie de navigation à vapeur sur le Danube, est arrivé dimanche à Constantinople et est reparti hier lundi pour Galatz.

M. le capitaine Magnan se rend dans les Principautés pour concerter de nouvelles mesures concernant l'établissement de la ligne de navigation projetée sur toute la partie du Danube qu'il a explorée luimême avec le *Lyonnais*.

Avant de quitter la France, M. le capitaine Magnan s'est rendu à Plombières où il a eu l'honneur d'être reçu par l'empereur Napoléon.

Un grand intérêt s'attache en France à l'entreprise de la *Société franco-danubienne*.   (*Presse d'Orient.*)

Inde anglaise. — On a beaucoup parlé des dangers qu'offre le climat des Indes. Voici quelques renseignements donnés à ce sujet par un journal anglais :

« L'Inde comprend dans ses limites les extrêmes du chaud et du froid ; pendant que les plaines sont brûlées par une chaleur intense, l'hiver règne dans les montagnes. Dans les plaines de l'Hindoustan, qui sont aujourd'hui le théâtre de nos opérations militaires, la chaleur, pendant la majeure partie de l'année, est incessante et intense. Il y a trois saisons : la chaleur, le froid. les pluies. Les mois les plus froids sont novembre et décembre. Le thermomètre dans certaines parties du nord-ouest, tombe au-dessous de glace. L'heure de midi est toujours chaude. Le printemps et la sécheresse durent environ quatre mois ; les vents chauds commencent en avril : la chaleur augmente graduellement ; en mai et juin, le thermomètre est à 95 degrés à l'ombre et 120 degrés au soleil : elle est intolérable et fatale même pour les indigènes, qui ne s'aventurent pas à sortir en plein midi quand ils peuvent s'en passer.

Dans les districts d'Allahabad, Agra et Delhi, un vent brûlant souffle de l'ouest. Il est quelquefois remplacé, pendant la nuit, par une froide brise venant du côté opposé. Les pluies périodiques ont lieu au mois de juin. Les masses compactes de nuages qui s'élèvent sur l'Océan indien sont poussées par ces vents et inondent la vallée du Gange ; ils accourent du sud-ouest avec des orages d'une violence dont les personnes qui habitent un élément tempéré ne sauraient se faire une idée.

En 1842, il ne tomba à Delhi que dix pouces de pluie, ce qui était moins qu'en 1837, époque à laquelle le manque de pluie amena une famine effrayante. Il y a tout lieu de craindre ce fléau cette année.

Les nouvelles de Delhi prouvent que les pluies ont été rares ; l'anarchie et l'absence de culture feront le reste. La pluie moyenne au Bengale donne 50 ou 80 pouces d'eau dans la saison pluvieuse ; à Calcutta elle a été de 85 pouces anglais.

Celhi et son voisinage immédiat sont très-insalubres, n'étant qu'à 800 pieds au-dessus du niveau de la mer ; pendant la saison des pluies une immense pièce d'eau stagnante s'étend entre cette ville et Gurgaen : il s'en exhale des miasmes avant-coureurs de la fièvre, de la dyssenterie et du choléra. L'œuvre de la destruction a déjà commencé ; dans un seul régiment cent vingt hommes, dans l'espace de trois jours, ont été atteints du choléra et cinquante ont succombé.

Algérie. — Par décret impérial du 4 août 1857, il a été créé une école préparatoire de médecine et de pharmacie à Alger. La presse locale et plusieurs journaux de la métropole ont fait connaître ce décret qui dote l'Algérie d'un bienfait réclamé depuis longtemps, comme indispensable aux besoins du pays, à l'essor de la colonisation et aux progrès de notre influence civilisatrice parmi les populations indigènes commises à notre tutelle. *(Gazette médicale de l'Algérie.)*

— Le 4 septembre dernier les navires sardes et anglais chargés de prêter leur concours à la pose du câble électrique sous-méditerranéen qui doit rejoindre l'Algérie à la métropole, ont mouillé devant Bone. Le lendemain est arrivé un bâtiment français de l'Etat appelé à fournir à l'entreprise toutes les facilités et les moyens d'action en son pouvoir. Enfin le vapeur l'*Elba*, porteur du câble électrique, et dont l'apparition était attendue avec une vive impatience, est arrivé, à son tour, le 6 août à trois heures. L'immersion a commencé dès le lendemain.

(Presse algérienne.)

J. R.

BIBLIOGRAPHIE.

Précis de jurisprudence musulmane, suivant le rite malékite, par Sidi KHALIL. Paris, Impr. imp., 1855. In-8 (texte arabe).

Ce précis arabe de jurisprudence s'adresse aux musulmans qui professent le rite malékite, rite qui est suivi en Algérie, à Tunis, à Tripoli, au Maroc, au Sénégal et dans l'Afrique presque entière. Il a été rédigé par un docteur égyptien du nom de Khalil, qui florissait dans le huitième siècle de l'hégire (quatorzième siècle de l'ère chrétienne).

Le livre a été rendu par l'auteur aussi concis qu'il lui a été possible, et souvent celui-ci a omis une partie des mots. Les thalebs, en Afrique, l'apprennent par cœur, se réservant d'en entendre le développement de la bouche du maître ; quant aux maîtres, ils ont à leur disposition des commentaires, dont quelques-uns sont considérables et qui jouissent de plus ou moins de célébrité.

Comme le précis de Khalil est celui qui a le plus d'autorité auprès des indigènes, le gouvernement français en fit faire, il y a quelques années, une traduction française par M. le docteur Perron. Cette traduc-

tion renferme la substance des commentaires que le traducteur avait
à sa disposition, et forme six volumes grand in-8°. Le ministère de la
guerre, voulant satisfaire aux besoins des indigènes en particulier,
a engagé la Société asiatique à donner une édition pure et simple du
texte.

C'est en vue des musulmans d'Afrique qu'on a fait usage ici des caractères maghrébis nouvellement gravés pour l'Imprimerie impériale.
Du reste, cette publication ne sera pas inutile aux savants d'Europe
qui cultivent l'étude de l'arabe : c'est probablement le premier texte de
jurisprudence malékite qui soit imprimé, les traités de jurisprudence
publiés à Constantinople et dans l'Inde se rapportent aux autres rites
de l'islamisme.

La présente édition a été faite sous la direction de M. Reinaud, membre de l'institut, par M. Gustave Richebé, élève de l'Ecole spéciale des
langues orientales. Malgré l'autorité dont le précis de Khalil est en
possession auprès des indigènes, les copies qui circulent en Afrique,
tout en s'accordant pour le fond, diffèrent quelquefois pour les expressions. Cette édition a été faite avec le secours de trois exemplaires,
dont le premier appartient à la Bibliothèque impériale, où il porte le
n° 539 (ancien fonds). Cet exemplaire a été copié à Grenade, l'an 877
de l'hégire (1473 de J.-C.), à une époque où cette ville était encore au
pouvoir des Maures. Le deuxième manuscrit est la propriété de M. Reinaud, et le troisième celle de M. Grangeret de Lagrange, un des conservateurs de la bibliothèque de l'arsenal. Dans le choix des leçons,
M. Richebé a adopté les formes qui s'accordaient le mieux avec les règles de la grammaire ; il s'est, du reste, attaché à la rédaction qui se
prêtait le mieux à la clarté du sens.

A l'égard de la notice consacrée à l'auteur, notice placée au commencement du précis, elle est tirée d'un recueil de biographies des docteurs
les plus célèbres du rite malékite, composé par un savant de race berbère, originaire des environs de la ville de Tomboktou et appelé Ahmed
Baba. Ce savant florissait au Maroc dans les premieres années du onzième siècle de l'hégire (dix-septième siècle de l'ère chrétienne). La notice dont on lui est redevable a été communiquée à M. Reinaud par
M. Auguste Cherbonneau, professeur de langue arabe à Constantine.
Certains passages de cette notice sont susceptibles d'être éclaircis à
l'aide d'un opuscule que M. Cherbonneau vient de publier à Constantine, sous le titre d'*Essai sur la littérature arabe au Soudan*.

J. R.

Le Japon contemporain, par Edouard FRAISSINET. Paris,
Hachette et Comp., rue Pierre-Sarrazin, 14. 1857. In-12.

Nous avons annoncé, il y a trois ans, dans ce même recueil [1], deux
petits volumes sur le Japon publiés par M. Edouard Fraissinet ; aujour-

[1] *Revue de l'Orient*, 1854, tome XVI, pag. 456 et suiv.

d'hui le même auteur vient de mettre au jour un travail intitulé *Le Japon contemporain*, que nous croyons devoir signaler également à nos lecteurs. L'ouvrage est généralement bien écrit et très-intéressant. Nous avons seulement à regretter que l'auteur, en maintes circonstances, se soit laissé entraîner par son imagination au lieu de s'efforcer à ne reproduire que des assertions avérées et garanties par des citations de sources indigènes ou européennes. Si M. Fraissinet n'avait pas dédaigné d'orner le bas de ses pages des titres des différents livres dans lesquels il a recueilli les matériaux de son ouvrage, les lecteurs auraient pu apprécier, à leur juste valeur, chacune de ses assertions, et, de cette façon, il aurait décliné une partie de la lourde responsabilité des faits inexacts qu'il a cru pouvoir avancer sans contrôle. Nous ignorons à quelle source l'auteur du *Japon contemporain* a puisé les renseignements erronés que renferment certaines parties de son livre ; nous ne pouvons toutefois que regretter profondément qu'il ne se soit pas contenté de donner des extraits ou des analyses du Nippon de M. Von Siebold, vaste publication encyclopédique à laquelle doivent recourir constamment les compilateurs adonnés à l'étude de l'histoire, des sciences et des lettres des Japonais. On a déjà écrit une foule de volumes sur le Japon : il est donc indispensable à toute nouvelle publication sur ce pays, de se distinguer par une exactitude scrupuleuse qui contraste favorablement avec une grande partie des travaux antérieurs. Pour atteindre à ce but, pour ne pas être réduit à augmenter inutilement la quantité des livres sans faire progresser la sience, il est indispensable de rechercher, dans les nombreuses publications des Japonais eux-mêmes, les premières bases du travail que l'on veut entreprendre. Confiant dans la valeur de pareils documents, on peut alors emprunter aux écrits des voyageurs européens tous les renseignements capables de compléter et d'éclaircir l'ensemble des résultats obtenus à une source indigène. Par la suite, des vulgarisateurs, d'ailleurs très-estimables, peuvent chercher à populariser ces travaux consciencieux, en leur donnant une forme moins savante et partant plus agréable. Mais pour cela, il est une qualité dont ils ne doivent point se départir, c'est celle de savoir emprunter les faits qu'ils reproduisent aux seuls auteurs qui ont publié des travaux consciencieusement élaborés et basés sur des documents d'une authenticité irrévocable.

Il est juste d'ajouter cependant qu'une grande partie du livre de M. Edouard Fraissinet mérite l'intérêt des amis de l'Orient, qui trouveront, dans sa lecture, un agrément que l'on est d'ordinaire peu habitué à rencontrer dans les publications de ce genre.

L. Léon de Rosny.

Le Propriétaire-Gérant : J. ROUVIER.

Paris. — Impr. de POMMERET et MOREAU, 42, rue Vavin.

HIR ET RANJHAN.

LÉGENDE DU PENJAB.

Traduite de l'hindoustani par M. Garcin de Tassy, membre de l'Institut, etc.

PRÉLIMINAIRES.

Parmi les œuvres littéraires récemment publiées à Dehli et accueillies avec le plus d'intérêt par les lecteurs indiens, on distingue la singulière légende penjabienne de *Hir o Ranjhan* [1], écrite en prose entremêlée de vers par Machûl, écrivain musulman. Ce n'est pas que cette légende, qui par le nom de l'héroïne nous rappelle celle de Héro et de Léandre, avec laquelle elle n'a cependant aucun rapport, soit remarquable par d'intéressantes aventures, par des incidents inattendus et de singulières conjonctures. Le récit est de la dernière simplicité, ainsi qu'on en jugera facilement par ma traduction, abrégée par des coupures et des analyses ; mais il a une véritable valeur littéraire et ethnologique, à cause des descriptions détaillées qu'on y trouve revêtues du costume de l'Orient, tantôt avec la rime, tantôt avec le rhythme, quoiqu'en prose, et par le luxe des citations arabes, persanes, urdues et hindies. Ces dernières citations sont à remarquer, car rarement les écrivains musulmans emploient, même en citation, le dialecte hindi qui est spécialement celui des Hindous, quoique ces derniers, à la vérité, se servent aujourd'hui le plus souvent dans leurs écrits du dia-

---

[1] Il y en a au surplus d'autres rédactions, entre autres celle en vers qui est signalée au n° 77 du Catal. Sprenger ; car, ainsi que je l'ai dit ailleurs (*Les auteurs hindoustanis et leurs ouvrages*), les légendes populaires de l'Orient ont souvent eu de nombreux interprètes, qui les ont présentées avec plus ou moins de talent, tantôt en vers, tantôt en prose.

lecte urdu ou musulman. Il n'en est pas de même des
Musulmans : on n'en cite qu'un très-petit nombre qui aient
écrit en pur hindi ; et il n'y a que ceux qui se piquent
d'une grande érudition qui intercalent, comme notre auteur, des citations hindies dans leurs ouvrages urdus. Ces
citations, il est vrai, ont un grand inconvénient à cause de
l'écriture qui est différente selon ces dialectes. En effet,
l'urdu s'écrit en caractères persans, et le hindi en caractères
dévanagaris : or, les Musulmans, fidèles aux caractères sacrés du Coran, écrivent le hindi en caractères persans mo-
difiés des caractères arabes ; mais la lecture en est alors
difficile et souvent incertaine, à cause de l'absence des
voyelles brèves et des lettres spéciales au hindi comme au
sanscrit.

La légende de Hir et Ranjhan a de plus un autre intérêt :
elle appartient à la classe des écrits spiritualistes des
sofis.

Voici comment l'auteur s'explique sur l'amour au commencement de son livre :

« Celui qui n'a pas l'amour n'a pas la foi... d'après la
sentence d'Ali : « La métaphore c'est le pont de la vérité.»
Le célèbre Jami a dit :

Vers : Ne te détourne pas de l'amour, marches-y quoiqu'il soit
allégorique, car il sert pour le véritable.

» Oh! qu'a bien dit un saint personnage : « On peut servir Dieu pendant mille ans et n'être pas dévot : car Dieu
n'agrée pas celui qui n'a pas l'amour. »

» Lorsque rien n'existait, l'amour existait, et lorsqu'il
ne restera plus rien, l'amour restera. Il est le premier et le
dernier. L'amour, selon l'école des contemplatifs, est une
expression métaphorique pour exprimer le bonheur. C'est
pour cela que les faquirs, au lieu de dire *salâm* (*salut*),
disent l'*amour de Dieu.* Dieu déploya quatre fois sa force
pour produire les quatre catégories d'êtres. La première
fois les minéraux, la seconde fois les végétaux, la troisième

fois les animaux, et la quatrième fois l'homme, parurent sur le théâtre de la manifestation et sur l'emplacement de l'existence. Il y eut quelques créatures intermédiaires qui représentent la perfection d'une catégorie et les rudiments d'une autre. Tel est le corail qui se place entre la fin de la force minérale et le commencement de la force végétale, parce qu'il est à la fois une pierre et un arbre. Tel est encore le dattier, qui est entre le végétal et l'animal, puisqu'on y trouve la distinction du mâle et de la femelle, l'inclination de l'un pour l'autre, et l'impossibilité de produire du fruit sans leur contact Puis furent créés le perroquet, le rossignol, le lièvre, l'hirondelle, après la force animale qui était l'essence du commencement de la force humaine ; car ces animaux participent à quelques qualités de la nature de l'homme. Or, dans ces quatre catégories il y a des traces de l'amour, mais elles sont plus évidentes dans les unes que dans les autres... et la perfection de sa manifestation a lieu dans l'homme... -

Vers : L'amour est au-dessus de tout ce que je puis dire : c'est par l'amour que l'émir des croyants (Ali) devient un lion [1].

» Le vénérable schaïkh Saad et le vénérable schaïkh Mina (que Dieu sanctifie leurs tombeaux !) ont écrit ceci dans le *Majma-i Sulûk* (Collection relative à la voie religieuse) : «Le mot *ischc* (amour) dérive de *ischqua*, qui est le nom du *lierre* en arabe. Or, la propriété de cette plante, c'est de dessécher l'arbre auquel elle s'attache, comme l'amour dévore le cœur de celui qui le ressent... Quant à l'amour des femmes, il y en a deux espèces : celui qui a lieu par l'audition et celui qui a lieu par la vue. Le premier est louable et le second est blâmable, parce qu'il n'est pas exempt de la concupiscence de la chair et de l'inclination passionnée. Ainsi, l'amour de sa majesté David pour la négresse de son

---

[1] Allusion à son surnom de : *Lion de Dieu, Açad ullah,* et simplement *Haïdar* ou *Scher.*

général [1], amour qui fut le résultat de la concupiscence des yeux, fut l'objet des reproches de Dieu ; mais il n'en fut pas ainsi de l'amitié de sa majesté Salomon pour la reine de Saba, Balkis, lequel eut lieu par l'audition des belles qualités et des charmes séduisants de cette princesse.

» Ainsi, le signe de la vérité ou de la fausseté de l'amour consiste en ce qui suit : Il est véritable, si l'amant a pour sa maîtresse une inclination naturelle par l'effet de ses manières douces, de ses gentillesses engageantes, de ses charmes variés, de ses perfections attachantes ; mais si c'est à cause de la forme et de l'apparence extérieures des membres, de leur teint et de leur couleur, alors il est faux. »

L'épilogue indique clairement l'esprit qui anime l'écrivain. Voici en effet comment il s'y exprime en parlant à Dieu :

« O Seigneur, je te demande actuellement d'imiter Hir et Ranjhan. Rends-moi tellement oublieux de moi-même, que je n'existe qu'en toi. Sépare-moi de la ville de l'existence à tel point que je sois comme un voyageur du royaume du néant. Mets un lakh de parasanges entre moi et l'amour désordonné des créatures, ainsi que la cupidité. Mets sur ma poitrine la pierre du contentement. Que j'aime le souvenir de l'immortalité, et séparé de mes proches et de mes connaissances, je mettrai sur ma tête la couronne glorieuse de la mort et j'obtiendrai la souveraineté du royaume de l'éternité. Je suis tellement plongé dans le tourbillon de l'amour (divin), que son eau efface les traces de la concupiscence. Je suis comme anéanti jour et nuit dans ta pensée et absorbé dans ta méditation matin et soir. Que l'amour soit mon compagnon dans l'angle du tombeau ; que la pierre du malheur ne brise pas la fiole de la patience ! L'éclair de ta familiarité a brûlé le vétyver de l'existence ; mon âme agitée a dissous la neige de la mort. »

L'auteur de l'écrit dont je parle, Macbûl Ahmad ou

[1] Il est question sans doute ici, de la femme d'Urie, qui d'après la tradition aurait été négresse.

Ahmad Macbûl, est un maulawi qui habite Dehli, où il a publié sa nouvelle légendaire, en 1265 (1848–49). Il y a joint, dans le même volume, « les Aventures de Saci et de Panûn » amants plus malheureux encore que les premiers, et aussi célèbres dans l'Inde. J'ai fait connaître cette dernière légende dans mon *Histoire de la littérature hindoustani* (t. Ier, p. 357 et suiv.); car elle a été mise en lumière, entre autres en vers urdus, par un homme distingué de naissance et de talent, le nabab Muhabbat ullah Khân, fils de Rahmat Khàn, souverain du Rohil-Kand, fameux par sa guerre contre les Anglais, lequel a donné à sa relation, par allusion à son nom, le titre de *Asrâr-i Muhabbat* « les Secrets de l'amour » ou « de *Muhabbat* », — et en vers persans par Jot Prakasch, sous le titre de *Dastur-i Ischc* « la Loi de l'amour », et par le munschi Jeswant Singh Anderjit, sous le simple titre de *Saci Panûn*[1]. Quant à la légende de *Hir o Ranjhan*, qui nous occupe, voici ce qu'en dit Macbûl dans sa préface :

« L'histoire de Hir et de Ranjhan est considérée dans l'Inde comme étonnante, attachante, piquante, intéressante et singulière, quoique vraie. En effet, d'après cette histoire, c'est en voyant en songe un jeune homme qu'une femme en devient amoureuse, et c'est pour avoir entendu l'exposition des belles qualités de celle-ci que le jeune homme est fou d'amour. »

Puis l'auteur explique pourquoi il a écrit cette histoire en hindoustani plutôt qu'en persan. « J'avais, dit-il, conçu d'abord l'idée d'écrire cette nouvelle en vers persans et j'avais même composé déjà quelques vers; mais j'ai réfléchi ensuite qu'actuellement l'usage de l'*urdû* (hindoustani) a prévalu, et j'ai pensé aussi qu'il est plus facile d'écrire en prose qu'en vers. Je me suis donc décidé d'écrire simplement mon ouvrage en prose hindoustanie mesurée. »

Macbûl Ahmad n'est pas seulement auteur des récits lé-

---

[1] Sprenger, *A Catal.* p. 507, 508.

gendaires dont il s'agit ici, on lui doit en outre l'*Arkân arba* « les Quatre piliers », ouvrage qui traite de la pratique des devoirs de la religion musulmane, imprimé à Lakhnau en 1262 (1845-46), et, je crois aussi, le *Dard-i Ulfat* « le Chagrin d'amour », roman en vers urdus, rédigé en 1250 (1821-22), dédié au roi d'Aoude Naçîr uddin Haïdar, et dont on conserve le manuscrit original à la bibliothèque du *Moti Mahal* (Palais des perles) de Lakhnau.

Macbûl est né, à ce qu'il paraît, dans le Penjab, car voici comment il s'exprime, dans sa préface déjà citée, sur l'Inde et en particulier sur le Penjab :

« Les sages qui connaissent les mathématiques, d'après le dire des gens d'esprit qui ont mesuré le ciel, ont fixé à l'espace du quart habité de l'univers vingt *dâng*, à savoir quatre à l'Hindoustan et seize pour les autres pays. Mais la contrée de l'Inde, qui est à elle seule un monde entier, a emporté sur tous les autres pays la boule de la prééminence quant à la grandeur et à l'étendue ; et les perfections sans nombre et parfaites d'air et d'eau sont bien autres dans ce pays qu'ailleurs. Quant à la science, l'excellence, l'esprit, la justice, l'art, le langage, l'habileté, la perspicacité, l'intelligence, le discernement, la véracité, la pureté, la finesse, la pénétration, ce pays est la niche de la célébrité des horizons. Quoique dans les autres contrées il y ait aussi ces qualités, si on les y cherche bien, cependant leur différence est celle du soleil et de l'étoile obscure de la Grande-Ourse ; que dis-je ? de la terre et du ciel. Ceux qui, dans l'Inde, veulent imiter les choses des autres pays, sont comme des inventeurs, et ils apprennent si bien toutes les langues, qu'ils y sont plus habiles que ceux à qui ces langues sont propres ; tandis que les Turcs et les Arabes, les Éthiopiens, les Persans, les Européens, qui demeurent de longues années dans ce pays, ne peuvent en apprendre la langue convenablement et brûlent du feu de la jalousie ; car les mots ne sortent pas comme il faut de leur bouche... Particulièrement la fraîche contrée du Penjab est dans l'Inde

comme l'âme, et quant à la fraîcheur, elle est enviée par
le jardin des jinns.

Vers : Le Penjab n'est-il pas l'abrégé des sept climats ? Sa terre
fournit toute espèce de nourriture ; son eau est celle du Kançar
céleste.

La ville du Penjab qui a obtenu la célébrité dans le
monde, c'est la capitale des Hazàra, qui fait la jalousie des
cent parterres du jardin (paradis). Là, la terre produit la
beauté, l'air excite à l'amour ; chaque fleur prend le tribut
de mille joues des belles ; l'épine ressemble à leurs cils ; le
frais sumbul est pareil à leurs noirs cheveux et est plus em-
brouillé encore ; la rouge tulipe est blessée comme le cœur
ensanglanté des amants. A l'exception des rossignols du
temps, aux langues éloquentes, les tourterelles du monde,
qui chantent les louanges de Dieu, ont la prééminence dans
leur éloquent langage et sont plus excellentes qu'ailleurs.
Les belles à la taille droite l'emportent par leur port élégant sur l'esclave (de Dieu) le libre cyprès. Le saule jaune
est le modèle du corps de Majnun et de Farhad ; le narcisse
à l'œil agaçant représente l'œil de ceux qui attendent le
regard plein de bienveillance. Le bouton de l'iris représente
les lèvres teintes de vin des belles. Tout ce spectacle lumi-
neux des végétaux du monde, qui louent l'Etre incompré-
hensible, qui est-ce qui pourra le décrire ?»

RÉCIT.

I. *Commencement de l'histoire.*

Dans la capitale du Penjab, ville agréable et pareille au
paradis, il y avait un chef nommé Aftàb Râé qui ornait
l'assemblée, qui embéllissait le combat, dont le cœur était
comme l'Océan, fortuné tout en méprisant les richesses,
dont le trône était élevé, dont l'esprit était pareil à celui
de Platon, qui avait la même étoile heureuse qu'Alexandre,
dont le naturel était celui d'Aristote, la gloire celle de Fa-

ridoun, le bonheur de Khosroës. Il avait sept fils pareils aux sept étoiles de la Grande-Ourse. Il était pourvu de toutes les richesses du monde. Eléphants, chevaux, honneurs et dignités étaient à lui ; des courtisans et des serviteurs aussi nombreux que les étoiles l'entouraient. Il possédait entre autres un innombrable troupeau de buffles, de la garde duquel était chargé son septième fils. Ce dernier était blanc et rose comme le lis et la rose : on le nommait Dìdhù, et il était surnommé Ranjhan[1]. Or, d'après ce vers persan :

> L'amour ne vient pas seulement par la vue : souvent il vient aussi par l'effet des discours.

Voici ce qui se passa un jour. La maison et l'habitation de Ranjhan, qui avait le cœur blessé par l'amour, comme la tulipe, était dans le désert et les lieux inhabités. Cependant quelques faquirs vénérables arrivèrent et le prièrent de leur traire du lait. Il leur répondit : « J'ai trait mes buffles ce matin, et, quoiqu'il m'en coûte de ne pas obtempérer à votre désir, je ne puis le faire encore en ce moment. » — Les faquirs insistèrent : « Ne temporise pas, lui dirent-ils, et crains notre colère. » A ces mots, le jeune Ranjhan, qui était pareil au narcisse et tremblant comme le saule, se leva, prêt à obéir ; mais quelque effort qu'il fît, et bien que les pis des buffles fussent pleins de lait, le vase ne se remplissait pas. Ranjhan dit à ces voyageurs du chemin de la connaissance de Dieu : « Quel est ce secret caché ? Votre serviteur est étonné ; mais il en espère la manifestation. » — « C'est, lui dirent les faquirs, que tu n'as pas invoqué le nom de Dieu. Commence par là, et tu trouveras l'éclaircissement du secret que tu demandes. » Ranjhan obéit ; le pot au lait se remplit, et il le plaça devant les faquirs, en faisant des vœux pour leur bonheur.

Ils lui dirent : « Rien n'est plus avantageux pour toi que

---

[1] L'auteur fait observer qu'en dialecte hindoustani du Penjab, le mot *ranjhan* signifie *séduit, amoureux*, etc.

ce qui vient de se passer, et, sans que tu t'en sois douté,
nous n'avions pas d'autre but en te faisant notre demande.
Pars au plus tôt d'ici, car tu es attendu par une charmante
jeune fille, honte de la Lune, au visage de fée, à la chevelure
de sumbul, houri de race, d'excellent naturel, à la taille
de buis, aux joues de soleil, aux yeux séduisants, aux sourcils d'arc, semblable à la lune, d'un port de soleil, aux
lèvres de rubis, aux dents de perles, au menton de pomme,
à la taille de cheveu, au foie grillé (cœur ardent), au corps
délicat couleur d'argent, charmante personne asile de l'a-
mour, niche de beauté, sémillante, aux bonnes manières,
aux façons gentilles et agaçantes, à la démarche de perdrix,
au langage de perroquet, à la forme de Laïla, aux manières
de Majnûn, au discours agréable, *Hir* de nom, pareille au
narcisse et désolée comme le sumbul. Sur sa poitrine, en
effet, il y a une montagne de chagrin et dans son cœur une
douleur qui fend le cœur ; des gémissements et des soupirs
sont sans cesse sur ses lèvres ; son cœur est serré par la misanthropie, la fièvre la brûle, mais sans résultat, car la pudeur, comme l'épine de la route, l'arrête. »

Par la seule audition de ce discours, et en apprenant les
qualités de cette femme charmante, le cœur de Ranjhan
fut ensanglanté. L'impression qu'il ressentit changea son
état. Ayant entendu ce doux langage au sujet de cette
femme, jalousie de Laïla, il tomba évanoui ; et, comme
Majnûn, s'étant déchiré le collet jusqu'à la ceinture, ayant
comme Farhad une montagne de chagrin au-dessus de sa
tête, jetant des cris, il abandonna sa maison, laissa ses
parents et ses proches, et alla, comme les animaux, habiter les déserts et les plaines désertes.

II. *Sages conseils que Ranjhan ne suit pas.*

Lorsque la flèche de l'amour eut atteint le cœur de
Ranjhan et qu'il eut été pris dans les cheveux bouclés de
Hir et esclave de ses lèvres charmantes, ses parents et ses

proches furent pleins de tristesse, et au moyen de la médecine de l'avis et des conseils ils tâchèrent de remédier à la
chose, mais :

Vers : L'arc de l'amour lance partout des flèches, et le bouclier
de la sagesse ne peut en garantir.

Ainsi la *flèche* de leur avis resta éloignée de plusieurs
flèches du but de l'effet ; et Ranjhan, le cœur blessé, plein
de tristesse, ivre du vin d'une inguérissable folie, resta silencieux, oubliant le sommeil et le manger et attendant en
patience. Les choses se passèrent ainsi pendant plusieurs
années ; mais cette conduite ne plut pas à ses frères. Ils
prirent chaudement la lance dans le champ de la haine, et à
l'imitation du ciel (destin) qui jette partout la confusion,
s'étant levés pleins de colère, ils privèrent de l'héritage paternel cet affligé, et ils effacèrent d'un trait de plume de la
tablette de l'esprit la lettre de la concorde. Ranjhan hors
de lui s'abandonna à Dieu. De tous les biens et les troupeaux qu'il possédait on ne laissa à ce jeune homme dont
la tête était troublée et le cœur brisé qu'un bout de terre
aride et deux bœufs maigres. Ce malheureux s'occupait
de travaux manuels, et semblable à Farhad, il taillait les
montagnes. Après un certain temps, un brahmane qui avait
serré ses reins avec la ceinture du renoncement à la vie,
agile comme le zéphyr matinal, au souffle du Messie, aux pas
de Khizr, faisant le parcours (*taï*) du désert comme Hatim
Taï, un brahmane, dis-je, vint apporter à ce jeune homme
tourmenté par la blessure de la vexation une lettre affec-
tueuse de la part de Hir le flambeau de l'assemblée. Alors
quelque espoir d'union avec la charmante rose se fit sentir
au cœur du rossignol plaintif. La vie revint à son âme, l'esprit s'épanouit dans son corps et ne put y être contenu. Un
poëte a dit avec raison :

Vers : L'amour se manifeste d'abord dans le cœur de la maîtresse,
car le papillon ne serait pas amoureux si la bougie ne brûlait pas.

III. *Hir est amoureuse de Ranjhan.*

Il y avait dans la ville de Jang-Siyâl[1] une des provinces bien gardées du Penjab, sur le plateau du pays des Hazâra, un homme parfait, riche et puissant, qui se nommait Chû-chak, et qui était le chef de l'endroit. Il avait une jeune fille pareille à Vénus et qui méritait d'être unie à Jupiter.

Vers : Ce n'était pas une fille (*dukhtar*) , mais un astre (*akhtar*) du firmament de la beauté, c'était une perle brillante dans l'écrin de l'excellence........

Sa joue était comme dans le Coran le verset de la beauté, et sa taille élégante comme l'étendard élevé de la perfection.

Si on voulait décrire son nez et son sourcil recourbé, on pourrait se servir de la surate du *noun* (Jonas) et de celle du calam [2].

L'anneau de son nez est le collier qui serre le cou de l'intelligence et oblige la pleine lune à mettre à son oreille la boucle de l'esclavage [3].

Ses yeux séduisants et agaçants auraient mis en défaut dans sa fuite le daim lui -même.

Cet œil humide et cependant pourvu de surma est comme le sabre d'Ispahan. La noire lentille de son brillant visage ressemble à la pierre noire de la Mecque et au corbeau. Sa joue est d'une incomparable excellence, le grain de beauté qu'on y voit est le remède contre le mauvais œil. Sa bouche étonnante est un écrin rempli des perles des dents et des rubis des lèvres. Les lèvres sont aussi pures que les dents : le rubis embellit les perles et les perles le rubis.

Son menton ressemble au puits de Chanaan, et des milliers de cœurs pareils à celui de Joseph viennent s'y précipiter. Ses oreilles ne sont pas des oreilles (*kân*), mais des mines (*kân*) de gentillesse. Si quelqu'un voyait les pendants d'oreilles de cette inhumaine, il deviendrait par amour son pendant d'oreille.

La plante de ses pieds était tout à fait charmante ; elle provo-

---

[1] Voir W. Hamilton, *East-India Gazetteer*, t. II, p. 61.

[2] Allusions à la forme de la lettre *n* en arabe, à celle du calam, et aux chapitres x et xcvi du Coran.

[3] L'esclavage est désigné en Orient par le pendant d'oreille. Voyez le Deutéronome, ch. xv ; et le psaume xl, traduct. de M. l'abbé Bertrand.

quait les baisers. Son air délicieux était comme l'éclair du malheur ; sa gentille démarche rappelait le tumulte de la résurrection.

Comme cette lune de la nuit qui détruit le chagrin, ce printemps parfait de la gentillesse, ce zéphir qui augmente la joie, dormait sur le toit de sa maison, au clair de la lune, tout à coup, elle vit un jeune homme à la taille de cyprès, au visage de tulipe, aux cheveux de violette, au teint d'ambre (jaune, c'est-à-dire blond), aux sourcils d'arc, aux cils longs comme des dards, aux lèvres de pistache, aux dents d'émeraude ; le repos de l'esprit, la force de l'âme, dont les douces et agréables paroles faisaient oublier la canne à sucre, et qui arrachait du joyau de l'âme le fil de la liaison (avec toute autre personne). Son front éclatant barbouillait de bleu le visage de la pleine lune (tant il lui était supérieur), et les boucles de ses cheveux musqués (noirs) étaient un échantillon de mille nuits obscures. Ce beau jeune homme était sémillant, folâtre, hardi, agile dans toute sa personne ; il ne respirait qu'élégance ; son port était gracieux ; il semblait avoir été jeté dans un moule enchanteur ; il était enfin une idole de séduction.

Vers : C'était ou un ange, ou une fée, ou une houri, ou mieux encore la lumière de l'œil des amants.

Ce jeune homme se manifesta donc à Hir dans un songe pareil à celui de Joseph. A mesure qu'elle le vit, le cœur sans souci de cette jeune fille glissa de sa main, et cette lune éclatante du firmament de la beauté fut prisonnière dans le filet des boucles entortillées de ce jeune homme. Agitation fut à son cœur ; la couleur de son visage fut altérée ; l'oiseau de son intelligence s'envola, la misanthropie la quitta. Après avoir vu dans son sommeil cette rose, elle se leva, jetant des cris comme le rossignol, et se mit à pleurer et à laver son visage avec ses larmes. Ses servantes et ses dames de compagnie se réunirent, elles vinrent avec étonnement et en grand émoi, et dirent : « O Dieu, quel est ce malheur qui est survenu ? Que s'est-il passé dans le cœur de Hir pendant son sommeil ? »

Jusqu'au matin, une telle agitation troubla le cerveau de Hir, que le sommeil ne lui revint pas, et que la nuit se passa dans la peine et dans l'affliction. A l'aurore, son père et sa mère furent instruits de ce qui se passait. Des gémissements et des soupirs eurent lieu. Tout en pleurant, brûlés qu'ils étaient dans leur cœur, ils regardèrent et virent que leur fille avait une apparence extraordinaire et un état singulier. Elle était assise, les cheveux et les vêtements en désordre et le visage décomposé. Des traces de folie s'apercevaient sur son visage et des vestiges de déraison sur son front. Son intelligence n'était pas saine et ses sens n'étaient pas dans leur assiette. Sans nouvelles de son corps, sans attention pour son cœur, toujours ivre et toujours altérée de la vue de son bien-aimé, elle était hors d'elle et cachait néanmoins son secret. Bien qu'on lui demandât le motif de son trouble, on ne trouva d'autre réponse que le silence. Elle branla la tête avec pudeur, et répandit ainsi sur l'âme de ses parents l'agitation et le trouble. On amena des médecins et des exorcistes ; tous déployèrent leur esprit afin d'obtenir une disposition avantageuse ; ils mirent tout en œuvre, mais ils n'obtinrent aucun résultat heureux ; bien plus, ce fut le contraire qui arriva.

> *Vers :* Par l'effet du destin, l'oxymel augmenta la jaunisse et l'huile d'amandes douces produisit la sécheresse.

Ayant considéré l'effervescence du sang de Hir et le vin de sa folie, on appela un chirurgien, qui, lui ayant bandé le bras, appliqua la lancette. On pouvait dire alors de cette jeune fille :

> *Vers :* Quand on ignore la fièvre de l'intérieur, pourquoi percer la veine extérieure avec la lancette ?

Il ne sortit pas une goutte de sang, et chacun se retira confus.

IV. *Hir écrit à Ranjhan.*

Comme le cerveau de Hir était affecté de la maladie chronique de l'amour, et qu'elle était privée de sentiment et de mouvement, son père, sa mère et ses proches, renonçant à l'espoir de la guérir, retirèrent la main de son traitement et dirent :

Hémistiche : Abandonnons-la à Dieu : il en sera ce que Dieu voudra.

Quelques jours se passèrent dans cette situation pénible. Un jour que cette malade d'amour, en proie au trouble, était plus agitée que de coutume, ses amies la conduisirent, pour la distraire, dans un jardin.

Vers : Que celui qui est libre de peines et de soucis aille se promener dans un jardin ; mais quel besoin a d'un parterre de tulipes celui dont le cœur est blessé (comme la tulipe) ?

D'après cette idée qu'il y a trois obstinations célèbres : celle des femmes, celle des rois et celle des enfants, les amies de Hir insistèrent et persistèrent à dire : « Quoique ton cœur y répugne, cède à nos instances, et ne diffère pas à nous fournir les preuves et les témoignages que nous désirons de ta bonne volonté. »
Vaincue par ces importunités, Hir, de gré ou de force, alla dans ce jardin, le cœur blessé. Quel jardin était-ce donc ? C'était le capital du bien-vivre et du loisir : il était tout printemps et la honte du jardin de Farkhar [1]. Ses allées étaient belles, ses bassins agréables, les clairières de la campagne étaient comme un miroir transparent. Il n'y avait ni les herbes sauvages de la peine ni les épines de la douleur ni la poussière du trouble. Ses fontaines donnaient agréablement de l'eau en abondance. Le zéphyr matinal

---

[1] Ville fabuleuse mentionnée par les poètes persans.

relevait le cœur flétri et l'esprit abattu. La vue des roses produisait sur le cœur affligé l'effet du souffle du Messie. Toutefois, là où cette belle au cœur calciné portait les yeux, elle ne voyait que la face de son bien-aimé, et dans son ivresse, elle récitait ces vers d'un ton plaintif :

Vers : Comme tu es dans mon âme désolée et dans mon œil que le sommeil n'atteint pas, je te vois dans tout ce qui se manifeste à moi de proche et de loin.

Tantôt elle embrassait un cyprès, croyant tenir son amant ; tantôt elle contemplait le narcisse, croyant que c'étaient ses yeux. Les roses lui offraient sa couleur et l'odeur de ses vêtements. Elle croyait voir ses cils dans les épines et les mettait dans son cœur. Elle trouvait dans les chants éloquents du rossignol et de la tourterelle ses accents séduisants, et elle faisait couler la pluie de ses larmes. Par la vue de la verdure du jardin, son cœur reverdit, et l'eau courante ou jaillissante dont elle s'abreuva diminua la sécheresse de son cerveau. Alors elle s'assit sur le bord d'un bassin, et chanta un *tappa* dans le mode musical nommé *bhairau*[1].

Les jeunes filles de même âge qui entouraient cette beauté au visage de lune étaient semblables à des étoiles en cercle autour de la lune. Par de jolies histoires et des discours agréables, assaisonnés du sel qui rouvre les anciens ulcères, et avec la lancette de la langue qui produit des étincelles, elles recherchaient les noires fentes des carrières du chagrin. Celle-ci qui était petite d'âge, mais grande d'intelligence, comprenait les allusions et appréciait l'amitié. Elle apprit donc qu'il y avait dans la ville capitale des Hazara un jeune homme charmant nommé Dîdhû et surnommé Ranjhan, dont la voix mélodieuse excitait la jalousie

---

[1] C'est un mode qui exprime la terreur. Quant au *tappa*, c'est un petit poëme hindi dont j'ai parlé dans mon *Histoire de la littérature hindoustani*, et dont j'ai traduit plusieurs spécimens dans mes *Chants populaires de l'Inde*.

du rossignol, qui était le Joseph de la terre de Channan de la beauté, l'objet aimé du Penjab, qu'il faisait si bien résonner sa flûte. qu'il amenait dans ses filets l'oiseau de la raison, qu'il arrêtait l'eau qui coule et l'hirondelle qui vole.

Hir comprit par là le songe qu'elle avait eu, et de nouveau le feu de l'amour s'empara de son corps délicat. Ainsi enivrée à deux reprises par le vin de l'amour, et préparée à aimer, hors d'elle, mais voulant cacher le sentiment qu'elle éprouvait, elle se confia au fils d'un brahmane qui, depuis son enfance, était son serviteur et en même temps son compagnon fidèle et le confident de ses secrets. Elle écrivit une lettre en cachette, et promettant à cet homme une récompense, elle lui recommanda de lui rapporter promptement la réponse à sa lettre, et surtout de garder un inviolable secret.

V. *Lettre de Hir à Ranjhan.*

Vers : Louange à celui qui sans calam a tracé l'existence et qui est la plante du jardin de la bonté. Louange aussi au prophète de Dieu qui est devenu le cyprès du ruisseau de la pureté, à sa famille et à ses compagnons. Cette louange que j'écris sur la page du papier l'a rendue la jalousie de la lune.

« Salut aussi à cette rose qui a rendu le rossignol plaintif.

» Comme j'ai entendu la mention de ta beauté, mon cœur a glissé de ma main. Hir est amoureuse de ton charmant visage ; la lune est folle à cause de ce soleil excellent. Tu m'as montré ta face en songe, et elle a fait impression sur mon cœur. Je n'ai plus ressenti d'amitié pour mon père ni pour ma mère ; je suis étrangère à mes frères et à mes sœurs. Qu'a-t-on affaire avec sa famille lorsqu'on est étranger à soi-même ? Tu es dans mes yeux, tu es dans mon cœur ; tu es l'eau et l'argile de mon essence. Les belles sont balayées comme un torrent devant toi, et moi je suis maintenant la poussière de tes pieds. O mon bien aimé ! si tu es instruit des signes de l'amour, tu dois savoir que le vrai chemin du cœur, c'est le cœur. Sinon, n'es-tu pas une honte pour moi? Viens donc ici pour que je parvienne à mon but, comme tu me l'as promis en songe. Montre-moi ta forme dans le réveil. Les flèches de tes cils ont percé mon cœur de part en part; les roses de mon lit se sont changées en épines. Le sommeil et le manger me sont interdits; le cachet du silence est sur mes lèvres, et j'ai renoncé à me promener nonchalamment... »

On rapporte que lorsque le brahmane chargé de la lettre de Hir fut arrivé dans le bois où était Ranjhan, et qu'il l'eut trouvé, ce dernier lut la lettre de cette belle du Kachan, puis après avoir baisé les mains et les pieds du brahmane, il le conduisit en sa maison, et l'ayant fait reposer en un lieu convenable, il exerça envers lui les lois de l'hospitalité. La nuit se passa paisiblement jusqu'au matin, et lorsque le soleil ayant revêtu la robe dorée de l'Orient, eut montré son visage de derrière le voile de l'Occident dans le boudoir de la manifestation, Ranjhan alla auprès de sa mère, lui rendit ses devoirs, lui demanda congé pour se mettre en voyage, et lui en expliqua les motifs en ces termes : « Hier et aujourd'hui, j'ai parcouru en entier une copie du *Jazb ulculûb ila dâr ulmahbûb*[1], je suis impatient; bien plus je suis mourant, ainsi qu'il y est dit :

Vers : Je suis allé dans l'école de l'amour et j'y ai appris la leçon convenable pour ce monde qui passe ; mais j'ai oublié en un instant tout ce qui était écrit.

« Je suis peu au courant de l'agriculture, quoique je sois forcé et obligé de m'en occuper. Jusqu'à présent je vous ai obéi autant que je l'ai pu ; mais aujourd'hui, malgré ce qu'il y a de répréhensible dans ma conduite, j'espère de la bonté maternelle que vous me laisserez aller

---

[1] C'est-à-dire « l'attraction de l'amour vers la demeure de la bien-aimée, » ouvrage mystique mentionné dans Hajji Khalfa. Voy. Fluegel, t. ii, p. 588.

voir avec les yeux de ma tête la princesse des belles que je vois depuis longtemps de la vue du cœur et me repaître de son haleine...

La mère consentit en pleurant, bon gré mal gré, et Ranjhan lui baisa les pieds. L'ayant soulevé avec ses deux mains, elle le serra contre sa poitrine et elle exprima ainsi les vœux qu'elle faisait pour lui.

Vers : Sois béni à l'occasion de ce voyage ; va en paix et reviens de même.

VI. *Départ de Ranjhan pour aller trouver Hir.*

· En partant pour aller trouver Hir, Ranjhan récita ce gazal :

Gazal : Comment l'eau de la mer n'éprouverait-elle pas de la jalousie, car mes yeux sans sommeil sont devenus un océan de larmes?

La clef du chagrin a ouvert la serrure des plaintes ; ce qui oppressait ma poitrine a enfoncé la porte de l'océan des larmes.

De la fournaise du cœur provient l'orage impétueux qui figure les rivières du Penjab.

Ce monde d'eau a été contenu dans mon cœur, tellement que la mer elle-même ne peut donner une idée de sa force.

Que dirai-je en voyant mon cœur ? C'est le nuage, l'éclair, le mercure et l'Océan.

L'œil est l'huître, et les larmes les perles de l'huître; le mois d'avril (qui produit les perles) en est vexé (parce que mes larmes sont plus abondantes que ses perles), et la mer en est ensanglantée.

La nuit de l'absence sera un jour terminée. Nous serons réunis ensemble, comme le cygne à la rivière. Mon désir a été agréé, mais ce n'est qu'une goutte d'eau de la rivière.

Lorsque, par l'effet de la bienveillance de sa mère, Ranjhan eut obtenu l'argent comptant du congé, il alla du côté de sa bien-aimée. En butte au chagrin et à la tristesse qui ravage le cœur, il arriva auprès de la rivière de Chinab : c'était une rivière sans bords et dont les flots étaient tellement agités que la crainte qu'ils inspiraient changeait en eau le cœur de ceux mêmes qui savent nager dans l'Océan et des tigres de l'art de la bravoure, et que les poules d'eau

et les canards en avaient le vertige . et éprouvaient mille
étonnements.

> *Vers* : C'était une eau effrayante dans laquelle le cygne lui-même
> n'était pas en sûreté. La plus petite de ses vagues aurait enlevé du
> bord de la rivière une meule de moulin.

Les flots s'élevaient avec tant de force et de bruit qu'ils
produisaient des perles dans les huîtres des pléiades. Le
poisson du ciel (zodiaque) en voulant nager dans ce monde
d'eau aurait été grillé de peur, et le *poisson* de la terre aurait été troublé lui-même et saisi de terreur.

Tel était ici l'état orageux de la rivière, et là avait lieu le
déluge dans l'œil humide de **Ranjhan**.

> *Vers* : Là où manque la pluie, dites au villageois d'amener en son
> champ mon œil plein de larmes.

Il était difficile de traverser une telle rivière ; toutefois,
comme Ranjhan était ivre du vin de l'attraction de l'amour
de Hir, hors de lui et le cœur blessé, il pleurait en gémis-
sant ; et ayant aperçu ce passage difficile, pensant qu'il ne
pouvait atteindre à la perle du but, il était agité comme un
poisson hors de l'eau, et ses mouvements étaient désespérés.
Enfin, il lava ses mains de la vie, et ayant dit : « Au nom de
Dieu, » il entra dans la rivière.

> *Vers* : Il n'y a rien de difficile qui ne devienne facile, lorsqu'on a
> la hardiesse en partage [1].

Il plongea donc, et sur le point d'aborder à l'autre rive,
il en ressentit de la fierté ; mais il pensa que c'est Dieu qui
donne à l'homme le pouvoir et la force de mesurer la mer,
et que s'enorgueillir déplaît à l'être puissant par excellence.
En effet, l'orgueil de la part d'un homme convient-il à la
cour de Celui qui seul a le droit d'être fier ?

> *Vers* : La hauteur et l'orgueil appartiennent à Celui-là seul dont
> le royaume est de toute éternité et dont l'essence est féconde.

[1] Audaces fortuna juvat.

Au milieu de ces réflexions, il fut pris dans le filet des flots et conduit au fond de la rivière ; il éprouva un tel plongement que la vie lui devint amère, et qu'il perdit tout sentiment. Son cou fut enveloppé par le collier du tourbillon, et ses pieds par la chaîne des flots. Il marchait vers la prison de la mort, lorsque la grâce éternelle lui tendit la main ; il se tourna vers Dieu, et, avec supplication et gémissement, il chercha le remède à sa peine et à son agitation.

Vers : Lorsque Dieu le veut, il nous aide ; il nous pousse à faire des gémissements et des soupirs [1].

Sa prière fut exaucée, et il fut délivré de ce gouffre ; car un marin le voyant se noyer en eut pitié ; il sauta dans la rivière, et l'ayant pris par la main, il l'en tira. Comme le bel air de Ranjhan le toucha, il le conduisit dans sa maison et fit tout ce qu'il put pour lui être agréable.

VII. *Ranjhan arrive à la ville de Siyalan et demeure dans le jardin de Hir.*

On rapporte que le pays du marin qui sauva Ranjhan était un village dans les environs de Siyalan, et qu'il y avait là un jardin que les lis et les roses rendaient un échantillon du paradis élevé. Ce jardin, fréquenté par les rossignols, où les cœurs désolés de Majnûn et de Farhad se seraient volontiers reposés, était planté d'arbres de différentes espèces chargés de fruits vermeils. Quelquefois Hir allait s'y promener pour y réjouir son cœur agité. Ce fut là que, par une heureuse rencontre, Ranjhan vint fixer son séjour. Lui qui avait renoncé au boire et au manger, et qui s'était interdit le calme et la tranquillité, à la bonne nouvelle qu'il allait en cet endroit, il espéra du saint Créateur le don de la satisfaction et du contentement. Alors, le son de sa flûte déploya ses ailes au point que les passants s'arrêtaient et qu'il acquit une réputation telle qu'on disait partout qu'il était arrivé

[1] Conf. Galates, iv, 6.

dans cette ville un joueur de flûte distingué dont les airs mélodieux produisaient un effet magique. Tout le monde venait l'entendre et trouvait qu'il répondait à sa renommée. On semait dans le champ du cœur la semence de l'amitié envers lui, tandis que le pan de sa robe se remplissait des graines des pleurs. Hir finit par être instruite de ce qui se passait, et elle qui était vide (maigre) comme la flûte par l'effet du chagrin et de la tristesse, fut remplie de joie et de contentement. Elle alla voir de loin le musicien et reconnut celui qu'elle aimait. De plus, l'ange de l'union fit appel à l'oreille de son intelligence, et elle se dit à elle·même : « Celui-ci est bien l'amant affectueux qui joue pour moi sa vie. C'est l'amour qui l'a attiré et l'a amené jusqu'ici. »

Hir, hors d'elle, alla trouver Ranjhan. Ce dernier la serra dans ses bras et lui raconta tout ce qui s'était passé ; c'est à savoir comment il avait entendu parler d'elle par les vertueux sofis, et comment ce qu'il avait appris de ses qualités l'avait rendu amoureux ; les obstacles de ses parents qui l'avaient tourmenté comme des scorpions ; l'histoire de l'arrivée du brahmane porteur de sa lettre, la permission qu'il avait obtenue de sa mère, la peine de l'absence et les fatigues du voyage, sa chute dans la rivière et le courage du bon marin.

Vers : Mais bien que l'amour excitât le trouble dans son cœur, la pudeur mit le doigt sur ses lèvres et lui ordonna de garder le silence.

En effet, quoique le vent du désir eût souhaité un endroit désert, loin du préfet de police et de la sentinelle, afin que le navire de la loi fût submergé et vînt échouer à l'écueil de la transgression, toutefois Ranjhan avait la crainte du véritable gardien et du vrai capitaine de la barque, et il n'abandonna pas le rivage de la chasteté. La corde solide de l'amitié réelle et du dévouement sincère ne se brisa pas, et tous les deux pleins d'amour allèrent avec la vitesse du torrent à la ville de Jangsiyàl ou Siyalan. Hir fit descendre Ranjhan

en lieu sûr et remplit envers lui les devoirs de l'hospitalité
et du service.

VIII. *Ranjhan est chargé de la garde des troupeaux du père de Hir.*

Après que Ranjhan fut resté quelques jours à Siyalan,
l'eau de l'amitié calma le feu de son agitation; l'aiguillon
de l'abeille de la séparation fut changé au miel de la réunion; le poisson de son cœur, qui n'avait eu pour se repaître
que le cadavre de l'absence, connut alors l'océan de la vie
en s'abreuvant à la fontaine de Jouvence des lèvres de sa
bien-aimée. De son côté, Hir ayant considéré la compagnie
de Ranjhan comme un bonheur inattendu et un bienfait ac-
cidentel, elle rendit grâce à la cour de Celui qui réunit ce
qui est dispersé. Du jour elle fit l'*id*[1] et de la nuit le *schab
barat*[2]. Elle se livra à la joie, tout en craignant le firmament tyrannique qui fait pleuvoir la pierre du trouble et
qui déchire la couture de la réunion.

Vers : Il ne peut laisser paisiblement ensemble deux cœurs dans
un même lieu : il ne peut tolérer une aimable réunion.

Pour se mettre désormais à l'abri du poison de la séparation, nos deux amants pensèrent qu'il fallait s'adresser
au père de Hir. Celle-ci alla donc trouver son père, et, les
mains jointes, elle lui dit : « O Quibla des deux mondes, ta
servante vient te faire une demande..... » – « Je suis prêt
à te l'accorder, répondit le père, si c'est une chose sen-
sée et susceptible d'être agréée. Explique-toi donc sans
crainte. »
Hir commença par remarquer que c'est une obligation
essentielle, sur la tête et sur les yeux, d'obéir aux parents;

[1] Ce mot qui signifie *fête* se prend surtout pour exprimer la principale fête du culte musulman, qui équivaut à notre jour de Pâques, car
elle termine le jeûne du ramadan.
[2] Autre fête musulmane consacrée à la commémoration des trépassés.

que les enfants doivent désirer ce qu'ils désirent et chercher leur bon plaisir; que c'est aussi essentiel pour eux
que de suivre les préceptes de la religion. « Or, vos troupeaux de bœufs et de brebis, ajouta-t-elle, sont mal soignés
et négligemment tenus. Je pensais depuis quelque temps,
moi, votre fille dévouée, que s'il se présentait un serviteur
digne de confiance et actif, je vous le présenterais. Par une
heureuse rencontre , j'ai trouvé aujourd'hui cet homme fidèle et dispos. Il est bien intentionné, il est propre à tout;
il ne regrette aucune peine ni soin. La paresse et la nonchalance sont à des lieues loin de lui. Chargez-le donc de
vos bœufs et de vos brebis. »

En voyant Ranjhan, que lui présenta sa fille, le père de
Hir s'aperçut facilement qu'il n'était pas fait pour garder
des bestiaux; mais Hir lui dit : « Le proverbe arabe, *l'extérieur est l'indice de l'intérieur*, n'est pas toujours exact.
Je vous assure que ce jeune homme est propre à l'emploi
que je demande pour lui. Ordonnez, et il agira. » Bon gré
malgré le père de Hir, pour contenter son aimable fille, mit
sur son œil le doigt du consentement et confia à Ranjhan
la garde de ses bœufs et de ses brebis.

IX. *Hir porte des friandises à Ranjhan, et Kidûn, oncle de Hir, les demande.*

Ranjhan exerça donc extérieurement la profession de
berger, et intérieurement il s'occupait d'amour. Il menait
paître les bœufs et les brebis jusqu'à trois kos, et lorsque
le soir arrivait il les rassemblait au moyen des sons de sa
flûte et les ramenait à la ville... Telle était son occupation
constante, et chaque jour Hir lui faisait parvenir dans le
bois l'eau et la nourriture nécessaires. Un jour elle lui porta
elle-même un plateau de friandises plus douces que ses lèvres de sucre, et des pommes préférables aux mentons des
belles quant à l'odeur et à la saveur; des noix de coco, des
pistaches, des amandes, le tout artistement arrangé sur

des feuilles d'argent. Elle lui dit en lui offrant ces choses :
« Ma chère âme, ceci est comme un sacrifice que t'offre
Hir; accepte-le, car c'est une nourriture douce et de facile
digestion qui convient à toi, perroquet au doux langage et
qui ne devrais croquer que du sucre. » Elle dit, et disparut
comme le camphre. Ranjhan n'avait pas encore touché au
plateau, lorsque arriva Kidûn, couvert du vêtement des faquirs et mendiant comme les mendiants; car il savait que
Ranjhan était ami des derviches, et qu'il était comme une
amande sans peau dans le chemin de la vérité et de la pauvreté. En effet, ce cœur de cire, sans méfiance contre le
vent violent de la ruse, ouvrit son cœur comme la rose de
l'automne et lui fit don de tout le plateau de friandises. Or,
Kidûn n'était pas en réalité un faquir, mais un espion, et
il se retira aussitôt pour aller montrer ces friandises au
père de Hir, qui était son propre frère. Hir vit la chose du
chemin, et, se saisissant du plateau, elle reprocha à Kidûn
son astuce et sa méchanceté, et alla rendre à Ranjhan son
offrande en lui faisant connaître le piége où il était tombé.
Ranjhan répondit : « C'est pour Dieu que l'homme doit
agir. On fait son devoir et Dieu est gardien. » — « Cela est
vrai, dit Hir, mais il ne faut pas que l'homme agisse contre
la raison, à défaut il doit craindre la colère de Dieu. »

Vers : Quoiqu'on ne puisse pas mourir hors de l'heure fixée par
le destin divin, on périt cependant lorsqu'on s'expose à la gueule
des dragons.

Cependant Kidûn alla trouver son frère; il lui raconta
tout ce qui s'était passé et tira de son turban, où il l'avait
cachée, une bouchée des sucreries de Hir pour la lui montrer. Le père de Hir se mit alors en colère, et faisant venir
sa fille : « Petite sotte, lui dit-il, honte de tes pères, tu as
jeté l'opprobre sur ma tribu! Jusqu'à ce jour, notre maison
était libre des mauvaises herbes et des épines des fentes de la
honte. Mais toi, impure, tu as jeté le nœud coulant de la
fourberie, et tu m'y as pris. Tu as manifesté une telle affec-

tion envers moi, que tu as éteint la lampe de mon intelligence. On a dit à bon droit : Dieu nous garde de la vue des
femmes, car on ne peut s'en sauver ; et le Prophète a dit
d'elles avec raison : *Elles sont défectueuses quant à la raison et quant à la religion.* Que faire actuellement que j'ai
donné un coup de bêche à mes pieds? Si tu avais l'âge convenable et que tu désirasses te marier, je te dirais qu'il ne
faut le faire qu'entre égaux et pairs ; mais maintenant tu as
joué au trictrac de la convenance avec un étranger dont
l'union ne peut te convenir. Y a-t-il en cela autre chose que
l'ignominie et le déshonneur? Dois-je par un coup d'épée
faire voler la tête de vous deux et brûler les copeaux de
votre existence dans le feu de la mort? Tu as entendu, re-
tire-toi, et ne sors plus hors du rideau du gynécée sans ma
permission.

X. *Les frères de Hir prennent en haine Ranjhan et l'en-voient dans la forêt aux lions.*

On dit qu'il y avait auprès de Jang-Siyâl un bois terrible,
séjour des bêtes féroces : des lions, des loups, des panthères,
des buffles, des léopards, des ours, des rhinocéros, des co-
chons-daims, et où, par conséquent, on ne pouvait mener
paître des brebis et des chèvres ; car les hommes les plus
braves, saisis de crainte en entendant prononcer le nom de
cette forêt, restaient paralysés et les cheveux hérissés. Là,
le matin paraissait être le soir par l'effet de la noirceur, et
le soir était pareil au jour sinistre de la résurrection. Il y
avait entre autres deux lions terribles qui étaient l'ef-
froi des quadrupèdes et des oiseaux, et qui venaient même
quelquefois porter la dévastation dans la ville.

Les frères de Hir, avec l'intention de faire périr Ranjhan,
envoyèrent cet infortuné dans cet emplacement de malheur.
Au matin donc, lorsque le dragon du ciel eut fait sortir du
sceau de sa bouche le bézoard du serpent (le soleil), et que
le lion de l'aurore eut chassé le chamois de la nuit obscure

et l'eut jeté dans les entrailles du néant; lorsque la lune, reine des cieux, se fut couvert la face et se fut retirée avec l'armée des étoiles, le feu du soleil s'alluma et la lampe de la lune s'éteignit; l'astre aux deux cornes parut, et l'Éthiopien de la nuit tourna le visage vers la fuite.

Conformément à l'indication des frères de l'inimitié, Ranjhan conduisit ses brebis et ses vaches dans cette forêt du malheur et les y laissa paître à leur gré. Armé d'un fort bâton, il s'assit sur une peau de panthère, qu'il avait étendue par terre. Les deux lions sanguinaires, guidés par l'odorat, arrivèrent à la clairière où reposait Ranjhan, en criant *hû, hû*; et rugissant à l'imitation du nuage chargé de pluie, ils tombèrent sur lui comme l'éclair.

Ranjhan, que Dieu avait doué de la force d'un lion noir, récita d'abord les paroles sacramentelles de la profession de foi *là ilâh*, et de son bâton il frappa d'un tel coup un des deux lions, qu'il lui brisa la tête, en écrasa les os qui semblèrent s'évanouir comme du camphre, et le priva de la vie. L'autre eut peur et se retira en arrière, mais Ranjhan le poursuivit, le renversa et lutta avec lui pendant quelque temps; enfin, il l'étendit mort par terre et en rendit grâce à Dieu. Il coupa la queue et les oreilles de ces deux lions pour s'en faire un trophée : il les mit sous sa tête en guise d'oreiller et se reposa. Des bergers, qui passèrent par là ayant vu les cadavres des lions, les lièrent avec une corde, et, contents, allèrent à la ville les porter à Chûchak, à qui ils dirent hardiment que les lions avaient dévoré son berger Ranjhan, mais qu'après mille peines, ils étaient venus à bout de les tuer et qu'ils les lui avaient apportés. Chûchak fut très-satisfait; il donna aux bergers des éloges et des louanges, et les combla de présents.

En apprenant cette nouvelle cruelle, Hir tomba dans la prison du chagrin et de la douleur. Elle enleva de son front son voile d'or, elle s'arracha les cheveux, et, désolée, elle mit de la terre sur sa tête, elle déchira sa poitrine avec l'ongle du deuil, brûla ses joues par le feu de la douleur, inonda son visage de larmes, troubla le ciel par le tonnerre de ses cris, et brûla la moisson de sa vie avec l'éclair du désespoir. Le monde devint noir à ses yeux et elle fit entendre ses plaintes par les paroles suivantes :

Gazal : Mon ami s'est mis en route pour le royaume de la mort ; aussi le domaine de ma vie est-il au pillage.

Le pan de ma robe est désormais privé de la perle de mon but; comment mon cœur ne serait-il pas déchiré et propre à être donné comme un étonnant exemple des vicissitudes du temps ?

Je ne détournerai pas mon visage du dévouement, quand même je devrais y perdre la vie. Voilà la place, voilà ma boule et mon maillet.

Puisque le vent de la mort éteint la bougie de la vie de mon bien-aimé, comment ma chambre à coucher ne deviendrait-elle pas aussi obscure que la nuit la plus noire ?

Lorsque par l'effet du vent impétueux des événements, cette rose s'est fermée, mets alors dans le nid de la terre ton rossignol plaintif (c'est-à-dire, meurs).

Le feu qui dans un instant s'élève de la terre noire jusqu'au ciel, c'est la plainte qui provient de l'agitation de mon cœur.

Je suis ce Farhad dont le ciseau n'est autre chose que l'ongle dur, et la montagne de ma poitrine est sans appui (*bésutûn*) [1].

Pourquoi me tourmenter ? Si le loup du chagrin songe à la brebis de mon cœur, la faveur d'Ahmad (Mahomet) l'élu (*Macbûl* [2]) me sert de berger.

XI. *Hir revient à elle-même, Ranjhan reparaît.*

Lorsque le roi du pays de Nimroz (le soleil), qui avait placé sur sa tête sa couronne aux rayons dorés et revêtu son manteau enrichi de pierreries et qui était monté sur le char du ciel, alla se livrer au repos dans la chambre à coucher de l'Occident, lorsque la *Laïla* de la nuit (*Laïl*), étant

---

[1] Allusion à la signification du nom de la montagne, où selon les Musulmans, Farhad grava des inscriptions expliquées de nos jours. Je dois faire seulement observer que le nom de Béhistûm que donnent à ce mont les cunéiformistes détruit l'étymologie persane.

[2] Allusion au nom du poëte, qui doit se trouver, selon l'usage, dans la dernière strophe du gazal.

descendue du palanquin de l'absence, vint dans la noire tente des ténèbres, et que le *Majnûn* de la lune, blessé par l'amour, chemina dans le désert des cieux pour se rendre aussi dans le pays du soir, Hir revint peu à peu à elle-même et finit par reprendre ses sens... Cependant le son de la flûte de Ranjhan parvint à son oreille et il produisit sur elle l'effet du souffle du Messie : la force revint à son faible corps et l'espoir à son esprit. Enfin, Ranjhan, le tueur de lions, retourna sain et sauf de la forêt aux lions, et cette soirée fatale fut changée au matin du bonheur. Pendant quelque temps, Hir, semblable au halo, entoura de ses bras ce visage de lune, oubliant toute retenue. En signe de joie, elle répandit même sur lui tant de roupies et de païças, que l'espace de terre que couvraient ces monnaies fut envié par l'emplacement du ciel des étoiles fixes. « O toi, lui dit-elle, qui partages les peines de mon cœur affligé, explique-moi actuellement ce qui t'est arrivé, à savoir, comment tu t'es sauvé de la griffe des lions sanguinaires. » — « Le sort m'a aidé, répondit-il, mon astre m'a secondé. J'ai terrassé ces méchants animaux, et je leur ai coupé la queue et les oreilles, que je rapporte en triomphe. Dieu a rendu facile ce qui était si difficile : il est le trancheur des difficultés. »

Hir s'empressa de communiquer à son père cette histoire étonnante et ce discours merveilleux. Chûchak fit alors venir Ranjhan devant lui ; il apprit de sa propre bouche le récit de son exploit, et il vit de ses propres yeux les queues et les oreilles des lions. Il combla généreusement de présents cet homme fort comme un lion, et lui donna les louanges qu'il méritait si bien.

Cependant la poussière de l'envie séjourna de plus en plus sur le pan de la robe des frères de Hir, et la flamme de leur malice s'éleva à une grande hauteur. Le mariage de Hir fut décidé avec un jeune homme charmant, de bonne famille et de condition élevée.

Vers : Le cœur de l'ennemi est disposé à faire périr, mais le cœur de celui qui est tyrannisé, se tourne vers Dieu.

XII. *Inâyat Khân enlève les vaches et les brebis que gardait Ranjhan.*

Inâyat Khân, fameux chef de pillards qui pratiquait le brigandage sur les routes et les chemins, tomba un jour comme un malheur imprévu sur la tête de Ranjhan, et s'empara de son troupeau. Ranjhan, qui était sans armes, n'était pas en mesure de se défendre, et s'enfuit ; mais il y a trente-six artifices de guerre :

Vers : On ne peut aller partout avec son cheval et il faut quelquefois jeter son bouclier.

Ranjhan, prompt comme le vent, alla auprès de Hir, couvert de sueur, dans une agitation extraordinaire, la pâleur sur le front, de froids soupirs sur les lèvres, et se cachant les yeux de honte. Il lui apprit ce qui s'était passé. « Excusez, lui dit-il, la faute de votre esclave : une chose bien fâcheuse m'est arrivée ; mais si j'avais un cheval vif, agile et intrépide, je sens que je pourrais ravoir mes brebis. » A ces mots, Hir va auprès de son oncle, lui raconte la chose, et le prie de lui prêter son cheval, qui avait toutes les qualités que demandait Ranjhan. L'oncle refusa le service. « Tu es une petite sotte, lui dit-il ; ce que tu avances est une menterie. De quel vol parles-tu ? Où est le berger, où est la plaine qui a été le théâtre du fait ? Ne vois-tu pas que celui dont tu parles a formé le dessein d'emporter mon cheval, et a préparé à ce sujet le nœud coulant de la tromperie ? Rends droite ton intelligence, ne triche pas au jeu, et ne me vexe pas inutilement. Tu ignores sans doute la valeur de mon cheval : il est incomparable et sans prix.

Hir n'insista pas, mais se retirant en colère, elle alla vendre ses bijoux et donna à son oncle le prix qu'elle en retira pour avoir le cheval en question, c'est à savoir, mille quatre cents roupies, tandis que le cheval n'en valait que mille. L'oncle accepta ce marché avantageux, et Hir fit

monter Ranjhan sur ce cheval. Le jeune homme, l'épée à
la ceinture, le bouclier sur le dos, la lance au bras, une
paire de pistolets à la selle du cheval, l'arc et le carquois au
cou, le casque en tête et revêtu de la cuirasse et de la
cotte de maille, se prépara pour l'action. Mars se serait arrêté d'étonnement en voyant son air intrépide et son épée
moirée qui faisait voler deux têtes d'un seul coup. Une rivière de sang se mit à couler, et pendant plusieurs heures Ranjhan fit face à l'ennemi. Des quatre côtés, des flèches
altérées de carnage pleuvaient sur lui , et il les évitait en
faisant caracoler son cheval, protégé qu'il était de Dieu.
Un seul individu restait sur pied ; alors Ranjhan ayant invoqué le nom de Dieu et celui de Mahomet (qui arriva
à deux *arcs* de distance de Dieu), il tira jusqu'à ses oreilles
la corde de son *arc*, et y ayant ajusté une flèche, il visa
si bien ce *cosaque*, que, l'ayant blessé mortellement, il
tomba du dos de son cheval et alla s'asseoir sur le dos
du taureau de la terre. Alors Ranjhan tira son épée du
fourreau et sépara du corps la tête de ce chien hostile.
Il remporta ainsi une victoire complète, et fit cadeau à
Chûchak du cheval d'Inâyat Khân... Les cris de *bravo*
s'élevèrent de toutes parts, et la graine du cœur de l'envieux fut consumée comme le *sipand* qu'on brûle dans
la chambre de la mariée [1] pour en éloigner les mauvaises
influences. L'oncle de Hir fut touché de la valeur de
Ranjhan ; mais le mariage de sa nièce avec un autre
jeune homme était résolu. Hir, qui l'apprit, entra en
grand courroux et s'en plaignit amèrement à son oncle.
Celui-ci resta silencieux comme l'idole.

XIII. *Mariage de Hir.*

Les frères de Hir s'étaient convaincus que Hir était amoureuse, et c'était pour l'empêcher de satisfaire sa passion, que,
pareils à un vieux serpent, ils avaient imaginé de la marier.

[1] Conf. Tobie, VIII, 2.

« A cette folle, dirent-ils, il faut lier le pied avec la chaîne du mariage, et alors elle oubliera son amour insensé. Elle sera empressée pour son mari ; il sera attentif sur elle ; il sera son ami dans l'honneur et l'ignominie, et il ne supportera pas l'amour des rivaux. » Ils envoyèrent donc un message à la ville de Bazaran où habitaient les parents de celui qu'ils lui destinaient, et firent partir la procession nuptiale. Ici donc on faisait de la musique et on se livrait aux divertissements, et là, dans le cœur de Hir, il se passait tout autre chose. Elle se revêtit du collier des larmes, la fumée de ses soupirs produisit sur ses dents l'effet du *missi*, et la flamme de son cœur donna à ses lèvres la couleur du bétel.

Ici avait lieu la danse des bayadères, et là le cœur palpitait comme celui du coq qu'on égorge. Ici le chant, et là les gémissements de la douleur. Ici la poudre rouge et jaune du carnaval semblait couvrir les femmes d'un vêtement de crépuscule ; là, le chagrin de l'absence aurait pu briser la pierre. Bref, ici se trouvait le fiancé qui désirait la nuit lumineuse de l'union, là la fiancée qui se cachait comme le croissant de la lune au mont Caf des peines. Enfin, la procession nuptiale arriva pompeusement à la porte de la mariée. La joie brillait sur tous les visages ; on chantait des poëmes de toutes les mesures et sur tous les tons, on faisait résonner toutes les espèces d'instruments. On tirait des feux d'artifice qui faisaient honte aux feux du ciel et qui semblaient les atteindre. Chacun était enivré du vin du plaisir. On but, on mangea, on prit du café, du thé ; on fuma, on mâcha du bétel, on se parfuma d'eau de rose ; enfin, conformément aux usages, on fit asseoir dans un palanquin la nouvelle mariée, et chacun fut joyeusement congédié, tandis que Hir, engagée forcément, quoique librement en apparence, dans les liens du mariage, morte dans la main d'un vivant, pleurait la séparation de son bien-aimé. Son cœur était grillé par l'effet du chagrin, son sein déchiré par l'ongle de la douleur. La pensée qu'elle était avec des personnes qui ne lui convenaient pas répandait du sel sur tous ses sens. En proie à cent regrets, désespérée au sujet de Ranjhan, enfermée dans la prison du malheur de son désir, elle paraissait tranquille à l'extérieur, mais intérieurement elle était désolée et elle murmurait ces vers :

Vers : O mon Dieu, quel est le motif de ta colère envers moi? pourquoi un corbeau d'argile est-il devenu mon compagnon de lit?

A qui donc mon trésor a-t-il été confié, si ce n'est à la garde du serpent de la trahison ?

C'est de toi seul, ô mon Dieu, que je puis espérer d'être unia à mon bien-aimé, tandis que du ciel de l'absence il ne pleut que des pierres.

Tu es celui qui accomplis le désir des désireux; aussi t'exposé-je mon désir et le tourment de mon âme.

Heureuse ou malheureuse, je suis toujours la servante du Tout-Puissant. Accorde-moi les deux choses dont j'ai besoin, par les mérites de Mahomet.

La première, c'est qu'à cette serrure qui n'est qu'en dépôt il ne soit pas appliqué la clef de la trahison ; la seconde, c'est qu'au jour de la rétribution Ranjhan soit uni à moi dans le séjour de l'immortalité.

Que ma résurrection ait lieu avec lui et non avec mon mari (légal). Que mon vœu soit enfin agréé (macbûl), et que je sois mystiquement unie à lui !

XIV. *Réunion secrète de Ranjhan avec Hir.*

Comme le mari de Hir et les membres de sa famille la trouvèrent triste, irritée et folle, ils la renfermèrent et la firent garder par quelques femmes. De son côté, Ranjhan, à cause de sa séparation d'avec Hir, avait laissé le sommeil, le manger, le repos, avait renoncé au monde et s'était fait faquir. Jour et nuit, il errait de village en village et de ville en ville, vagabond et sans savoir où il allait. Quelquefois il récitait ces vers de Sauda :

Vers : Sans l'odeur de tes cheveux, ne resterais-je pas cent fois fendu comme le peigne? Sans cette rose, le bouton de mon cœur ne se flétrirait-il pas? Je boirai le sang de mon cœur, mais quand marquerai-je mon sein d'un fer chaud pour te prouver mon amour?

L'effervescence de la folie s'est levée, comment donc comprendre les discours des hommes? Ceci est le commencement, quelle est la fin, si ce n'est d'exécuter ce qui était dans mon cœur?

Je suis sorti le collet déchiré et j'ai quitté tristement la maison, puis, frappé de folie (Sauda), je me suis arrêté sans savoir ce que je faisais, ayant perdu la raison par l'amour des belles.

Enfin, Ranjhan arriva là où était Hir, et étant allé, à la manière des mendiants, auprès de son mari, il jeta un cri de détresse. Celui-ci lui envoya tout de suite de quoi satisfaire sa faim. Cependant le faux faquir aperçut Hir sur un lit élégant recouvert d'un drap broché d'or avec garniture de brocart. Elle était chargée d'ornements d'or et de perles qui annonçaient une nouvelle mariée ; mais la tristesse et l'abattement étaient peints sur ses traits. Ranjhan éprouva d'abord un état pareil à celui de l'évanouissement ; puis il trembla de chacun de ses membres, et cependant la joie se répandit dans son cœur, et ayant recouvré plus d'assurance, il chassa la crainte de son esprit, fit entendre ses soupirs et chercha de ses regards à rencontrer ceux de Hir.

Vers : Par de simples regards, les amants peuvent se dire vingt choses dont personne n'a la moindre idée.

Sur ces entrefaites, arriva la belle-sœur du mari de Hir, qui tenait de temps en temps compagnie à cette lune. Croyant avoir affaire à un véritable faquir, elle lui apporta de quoi manger en l'invitant à l'accepter. « Je n'ai pas besoin d'aumône, répondit Ranjhan, je ne veux que continuer ma marche. » La belle-sœur s'en alla répéter à Hir le discours de ce derviche en apparence, amoureux en réalité. « Allez, lui dit-elle, porter de nouveau un plateau chargé de nourriture, non comme aumône, mais comme cadeau, à ce faquir qui connaît Dieu. » Elle agit ainsi, et Ranjhan accepta ce qu'on lui offrait. Toutefois, comme sa main tremblait pendant que son œil regardait du côté de Hir, et que son désir l'entraînait vers le rideau qui cachait sa bien-aimée, il fit tomber par terre ce qu'on lui présentait, mais il eut connaissance de ce qui se passait dans le cœur de son amie.

En effet, elle descendit de son lit et vint auprès de lui. Elle trouva des étincelles sous la cendre, et elle vit le soleil couvert du rideau des nuages, brillant quoique caché. Ranjhan put lui dire secrètement qu'il habitait le désert, où il était en embuscade dans l'attente de la chasse de son désir.

Comme cet amant blessé de cœur obtint de son amie un agréable encouragement, il se retira dans les bois, et s'assit par pénitence sur un feu éteint. Bientôt la nouvelle se répandit qu'il était arrivé en ces lieux un possesseur de perfection, un saule pareil à Majnûn, libre des liens (terrestres), un Farhad Tranche-Montagne, et aux pénitences pénibles, qui avait oublié le soi et embrassé le toi ; tout entier (jusqu'à chacun de ses poils) dans le souvenir de Dieu ; ayant, comme la fleur sur l'arbrisseau, le cachet du mutisme sur les lèvres, silencieux comme le lis. Chacun désirait le visiter et avoir le bonheur de le voir. Des troupes d'hommes et de femmes se rendaient auprès de lui. Celui qui désirait obtenir quelque grâce s'adressait à Ranjhan, qui la demandait à la cour du Créateur, et la flèche de la demande arrivait au but de l'effet. On aurait dit qu'il était dans la main de la puissance de Ranjhan d'être exaucé par le Très-Haut.

Une fois, la compagne de Hir alla trouver le mari de cette dernière, et afin d'amener une rencontre entre Hir et Ranjhan, elle lui dit : « Il y a tout près d'ici, depuis plusieurs jours, dans une plaine déserte, un faquir parfait, consommé dans l'amour de Dieu. Il repousse la magie et les maléfices, les fées et les jinns ; il éloigne la folie. Les rois eux-mêmes s'adressent à lui dans leurs besoins. Si vous le permettez, je conduirai Hir auprès de cet homme de Dieu et je lui demanderai la guérison de sa tristesse. » Le mari répondit : « Rien de mieux, hâtez-vous. » En conséquence, ces deux femmes adroites se disposèrent à partir. Elles se mirent en route, et au milieu de la nuit elles se trouvèrent auprès de Ranjhan. Hir renvoya sa compagne et prit la fuite avec Ranjhan.

Vers : Le passereau qui, de sa cage, voit le faucon, n'a pas un instant de repos.

Ils franchirent les limites du domaine du rival de Ranjhan et continuèrent leur course avec une telle vitesse, que le zéphyr rosé ne pouvait les suivre. Ranjhan ne trouvait pas le temps d'extraire de ses pieds les épines. Il agissait conformément au proverbe exprimé dans ce vers :

Vers : Quel est ce repos duquel dérive un dommage pour le prochain ? C'est pour cela que je n'arracherai pas l'épine de mon pied.

Lorsque Ranjhan fut parvenu au delà des limites du domaine de son rival, comme il était harassé de fatigue, il se reposa à l'ombre d'un arbre. Bien que Hir l'excitât à continuer sa marche en l'engageant à ne pas se croire en sûreté, puisque son ennemi était à sa poursuite, Ranjhan n'obtempéra pas à ce conseil : le célèbre spiritualiste Rumi a dit :

Hémistiche : Lorsque le destin se présente, le médecin perd la raison.

Tout à coup les cavaliers qui étaient à leurs trousses se montrèrent de loin. Hir, qui veillait, aperçut la poussière qu'ils excitaient. Elle réveilla Ranjhan qui était endormi et dont la fortune était aussi endormie ; ils se levèrent et furent chauds de marche et prompts de course. Sur ces entrefaites, une troupe de calandars, nu-tête et nu-pieds, arrivèrent et s'approchèrent des fugitifs. Les cavaliers, qui les virent de loin, pensèrent que ceux qu'ils poursuivaient faisaient partie de cette bande, ils se ruèrent sur eux, et le mari de Hir leur dit : « Une esclave, qui a fui avec ses joyaux en compagnie d'un faquir, s'est cachée parmi vous, rendez-la moi promptement. » Sans entendre ce qu'on leur disait, les calandars repoussèrent les cavaliers à coups de bâton. Alors le mari de Hir alla auprès du raja se plaindre, en jetant les hauts cris, de l'enlèvement de Hir et de l'échauffourée des calandars. « Seigneur, dit-il, un *faquir* sans *pir* (sans directeur, c'est-à-dire sans aveu) a enlevé une mienne esclave avec beaucoup d'or et de bijoux, et l'a cachée parmi de méchants calandars de son espèce. Ils répondent à nos prières par des injures, et à nos instances par des coups. Vous, seigneur, qui êtes l'arbitre équitable du siècle et le Nouschir-

wan du temps, rendez-moi justice et défendez mon honneur,
sinon ma tête ne quittera pas la pierre du seuil de votre porte. »
En conséquence, le raja ordonna de faire comparaître les calandars et les deux personnes occupées au jeu de l'amour.
Hir était semblable à un daim qui est tombé sous les griffes des
chiens. En ce moment un incendie éclata dans la ville. Quelque soin qu'on prît à l'éteindre, bien loin d'y parvenir, on en
augmenta l'intensité. Maulawi Ma'nawi dit à ce sujet :

Vers : Des gens de précaution répandirent sur le feu des outres
d'eau et de vinaigre ; mais le feu était plus fort que ces contrastes, les
matières combustibles lui fournissant un aliment illimité.

On annonça cette nouvelle au raja. « Le feu des froids
soupirs de Hir, lui dit-on, et les étincelles de la vapeur
de son cœur ulcéré parviennent au moyen d'un incendie
jusqu'à la porte de votre bonheur. » Le vizir, qui se trouvait
au pied du trône pareil au firmament, ajouta cette remarque : « Sire, lui dit-il, ce n'est pas du feu ordinaire,
mais la flamme dévorante du siècle, qui est produite par des
soupirs de feu.

Vers : Si celui qui souffre l'injustice tire un soupir de son cœur,
l'effet s'en fera ressentir à l'eau et à la terre.

Alors le raja prit la main de Hir et la mit dans celle de
Ranjhan, en lui faisant des excuses sur ce qui s'était passé.
Il gourmanda les cavaliers agresseurs et leur donna ordre de
se retirer hors de la ville.

Quant à Hir et à Ranjhan, ils remercièrent le raja et partirent ; mais personne ne sut où ils étaient allés, ni ce qu'ils
étaient devenus. On ignore s'ils furent engloutis sous la
terre ou enlevés au ciel. Ils furent cachés à l'œil de l'homme
comme la tache du péché originel et comme le Simorg dans
le Caucase de la disparition. Chacun, jusqu'à ce jour, s'informe inutilement de ces amants perdus, et les langues dis-
courent sans résultat au sujet de cet événement.

Vers : Ils s'évanouirent, et il ne resta d'eux que le nom ; mais leur
mention est toujours sur la langue. Celui qui a donné sa vie, con-
sumé par l'amour, obtient la vie du monde invisible.

LE MARIAGE DE KOUTRULI

COMÉDIE, PAR M. RIZO RANGAVI.

Cette comédie ayant paru longtemps après la publication des deux volumes de poëmes dont nous avons rendu compte dans cette Revue [1], nous n'avons pu la comprendre dans l'aperçu que nous avons tracé des ouvrages poétiques de M. Rizo Rangavi. Nous n'avions même pas connaissance de l'existence de cette comédie, et nous serions probablement encore dans la même ignorance, si l'auteur n'avait eu l'heureuse pensée de nous envoyer un exemplaire de cette jolie composition, dont nous allons essayer de donner une idée succincte à nos lecteurs.

Le but moral de la comédie de M. Rizo est de se moquer de la facilité avec laquelle le premier intrigant venu réussissait à se faire nommer ministre dans les premiers temps de la fondation du royaume de Grèce. On nommait souvent à ce poste important des gens qui ne savaient pas tenir la plume ni écrire leur nom. C'est ce ridicule passager que l'auteur a stigmatisé dans une bouffonnerie à la manière d'Aristophane.

Le but littéraire était de prouver que la langue grecque moderne est susceptible d'imiter les maîtres anciens. Ceux qui ont lu nos deux précédents articles auront remarqué que j'y exprime le regret de voir la langue grecque asservie au joug méprisable de la rime. Ce regret, M. Rizo Rangavi le partage, et j'ai eu le bonheur de me trouver, à mon insu, d'accord avec lui sur ce point important de philologie hel-

[1] Voir les numéros d'août et septembre.

lénique. Je vais citer le morceau de la troisième parabase
où l'auteur exprime cette opinion. On sait que dans les
parabases, le poëte parle au public en son propre nom et
l'entretient de ses propres affaires. C'est ainsi que faisait
Aristophane, c'est ainsi que fait M. Rizo dans des vers dignes de son modèle.

La poésie reproche à ses compatriotes leur prosaïsme.

C'est en vain que chantent les nobles enfants de la Muse,
les Christopoulos, les Rizo, les Soutzo et l'essaim nombreux
qui les suit et qui annonce le printemps du Parnasse. Vous
faites les sourds; vous restez de glace; vous n'estimez que
les billets de banque. Vous mettez à la broche le cygne de
Castalie, comme si c'était une vile oie domestique, et avec
ses chastes plumes vous dressez des contrats remplis de so-
lécismes. Lorsqu'un insecte rampant, caché dans la honte
anonyme, vomit dans une feuille impure des injures contre
moi, aussitôt vous dressez l'oreille; mais lorsque apparaît
un poëte inspiré qui célèbre et qui glorifie la Grèce, qui
sème parmi les fleurs de son style de sages conseils, des
paroles d'or parmi ses vers d'or, vous le laissez, comme le
coucou, crier tout seul dans le désert. Cependant le poëte
savant ne s'inquiète pas de savoir de quel côté penche la
balance du goût public; il chante, non pas pour capter des
applaudissements et des éloges éphémères, mais il chante
comme le doux rossignol, comme le zéphyr parmi les
roses... Son esprit plane loin de vous; il se mêle aux grands
poëtes des siècles passés, qui trouvaient, dans ces temps
fortunés, des juges dignes de les apprécier, des triomphes,
des couronnes et des honneurs royaux; il s'associe à ces
mœurs pieuses qui déposent sur la tombe du poëte trépassé
des guirlandes de laurier et un tribut tardif, mais mérité, de
louange. L'auteur de cette comédie ne parle pas ainsi pour
se justifier; s'il a jeté sa pensée dans le moule des anapestes, ce n'est pas qu'il y ait été contraint par la pénurie
des expressions ou par la difficulté de la rime, il peut, aussi
bien qu'aucun autre nourrisson de la Muse, atteler deux

rimes jumelles au timon de ses vers ; il sait, lui aussi, à défaut d'idées, entasser des vers terminés en infinitifs et en participes. Il dit que parmi les lauriers perpétuels de la pure source castalienne, il a trouvé brisée et sans voix la flûte de l'ancienne poésie, que de nouveaux Marsyas avaient jetée par terre avec dédain après l'avoir profanée ; il l'a ramassée ; il a essayé de souffler dans l'embouchure, convaincu qu'il est, qu'un seul doux son de cet instrument paraîtra bien plus agréable à l'oreille délicate des neuf Sœurs que le grincement de toutes les musettes modernes.

M. Rizo n'emploie dans sa comédie que les principaux mètres d'Aristophane. Le dialogue est en iambes trimètres. Les grandes parabases sont en anapestes et les chœurs en mètres différents.

Comment s'y est pris l'auteur pour imiter, dans une langue sans prosodie, un système métrique fondé sur la prosodie ? Il a fait comme les Allemands ; il a remplacé la quantité par l'accent tonique, et ses vers font à l'oreille le même effet que les iambes d'Aristophane scandés prosodiquement. Mais on comprend que si les langues modernes, par un artifice habile, peuvent faire jouer aux syllabes toniques le même rôle que remplissaient les syllabes longues dans l'ancienne métrique, ces longues ne peuvent pas varier les pieds comme cela se voit dans les langues anciennes. Et les pseudo-iambes de M. Rizo ne simulent les iambes antiques qu'à la condition d'être des iambes purs comme le suivant d'Horace :

Bea | tus il | le qui | procul | nego | tiis

Les iambes mêlés sont interdits aux langues modernes, et elles ne pourraient imiter avec succès ceux-ci :

Non ali | a magis | est li | bera et | vitio | carens
Ritu | que meli | us vi | ta quæ | priscos | colat.

De pareils vers seraient, pour nous autres barbares, de la

mauvaise prose. Nous ne concevons que les vers à nombre égal de syllabes.

Voici un échantillon des iambes de M. Rizo Rangavi :

ατε | λος παυ ˙ των εν | θυμειτ | 9ε πως | κ'η μεῖς |
ὑπαρ | χομεν | οκο | ριος | ὕπο | σχεται |
εἰς τάς | ἑπτά | κ'επτὰ | και πεντ' ¡ ἐπέ [ρασαν |
κ' εγὼ | προσμέ | νω εἰσ | 9ε πρό | 9υμοσ | πολὺ |

On voit par cet exemple qu'il n'est pas absolument nécessaire que chaque pied ait une syllabe accentuée. Il suffit, pour que le vers soit bon, qu'il ait trois accents principaux sur les 4ᵉ, 8ᵉ et 12ᵉ syllabes ; ou bien sur les 2ᵉ, 6ᵉ et 10ᵉ ; ou bien sur les 4ᵉ, 8ᵉ et 10ᵉ. Des vers ainsi construits représentent assez bien, pour quiconque a l'oreille musicale (chose rare en France !), les iambes trimètres purs d'Aristophane, d'Eschyle et des autres poëtes dramatiques grecs.

J'en dirai autant des anapestes et des mètres lyriques. M. Rizo les a très-heureusement reproduits dans sa jolie Comédie ; mais toujours dans les conditions que nous avons exposées ci-dessus, et en faisant plutôt des vers syllabiques que des vers prosodiques proprement dits.

Au début de la pièce, Anthuse, fille de l'aubergiste Spyros, se plaint à son amant Xanthule, commis de la mairie d'Athènes, de ce qu'il a tant tardé à venir au rendez-vous. Et comme Xanthule pousse un soupir, la jeune fille reprend ironiquement que sans doute il lui est arrivé quelque grand malheur.

« Peut-être, dit-elle, vous avez cassé cette badine qui vous coûtait un mois de vos gages, et avec laquelle vous enchantiez les cœurs comme avec une baguette magique[1]. Peut-être un coiffeur maladroit vous a coupé les cheveux trop court. Peut-être avez-vous perdu les boutons qui ornaient la blancheur douteuse de votre chemise...

---

[1] Le texte porte : « Avec laquelle vous pêchiez les cœurs. »

Xᴀɴᴛʜᴜʟᴇ. — Je n'ai perdu ni ma badine ni mes boutons... J'ai perdu le bonheur de ma vie ou quelque chose de plus précieux encore... Ce que j'ai perdu, c'est vous....

Aɴᴛʜᴜsᴇ. — Comment cela? Je ne vous comprends pas.

Xᴀɴᴛʜᴜʟᴇ. — J'ai rencontré tout à l'heure ce trois fois, ce treize fois maudit tailleur, qui coupe de travers tous les habits de Syra, et qui m'a coupé le cœur.

Aɴᴛʜᴜsᴇ. — Comment? Koutruli?

Xᴀɴᴛʜᴜʟᴇ. — Oui; il était avec ton père, et ils traitaient ensemble la question de ta dot.

Aɴᴛʜᴜsᴇ. — Vraiment? »

Ici, les deux amants se concertent sur les moyens de combattre leur ennemi commun. Anthuse jure de ne jamais appartenir qu'à Xanthule.

Sur ces entrefaites, arrive Spyros. Il annonce à sa fille qu'il la destine au tailleur Koutruli. « Jamais je ne serai sa femme, dit Anthuse.

Sᴘʏʀᴏs. — Voyons, quelles sont les bonnes raisons que tu peux faire valoir contre ce mariage? Avec cette girouette que vous teignez, que vous peignez, que vous frisez, et que vous appelez improprement votre tête, pauvres femmes que vous êtes! on ne peut jamais savoir de quel côté le vent souffle. M. Manuel ne voulait pas de vous hier : il était charmant, délicieux, admirable. A présent qu'il vous veut, vous tordez la bouche... Ah! ma fille! ma fille! si vous rebutez l'un, si vous dédaignez l'autre; si vous raisonnez trop et cherchez trop, vous arriverez à la vieillesse sans avoir rien trouvé, et un beau jour les rides vous diront dans leur langage impitoyable : Il est trop tard! Alors, ceux qui vous paraissaient des monstres vous paraîtront des anges. — Un honnête tailleur, laborieux et économe, est un bon parti pour vous. Je ne veux pas vous donner à un de ces dandys aux cheveux frisés et pommadés, qui ont la bourse vide et la tête plus vide encore; qui, à force de mensonges, de simagrées, de chansonnettes et d'airs de guitare, ravissent aux jeunes filles la raison et l'honneur... Ah! si jamais j'en rencontrais un chez moi, je jure que je lui ferai mesurer la hauteur de ma fenêtre sur la rue. Trève de rêves insensés, tu prendras Manuel ou tu resteras pucelle, c'est décidé. »

Anthuse, voyant que son père est inexorable à l'endroit du choix de son futur, cherche à l'ébranler par l'amour-propre :

« Quoi! dit-elle, tu t'abaisses à prendre pour gendre un tailleur! Tu veux souiller ainsi la gloire de ta famille !

Spyros. — Que faire, mon enfant! J'en conviens, ma famille ne sera pas contente... Mais les temps sont durs, tu le sais. Les jeunes filles vont, une lanterne à la main, à la recherche d'un mari, et n'en trouvent pas. De leur côté, les jeunes gens, nouveaux Argonautes, courent après la Toison d'or et cherchent une Médée qui la leur livre. Oui, un tailleur, tu épouseras un tailleur.

Anthuse. — Cependant, mon père, tu m'as donné une éducation à la hauteur de l'époque ; tu m'as fait apprendre la musique et la danse, et tous les talents des gens comme il faut... Tout cela pour un tailleur!... Est-ce que ce seul mot n'arrête pas ton orgueil? Avoir pour gendre un manœuvre! toi, beau-père d'un tailleur! Nous voyons tous nos amis s'efforcer de s'élever dans l'échelle sociale, et se disputer le premier rang. Les grandes rivières qui nous inondent d'écume et qui veulent des épaulettes de conseillers, des claques de ministres, qu'étaient-ils dans l'origine? Un peu de boue, une bulle d'eau stagnante. Au lieu de faire pousser de nobles fruits sur ton arbre généalogique, tu veux y greffer des chardons sauvages. En ta qualité d'aubergiste, tu as mille relations utiles... Tu occupes une belle position ; tu es... comment appelle-t-on cela ?... électeur ; tu m'as dit qu'on t'a nommé juré. Tu es en bon chemin... qui sait où tu peux parvenir? Mais, ô mon père? presse un peu les flancs de ton amour-propre ; ne rogne pas les ailes à ta fortune avec les méchants ciseaux d'un tailleur. Le ministre te dira : *Vous avez pour gendre un tailleur?* et il te

tournera le dos... Point de tailleur, de grâce, point de
tailleur ! »

Spyros reconnaît la justesse de ces observations ; il rassure sa fille en lui annonçant que Manuel, pour l'amour
d'elle, est prêt à changer de métier.

Koutruli. — Vous voulez donc que je renonce aux ciseaux, que je répudie mon ancienne compagnie, qui m'a
donné jusqu'ici mon pain quotidien ; qui m'a vêtu, honoré
et enrichi? C'est une dure séparation que vous m'imposez
là. Mais, puisque je vous ai sacrifié le reste, je puis bien
vous sacrifier aussi mon métier. Je l'aimais ; mais c'en est
fait ! je le jette de côté comme une chemise sale. Que veux-tu
que je devienne ? Ordonne. Veux-tu que je me fasse bou-
langer ou marchand de vin, batelier, berger, laboureur,
teinturier, cordonnier, chaudronnier, charbonnier, porteur
d'eau ou balayeur des rues ? Parle, et à l'instant je me mé-
tamorphose.

Anthuse veut qu'il embrasse une profession plus distinguée.

Koutruli. Saltimbanque ?

Anthuse. Vous descendriez encore plus bas.

Koutruli. Sous-rédacteur d'un journal?

Anthuse. Oui ; si vous aimez d'un amour tendre l'ombre
fraîche d'une prison.

Koutruli. Dirigez donc mon choix. Dites ce que vous
voulez que je devienne.

Anthuse. Ministre !

Koutruli. Ministre !

Anthuse. Oui. Pourquoi pas ? Est-ce que vous ne me
trouvez pas digne d'être appelée madame la Ministre !

Spyros. Mais ma fille !...

Koutruli. Mademoiselle !...

Anthuse. Il n'y a fille ni demoiselle qui tienne. Qu'importe que vous soyez tailleur. On ne s'élève qu'en partant
de bas. Combien de ceux qui aujourd'hui sont au ciel de
la grandeur ont eu d'obscurs commencements ? Un tel, qui

est ministre, était peintre de bâtiments et a peut-être badigeonné nos murs. Cet autre t'a peut-être fait la barbe, et les autres sont dans des cas analogues. Que m'importe? C'est la vertu, c'est le mérite qui constituent la véritable noblesse... Puisque j'en vois tant de moins belles que moi qui sont illustres et riches, et que je vois tant de ministres moins capables que toi, je crois que ma demande n'a rien d'extravagant... Deviens ministre.

Là-dessus Anthuse part avec son père. Koutruli reste avec son valet Strobile, qui est une espèce de Leporello et de Bertrand, dont les conseils ont maintes fois tiré notre héros d'embarras.

KOUTRULI. Tu l'as entendue, Strobile?

STROBILE. Que trop.

KOUTRULI. Et tu ne pleures pas sur mon sort?

STROBILE. Oui. Aï! aï! aï!

KOUTRULI. Tu ne me jettes pas à la rivière? Tu ne me tues pas?

STROBILE. Ah bah! ce serait dommage.

KOUTRULI. Qu'allons-nous faire? Que me conseilles-tu de faire?

STROBILE. Il faut devenir ministre. C'est elle qui l'a dit. A quoi bon m'interroger.

KOUTRULI. Eh bien! s'il le faut absolument, Strobile, fais-moi... fais-moi ministre.

STROBILE. Comment te ferai-je ministre?

KOUTRULI. Oui, je t'en prie, Strobile! Rien ne t'est impossible.

STROBILE. Tromper, voler en habillant les gens, cela m'est possible, c'est mon métier; mais faire un ministre, c'est à quoi je n'ai jamais songé..... Réfléchis aux difficultés de l'entreprise.

KOUTRULI. Peut-être il faut de l'instruction. Quant à cela, j'avoue que je n'en ai guère.

STROBILE. Non pas. Je me souviens d'avoir vu un ministre qui tenait la plume comme on tient une bêche, et qui semblait creuser la terre quand il écrivait.

Koutruli. Que faut-il donc de si particulier?

Strobile. L'hypocrisie, la fraude, la ruse, l'adresse, le charlatanisme, les promesses ténébreuses, les paroles ambiguës et équivoques qui disent oui et qui semblent dire non, les serments qui laissent une porte ouverte au parjure, l'apparence de la science et l'égoïsme.

Koutruli. Ce sont là des vertus qui se peuvent trouver. Nous les possédons tous les deux. Tu en as quelques-unes; j'en ai d'autres.

Strobile. Mais l'essentiel nous manque. C'est un élément difficile à trouver.

Koutruli. Quel est-il?

Strobile. L'influence.

Koutruli. L'influence! Est-ce qu'elle est indispensable? Est-ce que sans elle nous ne pouvons rien faire? Où est-elle?

Strobile. Elle est la propriété et le trésor du peuple, mais quelquefois des voleurs de nuit parviennent à la saisir.

Koutruli. S'achète-t-elle à prix d'argent?

Strobile. Oh certes!

Koutruli. Prends ma bourse; vide-la; achète toute l'influence que tu trouveras à vendre.

Strobile. Mon maître, tu n'es pas dans ton bon sens. Où veux-tu m'engager?.....

Strobile cède enfin; il consent à pousser son maître et évoque les Influences, qui forment le chœur de la pièce. Nous donnons un des passages du chœur :

« Comme la fille de l'air portée sur ses ailes infatigables, vole, fleur vivante, de fleur en fleur, puisant dans l'une un grain de miel, dans l'autre une goutte de rosée; ainsi, nous planons avec notre esprit mobile du généreux au bon, du noble au grand. Où nous a vues le matin, le soir ne nous retrouve pas, et hier détruit en riant l'effigie d'avant-hier.

Cependant la fiancée du printemps ne voltige pas toujours sur d'humbles prairies. Souvent elle revêt la forme d'un coq belliqueux; sentinelle vigilante, elle garde les bornes du monde et chante aux nations l'hymne du réveil, ou bien, comme l'oiseau de Jupiter lance la foudre, elle lance des idées et abat les hautes cîmes, etc., etc. »

Strobile répand dans Athènes le bruit que Manuel Koutruli vient d'être nommé ministre, et toute la population y croit et s'en félicite. Il va ensuite trouver Anthuse et lui annonce cette grande nouvelle; puis, il vient rendre compte de ses démarches à son maître.

« J'ai à vous apprendre un nouveau triomphe, le plus beau peut-être dont vous puissiez vous vanter. La farouche et cruelle Anthuse commence à s'apprivoiser; elle m'a parlé avec une extrême douceur. Elle m'a dit qu'elle vous trouve beau, charmant, et qu'il lui tardait bien de vous voir coiffé du tricorne ministériel. »

En effet, Koutruli est agréé par Spyros et par Anthuse, et on célèbre les noces de cet heureux couple.

Koutruli, au milieu de sa grandeur, est fort embarrassé à cause de son ignorance.

Strobile le rassure. « Que celà ne t'inquiète pas, lui dit-il. Il faut beaucoup d'audace et quelque peu d'impudence. Parle de tout ce que tu ignores comme si tu le savais à fond. Disserte longuement sur ce que tu ne comprends point. Fronce le sourcil, intimide les gens; insulte-les, et ils te regarderont comme un ministre parfait.

M. Misthophas, ancienne pratique de Koutruli, vient lui commander des habits; mais le voyant ministre, lui raconte ses malheurs et implore sa protection. Koutruli promet une place de gouverneur, lui demande par quel moyen, s'il était ministre, il saurait rendre son peuple heureux.

Misthophas. Mon système est simple et facile. Il s'agit d'exécuter aveuglément, servilement, bêtement toutes tes volontés.

Koutruli. Très-bien.

Misthophas. En tout lieu et en toute chose, je défendrais, non pas les intérêts de la vile plèbe, mais de mon ministre.

Koutruli. Très-bien.

Misthophas. Je combattrais les préfets et sous-préfets, et je forcerais le peuple stupide à obéir et à payer.

Koutruli. Très-bien.

Misthophas. Pendant les élections, les votations, je mettrai sens dessus dessous la terre et le ciel; je ferai emprisonner, battre, maltraiter les électeurs de l'opposition, tous les moyens me seraient bons pour montrer au peuple ta grandeur.

Koutruli. Très-bien. »

Koutruli, sous prétexte qu'il nommera Misthophas gouverneur de quelque province, lui extorque plusieurs barils d'huile et de vin, et une magnifique pierre gravée qu'il porte au doigt.

Le tailleur ministre est bientôt assiégé de solliciteurs. Tous les citoyens d'Athènes se croient des droits aux faveurs de l'Etat, et ne demandent rien moins qu'un gouvernement.

Koutruli se fâche à la fin et envoie les solliciteurs au diable.

« Ayez un peu de discrétion, leur dit-il. Si la Grèce avait autant de gouvernements que sa capitale et l'Arcadie nourrissent d'ânes, elle ne parviendrait pas à vous satisfaire.

» Je suis ministre : partagez-moi en mille morceaux, mais je n'ai rien à vous donner. Vous croyez donc que les ministres ont pour office de nourrir les frelons tels que vous ! Croyez-vous qu'ils sont chargés de mettre la Grèce en fricassée et de vous la servir à vos repas pour vous rassasier ? Pardonnez; notre devoir est au contraire de chasser du banquet commun les mouches avides et malfaisantes. Le gâteau maternel n'est pas fait pour vous seuls. Les gouvernants sont faits pour la nation, et non pas la nation pour les gouvernants. Allez; soyez tailleurs, cuisiniers; vivez honorablement du travail de vos mains. Cessez de sucer la patrie;

cessez de ramper et de paillarder et de fouler aux pieds le peuple en vous faisant fouler aux pieds par ses ministres. Ne rôdez plus autour de moi, là bouche béante et remuant la queue, je n'ai plus d'os à vous jeter. Allez-vous-en.

Le Demi-Chœur. — Ministre anti-national, c'est ainsi que tu méconnais tes devoirs et nos droits! Tu t'es élevé en montant sur nos épaules et tu nous laisses au fond du puits! Et tu nous nargues! Le fruit arrosé de nos sueurs et de nos larmes, tu le cueilles et tu le manges seul, et tu ne nous en jettes même pas la pelure; ô bête vorace! Il ne te suffit pas d'avoir le haut de la table, tu refuses les miettes du repas à notre faim! Tu t'imagines peut-être que le ministère est ton patrimoine. — Nous te demanderons compte de tes actes illégaux. Tu as gaspillé les fonds publics; tu as pressuré les contribuables comme des éponges; tu as distribué à tes flatteurs le pain du pauvre peuple; tu as soufflé sur les lumières, tu as dérobé l'huile de la lampe; tu as mis des menottes au peuple comme à un fou furieux. Cède, indigne, les rênes de l'Etat à un plus capable, descends du siége où tu te prélasses, prends garde que je ne t'en précipite la tête la première, et que je ne te livre à la juste vengeance de la multitude! »

Mais la gloire du tailleur n'est pas de longue durée, et il va avoir la douleur de se voir empoigner par son rival Xanthule, qui est devenu adjoint du maire, et qui vient, accompagné de gendarmes, arrêter notre pseudo-ministre. Anthuse est furieuse; elle veut retirer la promesse de mariage qu'elle a donnée à Koutruli et épouser Xanthule. Mais à son tour Xanthule la délaisse. Spyros se porte garant pour Koutruli, et on lui laisse sa liberté.

Le chœur expose en ces mots la moralité de la pièce:

« Loin d'ici le téméraire qui, n'ayant pas reçu le feu sacré ni élevé son esprit aux hauteurs de la science, ni amassé un trésor d'expérience, ni senti battre son cœur au nom de patrie, aspire au rôle de ministre! Loin d'ici l'intrigant qui fait commerce et marchandise de la fortune des na-

tions, qui bouleverse son pays pour satisfaire son aveugle
ambition !... »

M. Rizo, dans un court avant-propos, dit que la comédie
n'est autre chose qu'un exercice de versification, que la
forme est le principal et l'intrigue l'accessoire. On peut
voir, par les extraits qui précèdent, que cet essai est assez
bien doté des qualités qui constituent la bonne comédie, et
qu'on peut y trouver, en la lisant, d'autre plaisir que celui
de l'harmonie des vers.

Louis Delatre.

ESSAI DE GRAMMAIRE

DE LA LANGUE DES KABYLES

ET

MÉMOIRE RELATIF A QUELQUES INSCRIPTIONS EN CARACTÈRES TOUAREGS

PAR

M. le capitaine du génie HANOTEAU,

ATTACHÉ AU BUREAU POLITIQUE DES AFFAIRES ARABES A ALGER.

Rapport lu à l'Académie des inscriptions et belles-lettres dans la séance du 26 juin 1857, par M. Reinaud, membre de l'Institut [1].

Par le mot *Kabyle*, on désigne en Algérie les populations indigènes qui de bonne heure subirent plus ou moins l'influence des Arabes, et qui, tout en embrassant la religion musulmane, ont conservé en partie les habitudes nationales, notamment l'usage du langage primitif, appelé vulgairement du nom de *berber*. Aussi le mot *Kabyle* ne s'applique pas seulement aux populations indigènes de l'Algérie, mais à celles de quelques contrées voisines. M. Hanoteau, grâce aux circonstances favorables au milieu desquelles il se trouve placé, ayant pu se procurer des renseignements exacts et précis sur le dialecte parlé par les tribus qui occupent, à l'est d'Alger, une partie du versant septentrional du Djurdjura, a eu l'heureuse idée de soumettre ce dialecte à un examen particulier; c'est ce qui a donné naissance à la grammaire dont il s'agit ici.

[1] La commission nommée à cet effet par l'Académie se composait de MM. Quatremère, Jomard, Mohl, de Saulcy, Caussin de Perceval, et de M. Reinaud rapporteur.

Le pays où se parle ce dialecte est une région âpre et montagneuse, où, par un privilége unique, les habitants ont, depuis un temps immémorial, maintenu leur indépendance; c'est celui où combattent en ce moment nos braves soldats, et qui, au lieu de se dresser comme un sujet de terreur pour la puissance française en Afrique, est appelé à en devenir un des principaux boulevards.

Les deux ouvrages qui jusqu'ici ont fourni les matériaux les plus abondants pour l'étude du berber sont le Dictionnaire de Venture et le Dictionnaire publié en 1844 par le ministère de la guerre. Le premier a été composé à l'aide de renseignements fournis, d'un côté, par deux indigènes originaires des provinces du sud-ouest de l'empire de Marok, sur les bords de l'océan Atlantique; de l'autre, par deux jeunes gens nés à l'orient d'Alger, sur la rive gauche du Sebaou, au nord-ouest du Djurdjura. De ces renseignements, provenant de deux sources si diverses, Venture a fait un tout dont les éléments seraient maintenant difficiles à distinguer. A l'égard du Dictionnaire qui a paru sous les auspices du ministère de la guerre, il est consacré spécialement aux tribus berbères de la province d'Alger; c'est le fruit des efforts combinés d'un imam ou prêtre indigène de Bougie, appelé Sidi-Ahmed, et de M. Brosselard, attaché à l'administration civile de l'Algérie. Il est dit dans l'avertissement placé en tête du volume, que ce Dictionnaire contient les mots en usage parmi les populations des montagnes de Bougie, parmi les tribus de Mzita et des Beni Abbas (établis au midi du Djurdjura, dans le voisinage des Portes-de-Fer), ainsi que ceux des autres populations de la chaîne de l'Atlas jusqu'à Medeah. On y lit de plus que le langage est précisément celui que parlent de préférence les corporations d'ouvriers kabyles à Alger.

M. Hanoteau, dans ses recherches, s'est borné au langage des Zouaoua, qui constituent une des principales confédérations kabyles du versant septentrional du Djurdjura. Le nom des Zouaoua remonte à des temps anciens, et cette popula-

tion, à certaines époques, s'est répandue au sud et à l'est de
la montagne où elle est maintenant confinée [1]. Aujourd'hui
les tribus zouaoua sont classées en deux groupes : celui des
Beni-Menguillat et celui des Beni Batroun. Les Beni-Menguillat se composent de quatre familles, à savoir : les Beni-
Menguillat proprement dits, les Beni-Attaf, les Beni-Akbil
et les Beni-Joussof ; quant aux Beni-Batroun, ils se divisent
en Beni-Yenni, Beni-bou-Akkasch, Beni-Ouassif et Beni-
Boudrar. La plupart de ces noms reviennent souvent dans les
bulletins de l'expédition qui se fait en ce moment dans la
Kabylie. Le mot *beni*, par lequel commencent ces dénominations, est le pluriel du mot hébreu et arabe *ben* qui signifie *fils*.

Le nom des Zouaoua est le même qui, dans ces derniers
temps, a eu un si grand retentissement sous la forme de
zouave. Sous la domination des deys, les Zouaoua faisaient
partie de la milice d'Alger et se distinguaient des autres
corps de troupes par un costume particulier [2]. Quand le
moment était venu pour le gouvernement de demander aux
populations du Djurdjura le léger tribut que ces monta-
gnards avaient consenti à payer, c'étaient les zouaves qui
allaient le recevoir. Des guerriers étrangers n'auraient pas
été admis dans ces lieux presque inaccessibles. Ce nom est
écrit par les Arabes *Zoaouah* ou *Zoaoud* [3]. Pour les indigènes, ils prononcent leur nom *Ayaouá* et *Ougaoua*, faisant
au pluriel *Igaouien*.

On sait qu'il a existé chez les populations indigènes de
l'Afrique septentrionale une écriture particulière qui paraît
remonter à une haute antiquité, et à laquelle les savants
d'Europe ont donné récemment le nom spécial de *libyque*.
Il a été constaté dans ces derniers temps que cette écriture,

---

[1] *Histoire des Berbers*, d'Ibn-Khaldoun, en arabe, traduction française de M. de Stane, t. I, page 255 et suiv.

[2] *Voyages de Shaw*, traduction française, t. I, p. 405.

[3] *Histoire des Berbers*, texte arabe, t. I, p. 163 et 193. Voyez
aussi le Dictionnaire de Venture, au mot Tribu.

ou du moins une écriture analogue, est encore aujourd'hui usitée chez les Touarigs et les autres populations de l'intérieur du continent, sur lesquelles la domination arabe n'a pas autant pesé que sur les autres. Dans l'empire de Marok, où cette écriture n'est pas employée, les tribus du versant occidental du mont Atlas, qui ne connaissent que le langage indigène, ont recours à l'écriture arabe pour leurs livres de prières et les récits qui circulent dans leur sein. Elles s'en servent aussi dans leur correspondance entre elles. Rien de semblable n'a lieu chez les Kabyles des bords de la mer Méditerranée, notamment dans l'Algérie. Ni Venture, ni M. Brosselard n'ont signalé chez eux un écrit quelconque autrement qu'en langue et en écriture arabes ; dans les écoles on enseigne l'arabe, et c'est dans cette langue qu'est rédigé tout ce qui entre dans l'enseignement public. Les marabouts, qui sont chargés de tout ce qui concerne le culte, s'acquittent des devoirs de leur ministère en arabe ; il en est de même des hommes de loi, pour lesquels il existe des formules faites d'avance. En ce qui regarde les tribus du Djurdjura, elles se gouvernent en général d'après des maximes formulées dans leur langue, mais que la tradition a seule conservées jusqu'ici. Pour la composition de leur Dictionnaire, Venture a dû se borner à mettre par écrit les mots et les phrases des indigènes qu'il avait à sa disposition, au fur et à mesure que les mots et les phrases sortaient de leur bouche. Quant à M. Brosselard, si on ne tient pas compte des communications qui lui ont été faites par l'imam de Bougie, il a été réduit à aller de tribu en tribu pour recueillir de la bouche des indigènes les éléments qui lui étaient indispensables. Or, il va sans dire qu'en certains cas les expressions varient de canton à canton, et que là même où les expressions sont au fond les mêmes, elles changent quelquefois de bouche à bouche. Pour se faire une idée de l'état des dialectes parlés par les tribus voisines de la mer Méditerranée, il suffit de se représenter les patois qui sont encore usités dans certaines provinces de la France.

M. Hanoteau n'a pas même eu cette ressource. Les tribus qui composent la confédération des Zouaoua étaient trop fières de l'indépendance dont elles ont joui jusqu'ici pour laisser pénétrer les étrangers chez elles. Comment est-il donc parvenu à exécuter ce qui paraissait impossible, et à se mettre en état de fournir à des populations qui, dans leurs rapports entre elles, n'ont ni livres ni traités d'aucune sorte, le propre code de leur langue?

Rien de plus facile pour M. Hanoteau que de recueillir les idées générales éparses dans les ouvrages qui ont été publiés depuis l'occupation de l'Algérie par la France. Il a également dépendu de lui de se mettre en rapport avec les hommes de la montagne qui, de temps en temps, descendent à Alger. Mais le principal secours qu'il a eu à sa disposition lui est venu d'un Zouaoua, qui est maintenant employé comme interprète au bureau politique des affaires arabes. Ce Zouaoua, du nom de Si-Saïd, appartient à la tribu des Beni-Boudrar; et à la connaissance du kabyle, qui est sa langue maternelle, il joint celle de l'arabe. Si-Saïd a fourni successivement à M. Hanoteau les mots et les phrases dont il avait besoin. Il a ensuite mis par écrit des récits et des chants qui circulaient de vive voix parmi ses compatriotes; il a même traduit en kabyle certains morceaux français, notamment quelques fables de La Fontaine.

Muni de ces ressources, M. Hanoteau, qui a fait de bonnes études, et qui est doué d'un esprit froid et lucide, s'est mis en devoir de poser les bases des règles de la langue qui était devenue l'objet de ses études. Il a d'abord cherché à fixer les formes des mots qui varient de pays à pays, et il a écarté les formes et les tournures qui, évidemment, étaient incorrectes; ensuite, soumettant les faits particuliers qui se trouvaient sous ses yeux à une vue d'ensemble, il a essayé de les ramener à la théorie générale du langage.

Le traité de M. Hanoteau a été remis, à l'état manuscrit, à M. le maréchal Randon, gouverneur général de l'Algérie, et celui-ci l'a adressé à M. le maréchal Vaillant, ministre de la guerre, qui l'a soumis au jugement de l'Académie. Ce *Traité* est divisé en cinq livres : le premier est consacré au nom, au pronom et à l'adjectif ; le deuxième au verbe et aux noms dérivés du verbe ; le troisième aux diverses particules, et le quatrième à la numération. Quant au cinquième livre, il consiste dans les différents textes qui ont servi de point de départ à l'auteur, et qui en forment pour ainsi dire les pièces justificatives.

Déjà, par les travaux partiels qui ont été entrepris sur les dialectes berbers, il était possible de se faire une idée générale du caractère de cette langue. On avait signalé quelques ressemblances entre le verbe et le pronom berbers d'une part, et de l'autre le verbe et le pronom des langues sémitiques, notamment de l'hébreu et de l'arabe. Par exemple, la lettre initiale qui caractérise chacune des trois personnes du verbe berber est presque identique avec celle du verbe sémitique. D'un autre côté, et sans compter qu'à l'exception de quelques termes d'emprunt la masse des mots berbers est tout à fait différente des mots sémitiques, le verbe berber offre des circonstances qui n'appartiennent qu'à lui. Tandis que les langues sémitiques possèdent une forme différente pour le présent et pour le prétérit, le berber n'a qu'une forme pour tous les temps et tous les modes. Les seules modifications dont le verbe berber soit susceptible, ont lieu à l'aide d'une particule préfixe. Par exemple, pour *il a fait*, on dit *isker* ou *aiisker;* pour *il fait* et *il fera* (d'une manière générale), on dit *ad-isker*, et pour *il fera* (d'une manière positive), on dit *ra-isker* ou *ara-isker*. Le verbe présente une autre particularité ; c'est qu'il est susceptible de se modifier par l'adjonction de certaines lettres qui ont la vertu de rendre le sens transitif, passif, réciproque, ou qui indiquent l'habitude, la fréquence ou la persévérance dans l'action.

Ce que nous disons du verbe peut s'appliquer au pronom. Par exemple, le pronom berber de la troisième personne reçoit au datif les lettres *s* ou *ias*, et à l'accusatif la lettre *t* ou *th*. Ainsi, pour *il lui a donné*, on dira *ifka-ias ;* et pour *je l'ai vu*, on dira *zeright th*. Une autre circonstance non moins remarquable, c'est le déplacement auquel est sujet le pronom quand il se trouve sous une certaine influence. Ordinairement, il se place après le verbe ; mais si le verbe est accompagné soit d'un adverbe de temps ou de lieu, soit d'une interrogation ou d'une négation, le pronom quitte le lieu qu'il occupait pour se mettre entre la particule et le verbe. Par exemple, pour dire *je les lui ai donnés*, on dira ***efkigh-ias ten*** (littéralement, *j'ai donné à lui les*) ; mais si on introduit une négation, il faudra dire *our-ias ten* ***efkigh*** (littéralement, *non à lui les ai donnés*).

Les rapports qui ont été signalés entre le verbe et le pronom berbers et le verbe et le pronom sémitiques sont frappants. Mais ne pourrait-on pas dire que ces rapports proviennent d'un emprunt fait par les indigènes à un peuple plus avancé qu'eux ; qu'ils remontent à l'époque où les indigènes sortant de la barbarie, adoptèrent l'usage de l'écriture et s'occupèrent d'imposer des règles à leur langue ? Si ce fait était admis, il faudrait faire remonter ces emprunts non pas à l'invasion arabe, mais beaucoup au delà, au temps de la domination carthaginoise, peut-être au règne de Massinissa qui prit à tâche de civiliser les Numides. Au commencement de 1856, des députés touarigs sont venus à Alger, et des personnes qui ont eu occasion de les voir, se sont flattées de l'espoir de trouver chez eux des livres qui pourront ajouter de nouveaux faits à l'histoire [1]. Dans tous les cas ces faits ne peuvent pas remonter bien haut. Un moyen de critique plus sûr serait de déchiffrer les inscriptions bilingues, libyques et carthaginoises, qui gisent encore dans certaines localités de l'Afrique. Quoi qu'il en soit, c'est, pour les philologues, un point important de sa-

---

[1] Lettres de M. le colonel Neveu à M. Jomard (*Bulletin de la Société de géographie*, pour les mois de juillet et novembre, 1856, pages 71 et 297).

voir que le touarig s'écrit, et qu'il s'écrit avec des caractères indigènes ; de ce fait seul, il résulte nécessairement un langage moins arbitraire et plus relevé que celui des Kabyles. Nous comparions tout à l'heure les dialectes kabyles à certains patois de nos provinces. Mais il est tels de ces patois qui, au temps des troubadours, luttèrent avantageusement avec le français, et qui n'ont cédé qu'à la force des événements politiques.

Quelque chose de particulier a lieu pour les noms de nombre berbers, et il suffit de cette circonstance pour montrer combien il serait à désirer que les différents dialectes berbers deviennent tour à tour l'objet d'un examen attentif, pour être ensuite rapprochés et ramenés à un point de vue général. Des noms de nombres indigènes, les Kabyles des bords de la mer n'ont conservé que les nombres *un* et *deux*, et ont remplacé les autres par les termes arabes. Pour les Beni-Mozab et les Touarigs, qui n'ont pas subi la même pression des Arabes, ils n'ont emprunté à ceux-ci que les nombres *six*, *sept*, *huit* et *neuf*. Les nombres *cent* et *mille* ne sont pas les mêmes chez les Touarigs et les Beni-Mozab. Pour dire *cent*, les Touarigs disent *timidhi*, et les Beni-Mozab, *touinest*. Quant à *mille*, le terme primitif paraît être *ifedh*. Ce mot a été rapporté par Venture dans son dictionnaire, et celui-ci le tenait probablement des deux Marokains qu'il avait eus à sa portée. Or, pour *mille*, les Touarigs disent *ifedh*, tandis que les Beni-Mozab emploient l'expression *touinest tamekrant*, ou la grande centaine En effet, *tamekrant* est la forme féminine du mot berber *amekran* qui signifie *grand*.

Le berber a dû successivement admettre dans son sein et dans des proportions plus ou moins fortes, des mots égyptiens, phéniciens, grecs, romains et arabes. Le voisinage avec l'Espagne a introduit aussi des mots espagnols ; mais peu à peu l'arabe a pris la place de la plus grande partie de ces importations.

Un tiers environ des mots dont se compose le langage

des Kabyles est d'origine arabe. Ce sont des mots appartenant à la religion et au culte, à la jurisprudence, à la médecine, à l'administration, etc. Ordinairement ces mots se reconnaissent à la lettre *l* par laquelle ils commencent, et qui est un reste de l'article *al* ou *el*. En pareil cas, cette lettre fait partie intégrante des mots, et les indigènes l'emploient même là où, d'après les règles de la grammaire arabe, elle ne devrait pas demeurer. C'est ainsi qu'on dit en un seul mot *lemir* pour *émir*, *lecabaïl* pour *cabaïl*, forme plurielle du mot kabyle.

Quelquefois le mot arabe a été accommodé au système berber, au moyen de certaines lettres placées au commencement et à la fin. On a vu que *tamekrant* était le féminin régulier de *amekran*. Les Berbers font aussi de *amrar* ou vieillard *thamrarth* ou vieille. Or, ils appliquent le même procédé aux mots arabes et de *medyné* ou ville, ils font *temdint*, de même que de *salat* ou prière ils font *thazallith*.

Parmi les matériaux recueillis par M. Hanoteau, et qu'il a placés à la suite de sa grammaire, sont des chants particuliers aux Kabyles, notamment des chants qui se rapportent à la dernière guerre de Crimée. En général, dans les poésies berbères, la proportion des mots arabes est plus forte que dans la prose. Les poëtes kabyles croient faire preuve d'érudition et rehausser le mérite de leurs œuvres, en y introduisant des expressions qui appartiennent à la langue du Coran. Jusqu'ici le souvenir des grandes choses accomplies jadis par la nation arabe est resté présent aux esprits. Espérons que les grandes choses faites par la France auront leur tour.

Nous allons passer à la notice que M. Hanoteau a consacrée à certaines inscriptions en caractères touarigs. En 1822, le voyageur anglais Oudney signala des caractères inconnus qui étaient gravés sur des rochers, dans des oasis situées sur la route de Tripoli vers le pays des Nègres. Plus tard on apprit que non-seulement des inscriptions du même genre se trouvaient dans d'autres contrées, mais que ces mêmes caractères étaient encore usités chez les Touarigs et les populations voisines. Les indigènes donnent à cette écriture le nom de *tefenek*, du mot berber *feneg*, qui signifie *faire*. *Tefenek*, forme féminine de *feneg*, est pour *tefenegt*; c'est par amour de l'euphonie que les Touarigs ont coutume dans la prononciation de changer *gt* en *k*. Au pluriel, ils disent *tifinay* [1]. Cette écriture est généralement usité ; elle ne se perd que là où l'esprit arabe prend le dessus. En général, chez les Berbers, bien qu'ils aient embrassé l'islamisme, un homme n'épouse qu'une femme, et, par une conséquence naturelle, l'influence de la femme dans le ménage est bien plus grande que chez les Arabes, les Persans et les Turks. Aussi, tandis que chez les derniers la femme est maintenue dans l'ignorance la plus absolue, au point que quelques docteurs musulmans ont mis en doute si la femme avait reçu de Dieu une âme, chez les Touarigs, beaucoup de femmes savent lire et écrire.

A l'égard du nom des Touarigs, ceux-ci n'acceptent pas le nom qu'on leur donne ordinairement, du moins sous la forme qui est usitée en Algérie. On sait que partout où jusqu'ici a pénétré la curiosité européenne, il a été constaté que le nom national des populations indigènes est celui d'*amazig*, mot qui en berber paraît signifier *libre* et *noble*. Il en est de même des Touarigs ; ceux-ci s'appellent, par un léger changement de prononciation, *amacheg*, mot qui au féminin est prononcé *tamachek* (pour *tamachegt*) et qui, suivant une forme admise en berber, fait au pluriel *imouchag* [2].

Les Touarigs n'ont pas fait autant de concessions aux Arabes que les tribus voisines de la mer Méditerranée, et le

---

[1] Il est bon de faire remarquer que d'après une nouvelle valeur attachée depuis quelque temps par des savants de l'Algérie au *gaïn* des Arabes, le *g* est rendu par un *r*, surmonté d'une virgule.

[2] Conformément à l'usage dont il est parlé dans la note précédente, M. Hanoteau a écrit *amacher* et *imouchar*.

nombre des mots étrangers qu'ils ont admis dans leur
idiome n'est pas en proportion avec celui qui est entré dans
les dialectes kabyles. Ils paraissent également moins fami-
liarisés que les Kabyles avec les sons gutturaux qui tiennent
une si grande place dans le langage des Arabes. En revanche, on trouve chez eux tous les termes véritablement berbers, et c'est ce qui, avec le temps, rendra l'étude du touarig
encore plus profitable à la science philologique.

Lors de la députation envoyée au commencement de l'année dernière à Alger par les Touarigs, M. le maréchal
Randon se mit en rapport avec les députés par l'intermédiaire de M. le colonel de Neveu, chef du bureau politique
des affaires arabes, et de M. Schousboé, interprète principal
de l'armée. Ces députés avaient apporté avec eux des boucliers et des bracelets chargés d'inscriptions. Sur la demande
qui leur en fut faite, ils voulurent bien lire à haute voix
les mots dont se composaient les légendes, et se prêter aux
explications qu'on sollicita de leur complaisance. Voilà
comment pour la première fois il devint possible d'aborder
directement le touarig. Ainsi que l'avait déjà remarqué feu
M. Geslin, le langage fut reconnu par M. Hanoteau pour
être du berber pur; quant à l'écriture, la valeur de chaque
caractère fut trouvée en général conforme à celle qui déjà
avait été déterminée par les savants d'Europe.

Les inscriptions paraissent avoir été marquées par des
femmes, non-seulement sur les bracelets mais encore sur
les boucliers. Chaque bouclier est un don fait par une
femme à celui qui en était le détenteur, et l'inscription a
pour objet de rappeler à celui-ci la femme à laquelle il avait
juré foi et hommage. Le nom de l'homme et celui de la
femme sont marqués sur le bouclier; ce sont, en général,
des noms arabes, et par conséquent musulmans. Pouvait-il
y avoir une circonstance plus propre à nous faire voir le
grand empire qu'a conservé chez les Touarigs le caractère
national?

Du reste, l'écriture touarig se lit de droite à gauche, et

l'alphabet touarig n'admet pas les voyelles. C'est un nouveau point de concordance entre le touarig et les langues sémitiques, mais qui n'est pas l'effet de l'invasion arabe ; il doit remonter jusqu'à la domination des Carthaginois.

Le travail de M. Hanoteau est terminé depuis la fin de l'année dernière. Les événements qui se passent en ce moment ont singulièrement agrandi le champ des études berbères ; ils fourniront en particulier à M. Hanoteau les moyens de vérifier et d'étendre les renseignements qu'il a eu tant de peine à recueillir. Quoi qu'il en soit, la commission est d'avis que son *Traité de grammaire* et la notice qui l'accompagne soient publiés le plus tôt qu'il sera possible. Cette publication rectifiera et complétera les aperçus plus ou moins imparfaits dont la science pouvait disposer jusqu'à présent ; et bien loin de nuire au Dictionnaire de Venture et à celui qui a paru sous les auspices du ministère de la guerre, elle en rendra l'usage plus sûr, et par conséquent plus profitable.

En général, le Gouvernement est intéressé plus que jamais à encourager les études qui tendent à nous éclairer sur les populations de l'Algérie et des contrées voisines. Il y a long-temps qu'on l'a dit : « Honneur oblige. » Le drapeau français flotte maintenant sur toute l'Algérie, non-seulement là où la domination arabe et la domination turke avaient signalé leur passage, mais là où elles n'avaient jamais pénétré ; n'est-il pas du devoir du Gouvernement de recueillir toutes les notions qui peuvent jeter du jour sur les races, le langage et les croyances des indigènes, ainsi que sur les vicissitudes par lesquelles ils ont passé ? Une partie des Kabyles est adonnée à l'agriculture ; les autres sont restés fidèles à la vie pastorale. C'est surtout chez les tribus sédentaires que le langage national s'est peu à peu altéré. On cite des cantons de la province d'Oran où, il y a cent ans, on ne parlait que le kabyle, et où maintenant l'arabe se parle seul.. Si le kabyle s'est maintenu avec tant de persistance dans le Djurdjura et dans quelques autres localités, c'est, en général, à cause de l'état d'isolement des habitants. Cependant, le nombre des indigènes de l'Algérie qui font encore usage du kabyle est estimé à environ six cent mille. Voilà, certes, une population qui mérite qu'on s'occupe d'elle, autant pour le Gouvernement que pour elle, autant pour l'humanité que pour la science.

Quand la grammaire de M. Hanoteau sera entre les mains du public, ce livre, joint à quelques autres livres élémentaires, suffira pour mettre les agents du Gouvernement et une partie des officiers de l'armée en état de se familiariser avec les expressions berbères les plus usuelles. De plus, lorsque l'autorité supérieure aura à envoyer un détachement au loin, ce qui arrive souvent, dans des contrées à la fois vastes et mal peuplées, les chefs du détachement pourront, à l'aide des cartes qui ont été dressées exprès, se rendre compte d'avance du nom des tribus dont ils auront à traverser le territoire et du langage que parle chacune d'elles. Ainsi pourvus, il leur sera facile d'entrer en rapport direct avec les indigènes, et le service ne pourra qu'y gagner.

Puisque l'Académie a été invitée par M. le maréchal ministre de la guerre à donner son avis, la commission propose à l'Académie d'appeler l'attention de M. le ministre sur certains travaux qui ont été exécutés précédemment, et qui, si l'on n'y prend garde, menacent de périr sans laisser de traces. En 1845, M. Brosselard, l'un des auteurs du Dictionnaire publié par le ministère de la guerre, annonçait un supplément notable à ce Dictionnaire, et ce supplément existe probablement à l'état manuscrit dans les cartons du ministère. Voici comment s'exprimait M. Brosselard :

« Ce travail, résultat des recherches que j'ai faites en Algérie depuis quinze mois, contient plus de quatre mille mots nouveaux de la langue berbère appartenant aux dialectes des Chaouias de la province de Constantine, des Beni-Mozab et des Gouaras[1] du Sahara, et enfin des tribus kabyles

[1] Ou Rouaras.

de l'ouest de l'Algérie. Je n'ai épargné, pour rendre mon travail aussi complet que possible, aucune peine ni aucun sacrifice. Il a été élaboré au milieu même des tribus dont le langage faisait l'objet de mes investigations. J'ai parcouru la province de Constantine en tous sens, du nord au sud, de l'est à l'ouest ; j'ai visité presque seul des pays qui n'avaient pas encore été sillonnés par les colonnes françaises, et où les milices turques elles-mêmes ne passaient pas autrefois sans appréhension. J'ai pénétré dans les montagnes de l'Auras avant qu'aucune expédition eût été dirigée sur cette contrée, et je n'y ai dû, dans plusieurs circonstances, ma conservation qu'à la connaissance de la langue de ces barbares. Je me suis avancé dans le Sahara jusqu'à plus de vingt lieues au sud de Biskara, après avoir visité Sidi-Okba et vingt-cinq villages du Zab. Plus tard, mon voyage de Constantine à Bone et de ce dernier point à Philippeville par terre, m'a permis d'étudier avec soin les populations kabyles de la côte, paisibles pasteurs dont la physionomie contraste avec celle de leurs frères établis un peu plus à l'ouest. Enfin, j'ai parcouru les points les plus intéressants de la province d'Oran, et j'ai pu, dans ces diverses excursions, recueillir les documents qui se rattachaient à ma mission officielle [1]. »

D'un autre côté, M. Geslin, autre agent du ministère de la guerre, lequel avait rassemblé des matériaux considérables sur les dialectes de l'Algérie et des contrées voisines, est mort au moment où il soumettait son manuscrit à une révision générale, et l'on ignore ce que sont devenus ces matériaux. Ne serait-il pas à désirer que M. le ministre s'informât des moyens de tirer parti de travaux qui ont été exécutés aux frais de l'État et qui ne peuvent être dénués d'utilité ?

Quelle que soit la décision que prendra le Gouvernement, la commission est restée fidèle à l'opinion qu'elle a émise

---

[1] Lettre de M. Brosselard à M. le baron Baude, dans le *Journal asiatique* du mois de novembre, 1845, page 412.

l'année dernière au sujet des manuscrits de feu M. Geslin[1].
Dans l'état actuel des choses, ce sont les faits particuliers, les
faits de détail qui pressent le plus ; les théories et les vues
générales viendront ensuite. Les faits doivent être exposés
tels qu'on les a trouvés et abstraction faite des rapports
qu'ils peuvent avoir avec les questions de philologie générale et d'ethnographie aujourd'hui pendantes. Ces questions,
supposé qu'elles soient contestables, subiront successivement
le contrôle des faits philologiques. Mais un fait philologique
mal présenté peut n'être pas réformé de longtemps.

REINAUD,

Membre de l'Institut.

[1] Voir la Revue de l'Orient et de l'Algérie, octobre 1856.

N. B. Quelques-unes des considérations qui sont indiquées dans ce rapport se retrouvent, avec des développe-
ments, dans un Mémoire auquel M. Reinaud travaillé, sur
les populations de l'Afrique septentrionale, leur langage,
leurs croyances et leur état social aux différentes époques de
l'histoire.

NOUVELLES.

— Notre confrère le R. P. Gabriel Aiwazowski, directeur du collége
national arménien de Grenelle, vient d'être nommé par S. M. l'Empereur de Russie, archimandrite suprême de l'archevêché arménien de
Bessarabie.

— L'Académie Royale des Sciences de Turin, a nommé dans sa
séance du 26 novembre dernier, MM. Dulaurier et V. Langlois, ses as-
sociés correspondants.

Le Propriétaire-Gérant, J. ROUVIER.

Versailles, imprimerie Beau jeune, rue de l'Orangerie, 36.

COTE OCCIDENTALE D'AFRIQUE.

Géographie. — Commerce. — Mœurs.

Avant de commencer la description des possessions européennes sur la Côte-d'Or, disons un mot de nos établissements
d'Assinée et de Grand-Bassam, placés au commencement de cette
côte et qui comptent aujourd'hui quatorze années d'existence.

GRAND-BASSAM.

C'est le premier marché de poudre d'or. Autrefois le troc
de ce minerai y était assez actif, mais depuis plusieurs années
les caravanes de l'intérieur qui s'y rendaient bifurquent et se
dirigent vers les comptoirs anglais et hollandais situés à l'ouest
du cap des Trois-Points. C'est la raison qui a forcé les noirs du
pays d'Assinée et de Bassam à se livrer au commerce de l'huile
de palme, qui jusqu'à ce jour n'a pas été d'une grande importance. Au Grand-Bassam on est parvenu avec beaucoup de peine
à faire arriver deux ou trois chargements chaque année.

Ce ne fut qu'après avoir pris possession d'Assinée, point plus
à l'Est, que l'on se décida à venir s'implanter au Grand-Bassam;
on y parvint sans peine, car dans ce pays les prises de possession sont faciles, et l'érection d'un blokaus eut lieu.

Illusionnés sur l'importance de ce pays et sur l'avenir qu'il
pouvait offrir au commerce, les navigateurs pensèrent que dans
peu de temps les caravanes de l'intérieur arriveraient sur ce marché, que la France y apporterait des capitaux, et que dans peu
de temps aussi on verrait s'élever sur cette plage mouvante une
colonie importante pour notre commerce national.

Nous devons nous abstenir de trop longs commentaires sur la
légèreté d'une semblable idée, le temps et les résultats obtenus
disent assez combien elle était absurde; nous ajouterons cepen-

dant, sans être démentis par ceux qui connaissent le pays, que ce point n'est d'aucun avenir sérieux. On y traitera bien un peu d'huile de palme en faisant arriver par la force les naturels à notre établissement, mais cela ne suffit pas pour que des maisons y envoient des navires et des agents. Une maison seule peut bien y faire ses affaires, mais plusieurs s'y ruineraient.

On a tant écrit sur ces pauvres villages africains, sur les ruisseaux qui les entourent, sur le lac Amatifou, dont Assinée devait être le riche entrepôt des marchandises d'Europe, et enfin sur toutes les ressources, les richesses et la prospérité de cette nouvelle Californie, que nous n'osons rien ajouter à tous ces tableaux riches de coloris, mais dépourvus tout à fait de vérité.

Il est cependant une seule maison de commerce, placée dans des conditions toutes exceptionnelles, et qui avait déjà le monopole de ce commerce de la côte occidentale d'Afrique jusqu'aux possessions portugaises au sud de l'équateur, qui a été à même de pouvoir jeter sur ce point et sur celui d'Assinée deux factoreries, ne lui coûtant que les frais d'installation, et pouvant être constamment alimentées par ses navires faisant le commerce d'échange. Elle a pu y faire des affaires, mais si une autre maison était venue s'y placer sérieusement à côté, elle s'y serait ruinée.

Après treize années d'expérience, il est évident pour tout homme sérieux et connaissant le Grand-Bassam, que ce pays ne pouvait et ne peut avoir d'avenir. Et il faut bien le dire, ceux qui ont engagé le gouvernement dans cette voie de possession et de colonisation devaient ignorer complétement ce que sont le commerce de la côte de Guinée et les éléments de prospérité de ce pauvre pays.

Cinq propositions suffiront pour prouver que ce point n'offrait aucun avenir de nature à s'imposer des sacrifices; que sa colonisation était au moins un rêve; que nous n'avons pas besoin de points fortifiés sur cette côte pour faire avec succès le commerce d'échange; que ce commerce ne peut se faire que de proche en proche, ou si on établit des factoreries à terre, elles ne nécessitent pas la protection d'un fort, mais seulement de temps à autre la présence d'un navire de guerre,

En effet : 1° Grand-Bassam est dans une position telle, que les caravanes ne peuvent y arriver qu'en faisant un grand détour ; pour s'en convaincre, il n'y a qu'à jeter un coup d'œil sur la carte.

2° Le commerce des comptoirs anglais et hollandais, établi depuis deux siècles, offre aux caravanes de l'intérieur des avantages qu'elles ne peuvent trouver ni à Grand-Bassam ni à Assinée.

3° Le chemin pour arriver des pays aurifères est infiniment plus court en allant aux marchés d'Elmina, cap Coaste et d'Annamaboë, plus beau et praticable presque toute l'année. On verra la vérité de cette proposition quand nous parlerons de ces marchés. Aussi, depuis longtemps, ces trois places reçoivent presque tout l'or qui vient de l'intérieur, soit d'au-delà des monts Kong, soit du Soudan.

4° Les noirs riverains étant les courtiers de ceux de l'intérieur et vivant de cette industrie, ne permettront jamais aux caravanes qui viennent encore les visiter, d'arriver sur quelque point de la côte que ce soit et de traiter directement avec les Européens. C'est ce qui a lieu même pour les échanges de l'huile de palme, et si par la force on voulait les y contraindre, comme on voulut le faire à Grand-Bassam et à Assinée, ce qui serait impossible dans un semblable pays et sous un tel climat, ils empêcheraient, non seulement les caravanes d'arriver à vos établissements, mais encore les noirs qui apportent l'huile de palme de quelques lieues seulement de la côte.

5° Quelles ressources auraient les navires qui apporteraient les marchandises aux factoreries que l'on établirait à Grand-Bassam ? L'huile de palme n'est pas assez abondante autour de cette possession, et les noirs limitrophes préfèrent aller à Iack-Iack la porter aux troqueurs anglais, hambourgeois et américains qui traitent cette graine et la poudre d'or, soit à bord de leurs navires, soit à terre, à leurs factoreries, établies provisoirement pour une seule campagne.

Cela posé, on voit qu'il était facile de se convaincre avec un peu d'étude que ce point ne nous convenait pas. On nous demanda notre opinion en 1844, nous la donnâmes dans le même sens et l'on n'en tint aucun compte. On persévéra, et l'on dépensa des hommes et de l'argent sans résultat. La force des choses fera ce que l'évidence n'a pu faire, car l'évidence était combattue par l'intérêt et l'ambition.

Le village de Grand-Bassam est situé sur la droite de la petite rivière de ce nom, et le blockaus est tout auprès de la mer sur la rive gauche; la factorerie de M. Regis est à côté.

Cette rivière est un des nombreux bras qui conduisent à la mer les eaux dont le pays est couvert pendant quatre mois de l'année; ses ouvertures en général changent de position tous les ans et sa profondeur à son embouchure varie selon que les pluies ont été plus ou moins abondantes. Jusqu'en octobre elle déverse l'excédant qui est au-dessus du niveau de la mer, et au fur et mesure que le courant diminue, l'ensablement se forme à son embouchure, peu à peu la passe est obstruée entièrement ou n'a que quelques pieds d'eau.

Si l'on jette un coup d'œil sur ce vaste pays, depuis le Sénégal jusqu'au Gabon, séparé de l'intérieur de l'Afrique par cette longue chaîne de montagnes appelées monts Kong, qui l'encadrent dans une étendue de plus de 600 lieues et que nous pouvons presque comparer aux petites Cordillières, on verra qu'il est couvert de rivières plus ou moins considérables alimentées par les trois grands fleuves, le Sénégal, le Niger et le Congo, qui tous prennent sources dans l'intérieur de l'Afrique, traversent ces montagnes qui les alimentent, et quoique déversant, les deux premiers au nord de l'équateur et l'autre au sud, ils grossissent à la même époque. Les rivières secondaires, telles que Sherboroo, Saint-André, Riovolta, Bennin, Callebar, Caméroous, et Gabon, sont des bras de ces grands fleuves, ou prennent leurs sources dans cette chaîne de montagnes. Quant aux autres plus petites, elles ne sont que des ramifications de celles-ci; elles aident, à l'époque où ces fleuves et grandes rivières sortent de leurs lits, à déverser leurs eaux à la mer. Ces immenses réseaux de petites rivières, de marigots et de ruisseaux divisent la côte, au moins pendant toute l'époque des pluies et des débordements, en une infinité d'ouvertures, dont la plupart se font pendant la saison sèche, et les autres n'ont que très-peu d'eau. La petite rivière de Grand-Bassam est une de ces dernières. Elle n'a pas souvent sept pieds d'eau à son embouchure. De plus, leurs ouvertures ont une direction presque invariable, gisant entre le sud-ouest et le sud-sud-ouest, précisément dans la direction qu'a le vent pendant huit mois de l'année; et comme elles ne sont pas assez larges pour pouvoir permettre d'y louvoyer, il est impossible d'en sortir sans le secours d'un bateau à vapeur. Dans la saison des vents de terre, on a le vent sous vergue, mais souvent il n'est pas assez fort.

Les seules rivières abordables pour les grands navires sont celles que nous avons citées, parce qu'elles ont leurs embouchures assez larges pour pouvoir louvoyer entre les bancs et sortir quand on le veut. Mais la rivière de Grand-Bassam, qui est très-étroite, dont la barre est presque toujours mauvaise, qui n'a, aux plus plus fortes marées, que trois mètres d'eau, ne peut être d'aucune utilité, si ce n'est aux petites embarcations qui iraient en rade chercher des marchandises, et que l'on ne peut guère employer que pendant la belle saison, encore ces embarcations, si petites qu'elles soient, auront souvent des dangers à courir en passant sur la barre et seront forcées, la plupart du temps, de rester en pleine mer.

Quand la barre permet aux grandes pirogues d'entrer dans la rivière, elles peuvent très-facilement débarquer sur la plage, où le trajet n'est que de moitié, ce qui est immense dans un pays où l'on est quelquefois pendant quinze jours sans pouvoir décharger un colis. Que l'on se figure une langue de sable de quelques centaines de mètres de largeur, aride, mouvante, battue par la lame de l'Océan qui vient s'y briser et s'y éteindre en la submergeant entièrement, puisque les eaux dans les forts ras de marées déversent dans le marigot qui la contourne en partie, et l'on aura une idée de ce fameux point de Grand-Bassam, dont l'avenir devait être si beau ! Pour le moment, l'on ne verra qu'un pauvre blokaus vermoulu et une maison de bois de quelques mètres qui sert de factorerie ; ces deux habitations s'écrouleront très-prochainement, et leurs décombres attesteront encore pendant quelques semaines que là fut une possession européenne. Voilà le tableau de Grand-Bassam tel qu'il est, si au moment où nous écrivons ces lignes il n'est pas dans un plus mauvais état ; nous ne le rendrons pas plus misérable en racontant ces souffrances et les privations que supportent les malheureux destinés à y vivre, et qui y attendent à chaque instant la mort

L'état d'Assinée serait plus triste encore, mais notre plume se refuse à le mettre sous les yeux du lecteur. Ici se sont passées des scènes de scandales et de misères que nous aurions honte de détailler. L'assassinat du chef du blokaus en 1847 n'est qu'un faible épisode de ce qui a eu lieu depuis que nous avons eu le malheur de venir nous implanter sur cette côte insalubre et misérable.

Nous ne dirons plus rien sur ces deux points, ce serait fatiguer le lecteur que de faire l'analyse ou la critique de tout ce qui a été écrit ; le meilleur pour nous, nous le disons, ce sont les résultats ; la tâche que nous nous sommes imposée n'étant pas celle de réfuter des mensonges, mais d'éclairer notre commerce en lui disant la vérité.

Le troc se fait au Grand-Bassam à bord des navires ; il est rare que le troqueur aille à terre. Les naturels viennent à bord, dès que le navire est mouillé, pour voir les échantillons des marchandises, puis ils s'en vont à terre rendre compte au roi, aux chefs et aux traitants de tout ce qu'ils ont vu. Le jour suivant, tous les traitants viennent à bord avec leur poudre d'or, et les échanges commencent. Quatre ou cinq jours suffisent pour ramasser une valeur de plusieurs mille piastres, quand les marchandises que vous avez leur plaisent et qu'ils ont de l'or. Ils ne reparaissent plus dès qu'ils ont épuisé leur provision, ou que les articles de la cargaison ne leur conviennent pas. On peut alors appareiller sans regret.

Si, après avoir vu les échantillons, il se passe plus de vingt-quatre heures sans qu'ils reviennent, on peut partir ; c'est une preuve que vos marchandises ne leur ont pas convenu. Il serait inutile de les attendre plus longtemps.

Les articles avec lesquels on fait toujours bonne troque sont le tabac, l'eau-de-vie, les tissus, la poudre, les fusils, le corail et les verroteries de Venise. Quand les tissus et les verroteries sont de leur goût, ils achètent jusqu'à leur dernière once d'or. Avec ces articles principaux, on vend aussi tous les autres d'assortiment, que l'on trouve au tableau d'une cargaison générale. Si l'on a soin d'étaler tous les échantillons qui y sont portés, les noirs eux-mêmes choisiront ce qui leur conviendra. Ils sont tous envieux de ce qu'ils n'ont pas vu, et s'ils ont assez d'or, ils achètent à quelque prix que ce soit. Voilà pourquoi il est très-convenable que les navires qui font ce commerce soient bien disposés pour leurs aménagements.

La plage est très-souvent mauvaise, la mer y brise avec force, les débarquements y sont très-difficiles et dangereux. L'inclinaison du rivage est assez rapide ; pour peu que la lame soit forte, les pirogues se brisent, et les marchandises s'avarient ou se perdent entièrement. Toutes les fois que nous avons eu à laisser en passant des marchandises à ces deux factoreries, nous n'avons pu éviter de perdre quelque chose, et tous les navires qui y sont allés ont eu à constater, plus ou moins, des pertes de marchandises et d'embarcations.

Les provisions y sont rares et chères, c'est le seul point de la côte où les naturels n'apportent rien à bord ; cela explique la pauvreté de leur pays, qui ne produit rien ; ils sont obligés d'acheter des noirs de l'intérieur les ignames et les fruits dont ils se nourrissent.

Considérations générales sur les forts européens de la Côte-d'Or.

Avant de décrire ces comptoirs, nous pensons qu'il ne sera pas indifférent de faire voir à nos lecteurs dans quelle position ils se trouvent par rapport aux peuples qui viennent de l'intérieur s'y approvisionner en marchandises d'Europe depuis plus d'un siècle et demi, et quel est leur état de prospérité aujourd'hui.

Presque tous ces forts furent bâtis par les Portugais pour servir d'entrepôt d'esclaves, lorsque ce trafic était permis. Leurs dispositions intérieures, quoique bien changées dans quelques-uns, indiquent encore qu'ils n'avaient pas d'autre but et non celui de protéger le commerce d'échange encore dans l'enfance. La traite des noirs ayant été interdite, les possesseurs de ces forts ne les conservèrent que par pur amour-propre, car ils leur étaient à charge.

Passés des Portugais aux Anglais, aux Hollandais et aux Danois, ils sont aujourd'hui en partie abandonnés, et les principaux appartiennent aux deux premières nations précitées, qui les gardent quoique leur étant toujours onéreux. Dans ces dernières années, les Anglais ont jugé convenable de diminuer le personnel des moins importants, et de concentrer tout le commerce de cette partie de la côte d'Afrique sur trois points principaux, qui sont le cap Coaste, Annamaboë et Akra ; les Hollandais ont agi à peu près de même ; ils n'ont que les forts d'Elmina et d'Akra ; ce dernier est placé au milieu des deux forts anglais de ce nom.

Elmina, cap Coaste et Annamaboë sont donc les places principales de la Côte-d'Or, soit par leur position, soit par l'habitude qu'ont les caravanes de les visiter continuellement depuis si longtemps.

Tous les marchés du Soudan sud sont approvisionnés par les marchands européens ou indigènes, auxquels on a la plus grande confiance. Les noirs trouvent dans leurs magasins tous les articles nécessaires à leurs échanges. Ils donnent même leurs commandes pour l'année suivante et les négociants européens les leur font fabriquer expressément et d'après leurs goûts. Où pourraient-ils aller, du reste, pour trouver autant d'avantages et de facilités qu'ils en ont dans ces établissements?

Si l'on jette un coup d'œil sur la carte, on verra que les places d'Elmina et du cap Coaste, éloignées seulement de quatre milles l'une de l'autre, sont au centre de toutes les villes des pays les plus riches par leur commerce et par les mines qui s'y exploitent. Les communications sont bien établies tant entre ces points et les principaux marchés de l'intérieur, qu'entre ceux-ci et ceux d'au-delà des monts ; les routes sont bien battues, bien déterminées, parce que le pays, étant plus élevé, n'est pas inondé par les pluies.

Les peuples Fantis et Achantis ont intérêt à conserver, avec leurs voisins vers l'est, des relations amicales, afin que les caravanes ne dévient pas, parce que leur passage par leurs États leur donne un revenu considérable. Les stations aux villages qui sont sur leur route sont bien établies, les droits de passage le sont aussi d'une manière bien convenue et invariable. Enfin, cette longue habitude qu'elles ont, depuis plus d'un siècle, de venir tous les ans à Comassi faire leurs échanges et établir des foires qui durent toute la belle saison, fait que cette capitale sera toujours le rendez-vous des marchands de l'intérieur de l'Afrique ; et comme ces caravanes ne peuvent trouver ailleurs les avantages qu'elles rencontrent pour leur commerce à Elmina, au cap Coaste, il est clair qu'elles ne se dirigeront pas vers des comptoirs qui n'ont rien de tout cela, et qu'elles ne pourraient atteindre sans passer au milieu de peuplades ennemies.

Ensuite le climat de la Côte-d'Or est le plus sain de la côte de Guinée ; le pays est accidenté, coupé de montagnes peu élevées et arrosé par des petites rivières qui ne l'inondent jamais. La culture de toutes les graines intertropicales, et beaucoup de celles des climats tempérés peut s'y faire très-avantageusement, et donner chaque année une double récolte. Tous les tubercules dont les noirs se nourrissent, tels que l'igname, la patate douce et la racine de manioc y croissent admirablement.

Les noirs qui habitent à quelques lieues du littoral commencent à être très-sociables ; ils s'occupent activement de culture et de la fabrication de l'huile de palme. Ceux des villages de la côte et des établissements européens sont à moitié civilisés, presque tous font le troc soit avec les navires qui passent, soit avec les marchands des comptoirs. Hé bien, malgré tous ces avantages qu'il serait impossible d'avoir au Grand-Bassam et à Assinée, même dans un siècle, tous ces établissements sont loin d'être arrivés à cet état de prospérité qui les mettrait à même de ne plus être à charge à leurs métropoles. Comment donc n'a-t-on pas vu que c'était une erreur des plus grandes que d'avoir l'espérance de faire de ces deux misérables villages des comptoirs utiles pour notre commerce ; d'y avoir un avenir incontestable, eux qui ne se trouvent dans aucune des conditions de ceux de la Côte-d'Or ?

Avec plus d'étude et d'expérience, on aurait vu (comme l'ont vu plus tard MM. Daricau et de Mont-Louis) que le commerce de la côte occidentale d'Afrique doit être un commerce libre ; qu'il doit être fait de proche en proche par échanges ; qu'il n'y a pas un seul point, sauf Wuidah, où l'on puisse vendre un chargement en entier ; que les points où l'on trouve à échanger une cargaison d'Europe contre un chargement d'huile de palme, sont dans des rivières insalubres où personne ne voudrait s'établir.

Pour qu'une possession d'outre-mer soit un peu profitable au commerce de la nation qui la crée, il faut deux conditions principales que tout le monde commerçant connaît : que les ressources du pays puissent, pour l'avenir, dédommager la métropole des dépenses qu'elle aura faites ; que le commerce puisse y trouver les éléments nécessaires pour utiliser les navires qu'il emploie à l'importation et à l'exportation. Sans ces deux conditions, elle ne peut avoir aucun avenir et les frais d'établissement qu'elle aura occasionnés auront été faits en pure perte.

Les comptoirs de la Côte-d'Or, qui commencent à peine à réunir les deux conditions susénoncées, resteront encore longtemps à charge à leurs métropoles, parce que les nations qui les possèdent ont compris qu'elles ne pouvaient restreindre leur commerce à leurs nationaux seulement, et qu'à la côte de Guinée, plus que partout ailleurs, le commerce devait être libre.

En effet, comment peut-il en être autrement dans un pays où les transactions commerciales se font toutes par échanges de proche en proche et par petites parties, dans une étendue de six cents lieues de côte?

Comment espérer de faire arriver sur un même point tous les produits du sol, quand ces peuples encore dans l'enfance n'ont aucun moyen de transport, qu'ils apportent tout sur leurs têtes, que les communications sont très-difficiles, et que les peuplades se font presque continuellement la guerre? Seuls, les Anglais et les Hollandais auraient pu y prétendre avec leurs comptoirs d'Elmina et du cap Coaste: pourquoi ne l'ont-ils pas fait? c'est qu'ils en ont reconnu l'impossibilité. Un moment les Anglais ont proposé aux Hollandais, soi-disant dans un but d'humanité, d'entrer de concert avec eux pour frapper tous les spiritueux d'un droit presque prohibitif; mais les froids marchands bataves ont démontré à leur gouvernement que la chose était impossible; que ce n'était qu'un moyen pour détrôner tout à fait les marchands de Commassi, et leur faire quitter leur marché d'Elmina pour les attirer au cap Coaste et à Annamaboë. Ils ont répondu avec raison que la Côte-d'Or était trop étendue pour pouvoir empêcher les navires troqueurs de vendre leur rhum ou leur eau-de-vie aux noirs; que, pour empêcher l'introduction de ces liqueurs spiritueuses, il faudrait des gardes-côtes et un système de douane incompatible avec la liberté de ce commerce et ruineux pour la métropole; que le troc devait être un commerce libre, et que l'eau-de-vie ou le genièvre que l'on apportait aux noirs ne les enivrerait pas plus que le vin de palme et autres liqueurs fermentées qu'ils fabriquent eux-mêmes.

Si l'on jette un coup d'œil sur la carte de la côte de Guinée, on verra échelonnés sur toute son étendue ces nombreux villages placés souvent à un mille de distance les uns des autres. Tous ces villages s'occupent plus ou moins du troc , et c'est avec eux que les échanges d'une cargaison se font en les visitant successivement.

On ne trouvera nulle part des établissements européens fondés depuis le commencement de ce siècle pour la protection du commerce.

Les Anglais, qui ont le plus grand nombre de comptoirs sur cette partie du globe comme partout, les gardent, parce qu'ils les ont et qu'ils les ont pris des autres nations, mais il ne leur est jamais venu à l'idée d'en fonder d'autres. Ils ont le commerce de la côte des graines et du golfe de Biaffra presque exclusivement ; ils auraient donc dû pour le protéger bâtir des forts à Iack-Iack, au cap Lahou, à Bonni, aux vieux Callebar, à Cameroous. Pourquoi ne l'ont-ils pas fait? Parce qu'ils ont vu que c'était bien inutile, et certes, si ces maîtres en commerce et en colonisation n'ont pas eu l'idée de prendre possession de tous ces points où leur commerce dominait, c'est qu'ils en ont bien reconnu l'inutilité.

Quand les négociants de Liverpool et de Bristol ont jugé convenable d'avoir des factoreries à terre pour étendre leur commerce d'échanges , il les ont établies sur les points qu'ils choisissaient , et là, sous la protection du roi, du chef ou du cabocère , ils faisaient leur troc fort tranquillement, chargeaient plusieurs navires et n'avaient jamais besoin de l'intervention d'un navire de guerre de leur nation. Le chef, qui leur permettait de s'établir chez lui, leur accordait une protection suffisante pour être dans son pays avec toute sécurité , et le prestige du pavillon de leur nation, qui venait souvent se faire voir, suffisait pour rappeler aux indigènes que le blanc établi parmi eux serait bientôt vengé s'ils osaient l'inquiéter ou le contrarier dans son commerce. Chaque jour, de semblables factoreries sont établies sur les points de troc les plus commerçants : nous en avons vu par toute la côte; elles y font en général un court séjour, parce que la concurrence ne tarde pas à avoir lieu; d'autres viennent s'établir, et bientôt elles n'ont plus assez de débouchés et sont obligées de s'en aller faute d'éléments suffisants d'échanges , ce qui prouve assez quelles sont en général les ressources de toutes ces places de troc. Wuidah, dans le golfe de Benin, ne doit son existence d'aujourd'hui (qui, après tout, n'est pas grand'chose depuis que la traite ne se fait plus) qu'au trafic illicite; car, comme point commercial, réduit aux échanges d'un peu d'ivoire et à l'achat de l'huile de palme, son commerce est limité et de bien peu de valeur.

On voit donc que les forts de la Côte-d'Or sont les seuls points fortifiés sur cette longue étendue de côte; que leur fondation date déjà de bien longtemps, et qu'elle n'avait pas pour but la protection du commerce licite; que les possesseurs de ces forts en ont abandonné plus des trois quarts, et qu'ils n'ont conservé que ceux sur lesquels ils ont centralisé le commerce de troc ou d'échange avec les peuples voisins; qu'ils les gardent quoiqu'ils leur soient encore onéreux, mais qu'ils n'ont pas eu jusqu'à ce jour la fantaisie d'en établir ailleurs. Pourquoi la fatalité a-t-elle voulu que M. le commandant de *la Malouine* ne vît pas tout cela dans son voyage d'exploration sur la côte occidentale d'Afrique en 1838? Pourquoi avoir entraîné le gouvernement de Louis-Philippe à planter sur des points très-mal choisis des forts en bois qui n'ont eu jusqu'à ce jour d'autres résultats que des pertes d'hommes et d'argent?

APOLLONIE.

Ce fort, bâti par les Anglais sur le versant sud d'un coteau, apparaît de loin au milieu de plusieurs bouquets de cocotiers et d'autres grands arbres; il est entouré d'un assez grand village indigène, et vu de la mer, il a un aspect des plus animés. Bien entretenu, bien blanchi pendant tout le temps que le roi Akuako en avait fait sa demeure, son pavillon, presque semblable à celui de ses anciens maîtres, flottant sur ses murailles, le faisait paraître plutôt une colonie européenne qu'un village de noirs méchants et sauvages comme leur chef. Ce point offrait des échanges assez importants en poudre d'or et en ivoire; mais à cause du caractère sauvage du roi, les troqueurs s'en étaient éloignés depuis plusieurs années, personne ne s'y arrêtait plus; si quelque navire se décidait à mouiller sur la rade, c'était une imprudence; le troqueur ne descendait jamais à terre, malgré les invitations pressantes du roi; les échanges se faisaient à bord et les pirogues étaient surveillées. Quelques capitaines nouvellement arrivés sur la côte, cédant aux sollicitations empressées d'Akuako, étaient descendus à terre et avaient été rançonnés quand ils avaient voulu retourner à leur bord ; le roi les avait bien traités pendant tout le temps qu'ils étaient restés au village, mais quand ils avaient voulu partir, il avait allégué des motifs insignifiants pour ne pas leur donner de pirogue. Tantôt c'était un jour malheureux, tantôt la barre n'était pas praticable, un autre jour les piroguiers ne voulaient pas sortir ; enfin, après plusieurs jours de ce manége, les capitaines fatigués faisaient de vifs reproches au roi ou au ministre, et celui-ci leur insinuait que le plus sûr moyen de pouvoir rejoindre leur navire était de payer une rançon sous l'apparence d'un cadeau. Les cruautés d'Akuako étaient si grandes, les crimes qu'il avait commis sur ses sujets, sur ceux d'Elmina et du cap Coaste, révoltèrent tant de voisins, qu'on se vit forcé de lui faire la guerre, de le prendre mort ou vif. Les Anglais, les Hollandais, avec toutes les populations dépendantes de leurs possessions, marchèrent contre lui, envahirent son pays, et sans qu'un coup de fusil eût été tiré, il fut livré par les chefs et le peuple ; on l'emmena au cap Coaste, où il resta prisonnier en attendant les ordres d'Angleterre, pour lui infliger la peine qu'il méritait. Cette campagne eut lieu en 1847.

Depuis lors, ce fort est sous la domination anglaise, et le village indigène sous l'autorité d'un cabocère, chef du fameux Akueko, est soumis au même régime que les autres possessions de cette nation sur la Côte-d'Or.

Aujourd'hui on peut y aller avec toute securité et faire le troc.

Les affaires s'y font généralement au comptant ; on doit éviter de vendre à crédit, même aux chefs : ils sont tous des mauvais payeurs.

Le débarquement est très-difficile, la plage est très-mauvaise ; on est souvent trois ou quatre jours à terre sans pouvoir aller à bord. Dans la mauvaise saison, le banc est presque constamment mauvais.

AXIM.

Presque au fond de l'immense baie que forme la côte entre Apollonie et le cap des Trois-Pointes, s'avance un peu en mer un morne, dont le pied couvert de végétation est à moitié baigné par les eaux de l'Océan. Sur ce morne, dont le sommet forme un plateau, est bâti ce château fort qui de la mer paraît comme un bloc de porphyre. Tout autour, dans l'espace circulaire sur lequel se trouve placé ce fort, est un village de noirs dépendant de cette possession hollandaise. Ce village s'étend en s'adossant à la montagne qui forme le second plan; il est ombragé par de grands arbres de différentes espèces et complète le tableau le plus pittoresque que l'on puisse voir.

D'un côté c'est de l'architecture européenne, de l'autre des constructions sauvages; des coteaux, des montagnes brisées jusqu'à leur cime, une mer tranquille qui effleure à peine le pied de ce rocher, des plantes et des fleurs; un ciel chaud et brillant donne à cette belle nature une foule de teintes, dont la variété infinie anime d'une vigueur tropicale tout ce qui a vie, et présente au voyageur qui vient jeter l'ancre vis-à-vis cette possession néerlandaise un coup d'œil ravissant.

Un officier commande ce fort; il a avec lui un sergent et douze soldats indigènes.

La principale occupation de cette petite garnison est l'entretien du fort; aussi la propreté y règne-t-elle partout, et les canons, qui pour la plupart sont hors de service, paraissent en aussi bon état que s'ils étaient neufs.

L'officier est chargé de régler toutes les contestations des noirs, sujets de la Hollande.

Il préside tous les palabres, en s'entourant des cabocères et des vieillards.

Cette justice ordinaire est toujours sans appel ; mais pour les affaires d'une plus haute gravité, il doit faire une enquête et envoyer les prévenus ou les coupables à Elmina, chef-lieu de juridiction de toutes les possessions de la Hollande.

C'ést vraiment admirable de voir comment un blanc seul, au milieu de tant de noirs, conserve son autorité, sa prépondérance, et combien tous, jeunes et vieux, le respectent. Mais ces officiers savent conserver le prestige de leur position et en imposent plus par leur conduite et leurs actions, que par la force qu'ils ont entre leurs mains.

Nous sentons le besoin, avant d'aller plus loin, de payer un tribut bien mérité d'éloges et de remercîments à MM. les commandants et chefs supérieurs des possessions hollandaises, anglaises et danoises, établies sur toute cette partie de la Côte-d'Or. Tous ceux qui, comme nous, sont allés faire le commerce d'échange sur cette côte, ont trouvé à toute heure du jour et partout une affabilité et une protection complète, soit pour les différends avec les naturels, soit pour le paiement de quelques créances véreuses ou pour toute autre réclamation juste. Nous n'avons, pour notre part, jamais eu à regretter la moindre perte et sans crainte d'exagération, nous pouvons le dire hautement, nulle part sur la côte occidentale d'Afrique, nous n'avons trouvé une aussi franche cordialité qu'à la Côte-d'Or. Honneur à des officiers qui comprennent aussi bien leur mandat!

Le troqueur qui visite Axim ne doit pas s'attendre à y faire beaucoup d'affaires; deux ou trois jours lui suffisent pour traiter tout ce que les noirs auront en ce moment-là à échanger.

C'est presque toujours avec le commandant du fort que l'on commerce le plus. Il paie en huile de palme et en poudre d'or, au comptant ou à terme. Les autres ventes, presque toutes au détail, se paient en poudre d'or comptant.

Il est nécessaire d'apporter beaucoup de soin à la réception de l'huile de palme, d'abord parce qu'elle peut ne pas être de bonne qualité et qu'ensuite elle est toujours sale ou mélangée avec un peu d'eau. Ordinairement on n'en reçoit en paiement que du commandant et de deux ou trois traitants, qui la soignent assez pour la livrer convenablement.

Les articles principaux que l'on pourra vendre sur ce point sont : l'eau-de-vie, le tabac, les tissus romals, tom-coffec, corail, satins-strups, indiennes, mouchoirs, madras, verroteries et autres articles d'assortiment.

Le troqueur descend à terre avec ses échantillons et va loger chez le commandant du fort, où il est toujours bien reçu. Au fur et à mesure qu'il fait des ventes et qu'il en reçoit le paiement, il donne un bon au noir qui va à bord du navire prendre la marchandise qu'il a achetée; il faut avoir soin de ne pas se tromper, afin que le second n'ait pas du désagrément avec les noirs, qui sont toujours très-vexés d'être obligés d'aller deux fois à bord pour le même objet.

Voici la règle générale établie sur toute la côte d'Afrique pour les risques à courir à l'embarquement et au débarquement des marchandises ou des produits :

Le débarquement est aux risques de l'acheteur et l'embarquement à ceux du vendeur. Cet usage a été établi selon l'équité; il offre toutes les garanties au troqueur : en effet, les noirs qui conduisent les pirogues chargées pour compte de leur maître, sont infiniment plus prudents en passant les brisants de la côte; ils savent que s'ils chavirent, presque toutes les marchandises sont perdues pour lui et qu'il leur reviendra en arrivant à terre une dure correction. Tandis que si c'était pour le compte du vendeur que les risques courussent jusqu'à terre, ils s'en soucieraient peu, et souvent même ils chavireraient tout exprès et diraient que tout est perdu; puis, pendant la nuit, ils iraient faire le sauvetage des objets qui auraient tenté le plus leur cupidité et qu'ils auraient signalés avant le naufrage, afin de pouvoir les retrouver après. A l'embarquement, c'est autre chose : rien ici ne les engage à être fripons. D'abord, l'huile de palme dans les futailles ne craint presque rien : elle flotte, vient à la plage, et toute la peine qu'ils ont pour la sauver est pour eux. Les petites dents d'ivoire sont renfermées aussi dans des futailles, et les grosses on les signale avec une ligne et une bouée : si les pirogues chavirent, on les retrouve toujours.

Du reste, les noirs piroguiers ne se hasardent guère dans les brisants de la côte, tant à l'entrée qu'à la sortie, s'ils ne sont pas sûrs de les franchir sans accidents. Ils connaissent si bien ces passages, qu'il est rare qu'ils chavirent; la plupart du temps ils le font exprès pour ne plus travailler; il est donc convenable de ne plus les envoyer à bord dès que le patron vous dit que le banc n'est pas assez beau.

En quittant le mouillage d'Axim, on contourne le cap des Trois-Pointes et l'on aperçoit au loin sur une pointe qui avance en mer, le fort anglais de Dixcowe.

La côte depuis le mouillage s'élève jusqu'au cap des Trois-Pointes : là elle forme en premier plan un plateau régulier qui s'étend jusqu'à Dixcowe, où il s'élève davantage pour s'unir à une petite chaîne de montagnes qui domine et encadre la baie de ce nom.

DIXCOWE (baie).

Ce joli fort est placé sur cette pointe qui forme la baie à droite; la pointe du plateau la forme à gauche; entre ces deux points et vers le milieu il sort de l'eau un pâté de rochers noirs qui arrêtent, en la brisant, la lame du large, et l'empêchent de venir agiter l'intérieur de cette petite baie, autour de laquelle est bâti en amphithéâtre le joli village indigène de Dixcowe. D'autres petits rochers, tantôt à fleur d'eau, tantôt couverts, abritent la plage du ressac dans les forts ras de marée. Quelquefois dans les basses eaux on peut y aller à pied sec, y prendre une foule de coquillages excellents; on peut aussi sur cette plage de sable fin et blanc, se baigner très-agréablement sans craindre les requins qui n'y pénètrent jamais.

Le plus grand nombre des maisons est bâti en pierres, cimentées avec de la terre glaise, blanchies à la chaux de coquilles et couvertes d'une terrasse ou en paille. Toutes sont assez bien divisées et propres. Celles des chefs et des principaux traitants sont en général bien meublées : elles offrent un logement confortable au troqueur qui est invité à les habiter pendant son séjour. La population de ce village est industrieuse et active; les noirs qui conduisent les pirogues sont bons travailleurs et adroits pêcheurs; les autres sont tonneliers, maçons, menuisiers, charpentiers, forgerons, tisserands et orfèvres. Presque tout le reste s'occupe de la manipulation de l'huile de palme; elle se compose d'environ quatre mille noirs et d'une soixantaine d'hommes de couleur.

L'autorité appartient tout entière au commandant du fort; il lui est adjoint un cabocère qui sait lire et écrire l'anglais, qui lui sert d'interprète; il est payé par le gouvernement; la police et le maintien de l'ordre lui appartiennent : c'est une espèce de juge de paix.

Outre ce cabocère, il y en a quatre autres qui commandent chacun un quartier, ou ce qu'ils appellent leur peuple; ils sont toujours appelés à faire partie du conseil pour les grandes palabres, dans lesquelles le commandant du fort siége comme président. Telle est la forme administrative de ce fort et de la peuplade qui lui est soumise.

La méthode de laisser administrer les peuplades par les noirs eux-mêmes sous l'autorité du chef blanc, est suivie dans toutes les possessions anglaises de la Côte-d'Or; aux chefs-lieux ils ont même conservé les rois des tribus soumises.

Cette manière de se placer vis-à-vis des naturels nous paraît fort sage et d'une bonne politique; ils laissent les noirs vivre en toute liberté, ne les forçant à accepter la civilisation qu'autant qu'elle leur plaît mieux que leur état à demi-sauvage ; ils ne veulent pas entraîner la génération présente, mais bien celle qui grandit ; ils ne forcent pas les pères et mères à abandonner leurs coutumes et leur religion, ils les engagent seulement à envoyer leurs enfants aux écoles des missionnaires,

Ils ne s'immiscent presque jamais dans leurs petits différends, laissant le soin de les régler au cabocère de chaque quartier, qui rarement est obligé d'en référer à l'autorité supérieure et ils n'interviennent que lorsque les contestations ou les délits sont graves, ou que les parties le demandent. Cette autorité qu'ils donnent à ces cabocères augmente l'influence de ceux-ci sur le peuple, et leur sert très-bien quand ils en ont besoin pour soumettre un chef voisin tracassier ou rebelle.

Les noirs, habitants des villages placés autour des forts se soumettent facilement aux règlements d'ordre public, et si quelquefois il y a quelque rixe dans le village, elle n'a jamais lieu dans le quartier habité par les Européens ; souvent l'autorité supérieure n'en sait rien. Aimant à faire la guerre, ils sont toujours prêts à prendre les armes dès que les cabocères les requièrent ; rarement ils manquent au premier appel. Alors les cabocères réunissent tous les hommes d'armes de leurs quartiers respectifs, se mettent à leur tête et vont se placer à la disposition du gouvernement, qui leur donne pour les commander un officier du fort. De cette manière leurs recrues sont vite faites ; en peu de jours les forces des voisins sont réunies, et une armée assez considérable est de suite formée sans beaucoup de travail et presque sans dépenses. Les troupes indigènes organisées des forts les conduisent au combat. Ils se battent, il est vrai, le plus souvent sans ordre, mais toujours avec ardeur. Vu de la mer ou du mouillage ordinaire des navires troqueurs, Dixcowe présente un coup d'œil ravissant, et donne une juste idée de toute cette Côte-d'Or riche de végétation et si belle d'aspect.

Pendant la belle saison les navires du commerce la côtoient à très-petite distance (deux ou trois milles), car elle est sûre, et les mouillages sont très-bons partout.

On dirait qu'une culture variée a lieu sur toute son étendue, le sol est couvert d'arbres, de plantes qui se reproduisent sans cesse, et qui la font paraître toujours dans un printemps continuel. De nombreux villages, bâtis près de la mer, dans le fond des calanques ou des baies, des cases agglomérées, des maisons à l'européenne toujours blanches et bien entretenues, des arbres de toute espèce, qui ombragent toutes ces habitations, font de chacun de ces villages autant d'oasis ravissantes. Au lever du soleil, l'effet est magique, quand ses rayons dor et de pourpre animent ces jolies paysages, ces fraîches et blanches habitations en les colorant de mille nuances.

C'est pendant la belle saison que ces plages sont agréables ; la brise de terre rafraîchit l'air, l'embaume, et les matinées sont délicieuses. On n'entend au milieu de cette tranquillité du matin que le murmure de la vague du large qui, soulevée par la brise de terre, moutonne, se brise et s'étend en nappe d'écume blanche et diaprée sur un sable brillant qui roule et revient avec elle. Des centaines de pirogues légères et bien taillées attendent sur le rivage que le pêcheur d'un bras vigoureux les lancent sur la crête des vagues, et qu'une pagaie, adroitement plongée dans le fluide, leur communique cette impulsion rapide pour leur faire franchir les brisants. Bientôt on les voit glisser sur la surface d'une mer tranquille que ride à peine la brise du matin, avec cette grâce et cette agilité incomparables, soit qu'elles aillent lever des filets tendus la veille, soit qu'elles se dirigent vers une dorade ou un tasard.

C'est aussi à cette heure que tout le village se réveille ; les hommes viennent sur le bord du rivage, les femmes pilent devant la porte de leur case le maïs ou l'igname qui doit leur servir de nourriture pendant la journée ; les négrillons courent çà et là sur le bord de la mer. Le vieillard, enveloppé dans son pagne à la manière arabe, est assis sur le sable la face tournée vers le soleil : il admire l'astre vivifiant qui en s'élevant lui porte la chaleur si nécessaire à son âge pour ranimer un peu ses sens engourdis. On ne se lasse jamais d'admirer la beauté de ce tableau, et de s'avouer que la vie de ce peuple aussi près de la nature est bien plus heureuse que celle de nos sociétés, remplie de dégoûts, de misères et de tribulations.

Dixcowe est une place assez importante par son commerce d'huile de palme : elle reçoit peu de poudre d'or depuis que presque toutes les caravanes de Commassi et autres villes de l'intérieur, vont aux comptoirs d'Elmina et du cap Coaste.

Les affaires s'y traitent payables en huile de palme, soit au comptant, soit à terme. Le peu de ventes qui a lieu en poudre d'or est fait par les Anglais et les Hambourgeois qui peuvent vendre à bien meilleur marché que nous les tissus, la poudre, les fusils et les cawris (coquillage de l'Inde qui sert de monnaie dans l'intérieur). Ces navires prennent rarement de l'huile de Dixcowe et des environs, parce qu'elle est d'une qualité inférieure et peu convenable pour les marchés d'Angleterre et d'Allemagne.

Les Français, les Hollandais et les Américains la reçoivent en paiement, mais avec beaucoup de précaution; et quoiqu'elle soit encore inférieure à celle des autres places, elle peut être vendue sur nos marchés sans difficulté. Disons cependant que depuis quelques années, les traitants apportent plus de soin dans la manipulation et l'épurent assez bien.

Cinq ou six traitants principaux ont à peu près tout le commerce de cette place, à eux seulement il appartient de faire des avances.

Les autres petits marchands s'approvisionnent chez eux ou bien ils achètent au comptant.

C'est à plusieurs lieues dans l'intérieur que les premiers traitants ont leurs factoreries pour l'achat et la manipulation de l'huile de palme. Ces factoreries sont des petits villages dont ils sont les seigneurs; tous les habitants travaillent pour eux; ce sont des espèces de serfs achetés aux noirs de l'intérieur qu'ils établissent sur des factoreries pour leur compte, ce sont eux qui apportent à Dixcowe l'huile sur leurs têtes quand il n'est pas possible de la faire venir dans des futailles et par eau.

La récolte de cette graisse commence à la fin de novembre et finit en juin. Pendant les autres mois on trouve bien encore un peu d'huile, mais elle est de mauvaise qualité et presque toujours mêlée avec de l'eau. Il faut la faire bouillir à terre avant de la recevoir. Mais comme ce travail est toujours mal fait par les noirs, il est plus convenable de ne pas en recevoir à cette époque.

Les articles principaux pour les échanges sont ceux que nous avons signalés déjà; l'eau-de-vie, la poudre et les tissus sont indispensables. Presque toutes les marchandises du tableau n° 1 peuvent y trouver un bon placement, mais en petite quantité.

Pendant le fort de la récolte de l'huile, on peut faire des ventes assez importantes si l'on veut accorder deux ou trois mois de crédit ; mais si l'on veut vendre au comptant, et si les traitants n'ont pas de grands besoins, il ne sera guère possible de réaliser pour une grande valeur.

Ordinairement les navires qui visitent ce point font des avances aux cinq ou six traitants solvables. Ceux-ci souscrivent des billets à trois mois, payables en huile de palme ou en poudre d'or. Il faut bien préciser dans le corps du billet toutes les conditions du paiement et les faire faire en anglais, si on ne veut pas avoir des difficultés à l'échéance. Il convient de ne mettre sur chaque billet qu'une seule nature de paiement, de cette manière ils ne peuvent pas dire après qu'ils ont confondu, et qu'ils ont pensé que c'était payable en huile de palme quand le billet portait moitié en huile, moitié en or. Dans les commencements cela nous est arrivé.

Si l'on se décide à faire des ventes à terme, on pourra placer assez facilement de quatre à cinq mille piastres fortes, même en agissant avec prudence et en se limitant aux cinq ou six traitants dont nous avons parlé, et en ne leur accordant qu'un crédit moyen de mille à douze cents piastres fortes. Si au contraire on ne veut pas faire de crédit, les ventes seront subordonnées à la quantité d'huile qu'on aura en magasin, ou aux besoins de marchandises de première nécessité, et même, dans tous les cas, les traitants n'achèteront que tout juste ce qui leur sera absolument nécessaire pour être assortis, ou bien quelques articles nouveaux et de leur goût ; conséquemment le troqueur n'a alors à espérer, en supposant qu'il soit bien assorti, qu'une vente de quinze cents à deux mille piastres fortes, dont les trois quarts seront payés en huile de palme, et l'autre quart en poudre d'or.

Plusieurs de ces traitants sont riches ; il en est qui font des affaires considérables. Nous avons souvent fait, à un des principaux appelé Qua-Brace [1], pour sept et huit mille piastres fortes de crédit, qui nous ont été toujours parfaitement payées. Nous ne conseillons cependant pas au troqueur d'aller aussi loin. Il est prudent qu'il limite ses avances de manière à ne jamais dépasser, même pour les plus riches, trois mille piastres fortes, et pour les autres, de huit cents à mille seulement.

[1] Il est mort depuis peu.

On voit que Dixcowe est un point assez avantageux qu'il convient de ne pas négliger, et de visiter surtout à l'époque de la récolte.

Les factoreries de l'intérieur étant plus ou moins éloignées de Dixcowe, le transport de l'huile se fait par pirogues ou sur la tête des noirs aux points de la place les plus rapprochés de ces établissements. Il faut donc aller à cinq, dix, et quinze lieues plus loin que cette place pour recevoir l'huile.

Les traitants sont obligés de l'apporter à bord ; ils font payer une piastre forte pour le transport par chaque futaille de 120 galour anglais. (420 litres environ.) Cette obligation est générale sur toute la côte d'Afrique. Ils ont tous des établissements sur les points d'embarquement, où l'on trouve tout ce qui est nécessaire pour ces opérations.

La barre de Discowe étant presque toujours praticable pendant la belle saison, six jours suffisent pour visiter ce point, quelles que soient les affaires que l'on y traite.

La livraison et la réception des marchandises se font avec célérité. Il existe entre les traitants une telle rivalité, que dès qu'on les met en présence, on excite leur amour-propre, et on les fait aller aussi vite qu'il est possible, ce qui n'est pas toujours très-facile avec des gens aussi apathiques que les noirs en général.

Discowe possède une maison d'éducation et une église méthodiste sous la direction de celle du cap Coaste.

On reçoit à cette école les enfants des deux sexes. Quelques-uns de ceux qui ont été élevés dans cette maison sont aujourd'hui attachés à la mission, et servent d'interprètes aux ministres européens qui sont dans l'intérieur. La génération qui grandit sait presque toute lire et écrire ; elle suit les pratiques du christianisme ; malheureusement en grandissant, elle se relâche, et dès qu'elle est libre d'elle-même, elle oublie tout ce qu'on lui a appris.

Les noirs qui habitent ce village sont en général moitié mahométans, moitié fétichistes. Ils sacrifient à leurs dieux des animaux domestiques. Le poulet est l'animal qu'ils offrent journellement au génie du mal, puis les cabris, les moutons et les jeunes cochons à leur naissance ; après ils n'oseraient faire servir un animal aussi immonde à un usage sacré.

Leur manière de vivre, leurs coutumes et leurs fêtes, sont les mêmes que sur toute la côte. Leurs fétiches les plus vénérés sont le crocodille et le requin.

Ils mangent très-peu de viande, ils se nourrissent d'ignames, de bananes et de poissons.

La pêche étant très-abondante pendant la belle saison, ils font sécher une grande quantité de poisson qu'ils vendent aux peuples de l'intérieur en échange des fruits et des racines que ceux-ci leur apportent.

Le bas peuple est salc, grêle et souffrant ; les noirs des pirogues seuls sont vigoureux ; la classe élevée est assez robuste.

Discowe est un séjour assez agréable pour celui qui aime un peu la tranquillité et la solitude. Le climat est assez salubre ; on peut s'y bien porter si l'on sait se ménager. Nous y avons connu un honorable négociant, M. Swauzy, commandant du fort, qui avait habité ce pays longtemps, et qui jouissait d'une bonne santé. Il était très-actif, faisait beaucoup d'affaires, avait une excellente table, et était d'une affabilité peu commune. Il n'habitait pas le fort quoiqu'il y eût un logement très-commode ; il avait fait bâtir une fort jolie maison de campagne entourée d'un parc, sur le versant est du plateau dominant toute la baie. On y respire un air pur et frais, et l'on y jouit du plus joli coup d'œil qu'il soit possible de voir. Lorsqu'on vient de l'est, cette habitation paraît de très-loin ; on l'aperçoit bien avant de découvrir le fort.

Telle est cette possession anglaise, une des plus jolies et des plus agréables de la côte.

En quittant cette place et se dirigeant vers l'est, on voit sur la gauche les montagnes qui l'entourent s'élever graduellement, former un quart de cercle, et se terminer presque à pic en s'avançant dans la mer. Le haut cap qu'elles forment détermine la partie ouest de la tranquille Caulauque de Boutry. Ces montagnes, dont le pied est dans la mer, sont couvertes d'arbres et de plantes jusqu'à leurs cimes.

La Caulauque de Boutry a environ un mille d'enfoncement, elle est très-abritée et presque toujours abordable n'importe pour quelles embarcations ; elle est bordée d'un sable fin sur lequel on peut échouer sans rien craindre pour les canots.

Dans le fond, à cent vingt mètres du rivage, s'élève brusque-

ment une montagne conique d'environ deux cent cinquante
mètres d'élévation, isolée, couverte de végétation, et ayant
le pied baigné d'un côté par la mer, et de l'autre par une
jolie rivière. Rien n'est plus riant que son aspect, quand
venant de Dixcowe et doublant le cap de Boutry, on l'aperçoit
tout à coup. Elle semble sortir de la terre toute parée de
plantes et de fleurs, et coiffée d'un très-joli fort, bien blanchi,
bien entretenu, que les Portugais ont bâti sur son sommet, il y
a bientôt deux cents ans.

Un chemin en spirale part du pied et conduit à ce fort. Quoiqu'il soit bien bâti et bien entretenu, il est très-fatigant à cause
de sa grande inclinaison, mais on trouve de distance en distance
des bancs pour faire quelques stations.

BOUTRY.

Ce fort est parfaitement bâti, bien défendu, il serait impre-
nable par terre et par mer.

On admire réellement ces monuments, car ce sont des monuments dans une pays aussi peu avancé, quand on pense quelle a
dû être la patience, la persévérance, le courage et la force de
volonté, que la nation portugaise imprimait alors à son esprit
de possessions lointaines, et à son amour pour la gloire et la
grandeur de la patrie ! Bien que le lucre et le désir des richesses
la poussassent dans la pénible et difficile voie des découvertes,
on ne peut s'empêcher d'admirer avec qu'elle constance cette
nation venait placer, sous un climat brûlant et meurtrier, des témoins aussi durables de son ancienne splendeur commerciale
et maritime.

Combien de victimes a dû coûter seulement sur cette côte d'or
l'érection de tous ces forts !... A combien de privations ont dû
se soumettre ceux qui composaient ou dirigeaient ces opérations !
Il faut avoir parcouru et habité les climats de la zone torride, et
surtout celui de la côte occidentale d'Afrique, pour se faire une
idée juste des privations que l'Européen doit s'imposer, et des
misères qu'il doit savoir supporter ! Que d'hommes ont dû suc-
comber durant tout le temps des travaux et pendant celui de la
possession. Car aujourd'hui encore, quoique les Européens habitant ces comptoirs aient à peu près tout le confortable désirable que l'on ignorait alors, il en meurt encore les trois quarts,

dans les cinq années qui suivent l'arrivée d'Europe d'un certain nombre d'émigrants. Ceux qui ont le bonheur d'échapper sont obligés d'aller au moins tous les deux ans dans leur pays rétablir leur santé délabrée, et renouveler un sang tout à fait appauvri par la fièvre intermittente qui n'épargne personne.

Pour donner une idée des ravages que les maladies font à la Côte-d'Or, qui est sans doute la partie la moins insalubre de la Guinée, nous dirons que pendant l'année 1848, époque à laquelle nous résidions à Akra, où nous avions fondé un établissement pour le compte d'une maison de Marseille, nous comptions avant la mauvaise saison, sur toute la Côte-d'Or, environ soixante-deux Européens arrivés depuis quelque temps ou habitant le pays depuis plusieurs années, jouissant tous plus ou moins d'une assez bonne santé ; les uns résidant à Elmina, au cap Coaste, à Annamaboë et à Akra, les autres sur les points secondaires. Hé bien, à la fin de l'année il n'en restait plus que trente-quatre ou trente-cinq ! L'hivernage en avait enlevé une partie subitement, et les autres étaient morts après de longues et douloureuses souffrances.

Du haut des terrains de ce joli fort la vue s'étend et embrasse une étendue d'une admirable beauté. Au nord on voit un vallon magnifique, à l'est, la rivière de Boutry qui serpente dans la plaine ; au sud, le vaste Océan, et à l'ouest, ces fraîches montagnes qui forment la chaîne de Discowe. Quand le soleil se lève, quand ses rayons viennent éclairer cette belle nature et se refléter dans les gouttes de rosée dont les feuilles et les fleurs sont couvertes, on dirait que la vallée et les montagnes voisines sont parsemées d'émeraudes et de rubis et que les monticules, les accidents de terrain couverts de fleurs semblent avoir été préparés par une main vigilante avant l'aurore pour faire honneur à l'astre du jour. Cette vallée, ces montagnes couvertes d'une végétation splendide, où s'élèvent tant de belles espèces de végétaux, où l'on voit des arbres séculaires porter dans les nuages leurs tiges fleuries ; cette foule de jolies plantes parasites qui ornent de leurs fleurs et de leur feuillage leur robuste tronc dans toute sa hauteur ; cette végétation constante qui donne à ces forêts vierges une vie éternelle, est si belle et si éclatante qu'il semble que la nature entière vient de sortir des mains du Créateur !... Oh ! qu'elle est belle et riche cette nature, en ces climats et à cette heure, sous un ciel pur et serein! Oh! que l'âme est émue en présence de ce tableau sublime! Elle remplit l'espace infini qui la sépare de son Créateur et s'élançant jusqu'à lui, va se consoler, aux pieds de cet être d'amour, des douleurs et des peines de cette vie.

Mais au milieu de toutes ces richesses et de cette splendeur de la nature, on aperçoit çà et là des troncs séculaires que le temps et les orages ont détruits. Les uns encore debout, semblables à des colonnes sans chapiteaux ou à des obélisques tronquées, les autres abattus sur le sol, indiquent que tout ici-bas se détruit et meurt; à cette vue un sentiment de tristesse et de mélancolie s'empare de vous, et l'on s'y laisse aller aux idées lugubres de l'avenir qui nous est réservé!...

Plus loin vers l'est est la rivière, large ruban azuré qui se déroule au milieu d'une vaste plaine et qui porte ses eaux tranquilles à la mer, image de la vie heureuse et sans agitation qui coule vers l'éternité.

Là descendent et remontent les pirogues des habitants des villages voisins apportant à Dixcowe l'huile de palme et les provisions de toute espèce, que les noirs industrieux vont échanger contre des marchandises d'Europe, ou que le traitant riche reçoit de ses factoreries.

Ces frêles embarcations longues et étroites, légères comme le vent, glissent avec une vélocité étonnante, sous l'effort de dix ou douze rameurs, noirs musculeux et vigoureux, qui manient un nombre égal de pagaies en chantant ces refrains joyeux et cadencés dont l'harmonie parfaite se propage dans le silence des solitudes des bois de la rive. Ces chants nécessaires à tous les habitants des tropiques, pour exciter leurs fibres molles et leur caractère indolent, leur donnent du courage et de la vigueur; et la vitesse de leurs embarcations est toujours en raison directe de leur force et de leur étendue. Leurs pagaies s'élèvent alors avec ensemble, à chaque coup l'eau est lancée tout autour, et retombant en pluie, forme, quand le soleil est beau, un arc-en-ciel qui les entoure et les rafraîchit.

L'Océan limite ce tableau vraiment imposant et magnifique.

Ce fort est commandé par un officier qui, comme à Axim, offre une hospitalité cordiale dont on a bien besoin dans un semblable pays. On est souvent si malade, si abattu, qu'on se sent

soulagé par un peu de cette consolation que l'on trouve toujours dans l'accueil d'un homme bon et bien élevé. Vivant
seul, la plupart du temps, il voit arriver avec plaisir un voyageur
qui parle de l'Europe ou de sa patrie.

Aussi les quelques jours qu'on passe à terre avec les commandants de ces forts, surtout ceux qui sont les plus éloignés
d'Elmina ou du cap Coaste, est un temps très-agréable pour le
pauvre troqueur qui souvent depuis trois mois n'a eu d'autre
société que celle des noirs. On oublie les peines et les vicissitudes des affaires, l'insalubrité du climat, la fièvre même, que
l'on a quelquefois, et l'on se donne autant de plaisir et d'agrément qu'il est possible d'en trouver au milieu de cette solitude.

Au pied de la montagne de Boutry est un pauvre village dé-
labré, qui était, il y a 50 ans, un bon marché pour les échanges
de poudre d'or. Aujourd'hui il n'y a pas deux cents habitants,
encore sont-ils tous assez misérables. Ils ne s'occupent qu'à
pêcher et à ramasser les fruits des arbres qu'ils vont vendre
à Dixcowe. La plupart sont couverts de lèpre et de gale. Beaucoup ont en outre les jambes enflées : c'est un des plus misérables villages de la côte.

PEUCHGARIC AINÉ,
Capitaine au long cours.

BIBLIOGRAPHIE OTTOMANE

OU

NOTICE

DES OUVRAGES PUBLIÉS PAR LES IMPRIMERIES TURQUES DE CONSTANTINOPLE
DEPUIS LES DERNIERS MOIS DE 1856 JUSQU'A CE MOMENT.

Dans un avant-propos du *Khuththy Humaioun* du 18 février, que nous publiâmes l'année dernière, nous avions déjà signalé le *Djéridèï Havàdis*, ou le Registre des nouvelles, journal turc qui paraît depuis plusieurs années à Constantinople, comme la feuille qui, sous le double rapport de la clarté et de la précision du style, justifiait le mieux la faveur que lui accordait le public.

Un autre avantage de ce journal, et qui est de nature à fixer l'attention particulière des orientalistes, c'est l'indication qu'il donne régulièrement, en tête de ses colonnes d'annonces, des ouvrages turcs, arabes et persans qui sortent annuellement, soit des presses de l'imprimerie impériale, soit des autres établissements typographiques et lythographiques de la capitale, soit même en partie aussi de l'imprimerie de Boulac, en Egypte.

Si, depuis la fondation du *Djéridè*, nous avions pu recevoir avec plus de suite et de régularité les numéros de ce journal, nous aurions pu peut-être en tirer en grande partie les éléments d'un catalogue complet et détaillé de la bibliographie ottomane, document que réclament dans ce moment encore les études orientales en France, les vides regrettables à cet égard de nos bibliothèques publiques, et les intérêts mêmes de notre librairie.

On sait qu'à partir de 1728, époque de l'introduction de l'imprimerie en Turquie, il n'a été donné en Europe d'autres catalogues de la bibliographie turque, arabe et persane que ceux que publièrent successivement depuis plus de trente ans Eichorne dans *l'Histoire littéraire*, de Hammer dans *les Mines de l'Orient*, ainsi que dans son *Histoire de Turquie*, et nous-mêmes à la suite d'une *notice* sur un ouvrage de médecine en 1821.

En 1843, nous donnâmes en outre un catalogue général et détaillé des livres arabes, persans et turcs imprimés à Boulac depuis l'introduction, en 1822, de l'imprimerie en Egypte, sous le gouvernement régénérateur et éclairé de Mehemmed-Aly.

Quelques notices bibliographiques communiquées avant et depuis l'époque que nous venons d'indiquer par M. de Hammer, ont été insérées au *Journal asiatique*, où elles se trouvent éparpillées et pour ainsi dire noyées, dans les 70 volumes in-8° dont se compose aujourd'hui cet immense et import nt recueil. D'autres listes encore, recueillies par M. Schlechtta, membre de la Société asiatique de Paris, ont été insérées en continuation de celles de M. de Hammer, dans *les Comptes rendus de l'Académie impériale de Vienne*, recueil qui se publie en allemand.

Si, à l'ensemble des divers documents littéraires que nous venons d'indiquer, on avait pu ajouter le résultat d'un dépouillement entier des annonces bibliographiques du *Djèridè* depuis sa fondation jusqu'à ce moment, on aurait pu peut-être réaliser par ce travail, sinon la publication d'un catalogue complet de la bibliographie ottomane, un état approximatif du moins des articles dont il se compose aujourd'hui [1].

Malheureusement pour l'accomplissement de cet utile travail, l'essentiel nous fait défaut dans ce moment ; la collection complète du *Djèridè* qui nous était indispensable ne se trouve nulle part à Paris, pas plus dans les bibliothèques publiques que dans celles de quelques sociétés savantes où elle aurait pu, ainsi que les autres journaux du Levant, être depuis longtemps recueillie et conservée avec soin [2].

Forcé par ce motif d'ajourner la publication de la partie rétrospective de la bibliographie ottomane, nous avons pensé qu'il serait utile du moins d'en faire connaître les ouvrages les plus ré-

[1] Un des membres du corps des Eulèmas, qui habite Paris depuis plusieurs mois, m'assurait dernièrement qu'un catalogue complet de la bibliographie ottomane pouvant former *trois gros volumes,* se trouve depuis longtemps en manuscrit à la disposition du gouvernement. On ne conçoit pas, si ce fait est exact, pourquoi le conseil de l'instruction publique, composé comme il l'est, d'hommes de science et de mérite, n'ait pas encore ordonné la publication de cet utile document.

[2] Cette collection est d'autant plus utile, qu'elle est la source unique et l'indication officielle et authentique des réformes et de la transformation politique et sociale qui s'opèrent depuis plus d'un quart de siècle dans l'empire ottoman.

cents, en continuant sans interruption cette indication pour les annonces à venir, au fur et à mesure de leur publication dans le *Djèridè*. C'est dans ce but que nous mettons à la disposition de la rédaction du *Bulletin de la Société orientale* la traduction littérale suivante des annonces bibliographiques du *Djèridè* qui, à partir des derniers mois de 1856 jusqu'au mois de janvier 1858, se sont trouvées dans les numéros que nous recevons enfin plus régulièrement de ce journal.

Si ce premier aperçu bibliographique ne répond pas encore à tout ce qu'on est en droit d'attendre de la production littéraire d'un grand Etat entré décidément dans la voie des réformes sociales et du perfectionnement scientifique, on ne saurait disconvenir que cette liste ne contienne déjà l'annonce de plusieurs ouvrages dont l'importance et l'utilité ne sauraient être contestées.

Quelle que soit donc, en résumé, la nature de ces communications, elles auront toujours pour résultat certain l'avantage de tenir désormais les lecteurs de *la Revue de l'Orient* mieux au courant que par le passé, de l'état réel de la bibliographie en Turquie et du progrès intellectuel qui s'opère graduellement de nos jours parmi les Ottomans.

1. Diârbekir ch'ouaraï benâmden, hâmi merhoumun divâni bèlâghat unvân.

Le Divan, ou recueil des œuvres poétiques de feu Hami, l'un des poètes célèbres du Diarbekir, ouvrage d'une lecture agréable et dont l'étude est particulièrement recommandée aux savants.

Constantinople 1856, se trouve au Bazar des libraires (*sahhof tcharchouçounda.*)

2. 'arèbi ul-'ibârè olaraq djèridéï havâdis mathb'acindè m'irât ul-ahvâl nâmilè thab'u temsil olonmaqda boulounan akhbârnâmè.

Version arabe du journal le *Djèridéi Havâdis* publiée à l'imprimerie de ce même journal et intitulé *Mirat ul-ah-vuôl* (le Miroir del'état ou de la situation des choses). 1856.

3. Birkèvinin niâzi efendi cherhi.

Commentaire turc du Birkèvi (catéchisme religieux), d'après Sadr Eddin de Conia (Iconium), par Ismail Nïazi Efendi Mufti d'Osman Bazar. Imprimerie impériale (1856.)

4. Elflèïlè vè lèïlè hikiäïècininin deurdunéju djildi.

Mise en vente du 4ᵉ volume de la version turque des *Mille et une Nuits*, d'Ahmed-Efendi, l'un des traducteurs pour la langue arabe. Ce volume, imprimé avec les caractères d'imprimerie du *Djèridè*, se vend relié au prix de 20 piastres [1], Bazar des libraires, boutique d'Inèboly Mehemmed-Efendi.

Des trois volumes publiés antérieurement de cet ouvrage, les deux premiers sont sortis des presses de l'imprimerie impériale et le troisème de celles du *Djèridè*.

5. Makhzèni esräri chou'orà nàmynda' arèbivu farci, vè turki chamil' arouz, vè qafîè riçàlèï nèficè.

Le traité précieux de prosodie et de versification arabe, persane et turque d'Abdunna-Efendi, employé du bureau de la vérification de la province de Trebisonde, ouvrage intitulé : *Makhzèni esräri chou'ara* (le Magasin des mystères des poëtes). Se vend au Bazar des librairies au prix de 10 piastres, boutique Yousouf-Efendi.

6. Kurrèï sèmàviïènin ahvàlyuè dàïr kozmoghrafîà nàm riçàlèci.

Sous presse à l'imprimerie du *Djèridè* et devant paraltre prochainement : *Traduction d'un Traité de Cosmographie dans ses rapports à la sphère céleste*, ouvrage présenté à S. M. le sultan par Khodja Boghoz, l'un des professeurs de l'école de médecine, employé du bureau des traductions près la ¡Sublime-Porte, auteur et traducteur de deux autres Traités de géographie publiés antérieurement, et dont le Traité de cosmographie est le complément indispensable. Le mérite de ce dernier ouvrage de Khodja Boghoz ayant été apprécié par Sa Majesté le sultan, elle a daigné en ordonner la publication, et a, en outre, honoré l'auteur d'une généreuse gratification, en récompense de ses services rendus à la science.

7. Myssyrdè desa'ï djèdidè olaraq thab' olounmaq da olàn 'izzet molla divàni.

Sous presse en Egypte : réimpression du Divan de Izzet Molla [2].

[1] La piastre turque peut valoir dans ce moment environ 22 centimes.

[2] Voyez, sur ce remarquable personnage historique contemporain, le nᵒ 189 de notre Catalogue de 1843.

8. Nakhyfi merhououn Mesnèvii chèrifcherhi, vè terdjèmèci, vè me-
nâqybi evliâï mysr satylmaqda idughï.

Mise en vente de la traduction et du commentaire du *Mesnèvi* de feu Nakhyfi, ainsi que du *Mènàgybi evliai mysre* (Vie
des saints de l'Egypte), imprimés à Boulac en beaux caractères
ta'lik, prix du premier de ces ouvrages, 1,000 piastres l'exemplaire et 20 piastres le second.

L'élévation de prix du Mesnèvi s'explique par l'importance
de ce précieux ouvrage moral et philosophique de Djalal Ed-
din-Roumi.

9. Devleti 'aliïèï osmâniïè tàrikhinin dhoqouzoundjou vè onoudjou
djildlèri.

Impresssion et mise en vente des tomes neuvième et dixième
de l'*Histoire de l'Empire ottoman*, au prix de 10 piastres le
volume, se trouvent au quartier de Sultan-Baïazid, ainsi qu'au
Bazar des libraires, boutique de Avrat pazarly Mehemmed-
Efendi.

Cette histoire est l'œuvre de S. E. Khaïr Oullah-Efendi,
membre du conseil d'Etat, du conseil de l'instruction publique, vice-président de l'Académie impériale des sciences et
lettres (Endjumèni dànich) et l'un des historiographes de l'empire. Ces annales se composeront de 32 volumes, nombre qui
répond aux 32 règnes des sultans de la monarchie ottomane
depuis Osman Ier jusques et compris le règne de S. M. Abdul-
Medjid, actuellement régnant. Si, comme on a lieu de l'espérer, cette publication arrive à bonne et prompte fin, elle aura
le précieux avantage de combler la lacune historique de qua-
tre-vingt-trois années que laisse aujourd'hui après elle l'histoire même de M. de Hammer.

On sait que l'œuvre immense du grand orientaliste allemand
s'arrête à la paix de Caïnardjik et ne dépasse pas l'année
1774. (Voir plus bas le n° 25 de cette liste.)

10. Nehdj ussulouk dimèguilè mechhour abounnedjib tarikhi.

Les annales historiques et célèbres d'Aboun-Nedjib, intitu-
lées *Nèhdjussulouk* (la grande voie de la conduite), ouvrage
d'enseignement politique à l'usage des princes, publié récemment par l'imprimerie égyptienne. Prix rel. : 60 piastres, et
55 piastres broché, boutique de Cacim Pachàly El-Hadj Mehemmed-Aly, au Bazar des libraires.

11. Gulghèni'achq (le Rosier de l'Amour ou de la passion), petit traité de poésies légères. Se trouve au magasin de librairie indiqué à l'article précédent.

12. Ibn Khaldoun nâm kitabi hykmet niçab mouqaddèmèci.

Sous presse en Egypte et devant paraître prochainement : les *Prolègomenes* de l'important ouvrage d'Ibn-Khaldoun, collationnés et corrigés sur des manuscrits authentiques. Extr. du *Djèridè* du 6 de Rebi ulevvel 1273, n° 813 (1857).

13. Frâncizdjéï qolaïlyqlè eugrenmèguï isteïenler itchin, miftâhi liçan nam manzoumè loghat kitabi.

La Clef du langage miftâhi liçân, vocabulaire abrégé rimé, *turc-français*, lithographié. Cet ouvrage, publié une première fois en 1266 (1849), par Tahir Eumer Zadè, est une imitation du *petit Dictionnaire turc-arabe-persan* de Vehbi. Le miftahi-liçân est mis à l'usage des Turcs qui veulent apprendre avec facilité la langue française. Il se vend au prix de 6 piastres au *Sergui* ou dépôt d'exposition de la mosquée du sultan Baïazid, stale de Mehemmed-Efendi.

14. Chehnâmèï 'osmani tesmïïè olounour riçâlè.

Petit traité historique rimé, sur les événements de la dernière guerre, intitulé : *Le Châhnâmè ottoman*, sujet nouveau (dit l'auteur de l'annonce), qui n'a encore été traité de cette manière dans aucun livre en langue connue. Cet opuscule renferme, entre autres pièces de vers, les morceaux ayant pour titres : la Gloire militaire, *fakhriïèï 'askeriïè*, ode à la patrie, *Vathan qacidèci*, la conquête, *fethnâmè*, et la paix, *soulhnâmè*. Se trouve au prix de 2 piastres au dépôt de la librairie indiqué plus haut.

15. Delaïl ul-khaïrât.

Les Preuves par excellence, lectures d'instruction religieuse. Ouvrage lithographié sur l'écriture autographe de Raqym-Efendi, calligraphe célèbre. Ce livre, illustré en outre de deux petits dessins de la Mecque et de Médine, est imprimé à la lithographie des régiments du génie de l'Intendance impériale de Thopkhanè. Il se vend au prix de 30 piastres l'exemplaire broché, boutique de Hadji-Mehemmed-Efendi, agent des fabricants de papier.

16. Teuhfet ul-hyçâb nâm riçâlè.

(*Le Chef-d'œuvre du Calcul*). Traité d'arithmétique, par

Ahmed-Tevhîd-Efendi, mufti du Conseil de la guerre; ouvrage publié déjà depuis quelque temps, et dont le *Djèridè* du 27 Redjeb 1273 (1857) renouvelle l'annonce à raison de son incontestable utilité. Se trouve au Bazar des libraires, boutique Hadji-Hussein-Efendi.

17. Amériqa tarikhi nâm kitâb.

Histoire de l'Amérique, imprimée tout récemment. Se vend au prix de 15 piastres, boutique de Baba-Efendi, et chez le chef des papetiers, quartier de sultan Baïazid.

18. Bellouri â'zem nâm kitâb.

Le livre intulé : *Bellori âzem*, contenant la relation des combats sacrés et des conquêtes de Sa Sainteté le calife Aly. Ouvrage tout récemment imprimé. Prix : 25 piastres l'exemplaire, au Bazar des libraires, boutique de Myssyrly-Hadji-Moustafa-Efendi.

19. Delâïli mouhammèdiè, vè chemâïti funouni ahmedïïè, namîlè benâm oloub, essînèï nàsdè alty parmaq dèmègüllè mechhour olàn kitâb.

Le livre intitulé : *Les Preuves du prophétisme de Mahomet et de ses qualités et attributs scientifiques*, ouvrage connu également dans la langue du peuple sous le nom de : *Alty pàrmaq.* Cette traduction turque d'une des biographies les plus estimées du prophète a été imprimée cette fois en beaux caractères *neskhi* avec les points voyelles, et sous les auspices éclairés de S. M. le sultan, dans l'imprimerie lithographique de la caserne impériale de Péra. Prix : 150 piastres l'exemplaire; se trouve également à sultan Baïazid, boutique de Aqsarayly-Hadji-Hassan-Efendi, et au Bazar des libraires chez Bolyly Moustafa-Efendi.

20. 'Arouz-el-djâmi, vè metni andèlouci, vè fatih djâmî 'i cherifî imâm chemnili hâfiz Ibrahim efendinin téâlif kerdèci olân andèlouci cherhi mizân nâm kitabler, djildi vâhiddè olaraq.

Les livres intitulés : *Mizan* (*Traités de la mesure en proso-'die*), avec le commentaire d'Andelouci, par Chemnili-Hafiz-Ibrahim-Efendi, se composant de la prosodie de Djâmî et du texte d'Andalouci, le tout relié en un seul volume lithographié. Prix : 15 piastres, au Bazar des libraires, boutique d'Iman-Iouçouf-Efendi.

21. Le livre intitulé : Hevâïoun ber vedjh ul-funoun.

Sorte d'étude du langage et de l'éloquence, par feu Kiâni-Efendi, l'un des poètes et des savants les plus distingués du règne du sultan Abdul-Hamid; ouvrage que l'auteur composa pour l'instruction de son frère dans la douce et harmonieuse langue turque, lorsqu'il remplissait les fonctions de secrétaire auprès du voïvode ou hospodar de Valachie. Le manuscrit original de cet ouvrage, qui depuis quatre-vingts ans n'avait encore été confié à personne, est un livre précieux et rare, renfermant de gracieux traits d'esprit, *nikiât*, et des pensées variées de l'ordre le plus élevé, *env'âï mezâmini bâlygha*. On ne saurait donc, sous ce double rapport, trop recommander à l'attention du public un ouvrage dont le mérite et l'utilité ont en outre tout récemment déterminé l'impression à l'Imprimerie impériale. Prix : 20 piastres, Bazar des libraires, boutique de Hadji-Saïd-Efendi (*Djèridèi Havadis* du 29 de chevval 1273).

22. Fethi Costhanthinïè vè tarifi aïâ Sofiâ kitabi.

Conquête de Constantinople et description de Sainte-Sophie. Prix : 10 piastres.

23. 'Adjàïbi gharibè, terïaqyler riçâlèci.

Merveilles ou faits surprenants, petit Traité sur les Teriaqis, classe d'individus qui s'adonnaient autrefois à l'usage immodéré de l'opium, au point de s'abrutir par l'abus de cette drogue. Prix : 6 piastres.

24. Manzouméï turki târikhi Qostanthinïè riçâlèci.

Traité abrégé en vers turcs de l'histoire de Constantinople. Prix : 4 piastres.

Cet ouvrage, ainsi que les deux précédents, sont en vente dans la boutique d'Inèboly-Mehemmed-Efendi, au Bazar des libraires.

25. Medjâlïai mè'ârifi òumoumiïè, vè endjumèni dànich ò'zàliqlerilè mumtâz olàn mevâliden ahmed djevdet efendi hazretlerinin devlett 'alïè, vesalthaneti senïèï 'osmânïè târikhinin birindji, ikindji vè utchundju djildleri.

Impression et mise en vente des trois premiers volumes de *l'Histoire de l'Empire ottoman*, par S. E. Ahmet-Djevdet-Efendi, membre du Conseil de l'instruction publique, de l'Académie impériale des sciences et lettres, et du corps judiciaire des Mollas ou juges de première classe.

Le premier volume de cet ouvrage, imprimé en 1270 de l'hégire (1853), comprend la période historique des années 1188 de l'hégire (1774) à 1796 de l'hégire (1781). Le deuxième volume se compose des événements depuis 1196 jusqu'en 1200 de l'hégire (1785), et le troisième volume, qui vient de paraître, et qui porte la date de la présente année, 1273, continue l'histoire de l'empire jusqu'en 1202 de l'hégire (1787).

On voit par cette indication que l'œuvre historique de Djevdet-Efendi est la continuation immédiate de l'histoire de Khaïr-Oullah-Efendi [1], et de celle même de M. de Hammer. On peut donc dès ce moment espérer que bientôt l'achèvement de ce double travail des deux savants historiographes de l'empire mettra le public en possession d'une histoire complète et contemporaine de la Turquie. .

26. Mécàïli feràïzi djedveller.

Tableaux de la répartition légale des lots d'héritage à tous les degrés de parenté [2].

Chacun de ces tableaux, imprimés et tracés artistement et avec soin sur de grandes feuilles de papier, se vendent à raison de 7 piastres 1/2 l'exemplaire, au Bazar des libraires, boutique de Cara-Hyssari-Hadji-Aly-Efendi.

27. Cherhi divâni hâfizi chirâzii.

Commentaire explicatif du Divan de Hafiz, composé par le cheikh Mohammed-Vehbi, et publié en partie en Egypte par les soins du cheikh 'Aly-Efendi.

Ce commentaire, considéré jusqu'à présent comme le meilleur et celui qui doit être préféré à tous ceux qui existent, se vend au prix de 120 piastres le volume, quartier des papetiers à sultan Baïazid, boutique de Dèdè 'Abdoullah.

28. Ameriqâ qyth'acinin kechfinè dâïr bir qyth'a riçalè.

Traité relatif à la découverte de l'Amérique, en vente au prix de 15 piastres l'exemplaire, boutique du chef des papetiers, à sultan Baïazid, et dans celle de Baba-Efendi, au Bazar des libraires.

[1] Voir plus haut le n° 9 de cette liste d'ouvrages.

[2] Voir le tableau synoptique des diverses ordres de successions dans Moradja d'Ohson, tome V, pag. 238, édition in-8.

29. Sáïëï mé'àrif vàïëï hazreti chahânèdè, liçâni turki uzrè, tertibu tanzim olounmouch olân Alamania mèmâliki kharilhacy.

Cartes des contrées de l'Allemagne, tracée et publiée en langue turque, sous les auspices éclairés de S. M. le sultan. Cette carte, qui indique d'une manière claire, précise et détaillée les Etats de la Confédération germanique, se vend à un prix très-modéré, dans la boutique de Hadji-Mehemmed-Agha, quartier de sultan Baïazid. Un texte explicatif de cette même carte donnant une idée complète de la statistique des Etats de l'Allemagne, se rédige en ce moment et sera prochainement livré au public à un prix également très-réduit.

30. Djami'ul feïz ismilè tesmïè otounan djèdidè feraïzi terdjèmèci.

Le Djédidè-Feraizi (ou nouveau Traité de la connaissance du partage des successions conformément à la loi), ouvrage traduit de l'arabe en turc et mis en ordre par Iouçouf-Zia-Eddin-Efendi, l'un des molla et des naïbs ou substituts les plus célèbres et premier greffier du tribunal du quartier d'Akhi-Tehèlèbi. Cette traduction, à laquelle l'auteur a donné le titre *Djamy'ul-Feiz,* est en effet un vrai résumé dont la substance peut aisément se graver dans la mémoire du lecteur. L'utilité de ce livre pour toutes les personnes qui appartiennent à la carrière judiciaire a déterminé son impression à l'imprimerie impériale. Il se vend dans cet établissement même, ainsi qu'au magasin de Hadji-Ruchdi-Efendi, libraire du gouvernement. Prix : 30 piastres l'exemplaire.

31. Ichbou bïn ikiïuz ïctmich deurt sènècinin salnàmèci.

L'Annuaire impérial ottoman de la présente année de l'hégire 1274 [1], se vend cinq piastres, boutique de Mehemmed-Efendi, agent des papetiers.

Nous indiquerons plus tard ce que cet annuaire pourra présenter de nouveau comparativement à celui de l'année dernière, tant sous le rapport du personnel, que relativement à la classification des divers ordres de l'Etat.

Nous observons toutefois que les modifications que cet annuaire a subies depuis sa fondation en 1847, ayant été peu con-

---

[1] L'année de l'hégire 1274 (1ᵉʳ du mois de monharrem) a commencé le 21 août 1857.

sidérables en ce qui concerne l'état général du gouvernement et les cadres de l'administration , on peut encore aujourd'hui même considérer la première et l'unique traduction française qui en a été donnée en 1848, par l'auteur de ces notices, comme un document utile à consulter [1].

32. Thoughraï merhoumoun lamîet ul'adjem nam qacidèci.

Le *Lamiet-Ul'-Adjem* ou petit poëme moral en vers de feu Thonghraï, expliqué en langue turque par Lebib-Efendi, directeur du *Moniteur ottoman,* ouvrage imprimé depuis trois ans, à l'imprimerie impériale, présentement en vente au prix de 12 piastres, boutique de Caïçarïély-Mehemmed-Efendi, au Bazar des libraires.

T. X. BIANCHI.

[1] *Le premier Annuaire de l'Empire ottoman,* ou tableau de l'état politique, civil, militaire, judiciaire et administratif de la Turquie, depuis les réformes, etc., *traduit du turc,* par T. X. B... 1 vol. in-8. Paris, 1848.

AVENTURES ET IMPROVISATIONS DE KOUROGLOU

HÉROS POPULAIRE

DE LA PERSE SEPTENTRIONALE [1].

SEPTIÈME SÉANCE.

Un jour, Mohammed-Bey, de la tribu des Kadjars, vint, accompagné de douze mille de ses cavaliers, rendre visite à Koûroglou. On but et festoya tant et si bien que le cellier et l'office de Koûroglou se trouvèrent enfin épuisés. Le sommelier et le chef de cuisine vinrent ensemble en apporter la nouvelle à leur maître, et lui dirent : « Tes hôtes ont tout bu et mangé ; mais tout ! ils n'ont pas même laissé la lie et les miettes. »

Koûroglou envoya aussitôt ses gardes battre les routes des environs, pour voir s'ils ne découvriraient pas quelque caravane ou quelques riches voyageurs, passant près de Tchemlî-bil. On ne tarda pas à lui apprendre qu'une immense caravane s'était arrêtée, afin de prendre quelque repos, sur une prairie dépendant du territoire même de Tchemlî-bil. Cette caravane paraissait porter avec elle des richesses extraordinaires et des marchandises d'une valeur considérable. Koûroglou ordonna de lui seller Kîrat, puis, armé de pied en cap, il se dirigea vers la prairie en question.

Il aperçut bientôt une nombreuse caravane, campée sur ses propres pâturages. Toutes les apparences indiquaient que le marchand, chef de cette caravane, devait être un homme opulent. Dans une tente dressée tout auprès, on

[1] Dixième article. Voir les numéros de mai, août, septembre, octobre 1855, février, juin, septembre 1856, mars et juillet-août 1857.

pouvait voir deux Turcs, assis et jouant au trictrac. Koûroglou galopa vers eux et leur dit : « Salut. » Un des deux
Turcs le pria de descendre de cheval. — « Non, répondit
Koûroglou ; je désire ne pas descendre. — D'où viens-tu ?
— Comment ! ton bon sens ne t'a pas fait deviner que j'é-
tais Koûroglou. — Ah ! très-bien ; c'est différent. Koûroglou est un grand homme, et nous lui paierons le tribut
pour notre station sur ses propriétés. » Koûroglou vit que
le marchand voulait se débarrasser de lui avec une plaisanterie. Ni ce dernier ni son compagnon ne s'étaient levés au nom de Koûroglou, pour témoigner leur respect à
celui-ci ; il en pouvait naturellement induire que leur intention était de ne pas lui donner une obole. Il se mit de côté,
puis dirigeant sa lance vers le marchand turc, qui restait
toujours assis, il fit cabrer son cheval. Le Turc lui dit paisiblement : « Retiens donc ton arme, Koûroglou. » — La
pointe de la lance avait presque effleuré la poitrine du Turc.
Alors Koûroglou se recula et resta immobile. — Le Turc
ajouta : « Il faut jeter un voile de femme sur ton visage,
car ce n'est pas le fait d'un homme d'en agir ainsi. J'ai
entendu raconter beaucoup de hauts faits qu'on t'attribue ;
mais je t'ai vu en personne maintenant, et tu ne mérites pas ton renom. Un brave donne un avis préalable et
du temps à son ennemi ; c'est d'une femme de livrer ainsi
combat sans prévenir et de tuer par surprise. Donne-moi
seulement le temps de finir ma partie, de prendre ensuite mes armes et de monter à cheval. Alors le duel
pourra avoir lieu entre nous. Si je te tue et parviens ainsi
à délivrer le monde du joug de tes rapines, je ferai dire des
prières pour le repos de ton âme ; si, au contraire, je suc-
combe sous tes coups, à toi toutes les richesses que tu vois
rassemblées en ce lieu. »

Koûroglou donna son assentiment à toutes ces propositions, qu'il trouva justes, et attendit patiemment jusqu'à
ce qu'il eût plu au Turc de s'armer et de monter à cheval.
Tout cela fait, le Turc lui dit : « Kouroglou, commençons

maintenant ; je te laisse la liberté de m'attaquer de quelque manière que ce soit, et avec toutes armes qui te conviendront. »

Koûroglou avait sur lui soixante-dix sortes d'armes ; il fit un grand nombre d'attaques différentes, mais le marchand sut les éviter ou les parer toutes.

Le Turc interpellant alors Koûroglou : « Approche davantage ; prends-moi par le ceinturon et vois si tu pourras me renverser de cheval. Je ne serais pas fâché de mettre ta force à l'épreuve. » Koûroglou saisit fortement le marchand par son baudrier, et il s'efforça de le jeter à bas, ou tout au moins de l'ébranler, mais en vain ; le Turc restait aussi ferme en selle que s'il y eût été attaché.

Le Turc dit à Koûroglou : « A mon tour maintenant ; laisse-moi te montrer ma vigueur. » Il saisit Koûroglou par son ceinturon, et secoua son homme si fortement, que celui-ci fut sur le point de tomber à bas de Kîrat ; un de ses pieds avait même déjà quitté l'étrier.

Alors le Turc, dédaignant de profiter de cette circonstance, lâcha le ceinturon de Koûroglou, se débarrassa de sa propre armure, et, descendant de cheval, invita son adversaire à entrer dans sa tente, en qualité d'hôte.

Koûroglou obéit ; il descendit de cheval, se glissa dans la tente comme un rat, et prit humblement un siége. Il était si abattu par la honte qu'il respirait à peine.

Le Turc reprit sa position première, et, la tête inclinée vers la table de trictrac, continua sa partie avec son compagnon. Koûroglou vit que le Turc était un homme d'un esprit noble et cultivé. Fidèle à son habitude d'appeler en face brave l'homme qui était brave en effet, et lâche celui qui était lâche, il accorda sa guitare et se mit à chanter au marchand la stance suivance :

Improvisation. — « J'ai demandé à ses esclaves et aux gens de sa suite qui il était ; tous ont répondu : C'est le seigneur des seigneurs ! un marchand guerrier. Il possède plus d'or qu'on n'en saurait trouver à Alep ou à Damas.

C'est le lion de la Jungle ; son *ghedek* [1] est couvert d'une peau de léopard. Il ne daigne pas jeter un regard pour distinguer un ennemi d'un ami. J'ai poussé mon cheval contre lui ; j'ai brandi la massue autour de sa tête, seulement alors le marchand s'est écrié, en s'élançant de sa place. »

Le Turc sourit et regarda en face le chanteur d'une certaine façon. Koûroglou dit en son cœur : Le coquin se moque de moi, et il reprit son chant :

Improvisation. — « O mon Dieu ! tu l'as créé sans défaut ; il ne relève que de toi seul ; vis-à-vis de tout le reste du monde, il est maître et libre. Il trône sur des monceaux de richesses, il lance un coup d'œil à son compagnon et sourit. Il a incliné la tête pour continuer tranquillement sa partie. »

Le Turc dit : « Guerrier Koûroglou, pour ta poésie, je te paierai un tribut de cinq cents tomans. » Koûroglou, qui savait personnellement à quoi s'en tenir sur la force des poings du marchand, craignait qu'en réalité celui-ci ne voulût pas lui donner une obole ; mais aussitôt que Koûroglou entendit parler des cinq cents tomans, il retrouva toutes ses facultés. Transporté de joie, il improvisa ainsi :

Improvisation. — « Il abaisse sur ses oreilles un bonnet à la Bektash [2] ; sur ses épaules est un manteau d'hermine. — Je suis Koûroglou, je lui chante un air, et le marchand me donne en récompense cinq cents tomans. »

A l'instant même le Turc fit pleuvoir l'argent devant le chanteur, et lui ayant compté ses cinq cents tomans, il lui dit : « Koûroglou, voici pour toi mon tribut de cinq cents

---

[1] Nom donné, en Perse, au cheval de réserve conduit devant un personnage de qualité, pendant un voyage, et richement caparaçonné, avec un housse brodée.

[2] Bektash est le nom d'un célèbre derviche, grand favori de la cour de shah Abbas II. Ce spirituel et singulier personnage s'habillait de la façon la plus capricieuse : il portait un bonnet surmonté d'un cimier, ou plutôt d'une queue, si longue, qu'elle lui retombait jusque sur les épaules.

tomans. Maintenant, si tu veux bien accepter mon invitation, par Dieu, nous ne manquerons ni de vin ni de kabab. Toutes sortes de mets sont préparés. — Si tu préfères cependant partir, tu es libre de suivre ton désir. » — Koûroglou répondit : « Non, il vaut mieux que je parte, si tu veux bien le permettre. »

Koûroglou, après avoir pris l'argent dans sa poche, prit congé de son hôte et retourna à Tchemlî-bil. Quand les bandits virent l'argent, ils complimentèrent Koûroglou sur sa victoire. Koûroglou leur dit : « Ne m'insultez pas, bâtards ! Ce que vous voyez là, ce ne sont pas des tomans, ce sont autant de gouttes de mon propre sang. Cet homme m'a vaincu et a dédaigné de me tuer, et, de plus, il m'a racheté mon sang avec cet argent. » — Il donna l'ordre à ses gardes de surveiller présentement le départ du marchand et de lui en donner avis.

A quelques jours de là les gardes rapportèrent à Koûroglou que le premier marchand était parti, mais qu'un autre, encore plus riche, suivant eux, que le premier, avait planté ses tentes dans la même prairie. Koûroglou tomba dans une colère extrême, et s'écria : « Décampez, êtres stupides ! le premier marchand est un homme honorable qui n'a pas voulu me tuer, tandis que le second peut être un méchant homme qui me mettra à mort. » Ayvaz lui dit : « Seigneur, pourquoi ne montes-tu pas à cheval ? nous voici à la fin de l'automne ; demain la neige peut encombrer les routes et mettre obstacle à nos courses. Ton office et la caisse sont tous deux à sec, et je ne puis m'empêcher de trembler quand je pense qu'il nous reste à peine, pour toute notre bande, cinq jours de nourriture assurée. — Eoute-moi bien, Ayvaz ; j'y consens, je vais me mettre en marche, mais à une condition : c'est que quatre personnes de la bande que je vais désigner m'accompagneront : Demourchy-Oglou, Kinchy-Oglou, Belly-Ahmed, et Daly-Hassan. — Mon seigneur et maître, la bande entière t'appartient ; tu n'as qu'à commander et nous partirons tous avec toi. — Non! ces quatre-là seulement. »—Et il donna l'ordre de seller Kîrat.

Les cinq brigands sortirent ensemble. Arrivés à la prairie, Koûroglou plaça ses quatre cavaliers en embuscade, de manière à ce qu'ils puissent lui prêter assistance en cas de besoin, aussitôt qu'il les appellerait; puis il se dirigea seul, à cheval, vers la caravane. Il vit qu'elle était entièrement composée de Turcs. — Ils se reposaient et jouaient au trictrac. Il s'approcha et leur adressa un salut qu'on lui rendit aussitôt. « Quel homme es-tu? dirent-ils.— Je suis Aushik. —Dis-nous, est-il vrai que Koûroglou soit un fieffé voleur? Il faut que nous prenions garde à lui, ici.— Koûroglou, messeigneurs, est un vrai diable; il apparaît tout à coup, au moment où on l'attend le moins. A l'heure qu'il est, il doit être au milieu de vous, ou bien, cela ne tardera pas.—Eh bien, Koûroglou impose un tribut sur tous ceux qui suivent ce chemin. S'il vient ici, on le paiera et il s'en ira. Mais, quant à toi, Aushik, prends ta guitare et joue-nous quelque chose.

Koûroglou, sans descendre de cheval, tira sa guitare de sa poche et chanta :

Improvisation. — « Khodjas [1] je viens à votre appel. Je vous trouve joyeux, mais il ne me reste plus rien, et je viens vers vous qui êtes riches et heureux. »

Un des marchands qui était là présent examina le visage de Koûroglou et fut effrayé de ses moustaches. Il prit quelque monnaie à même la masse placée devant les joueurs et, remplissant d'argent la main de Koûroglou, il lui dit : « Ne chante plus, c'est assez.—Tu ne veux plus de chants? très-bien, je ne chanterai plus. » Cela dit, Koûroglou mit l'argent dans sa poche et resta silencieux. Le marchand qui jouait au trictrac, s'irritant de ce silence, s'écria : «Pourquoi cesses-tu donc de chanter, Aushik?—C'est ton com-

---

[1] Titre d'honneur, donné en Perse, à tout personnage noble, riche, ou instruit; désignation correspondante à peu près au titre de scheik, chez les Arabes.

pagnon qui ne veut plus de mes chants.—Ne te préoccupe pas de sa défense et continue. —Eh! t'imagines-tu que la poignée d'argent qu'on vient de me donner est suffisante pour me payer? J'ai droit à quelque chose de mieux. — Tu ne nous as ni prêté d'argent ni vendu de marchandises, et quant à tes chansons, nous les avons payées ce qu'elles valent. » Et, tout furieux, il ordonna à Koûroglou de quitter la tente. Celui-ci chanta alors la stance suivante :

Improvisation. —« Mon arc est suspendu dans la ville de Césarée. Dieu ne permettra pas que mes desseins restent inaccomplis. J'ai cinq cents guerriers habillés de rouge; Kodja! je suis heureux de te voir! »

Le premier marchand prit une autre poignée d'argent sur la table de jeu et la donnant à Koûroglou, lui dit : « Allons, prends encore cela et pars. » Koûroglou empocha l'argent. Le marchand qui jouait au trictrac l'interpella de nouveau en ces termes : « Pourquoi ne chantes-tu pas? — Ton compagnon ne veut pas me le permettre. — Il n'a pas de goût; chante pour moi. » Alors Koûroglou improvisa ceci :

Improvisation. — « Ne laisse pas compter ton argent ni tes marchandises, il ne faut ni les laisser tomber ni les laisser semer sur le champ. Prends garde que Daly-Hassan n'en entende le bruit; Kodja, je suis heureux de te voir. »

A ce nom de Daly-Hassan, le marchand fut persuadé qu'il avait devant les yeux Koûroglou en personne. Il bondit de sa place, se jeta aux pieds de Koûroglou et les embrassant, il s'exclama : « C'est ma faute, je suis coupable, aie pitié de moi! » Au même moment, celui qui avait continué de jouer au trictrac, sans avoir fait attention à ce qui venait de se passer, pria Koûroglou de chanter encore, tout en s'émerveillant de ce que son compagnon baisait les étriers et les pieds du cavalier. Il ajouta : « Qu'est cela? Cet Aushik est donc un prophète pour qu'on lui témoigne tant de respect. » —Mais enfin il comprit de quoi il était question, et, sortant de sa tente, il se mit aussi à implorer

la merci de Koûroglou. « Guerrier, dit-il, le tribut qu'il te
faut est de cinq cents tomans ; nous t'en donnerons six
cents, mais fais en sorte que nous ne voyions pas la face
d'Hassan. » Koûroglou chanta :

Improvisation. — « Les cris de l'homme se sont élevés, la
parole de Koûroglou peut faire des blessures plus profondes
encore que son épée. Vous êtes tous la proie de Koûroglou ;
Kodja, je suis heureux de te voir. »

Le marchand s'empressa d'apporter son coffre-fort, et,
après avoir compté à Koûroglou six cents tomans, il lui
demanda s'il en exigeait davantage. Koûroglou répondit :
« Non, c'est assez. » Et il s'éloigna.

Lorsqu'il fut arrivé à l'endroit où ses bandits se tenaient
en embuscade, il les appela. Demourchy-Oglou et Daly-
Hassan lui demandèrent la permission de tenter la chance
d'obtenir des marchands tout au moins la valeur de quelques barils de vin. Koûroglou leur répondit : « Vous savez
ce proverbe arabe : La justice est la moitié de la religion [1]. Portez cet argent à Tchemlî-bil, pendant que je
vais aller traiter une autre affaire qui me regarde. »

Koûroglou éprouvait de la répugnance à confesser devant
ses hommes qu'il était sans relâche tourmenté par l'idée
de la supériorité du Turc qui l'avait vaincu. Il avait pris la
résolution de revoir une fois encore son heureux antago-
niste. Après maintes informations, il apprit enfin, d'une
manière certaine, quel jour le marchand devait quitter Erzeroum. Il prit soin d'y arriver avant lui, et s'arrêta dans
un défilé par lequel passait la route, et qui était situé de
l'autre côté de la ville. Le Turc marchait seul, à cheval,
ayant laissé sa caravane en arrière, à une assez grande
distance. Koûroglou sentit la rage s'emparer de lui ; il se
rua sur le marchand, le désarçonna, et, quand il fut tombé,
lui coupa la tête. Mais bientôt sa fureur s'étant refroidie,
il se sentit honteux de ce qu'il venait de faire, et, plein de
tristesse, il chanta ce qui suit :

[1] On fait remonter l'origine de ce dicton à Aly, gendre du prophète.

Improvisation. — « Begs, écoutez-moi ! sur le chemin d'Alep, j'ai rencontré un marchand. J'ai rencontré un lion affamé, recouvert d'une armure d'acier. Il était monté sur un cheval arabe. J'ai rencontré un lion affamé. Je suis arrivé comme le vent du matin. Je me plaçai en embuscade sur la route, non loin d'Erzeroum. Je lui tranchai la tête dans Erzengan. J'ai rencontré un marchand. »

Koûroglou l'ayant dépouillé de ses vêtements, vit que ce n'était pas un Turc, mais un Arménien. Il chanta :

Improvisation. —« Sa mort m'a guéri de mille tourments. Je l'avais respirée avec délices comme un bouquet de roses. Je déshabillai le corps et je vis que c'était un Arménien [1]. Oh ! que les montagnes se revêtent de brouillards, que les torrents se précipitent de leurs cimes ! O Koûroglou ! puisse ton bras se dessécher ! —J'ai rencontré un marchand. »

Il remonta sur Kîrat et ordonna à toute la caravane de retourner en arrière et de se diriger vers Tchemlî-bil. Il la conduisit dans un lieu écarté, et fit ouvrir tous les bagages. —Il mit à part l'argent et toutes les choses de prix, laissa une douzaine de mulets à la disposition des hommes qui accompagnaient la caravane, puis, ayant placé son butin sur ce qui lui restait de mules et de chevaux, il mena le tout à Tchemlî-bil.

---

[1] Les Persans, à cause de la différence de religion, haïssent encore plus les Turcs sunnites que les chrétiens, et c'est pourquoi, dans ses idées, Koûroglou considère comme une consolation cette circonstance, que l'homme qui s'était montré son supérieur à tous égards se trouve n'être pas un sunnite, mais un Arménien.

A. Chodzko et Ad. Breulier.

ÉTUDE COMPARATIVE

SUR

LA LANGUE BERBÈRE.

(Troisième et dernier article.)

> « Les recherches à venir nous apprendront de quelle manière
> « cette grande chaîne de Berbers, que l'unité de langage réunit
> « en un seul tout, s'est répandue autour de l'immense océan de
> « sable, depuis le golfe arabique, à travers l'Afrique septentrio-
> « nale, la Nubie, les oasis, l'Atlas, jusqu'aux îles Canaries. »
> K. RITTER, *Afriq.*, trad. franç.; T. III, p. 189.

On a pu remarquer, dans la citation empruntée à M. Berthelot,
un autre titre de fonction ou de dignité, *guayr*, qui signifie plus largement *vieillard, conseiller, chef*, c'est le mot berbère
am-ghar, qui veut dire aussi *vieillard, chef, cheick* des Arabes ;
il n'y a que la différence du M préfixe, signe de l'adjectif, dont il
a été déjà plusieurs fois parlé et qui, en berbère aussi, est, ou
non, employé suivant les dialectes, ainsi que nous l'avons vu,
entre autres, pour les dérivés de *zouar*. De même, en guanche,
on disait A-K'ORAN pour le berbère AME-K'RAN, *grand, le grand* par
excellence, *Dieu*.

Les noms de nombre, cette partie si essentielle du langage,
offrent, d'après les variantes du Génois *Nicoloso da Recco* et de
l'Espagnol *Abreu Galindo*, les rapprochements suvants :

Guanche.	Berbère.		Guanche.	Berbère.
1. *Ben, ven, Nait,*	*ouen*, m. [1] *yat*, f.		6. *Set, Sasetti,*	*saz*, m. *sozet*, f.
2. *Lini, Smetti,*	*sin*, m. *sénat*, f.		7. *Sat, Satti,*	*sa*, m. *sat*, f.
3. *Amiat, Ameletti,*	} *scharet*, m. f.		8. » *Tametti,*	*tam*, m. *tamet*, f.
4. *Acot, Acodetti,*	*koz*, m. *kozet*, f.		9. » *Alda,*	*tza*, m.
5. *Cansa, Samusetti,*	*summos*, m. *summoset*, f.		10. *Marago, Marava,*	} *marao*, m.

[1] Ici, comme pour les pronoms, je n'emploie que les formes les plus
appropriées à ma démonstration ; on trouvera un tableau de variantes
dialectiques dans le 4ᵉ vol. de la trad. de l'*Hist. des Berb.*, par M. de
Slane, p. 508, 509.

Dans le berbère, cinq de ces noms, savoir : ceux des nombres 2, 5, 6, 7, 8, 9, se rattachent plus ou moins manifestement à ceux des langues sémitiques.

Dans le guanche, le premier nom de chaque nombre est celui de *Galindo*, le second celui de *da Recco*; on voit que les différences ne proviennent souvent que de ce que le second auteur a rapporté le nom féminin, le premier le nom masculin. Cinq seulement de ces noms, ceux des nombres 5, 6, 7, 8, 9, se relient visiblement aux sémitiques. Le dernier paraît formé de l'article arabe *al* et de *da* égal au berbère *tza*, *tès*, abréviation lui-même de *tessâa*.

Il est probable qu'en berbère, chez les Beni-Mzab, *scharet*=3 (*crad*, *carad*, m., *cradet*, *caradet*, f., dans d'autres dialectes) est pour *tsletsa*, *tlèta*, le *lam* étant changé en *resch*, comme la linguistique en fournit maint exemple. Le mot guanche correspondant n'a de rapports ni avec ce nom, ni avec aucune autre variante berbère ou sémitique ; j'en reparlerai plus loin.

Merao, 10, me paraît se rattacher aussi aux idiomes sémitiques par la mutation de *lamed* en *resch*, c'est-à-dire que ce nom dérive de מלא, *implere*, *complere*. Ce terme achève, complète en effet, en guanche et en berbère, le cercle de la nomenclature numérale ; les suivants ne sont que des combinaisons des neuf précédents avec celui-ci. Le chaldéen possède un verbe מרא, *saginatus*, *pinguis fuit*, dont Gesenius dit, à la p. 614 de son *Lexicon* : sed nescio tamen, sit ne potius ab implendo, ut ברא מרא prope accedat ad מלא. » Cette variante orthographique rappelle le grec μύριοι comparé au latin *mille*. Toutefois, l'application à la nomenclature numérale dans le sens spécial dont il s'agit est exclusivement propre au guanche et au berbère ; elle paraît donc constituer un caractère particulier d'affinité entre ces deux langues.

D'un autre côté, les variantes guanches du nombre 2, *lini*, *smetti*, sont vraisemblablement des altérations des noms sémitiques *sini*, *snetti*.

Il reste donc, pour le berbère propre, deux noms qui lui appartiennent exclusivement, *ouen*=1, *cor*=4. N'est-il pas concluant que ces noms se retrouvent en propre aussi dans le guanche ?

Enfin, indépendamment de plusieurs autres mots isolés qu'on trouvera dans le mémoire de M. Berthelot ou sur lesquels j'appuierai ci-après chemin faisant, il y a un autre moyen de comparaison auquel on attache, à juste titre, une importance majeure, bien qu'on l'ait, jusqu'à présent, à mon sens, mal mis à profit ; il consiste en deux phrases qui servaient comme de verset et de répons à deux personnes allant offrir des présents au roc escarpé qui se dresse, ainsi qu'un immense obélisque, au centre de l'île de Palma, dans la profonde vallée d'Acero, et que les habitants vénéraient sous le nom d'*Idafe* [1]. Ce court dialogue a été transmis ainsi :

Y GUIDA Y YGUAN, IDAFE?

GUERYERTE Y GUANTARA.

Tomberas-tu, Idafe ?

Donne-lui, il ne tombera pas.

Je ne reproduirai pas les explications de Glas et de M. Berthelot, qui ne paraissent pas admissibles. J'y substitue cette interprétation qui me semble plus naturelle.

IGUIDAY me paraît une altération de OUIDAGH, *J'apporte, je viens offrir*. L'emploi de G pour o suivi de U existe dans plusieurs dialectes berbères; ainsi l'on dit suivant les lieux, AGUEL et AOUEL, *langage*, OUEN et GUEN, *un*. Quant à *ay* pour *agh*, on en a des exemples avérés dans plusieurs transcriptions de mots guanches et, en berbère même, comme M. Newman l'a fait remarquer, la préformante *ai* ou *ay* d'une forme anomale du prétérit est quelquefois remplacée par *ag*.

IGUANI = GUEN est la 3ᵉ p. s. m. du prétérit ordinaire de GUEN, *se coucher*, pour le futur, c'est à savoir : *Il s'est couché* pour *il se couchera? Se couchera-t-il, Idafe ?*

Le répons doit être divisé ainsi : GUER, OUR ITGUEN ARA, *jette, il ne se couche pas* pour *il ne se couchera pas*. GUER n'a pas besoin d'explication; en se reportant à l'une des phrases de M. Berthelot (« d'autres fois c'étaient des victimes entières qu'on sacrifiait au «rocher de la vallée en les précipitant du haut des escarpements »), nous pouvons voir combien le terme est approprié à la circonstance. *Our... ara, ne pas*, est le mode le plus usuel de la négation verbale. *Itguen* est une forme de la 3ᵉ p. s. m. de l'aoriste dont le dictionnaire kabyle de M. Brosselard offre des exemples presque à chaque page. Ainsi : SIG OU THIL, *examiner*, ISSAG OU ITHAL, *il a examiné*, ITSIG OU ITTHILI, *il examine*. Mais je pense que ces exemples ne tiennent pas simplement à une formation de personne et de temps; ils me paraissent se rattacher à la voie ver-

---

[1] Ce nous paraît signifier *Mont-Blanc* ; en effet, d'une part, le radical *id* paraît enfermé dans le féminin ou diminutif T-ED-AT *colline*, et dans *Te-ïde*, nom du fameux pic de Ténériffe ; d'une autre part, *ife=af* du dialecte de Ghadam veut dire *blanc*. On trouve aussi ce thème en kabyle sous la forme abstraite ou féminine T-AF-AT *clair, clarté, blancheur* (clarté ou blancheur de la lune, par ex.)

bale qui a ᴛ préfixe pour caractéristique, en sorte que le sens littéral de notre phrase serait : *Il ne se fera pas tomber, il ne se laissera pas tomber.* Dans le répons tel qu'il a été transmis, il y a, en outre, à la suite du même verbe un autre ᴛ, *tegnant.* On trouve pareille particularité dans ces proverbes kabyles rapportés par Shaw : ᴇʀɢᴇᴢ ᴏᴜꜰꜰᴀʟɪ ᴏᴜʀ ɪᴛᴀɢᴀᴅᴛ ɪᴋʀᴀ, *un homme de bien ne craint rien*; ᴇʀɢᴇᴢ ᴅᴇꜰᴏᴜᴀʟ ᴛᴀɢᴀᴅᴛ, *un homme méchant craint.* Nous devons d'abord remarquer ici aussi le ᴛ préfixe; c'est le signe de la voie verbale fréquentative qui s'adapte très-bien aux propositions dont il s'agit : on le trouve de même dans cette maxime du Dictionnaire de M. Brosselard au mot *Craindre*; ᴀɢɢᴀᴅ ᴢᴇɢ' ᴏᴜɪɴ ᴏᴜʀ ɪᴛᴀɢɢᴀᴅ ᴀʀᴀ ᴢᴇɢ ʀᴀʙʙɪ, *crains celui qui n'a point l'habitude de craindre Dieu.* Mais le ᴛ, suffixe, s'il n'est point marqué par erreur, ne me paraît explicable qu'à la condition qu'on le considère comme une modification, soit de l'adverbe *ed*, suivant l'opinion de M. de Slane, soit de la terminaison du prétérit *ed* ou *d* indiquée par M. Newman. Dans le premier cas, on aurait, pour la phrase guanche le sens très-naturel encore : *Il ne se laissera pas tomber en ce moment.* Mais cette application ne se concilierait guère avec les proverbes de Shaw qui impliquent un état permanent. La seconde hypothèse serait ici seule acceptable, et ce fait confirmerait l'énonciation de M. Newman, à moins, je le répète, que la présence de ce ᴛ dans les deux cas ne soit regardée comme erronée. A part ce point très-secondaire, le dialogue guanche me paraît incontestablement du pur berbère.

Je pense donc qu'on peut revendiquer pour le berbère en général les rapports particuliers que le guanche peut offrir avec l'égyptien ou l'éthiopien. Je vais, si je ne m'abuse, en signaler plusieurs.

Je reprends les noms de nombre. Je laisse de côté ceux qui sont purement sémitiques, bien que plusieurs se trouvent aussi en égyptien; il est plus probable que ceux du guanche, ainsi que du berbère, ont été introduits par les Phéniciens ou mieux par les Arabes. Je ne m'attacherai qu'aux trois noms spéciaux du guanche. Le premier, *ben* ou *ven* = le berbère *ouen*, 1, n'existe pas avec cette valeur expresse en égyptien ; on a vu déjà que, dans cette langue, cette signification appartient à *oua*, qui figure d'ailleurs aussi dans le dialecte kabyle. Mais *ouen* existe en égyptien avec le sens *quidam, aliquis*, et ce sens a assez de rapport avec celui des noms de nombre pour qu'on admette l'analogie, d'autant plus que celui-ci en berbère a assez souvent aussi la même acception; ainsi, en chelah : « ɪʟʟᴀ ʏᴀɴ ᴏɢᴜᴇʟʟɪᴅ, *erat quidam rex...* »

Le nom de nombre 3, *amiat, amelelli*, est remarquable par son exclusive singularité ; nous avons vu qu'il ne se rapporte ni au berbère ni à aucune variante sémitique. Je crois qu'on peut en trouver l'origine dans l'égyptien. J'y vois le nom copte т. *schomnt, schmnt;* м. *schomt, schomti;* в. *schament, schamet,* qui fait aussi exception en ce qu'il est étranger aux langues sémitiques. Le *schei*, à raison de la difficulté de la prononciation, est tombé, ce qui donne, pour le baschmourique par ex. (sch) *ament,* (sch) *amet.* A *amet,* correspond le guanche *amiat;* à *ament, amelot-ti,* par la mutation du м en ʟ, mutation fréquente en linguistique, et la terminaison *ti* du dernier cas représente la même terminaison du memphitique *schomti;* on reconnaît ce lien avec l'égyptien dans les nombres suivants, même dans ceux empruntés aux langues sémitiques, *acod-elli, samus-etti, sas-elti, sat-ti, tam etti.*

Acot, acod, répondant au berbère *koz, oggouz* = 4, semble, au premier abord, n'avoir aucune similitude littérale avec les noms équivalents soit en égyptien, soit en sémitique. Mais, en étudiant ce mot avec la clef analytique donnée par M. Lepsius, *zwei sprachvergl, Abhandlung,* 2ᵉ part., on découvre facilement un rapport exact avec le nom égyptien, et ce rapport est d'autant plus digne d'attention; qu'ici encore il n'y a, de part et d'autre, aucune analogie avec les langues sémitiques ; l'affinité est exclusive entre le berbère et l'égyptien. Le nom égyptien est *ftou.* M. Lepsius le décompose en *tou,* avec un *r* tombé, soit т = 3, plus ꜰ ou ᴘ = 1. La démonstration, qui me paraît solide, prendrait ici trop de place; je renvoie donc au curieux ouvrage du savant de Berlin. Dans les variantes berbères, *aco-t, aco-d, ko-z,* nous voyons d'abord le second élément, le т ou des équivalents alphabétiques [1]. *Ac, k, ogg,* doivent donc répondre au premier élément ꜰ ou ᴘ. En effet, Lepsius fait remarquer l'équivalence de ᴘ et de к,ǫ, d'abord et avec beaucoup de détails d'une manière générale, puis, dans le cas particulier, en rapprochant du mot égyptien les mots sanscrit, grec, latin *ça-tur,* πι-τορις, *qua-tuor.* En sorte que, dans la plus simple expression, on a к + т (*ko-t qua-ter, etc.*) = ᴘ + т (*f-tou,* πι-τορи). Ce résultat me paraît aussi incontestable que caractéristique.

A la suite du passage rapporté précédemment, M. Berthelot continue ainsi : « Par le titre d'*Aschimensey* on désignait un « personnage d'un rang inférieur à celui de *Mensey,* mais issu de

---

[1] Il est à remarquer à cette occasion que les noms de nombre berbères sont la plupart apocopés ; on peut donc admettre *tou* au lieu du simple т.

« famille régnante. Les Sigonès étaient tous gentilshommes :
« grands vassaux des Menseys, ils commandaient les gens de
« guerre... Enfin, de même que dans les autres îles, les *aschi-*
« *caxna* ou les roturiers formaient la masse du peuple. » Ce texte
indique une classe intermédiaire, celle des gens armés, dont le
nom n'est point donné : c'était probablement ce que quelques
historiens ont appelé les *aschihischiquico, aschisiquizo,* etc.,
qu'ils nomment autrement les chevaliers.

Nous voyons dans les noms de trois de ces catégories, *aschimensey, aschi-hischiquico, aschi-caxna,* la présence du dissylla-
bique *aschi;* ce doit être un mot particulier, un terme commun.
Il signifie en effet *fils, descendant.* Il correspond donc au berbère
Akschis et me semble pouvoir être très-naturellement rattaché à
l'égyptien SHE, *fils* en composition, comme ici. Le κ' du mot berbère tient à la difficulté de prononciation du *shei* égyptien; le
mot guanche établit la liaison. C'est ainsi que le *schin* de l'hébreu *schesch* ou le *sha* du sanscrit *schash* est rendu par κs dans
le grec *hecs* (*hex*) et dans le latin *secs* (*sex*).

La seconde partie des trois noms doit donc avoir un sens particulier, distinctif : nous avons déjà celui de *Mensey* du premier
de ces noms.

Pour le troisième, *caxna,* M. Berthelot nous apprend que c'est
tondu (ASCHI-CAXNA, *fils de tondu*). Voici comment il explique
cette signification : « Les nobles, dit Viera, se reconnaissaient à
« des distinctions particulières... Ils portaient la barbe et les
« cheveux longs. Le Faycan [1], ou le grand prêtre, dont l'autorité

[1] Jackson, qui a porté une attention particulière au langage des
Guanches, écrit ce mot *faycayg,* d'après G. Glas; M. Jay Browne, des
Etats-Unis, l'écrit *facay,* d'après des mss. espagnols qu'il a eus à sa
disposition (Hodgs. *Notes,* p. 102). Il y aurait peut-être lieu de comparer ce mot *f-acag, ou acag* à *acagé* nom du prêtre suprême en Abyssinie dont il va être parlé ; mais il n'y aurait rien d'assez décisif à cet
égard pour arrêter le lecteur. M. Berthelot l'explique par l'arabe *fa-
quihh.* Quoi qu'il en soit, le féminin de ce titre, *facah-era,* se trouve
dans *ser-facahera,* signifiant la prêtresse, selon Galindo, au propre
quæ ad (ser) *sacerdotem,* l'acolyte ou la femme du prêtre. Il me semble
en résulter que l'un des modes d'exprimer le féminin des noms était
l'addition du R suffixe, ce qui serait un nouveau rapport avec l'éthiopien. Peut-être la même forme existait-elle en libyque, car je suis disposé à en voir un exemple dans *mes-ar* dû nom de lieu de la géographie ancienne de l'Afrique *mesar filia.* En effet, *filia,* me semble la
traduction de *mesar* venant de MES, *fils,* comme les Espagnols ont
ajouté la traduction du mot guanche équivalent *guar* dans le nom de
femme *guarinfanta,* car *guar* paraît semblablement le féminin de GUA,

« balançait celle des princes, avait seul le droit de conférer la
« noblesse et d'armer les chevaliers... Le jour de la cérémonie,
« l'aspirant se présentait devant l'assemblée des Guayres les
« cheveux flottants sur les épaules. Le Faycan disait à haute voix :
« Vous tous qui m'écoutez, je vous conjure au nom d'Akoran de
« déclarer si vous avez vu *Tel*, fils de *Tel*, entrer dans une ber-
« gerie pour traire ou tuer des chèvres ; si vous l'avez vu prépa-
« rer lui-même son repas ; s'il s'est montré déloyal ou insolent
« par paroles ou par actions, surtout envers les femmes ? Lors-
« qu'on répondait négativement, le Faycan faisait approcher le
« récipiendaire et lui coupait la pointe des cheveux un peu au-
« dessus des épaules, l'armait du *magado* [1] ou du javelot de
« guerre. Dès cet instant le jeune guerrier pouvait s'asseoir
« parmi les nobles. Mais si, parmi les assistants, un seul témoin
« prouvait qu'il avait manqué à l'une des conditions exigées par la
« loi, le Faycan lui coupait toute la chevelure, et il rentrait dans
« la classe plébéienne des *aschicaxna* ou des *tondus*. » Or, en
copte, on trouve pour *tondere, radere caput*, le verbe composé
ⲥⲛⲉⲕⲩⲓⲟ̀ ; ce terme n'a-t-il pas la plus grande ressemblance avec
caxna, en tenant compte surtout de la difficulté extrême pour
les étrangers conquérants de rendre exactement la prononciation des indigènes ?

Hischiquico, dans le nom des *gens armés*, des *chevaliers*, ne
peut-il pas être rapporté à ⲉⲩⲟⲗⲓⲏⲟ̂ⲕ, *armati*, de la langue copte ?

A la page 184 de son mémoire, dans une note relative au mot
ⲁ°ⲧⲓ, qu'il a reconnu être une des nombreuses expressions de la
dignité royale chez les anciens Égyptiens, M. de Rougé rapporte

---

fils, puisque M. Berthelot dit : « ⲅⲩⲁⲛ, *fils de...* » c'est-à-dire *gua n*,
le ⲛ étant, comme nous l'avons vu, la marque ou d'un adjectif ou du cas
oblique. On retrouve peut-être *gue* ou *gua* dans le mandingue ⲧⲉⲅⲩⲉⲛ,
ⲧⲉ-ⲅⲩⲉ-ⲛ, *petit-fils*, diminutif au moyen de l'autre forme féminine ⲧ
préfixe. Voy. de Slane, *Hist. des Berb.*, III, p. 2.

[1] M. Berthelot dit ailleurs : « Les principales armes des Canariens
« étaient le *magado* ou *magote* et la lance. Il y avait deux sortes de ma-
« gado : le premier était le javelot de guerre ; le second, qu'on trouve
« cité par Varna sous le nom de *moca* ou *mocaz*, avait la forme d'une
« petite massue armée à l'extrémité de deux fortes boules garnies de
« pierres tranchantes. » Le portugais a *machado* pour *hache* ; ce mot
doit avoir été emprunté aux Guanches en même temps, sans doute, que
l'arme. Quoi qu'il en soit, Klaproth. *Principes de l'étude comp. des langues*, p. 179, le tire du copte *madji*. Cette étymologie s'applique parfaitement surtout à la seconde espèce de magado des Canariens, ou
moca, car, en copte, *madji* signifie *bipennis*, au propre *oreilles*.

une communication de M. d'Abbadie, en ces termes : «Le mot
« usité, pour indiquer la souveraineté en Abyssinie se prononce
« *Hazë, azë, Halë, alë, alië*..... Le terme antique et officiel
« pour dire *le roi*, est *Hazëgë*, composé par juxta-position, dans,
« lequel les Abyssins regardent la finale *gë* comme signifiant *la*
« *terre*. Le pouvoir souverain, en Éthiopie, était composé de trois
« pouvoirs : Hazege, ou *roi de la terre*; Itege, ou *reine de la*
« *terre* [1], et Acage ou Jcage, c'est-à-dire *prêtre suprême de la*
« *terre*. Le mot *Hazëgë*, par abréviation *alë*, emporte l'idée de
« pouvoir suprême, car il y avait en Éthiopie plusieurs *Nigus*
« ou rois, mais il n'y a jamais eu qu'un seul *alë*. Le mot *Nigus*
« pouvait s'appliquer à de grands fonctionnaires, mais le terme
« *alë* est toujours restreint à la personne sacrée du *Nigusa Na-*
« *gast, ou roi des rois*.» On reconnaît là une étroite analogie
avec la constitution politique des Canaries, au temps des Guanches; mais ce que je tiens surtout à faire remarquer, c'est l'existence, chez ce peuple, du même titre *Hazë, azë. Halë, alë, alië*.

El Macrizi et Ibn-Kaldoun ont aussi indiqué *Hatti* [2] comme le
titre du souverain chez les Abyssins. Il se transcrivait en grec Σω
ou Σως, car Ζωσκαλης, empereur d'Axum, cité dans le *Perip. mar.*

---

[1] On lit dans Ritter, ɪ, p. 308 : « Peter Covilham est le premier qui
arriva, en 1490, à la cour de l'empereur ou Négus de l'Abyssinie, résidant alors à *Shoa*. Il engagea Iteghé, mère du prince, à envoyer,
comme ambassadeur en Portugal, un Arménien nommé Matthæus,
pour nouer des relations directes avec ce pays. » Le titre est ici pris
pour nom propre ; Bruce, en employant le même mot, n'a pas commis
la même erreur.

[2] Trad. de M. de Slane, ɪɪ, 108.— Cfr. sanscrit Ati, *super*, Atica, *su-*
perior, major? En mandingue, pour *maître, chef*, on dit, outre *Mansa.*
Yatigui, tigui; chez les Fellahs de Sakatou, *Atego;* dans le Bornou,
Schego ou *Sago*, qui est en même temps le titre royal et le nom de la
capitale.

N'est-ce pas à *Alë* ou *atti* que se rapporte le titre royal *Battus?* M. de
Slane, *ouvr. cit.*, ɪv, p. 378, dit : « Les premiers souverains grecs de
« la Cyrénaïque portaient le titre de *Battus*, c'est-à-dire *roi*, en langue
« libyenne. Encore un mot qui n'existe pas en berbère. » Examinons.
Le nominatif singulier mascul. a pour marque la syllabe préf. *ou*, ou-
guellid, *le roi*, ou-rgaz, *l'homme* ; cette syllabe, devant une voyelle,
se change assez souvent en *b* ; ainsi nous avons vu le guanche ben,
un, équivaloir au berbère ordinaire ouen. M. de Slane, p. 506, au sujet
de la décl. du nom masc. zaouaoua, pose au nom., ou-rgaz, *l'homme*
au gén., ou-ou-rgaz, et b-ou-*rghaz, de l'homme*. On peut donc voir
dans *B-attus* l'équivalent de *Ou-attus*, correspondant à *Ou-ghellid*, et
signifiant pareillement *le roi*.

Erythr., comme vivant de 76 à 99 avant notre ère, est le *za Ha-
kale* mentionné dans le *Tareck negusthi*, ou Chronique des rois,
ainsi que l'a fort bien remarqué Ritter, I, 308. Mais ce qui, à mon
point de vue, importe expressément, c'est que, selon de nombreux
passages des divers ouvrages de Th. Bowdich, ce titre se trouvait
aussi chez les Ashantis, sous la forme de la transcription européenne *saï, zaï, jaï.* Or ce peuple, que l'auteur anglais, par des considérations très-rationnelles, rattache à des émigrations égypto-
éthiopiennes [1], se trouve en rapport bien plus rapproché avec les
habitants des îles Canaries ; il avait dans ses coutumes, entre
autres dans celle relative à l'hérédité du pouvoir, des ressemblances frappantes avec les anciens Guanches [2].

Chez ceux-ci, c'est dans des qualifications de la Divinité que se
rencontre le mot représentant *azë* ou *alë* des Abyssins, *ati* des
anciens Égyptiens. Ces qualifications sont :

Aschaman, *Dieu très-haut, suprême.*

Aschxurahan, *Dieu grand.*

Aschicanac, *Dieu sublime.*

Aschguayaxiraxi, *le conservateur du monde.*

Aschguarergenan, *celui qui soutient tout.*

Atguayschafunataman, *celui qui soutient les cieux.*

On remarque en tête de cinq de ces noms *asch*, en tête de deux
aschguay, en tête du dernier *alguay*. Il est probable que ces
termes communs ont une signification commune, générale, et
que le sens spécial de chaque qualification réside dans le reste du
nom.

Pour ce sens spécial, nous devons nous guider sur les traductions données par les auteurs espagnols, mais non cependant
d'une manière absolue; car M. Berthelot nous avertit qu'ils ne
sont point toujours concordants ni constants dans leurs explica-

---

[1] *Of the orig. of the Ashantee* in journ. of sc. litt., arts, n. XIX, 1820.

[2] Bowdich, *Voyage dans le pays des Ashantis*, traduct. franç., p. 329
et 358, s'exprime ainsi sur ce point : « Le trait le plus remarquable de
« leur législation est l'ordre de succession; le frère est le premier héri-
« tier, puis le fils de la sœur; le fils est le premier vassal ou esclave du
« trône. » Cette règle fondamentale, commune à plusieurs peuples de
la grande famille africaine, notamment aux *Bedjas*, dont nous avons
déjà parlé, existait aussi chez les Numides, ainsi que l'indique un passage remarquable de Tite-Live, à l'occasion de la mort du père de Massinissa. Toutefois, en fait, elle paraît avoir été très-rarement appliquée.
Hornemann, qui en parle aussi, au sujet des Fezzanais, explique comment la possession du pouvoir donnait aux pères le moyen de faire
transgresser cette loi en faveur de leurs propres enfants.

tions. Toutefois, dans Aschaman, nous trouvons l'égyptien Amoun, *élevé, très-haut, sublime;* dans Aschxurahan, xurahan est pour koran, *grand,* qui est souvent employé pour le nom de la Divinité; dans Aschguayaxiraxi, xiraxi ou axiraxi est un mot guanche, signifiant *le ciel, l'univers;* Aschguarergenan est mal traduit. M. Berthelot nous apprend que les Guanches donnaient encore à la Divinité la qualification de *Dieu des hommes,* et il cite comme le mot qui avait cette signification *Eraoranhan* ou *Eraoranzan;* ceci n'est que la seconde partie du nom; nous la retrouvons sous les formes *ergenan,* de Aschguarergenan. Il est facile d'y reconnaître le berbère *Ergezan,* pluriel de Ergaz, erdjez, redjez, *Homme.* Enfin, dans Atguayschafunataman, on doit distinguer immédiatement Ataman, qui est connu pour avoir signifié, chez les Guanches, *le ciel;* l'idée de *soutenir* n'était-elle pas exprimée par Schafu = schafei, qui, chez les Egyptiens, aurait pu signifier *porter avec force,* ou *habituellement, constamment?* Le n suffixe *schafu-n,* est la marque du participe présent, dont il a été parlé ci-dessus. Champollion, à la page 346 de sa *Gramm.,* cite les images des dieux soutenant le ciel de leurs mains, et il rend l'idée par *Fai Tpe.*

Asch, aschguay, atguay restent comme représentant certainement une idée commune, applicable à la Divinité; je ne puis m'empêcher d'y voir les équivalents des variantes abyssiniennes aze, azeghe, atege, *roi, souverain, maître suprême,* et l'exception qu'on a dû remarquer dans *aschguayr,* de *Aschguayr-ergezan,* confirme précisément cette opinion. En effet, le *r* qui termine ici le premier complément répond à celui qui se trouve dans *Schegar,* que Sidi-Ahmet [1] indique comme le titre porté de son temps par le roi des noirs de Tombouctou; c'est probablement l'effet de la prononciation spéciale de la gutturale par les indigènes, car Mungo Parck avertit que le mot équivalent, que nous écrivons *Sego,* et que j'ai déjà cité, se prononce, dans le pays, *Segro.*

Les qualifications générales sont donc :

Aschaman, *roi très-haut;*

Aschkoran, *roi grand;*

Aschguayaxiraxi, *maître de l'univers;*

Aschguayrergezan, *maître des hommes* (Marnas, Belenus) [2].

---

[1] Loss of the Americ. brigh *commerce,* etc., by Jam. Riley, Lond., 1817, in-4°, p. 368.

[2] Je crois que *Belenus* est la véritable signification du groupe valant blns et précédé du *lamed* préfixe, signe de dédicace, qui se trouve

Àtguayschafunataman, *roi soutenant avec force* ou *constamment le ciel.*

Enfin je terminerai par un point qui, suivant l'ordre que j'ai adopté, aurait dû être abordé dès le commencement, car il se rapporte à la p. 27 du mémoire de M. de Rougé. Mais la question que je veux soulever, même avec toute la réserve possible, est tellement délicate, que j'avais besoin de préparer les esprits par des exemples moins douteux des affinités du berbère avec l'égyptien. Il s'agit du transport dans le premier de ces idiomes de la particule *ti* ajoutée, dans l'écriture hiéroglyphique, à un thème, pour en indiquer la répétition. M. de Rougé s'exprime ainsi à ce sujet : « Parmi les variantes recueillies par Salvolini, « on trouve que la forme redoublée d'un thème est souvent « notée par un groupe = *ti, deux fois.* » Or on rencontre en berbère mekti signifiant, comme verbe neutre ou réfléchi, *penser, méditer, réfléchir, songer, se rappeler, se souvenir,* comme substantif, *mémoire, idée, pensée.* Le thème (*mek*) me paraît répondre évidemment au copte mekmok, mekmouk, mokmek, *considérer, méditer, penser.* La différence gît dans la présence, en berbère, de la syllabe suffixe *ti* au lieu de la répétition en copte, du thème formant déjà la première syllabe. N'est-ce pas, dans la prononciation, une application de la forme hiéroglyphique, une matérialisation de cette forme qui n'était sans doute primitivement qu'idéale ? Amenée d'abord par le besoin d'économiser un travail difficile sur la pierre dure, mais ce but s'étant probablement à la longue perdu de vue, n'a-t-elle pu, par la marche naturelle de l'esprit humain, être plus tard prise directement à la lettre? S'il en était ainsi, ce reflet curieux de l'écriture hiéroglyphique apporterait assurément une grande force à ma thèse. Examinons donc.

L'ancien égyptien (cfr. M. de R. *loc. cit.*) possédait deux autres marques du redoublement d'un thème, l'un = t, l'autre = tt. Ne sont-ce pas des exemples de cette écriture qu'on trouve dans les verbes coptes *djekt, djektot,* à côté, d'une part, du thème simple *djek, djôk;* d'une autre part, du redoublé *djekdjôk,* toutes formes qui signifient *parfaire, finir,* etc.? Il ne semble

au commencement d'une inscription phénicienne déterrée à Sulcis en Sardaigne, mentionnée par M. de Saulcy dans la *Rev. de philologie,* t. I, p. 449, et sur laquelle, dans mon *Et. démonstr.,* j'avais traduit d'abord différemment ces quatre lettres. Dès lors *Belenus* signifierait *maître de l'homme, Bel* y équivalant à *Mar* de *Marnas,* qui avait le même sens à Gaza.

pas en effet que, dans les deux premières variantes, le τ puisse
faire allusion à la main (*tot*). Cela est moins possible encore dans
KAT, *redire, reverti, convertere,* qui se rattache évidemment, ce
me semble, à KA, *ponere, proficisci, dimittere,* plus le τ itératif
du thème impliquant ici rétroversion ; et comme ce τ est entré
dans la prononciation, il a concouru à former un thème secondaire, lequel lui-même, particularité fort remarquable, a donné
naissance à un nouvel itératif par redoublement KHETKHET. Voy.
Bull. arch., avril 1856, p. 25. C'est probablement ce mode de
formation secondaire, doublement intensitif ou itératif, qu'indique le double signe de répétition = TT.

Le latin *di-stillo* me paraît répondre manifestement au copte
TLTL, TELTEL, *couler goutte à goutte,* TELTIL, *goutte,* venant de TLÊ,
THLÊ [1], *goutter.* Ainsi la répétition du thème est ici, comme dans
l'exemple berbère, remplacée par l'addition à l'expression simple
de ce thème d'une particule valant *deux fois.* La ressemblance,
sauf la position indifférente de cette particule avant ou après la
racine, est complète ; ce qui a eu lieu de l'égyptien au latin n'a-
t-il pu s'effectuer pareillement de l'égyptien au libyen ou berbère ?

Barthélemy, dans ses *Réflexions sur l'alphabet et la langue dont
on se servait autrefois à Palmyre* [2], cite, pour le grec, un exemple
analogue, mais plus remarquable encore ; il s'exprime ainsi :
« Une inscription grecque, déjà publiée, offrait le mot ΔΙΣΜΑΛΚΟΥ
« après le nom de Zabdila. Guillaume Baxter avait soupçonné
« qu'il signifiait simplement que Zabdila était fils et petit-fils de
« Malcus. Bernard et Smith n'ayant aucune preuve qu'une telle
« filiation pût s'exprimer en grec d'une façon si singulière, ont
« fait du mot ΔΙΣΜΑΛΚΟΥ un nom d'homme et en ont recherché
« l'origine dans la langue arabe. Ils se seraient épargné cette peine
« s'ils avaient pu consulter le Palmyrénien, on y lit que Zabdila
« était *fils de Malcus, fils de Malcus* (soit en grec Μαλχου Μαλχου) ;
« ainsi la conjecture de Baxter se tourne en certitude. »

Ainsi pareillement, si je ne m'abuse, ma supposition que MEK-
TI peut logiquement (je n'affirme pas, sur un seul exemple, que
ce soit en fait), peut, dis-je, valoir MEK *bis,* MEK *deux fois,* MEKMEK
du copte.

Peut-être, au surplus, le latin, dans les autres fréquentatifs ou
intensitifs en ....*t-o,* ....*tit-o,* fournit-il des analogies plus di-

---

[1] C'est probablement de cette forme aspirée du dialecte memphitique
que dérive le *s* ajouté au *t* du verbe latin.

[2] Voy. *Mém. de l'Acad. des inscript.* etc.; in-12, T. XLV, p. 202.

recles encore que celle que j'ai invoquée par l'application littérale de deux autres modes d'indiquer le redoublement d'un thème : ne sont-ce point ces signes valant T et TT que l'on voit dans les deux derniers termes de la progression suivante : JACI-O; JAC-T-O pour *jacjacio*; JAC-TI-T-O pour *jactjacto*, comme nous avons vu en copte *djek*, *djekt* et *djek tot*, *ka*, *kat* et *khetkhet*? Dès lors *mekti*, pour la forme, n'équivaut-il pas à *jacto*?

Enfin, malgré la crainte de m'aventurer sur un terrain que je sais présenter parfois de si fallacieuses apparences, je ne puis m'empêcher d'invoquer une particularité de la langue ouolofe qui me paraît apporter un trop grand poids dans la question pour que je la néglige. Sans doute, au premier aperçu, la langue ouolofe, parlée dans la Sénégambie, semble notablement différente de la langue berbère; cependant, en y regardant de près, en faisant surtout abstraction des préfixes euphoniques qui, dans cet idiome comme dans ceux de la même région et dans la plupart de ceux du sud de l'Afrique, sont ajoutés à presque tous les noms, on découvre de remarquables affinités. D'ailleurs, les deux langues, sans être semblables au fond, peuvent avoir puisé à une source commune certains modes d'expression assez caractéristiques pour que cette parenté, même isolée, soit suffisamment reconnaissable. N'en est-il pas ainsi de ce mot *alë*, *atégë* que nous avons vu avec des prononciations diversifiées, si généralement répandues? D'un autre côté, l'un de ces modes peut s'être enraciné, largement développé dans une langue et être resté dans l'autre à l'état isolé, inerte, rudimentaire, comme l'anatomie comparée nous montre certains organes dans la série animale. Or, dans l'ouolof c'est la règle que l'emploi de la particule *ti* à la fin d'un verbe pour exprimer la répétition de l'action, pour équivaloir, par conséquent, au redoublement du thème qui a aussi souvent lieu. M. le baron Roger, dans ses *Rech. philos. sur la langue ouolofe*, p. 93, énonce ainsi ce fait : « La particule *ti*, qui signifie « *encore*, étant mise à la suite du verbe, exprime l'idée d'une ré- « pétition, d'une chose renouvelée. Elle correspond au *re* que nous « plaçons en français devant nos verbes. Exemple : *Dèf*, faire, « *Defti*, faire de nouveau, faire encore, refaire; *sop*, aimer, *sopti*, « aimer de nouveau, aimer encore ; *ièg*, monter, *iègti*, monter « encore, remonter [1] ».

---

[1] Dans la plupart des langues, l'idée de mémoire, souvenir, pensée, réflexion est rendue par un mot indiquant répétition, en grec Μνη-μων, en latin *me-mor*, en égyptien, comme nous l'avons vu, *mok-mek*. Il est donc logique de supposer que cette vue a été suivie aussi dans la for-

Le berbère *Mekti* n'est-il pas un vestige de cette règle, et ne trouvera-t-on pas naturel d'en faire remonter l'origine à la notation hiéroglyphique dont il a été question? Cependant, je le répète, ce n'est qu'une conjecture que j'émets, un objet de recherches ultérieures que je propose. Quoi qu'il en soit de ce point grammatical, le berbère *Mekti* ne me semble pas moins, sous le simple rapport du vocabulaire, se rattacher au copte *Mekmouk*.

En résumé, sur le terrain dans lequel je me suis confiné, sans m'être arrêté à tous les détails que j'aurais pu saisir, je trouve, sous le rapport de la grammaire et sous celui du vocabulaire, les analogies suivantes, en me tenant aux cas les plus frappants :

Berbère.	Egyptien.	Ethiopien.
ʌ—, préform. de l'impér.	Id.	»
Af, blanc, clair, pur.	*Ouav.*	»
Agh (ʌ en anc. lib. ?) afform. de la 1ʳᵉ p. s. verb.	A	ʞ
All-en, yeux.	*Allou*, œil	»
Aman (guanche), élevé.	Amoun.	»
Amiat, amelotti, trois.	(Sch) amat, (sch) omoti.	»
Amelek'ek', aîne, articulation.	*Amaledj*, joindre, *alodj*, cuisse.	ʋ
Ar, prép. signe du dat.	ʀ,	»
Ara, préform. du fut.	*Aour*	»
Aschi, fils.	*She.*	ʼ
Ati, atti, asch, azë, etc., chef supr.	*Ati.*	*atë, azë*, etc.
Atsa, voici.	*Aste.*	»
Aïni, pron. dém.	*En.*	»
Caxna (guanche), tondu.	*Chekdjo*, raser la tête	»
Da, prét. d'adj.	*Et.*	ʐa.

mation du mot berbère, et les considérations précédemment exposées autorisent à croire que cet office est rempli par la syllabe *ti*. En ouolof, pour le mot correspondant, on n'a pas eu recours à ce mécanisme ; on a adopté le mode équivalent et primitif de la répétition du thème, usage fréquent aussi dans cet idiome, comme je l'ai indiqué, ainsi que dans l'égyptien et le berbère; on dit donc *kem kem*; or, ce mot me semble le vocable égyptien retourné. Avec quelque attention, si je ne m'abuse, il n'est pas difficile de retrouver en ouolof l'origine de plusieurs mots au moyen d'un pareil renversement. La langue égyptienne en offre dans son propre champ des exemples assez nombreux; M. Thilorier a fait ressortir ce fait dans son *Exam. crit. des princip. groupes hiérogl.*, et précisément à la p. 78 il cite, comme premier exemple, ᴋᴇᴍ, *mouvoir*, ᴍᴏᴋᴍᴇᴋ, *agiter dans son esprit;* ainsi, ce ne serait pas même l'ouolof qui aurait fait l'inversion; elle aurait existé à la source. En tout état de choses, pour le moins, elle est naturelle.

Ghaz, os.	*Kas.*	»
Gher, prép. marq. le dat.	*Kher*	»
Ghiz, *zigh*, libre, noble, seigneur (nom national).	*Ghis*, seigneur, maître.	*Ghiz*, libre, noble, seigneur (nom nat.)
Guen, se coucher.	*Ghenen*, étendre.	»
ı, suff. de la 1re p. s. m. en rég.	Id	Id.
Iâkef, courbé.	*Khev*..	»
Ili, être.	*Ili.*.	»
Ill, fille.	A lou.	»
k, suff. de la 2e p. s. m. en rég.	Id..	Id.
Kin, toi.	Ntk.	»
m, préform. de noms et d'adj. [1]	Id..	»
m, caract. de réciprocité.	Id..	»
Magado (guanche), bipenne.	*Madji.*	»
Medj, oreilles.	*Medji.*	»
Mes, fils.	*Mes.*	Id.
Mezough, oreilles.	*Meshadjé*, id.	»
n, prép. marque de cas obl.	Id..	»
n, marque du pluriel dans les noms [2].	Id..	»
n, préform. de la 1re p. plur. verb. [3].	n, format. de la même pers.	Id.
Nk, moi.	Id..	»
Nough, attaquer, etc.	*Nodj*, id..	»
Ou, act. déf. du nom. sing. masc.	*Ou*, article indéf. sing. masc [4].	»
Oua, un.	Id..	»
Ouaï, pron. relat.	Id..	»
Ouen, un (quidam).	Id..	»
Oui, porter.	*Ou a*, id..	»
r, marque du fém. dans les noms?	»	Id.

[1] Cette lettre forme pareillement certains noms et participes dans les langues sémitiques, mais c'est dans des limites plus restreintes et avec une expression moins définie, car en berbère expressément le m a la signification de similitude et l'appellation de m *d'état* lui a été donnée par M. Brosselard dans son Dict. kab., comme elle l'a été plus tard dans l'égyptien par M. de Rougé.

[2] Cette désinence existe aussi dans les langues sémitiques, mais avec beaucoup moins de généralité qu'en berbère et en égyptien. Le berbère a aussi des pluriels rompus, et, si ce caractère lui est commun avec l'arabe, il ne l'est pas moins avec l'égyptien.

[3] Caractère commun avec les langues sémitiques.

[4] La nuance différentielle d'acception n'est pas un obstacle au rapprochement, car c'est souvent le propre de la langue berbère de détourner ainsi plus ou moins le sens primitif des mots qu'elle emprunte à d'autres idiomes ; M. Agoub en a signalé plusieurs exemples par rapport à l'arabe dans les observations qu'il a ajoutées au vocabulaire d'Audjelah publié par Müller à la suite du voyage de Pacho.

Redjaz, homme.	*Ret*, id.	»
Regh, brûler.	*Rekh*, id.	»
s, pron. 3ᵉ p. s. en rég.	Id.	»
s, caract. du passage des verbes de l'état neutre au transit.	Id.	»
Schafou (guanche), supporter ?	*Schafsi*, porter avec force ou constance.	»
Sen, eux en rég.	Id.	»
Sou, boire.	*Só*, id.	»
т, marque du féminin [1].	Id.	Id.
т, caract. des verbes neutres et réfléchis.	Id.	Id.
тi, partic. suff. indiq. répétit. du thème ?	Id.	»
Xaxo (guanche), momie.	*Kerkôs*, id.	»
Korkor, botte (chaussure).	*Kerkor*, enveloppé, vêtu.	»
Zazzer, vanner.	*Shôsh*, van.	»
Zed, aiguiser.	*Het*, *hedj*, id.	»
Zlag, collier.	*Halak*, id.	»
Zouar, premier, aº.	*Her*, id.	»

Je laisse aux lecteurs à tirer les conclusions. Je pourrais, si je ne m'en rapportais qu'à ma manière de voir, comparer avec avantage l'ancienne écriture libyque et l'écriture moderne des Berbères connue sous le nom de *Tifinag*, laquelle s'aligne, de même que celle des anciens Egyptiens, ou de droite à gauche, ou de gauche à droite, ou de haut en bas ; je pourrais, dis-je, comparer ces écritures avec celles des inscriptions hiéroglyphiques ou des alphabets démotique et éthiopien ; mais, comme on n'est point d'accord sur la valeur de plusieurs des caractères libyques ou berbères, je juge, pour le moment, plus convenable de m'abstenir ; l'avenir, j'en suis convaincu, amènera ce rapprochement complémentaire. Si je ne me suis point absolument égaré, ce travail, tel qu'il est, doit répandre quelque lumière sur l'essence de la langue berbère, dont la connaissance nous importe incontestablement, et sur la filiation du peuple si ancien, si vivace, si influent qui la parle. Outre ce résultat que je mets en première ligne, il engagera peut-être les égyptologues à rechercher quelquefois dans ces langues si curieuses du vaste continent africain l'appui, le complément de leurs études si actives, si profondes et si fructueuses J'invoquerai encore, comme gage de cet espoir, deux données qui me sont fournies par le berghamiah, langage d'une région de l'Afrique moyenne.

Plutarque, *de Is. et Os.*, 33, dit que l'Egypte, à raison de la cou-

---

[1] Caractère commun avec les langues sémitiques.

leur noire de son terrain, était de même que le noir de l'œil, appelée *khêmia*. On connaît en effet pour l'œil, ou du moins pour la prunelle, un nom copte tiré de la couleur noire, savoir : *kake*, *keke* ; mais il n'y a ici que l'idée énoncée par Plutarque, ce n'est pas le mot. D'un autre côté, dans le langage sacré, l'Egypte est indiquée en effet, d'une part, alphabétiquement par le nom *kêmi*, *khêmi*, signifiant en propre *noire* ; d'une autre part, symboliquement par un œil d'une forme spéciale, mais on n'a point, que je sache, trouvé pour cet œil un nom homophone. Or, en bergha-miah, *œil* se dit *kham*, *khami*, et ce n'est pas un fait isolé ; on retrouve le même mot dans d'autres dialectes sous les variantes orthographiques *ghim, schim, sim*.

En second lieu, Horapollon, i, 59, fait savoir qu'un nom de serpent chez les Egyptiens était *meisi*. On ne trouve non plus ce mot, je crois, ni dans les textes antiques, ni dans le vocabulaire copte. En *berghamiah*, le nom du serpent est *motshitshi* ; *tshitshi* est probablement un thème répété, en sorte que le mot, à la plus simple expression, est *motshi*, dont il est facile de saisir le rapport avec le nom donné par l'auteur des *Hiéroglyphiques*.

Dr A. JUDAS.

Le *Gérant :* J. ROUVIER.

Paris. — Impr. de POMMERET et MOREAU, 42, rue Vavin.

ORIENT ET OCCIDENT.

Encore de l'Orient !... va-t-on dire. Qu'on se rassure. Je conçois que cette question soit devenue fastidieuse et finisse par torturer le public, car l'esprit est prompt à se lasser des longs raisonnements politiques ou stratégiques..... Aussi mon but, tout modeste, est-il de l'envisager simplement au point de vue philosophique et moral, me gardant bien d'entreprendre d'en tirer les hauts enseignements que d'autres y ont puisés avant moi. Mon thème se résumera donc ainsi : « Nous devons beaucoup à l'Orient. Depuis longtemps la reconnaissance nous pressait d'acquitter cette dette ; seulement nous avons cru devoir nous montrer généreux en raison de son ancienneté et du degré de civilisation que les peuples ont atteint aujourd'hui.

Ce n'est au surplus qu'une ébauche que je livre au public. Pour lui donner de plus vastes proportions, il m'eût fallu pouvoir compter sur la ressouvenance d'une infinité de faits que mes lectures passées avaient accumulés dans mon esprit, et que je ne saurais invoquer sans des preuves suffisantes qui m'échappent.

Je me permettrai cependant d'en hasarder quelques-uns, en faisant appel à la mémoire de ceux qui, les ayant rencontrés comme moi dans leurs études, me rendront mentalement le témoignage d'avoir dit vrai.

Afin de procéder avec ordre, il faudrait suivre le fil des événements, et rien ne serait plus facile, l'histoire en ayant consacré la classification ; mais ce qui vient de se passer est trop à la gloire de notre nation, et offre trop d'éléments d'intérêt à tous les cœurs français, pour que je ne me sente pas tenté, dès le début, d'intervertir l'ordre chronologique.

En rapprochant d'ailleurs des époques ou des événements éloignés, pour en faire honneur aux Arabes d'autrefois, je ne crois pas commettre le moins du monde un acte d'apostasie religieuse ou patriotique, aucune comparaison n'étant admissible entre notre croyance et la leur, entre leur politique et la nôtre.

L'intervention récente des puissances occidentales dans les affaires d'Orient est le pendant de l'alliance qui eut lieu en 1525 entre la France, l'Angleterre, les Turcs, le pape et Venise, contre la puissance menaçante de Charles-Quint [1].

François Ier, éprouvant plus tard le besoin d'entrer en relation avec la Turquie, voulut obtenir, par une alliance, son concours actif, et le sultan *promit de l'aider de tout son pouvoir* [2].

En 1610, Henri IV traite aussi avec les Ottomans, dans le but de doter l'Europe d'un système qui pût donner une entière indépendance à ses nationalités et à ses cultes, sous la sauvegarde de tous ses souverains [3].

Je ne citerai pas le fait qui précéda tous ceux-ci, l'alliance d'Alexandre VI avec Bajazet II contre Charles VIII, roi très-chrétien, parce que ce fut une aberration d'esprit plutôt qu'un acte de saine politique, et qu'il fut généralement blâmé, comme le traité de François Ier avec Soliman, qualifié d'*attentat contre la civilisation européenne* [4], quoiqu'il trouvât des approbateurs parmi les hommes d'Etat du temps, parce que, étant loin de considérer la France comme un pays uniquement agricole, ils voulaient lui donner de plus vastes destinées [5].

D'un autre côté, l'histoire abonde en sévères leçons, résultat de grands maux dus à des fautes graves, à une économie mal entendue, à des négligences sans excuse, maux qui surgirent irréparables quand on voulut les combattre par des moyens énergiques, mais tardifs, ce qui rendit onéreux tous les sacrifices qu'on essaya de faire.

Au seizième siècle on considérait l'indépendance de l'Europe comme indissolublement attachée à l'intégrité du royaume de France. Aujourd'hui, cette indépendance a pour base principale la conservation de l'empire ottoman.

Si nous sommes intervenus récemment pour sauver la Turquie des malheurs dont elle était menacée, et qui devaient rejaillir sur l'Europe, en dérangeant son équilibre, et en jetant la perturbation dans son système politique, ne lui étions-nous pas redevables de nous avoir arrachés au même danger en 1553 ?

Alors l'empire d'Orient se trouvait dans la plus fâcheuse des

---

[1] Duruy, Abr. de l'Hist. de France, iii, 17.
[2] Id. 20.
[3] Id. 159.
[4] H. Martin, Hist. de France, 9, 336.
[5] Pouqueville, même Histoire, 41.

positions. Les troubles qui agitaient l'Europe ne permettaient pas de soutenir convenablement les deux Paléologues, quoiqu'ils accompagnassent la demande de secours qu'ils faisaient aux puissances latines, de la séduisante promesse d'opérer la réunion des deux Eglises si fatalement séparées.

La chute de cet empire était imminente. Les conséquences en auraient été désastreuses. Un auteur [1], comparant la prise de possession des Ottomans à la substitution de la vie à la mort, ajoute : « qu'elle contint cette région dans son unité, au moment où son éparpillement inévitable entre les mains de l'Europe allait en faire un monde colonial livré à l'orgueil, à la rivalité des diverses métropoles. »

Cette confiscation, dit-il, ôta aux nations de l'Occident des occasions de guerre et un champ de bataille à proximité, en même temps qu'elle préserva les populations chrétiennes orientales des désastres de toutes ces luttes [2].

Je m'abstiens de toute réflexion sur l'à-propos, qu'à trois cents ans d'intervalle, une nation croyait trouver à absorber dans son exubérante vitalité un Etat qu'elle voyait mourir. Je m'arrête toutefois à cette considération : que, si, en 1099, nous sommes allés combattre les Musulmans, parce qu'ils opprimaient les chrétiens, en 1854 c'est contre le chef de l'*orthodoxie* que nous avons tourné nos armes en Orient pour sauver l'empire du croissant menacé par ce prince dans son existence.

Puisque nous sommes sur les confins de la politique, citons quelques faits qui se rattachent à notre sujet.

Nos premiers rapports avec les mahométans datent du huitième siècle. Haroun-el-Rachid, calife de Bagdad, prouva, par ses relations avec Charlemagne, le grand cas qu'il faisait du roi de France. Celui-ci en reçut de riches présents et des faveurs inappréciables, puisqu'*il soumit à sa puissance le saint et salutaire lieu du sépulcre et de la résurrection de Notre-Seigneur* [3].

L'antériorité de nos relations avec les Turcs, à l'égard des

---

[1] M. E. Barrault, Occident et Orient, p. 8.

[2] Parmi les causes que M. H. Martin assigne à la conquête de Constantinople par les Ottomans, il compte « les discordes intestines de l'Eglise et celle des peuples chrétiens, *surtout la lutte acharnée de la France et de l'Angleterre* » comme ayant empêché « de tenter un effort capable de sauver la Rome de l'Orient. » (Hist. de France, VII, 418).

[3] H. Martin, Hist. de France, II, 461.

autres nations commerciales, faisait que les navires de celles-ci n'étaient reçus dans l'empire ottoman que sous la bannière de France.

Quoi de plus significatif, quant à la prépondérance des Turcs et au besoin que nous eûmes d'y recourir, que la notification faite au nom d'Amurat III aux duumvirs de Marseille qui n'avaient pas voulu reconnaître Henri IV pour leur souverain ? «Que s'ils persistaient dans leur rébellion, il ferait confisquer les biens des Marseillais en Turquie et jeter leurs personnes dans les fers[1].»

En sollicitant, en 1572 , de la Turquie une avance de tro's millions d'écus d'or [2] ne prouvâmes-nous pas que nous reconnaissions sa puissance financière elle-même ?

Il est à remarquer que ce fut à la même époque qu'on proposa à Selim II de nous céder le royaume d'Alger pour le duc d'Anjou [3].

Qu'on me permette de jeter maintenant un regard rétrospectif sur les enseignements précieux qui nous vinrent de l'Orient , sous le rapport des sciences, des arts et des mœurs elles-mêmes, un peuple n'arrivant pas au faîte de la civilisation sans devenir un modèle en tout.

Les croisades, longue période de douloureux sacrifices, de glorieux exploits et d'affreuses vicissitudes, furent cependant fécondes pour nous en lumières; la renaissance des lettres en France n'étant venue qu'à leur suite.

Il faut remonter à cette époque pour trouver la véritable origine de la chevalerie, ce que les romanciers racontent comme ayant existé avant les croisades *ne reposant sur aucune base sérieuse et n'étant que le produit de l'imagination* [4].

La chevalerie florissait alors en Perse , «comme conséquence de l'initiation mithriaque dont l'emblème était tout militaire[5].»

Les Arabes, qui ont beaucoup emprunté aux Persans, ajoutèrent des idées bibliques à cette institution.

« Quelques croisés en contact avec les Sarrasins, habitant des villes conquises, se firent admettre dans les initiations des sectes

---

[1] Ruffi, Hist. de Marseille, I, 407.
[2] Cette somme représentait 18,000,000 de notre monnaie.
[3] Pouqueville, même Hist., 47.
[4] Dict. politique, p. 658.
[5] Id.. id.

mahométanes et en particulier dans celle des *Mastékiyé* dont les principes de liberté et d'égalité universelle s'accordaient d'ailleurs parfaitement avec l'esprit du christianisme [1].

S'il pouvait rester quelques doutes sur cette origine, ils disparaîtraient devant l'aveu des Templiers, confessant, en 1305, que leurs règles étaient les mêmes que celles des musulmans.

Un auteur [2] a tout récemment découvert que c'était aux Arabes que nous avions emprunté notre art héraldique et que la fleur de lys, qui a figuré dans l'écu royal, est également d'origine orientale. Il explique ces deux faits par les termes mêmes du blason conservant leur ancien cachet et conclut enfin : 1° que les armoiries ne commencèrent en France qu'après la première croisade, sous Louis VII et Philippe-Auguste, 2° que c'est à l'imitation des Arabes et des Persans que la chevalerie, les tournois, les blasons ont été adoptés en Occident ; 3° que la fleur de lys est le symbole de la fécondité de l'ancienne Egypte, que c'est la plante sacrée, l'arbre de vie adopté par les Assyriens et les Perses, d'où elle passa à Byzance, pour arriver ensuite en Europe, toujours sous la forme d'ornement et d'attribut de la royauté [3].

Si l'histoire nous apprend que l'armée musulmane, au temps même du calife Omar, était organisée en divisions, en subdivisions et en compagnies fractionnées en escouades de dix hommes, ayant chacune un chef particulier [4] ;

Que les combattants asiatiques étaient supérieurs aux Occidentaux pour l'ordre et pour l'ensemble [5] ;

Que les musulmans ont eu des milices permanentes et soldées avant nous, puisque ce ne fut qu'en 1422 que Charles VII créa nos armées [6] ;

Qu'ils ont connu divers moyens de destruction dont ils avaient enrichi leur stratégie, tels que le feu grégeois et divers autres feux de guerre [7] ;

Est-il permis de douter ensuite un instant que les Arabes aient été nos maîtres dans l'art des combats ?

[1] Dict. politique, p. 658.
[2] M. le vicomte de Beaumont, Rech. sur l'orig. du blason.
[3] Revue de l'Orient, 12ᵉ année, 1854, t. 15, p. 66.
[4] Caussin de Perceval, Hist. des Arabes, III, 471.
[5] H. Martin, Hist. de France, IV, 118.
[6] Dict. politiq., 493.
[7] Bibliothèque de l'école des chartes, 2ᵉ série, t. III, 427.

Je ne rapporterai qu'un fait pour démontrer que les musulmans nous ont aussi devancés sur mer sous le rapport de l'art comme sous celui de la puissance : ce sont les immenses moyens qu'ils durent déployer pour jeter pendant plusieurs siècles leurs populations triomphantes sur les rives occidentales.

On reconnaît, au surplus, que « la race arabe a de tout temps eu des instincts nautiques [1]. »

Anquetil, qui n'est pas un grand critique, dit bien que Charlemagne avait des vaisseaux depuis l'embouchure du Tibre jusqu'en Germanie, mais cette assertion hyperbolique n'est-elle pas infirmée par l'aveu qu'il fait que Boulogne en était l'établissement principal [2] ?

Lorsque Soliman unit en 1543 sa flotte à celle de la France, quelle était la mieux équipée, la mieux armée des deux ?

Les Français étaient si mal pourvus de *toutes choses*, qu'il leur fallut acheter des boulets et de la poudre aux musulmans [3].

Je ne m'étendrai pas sur ce que les Arabes ont pu nous enseigner, car, comme « le flambeau des sciences et des arts avait éclairé l'Arabie avant de jeter la moindre lueur sur les autres nations, ce qui prouve son droit d'aînesse sur la terre [4], » je ne vois pas qu'on puisse contester que nous nous soyons au moins perfectionnés à leur école pour tout ce que nous n'en avons pas appris directement.

Les Arabes cultivèrent les sciences avec succès, et c'est à eux que l'Europe en fut redevable, ainsi que de la connaissance des auteurs grecs qu'ils y introduisirent au moyen des traductions de leurs ouvrages [5].

Les principales sciences que les Arabes possédèrent furent : l'astronomie, la poésie, l'architecture, l'algèbre, la philosophie, la médecine et la chimie. Cela est hors de toute contestation.

On ne s'accorde pas aussi facilement sur l'origine orientale de notre architecture [6]; l'un des dissidents, M. H. Martin, pense

[1] J.-J. Baude, Rev. des Deux-Mondes, IX, 1229.
[2] Hist. de France, I, 404.
[3] H. Martin, Hist. de France, IX, 396.
[4] Encyclop., Suppl., I, 502.
[5] « Quelques-uns de ces ouvrages qui sont perdus en grec ne se trouvent que dans les traductions arabes. » (Encycl., X, 271.)
[6] Les architectes de ce temps-là (les premiers Capétiens) faisaient consister les beautés de l'architecture dans une délicatesse et une pro-

que l'ogive n'est pas plus sarrasine que gothique, mais originaire de notre Gaule, quoiqu'il admette qu'elle ait pu être con-
çue par les Normands en Sicile ; ce qui ne détruit pas son origine, puisque les Arabes ont possédé cette île bien avant les
prétendus créateurs de la forme ogivale.

Pour prouver son assertion, cet historien prétend qu'ogive
vient du latin *oculus* ou de l'allemand *aug*, tous deux signifiant
œil ; quant à moi, je ne vois pas trop comment les fenêtres ne
seraient les yeux des églises que sous cette unique forme.

Il n'est qu'une opinion en Orient sur l'origine persane de l'architecture, et le nom des divers outils servant à cet art en est
un témoignage irrécusable, car ils n'ont pas été traduits en
arabe [1].

Il y a, du reste, une grande ressemblance dans la physionomie des monuments des deux pays. Je pourrai même les comparer à ceux du nôtre à l'époque où l'on construisait des châ-
teaux dans le style oriental, attendu que le luxe s'appliquait à la
partie extérieure et quelquefois exclusivement à l'entrée, tandis
que l'intérieur était d'une simplicité presque vulgaire.

Cela se concevait pour les Orientaux, qui ne recevaient qu'à
leur poste ou dans une pièce contiguë, et pour nos grands seigneurs qui les avaient imités dans cette coutume.

L'origine arabe des diverses sciences que j'ai énumérées est
attestée par une infinité de termes que notre langue a conser-
vés jusqu'à l'adoption d'une nomenclature plus appropriée aux
progrès qu'elles ont faits.

Les Arabes durent débuter par l'étude du ciel, l'état de pas-
teur leur donnant la facilité de le contempler toutes les nuits
à la faveur surtout d'une transparence continuelle qui est particulière à la Syrie.

C'est ce qui a fait dire à Platon que ce fut un barbare qui
observa le premier les mouvements célestes, occupation à la-

fusion d'ornements jusqu'alors inconnus, excès dans lequel ils tombèrent sans doute par opposition à la gothique qui les avait précédés ou
par le goût qu'ils reçurent des Arabes et des Maures qui apportèrent ce
genre en France des pays méridionaux. (Encyclop., I, 617.)

[1] M. Giraud de Prangey, auteur d'un Essai sur l'architecture des
Arabes, ne met pas en doute cette origine, et il dit que « sous Omar, on
voit prédominer tout à fait l'alliance des sciences et des arts des Persans. (Page 7.)

quelle il fut déterminé par la beauté du ciel pendant l'été, soit en Egypte, soit en Syrie. Ce philosophe prétend que si les Grecs se sont appliqués fort tard à l'astronomie, c'est au défaut seul d'une atmosphère telle que celle des Egyptiens et des Syriens, qu'il faut s'en prendre [1].

Les Arabes ont écrit un nombre considérable d'ouvrages sur cette science, et la bibliothèque d'Oxford en possède à elle seule plus de quatre cents qui restent en grande partie inconnus à nos savants.

Les calculs qu'ils nous ont transmis sont d'une justesse irréprochable.

Un de leurs plus grands astronomes mathématiciens fut *Geber*, dont le nom a servi à composer celui d'algèbre.

La supériorité du génie poétique des Arabes est généralement reconnue : « en sortant des mains de la nature, ils sont tous poètes et orateurs [2]. »

Ce n'est donc pas sous ce rapport que l'on contesterait que nous les ayons pris pour modèles, surtout devant la preuve que le goût de la poésie ne s'est développé chez nous, en même temps que celui des autres sciences, que par suite de nos relations avec l'Orient.

Cette conclusion ne doit pas nous dispenser toutefois de signaler les richesses poétiques des Arabes. J'avouerai pourtant que les éloges de nos orientalistes, quoique mérités en grande partie, me paraissent fort exagérés. C'est donc à un étranger [3] que j'emprunterai un éloquent jugement [4] sur les auteurs des sept poëmes appendus à la voûte du temple de la Mecque [5]. Le voici :

Amroul-Kaïs est gracieux, gai, splendide, élégant, varié, plein de charmes.

Tarafah, rempli d'audace, s'excite, bondit, et se livre parfois à une franche gaîté.

---

[1] Encyclopédie, I, 784.

[2] Encyclop., Supp., t. 502.

[3] W. Jones.

[4] Rapporté par Assemani : *Saggio sull' origine culto, litteratura e certumi degli arabi* XLVI.

[5] Ne serait-ce pas l'origine de la coutume de placer les chefs-d'œuvre au pinacle?

Zobeir, profond, sévère, chaste ; les préceptes moraux et les sages maximes abondent dans ses vers.

Lébid est léger, amoureux, brillant, délicat : comme Virgile, dans sa seconde Eglogue, il se plaint du faste et du dédain de son amie en énumérant ses richesses et ses vertus. La gloire de sa tribu est aussi l'objet de son culte.

La poésie d'*Antarah* a de la magnificence, de l'ampleur; elle menace, elle va droit à l'âme et se distingue par une grande richesse de descriptions et d'images.

Amrou est véhément, sublime et glorieux.

Hareth enfin est rempli de sagesse, d'élévation, de dignité.

L'auteur termine par cette comparaison : « Les poésies de *Amrou* et de *Hareth* sont opposées entre elles comme les discours de Démosthène et ceux d'Œschine. »

La haute civilisation des Arabes est prouvée par la gloire qu'ils ont mise à enrichir leur langue, à la posséder à fond, à employer dans la conversation les termes les plus propres, à donner un tour heureux à la poésie, à composer des discours avec art [1].

Il n'est point d'orientaliste qui ne trouve une parfaite ressemblance entre les séances de *El-Hariri* et le style de nos beaux esprits, au temps où la poésie prenait naissance chez nous.

Le besoin d'emprunter à l'Orient, ou pour mieux dire de l'explorer, fut si généralement senti, que, sur « une résolution prise au concile de Vienne, en 1311 et 1312, on établit des chaires de langues orientales à Paris, à Rome, à Oxford, à Bologne et à Salamanque, où se formèrent des sujets capables d'exploiter les mines savantes de l'Orient [2]. »

« En 1587, Henri III fonda la première chaire d'arabe au Collège de France : c'était constater la mort de cette langue en Europe [3]. »

Sous le rapport des sciences, sous celui de la littérature, le Caire était la ville qui présentait le plus de ressources. La mosquée *El-Azhar* réunissait tous les moyens d'instruction désira-

---

[1] Assemani, XXXIX.

[2] Pouqueville, Mém. hist., 33.

[3] Un million de faits, col. 1092.

bles : local convenable , bibliothèque, professeur, fondations pour l'entretien d'un très-grand nombre d'élèves.

Nous n'avons pas de notions bien exactes sur l'étude de l'algèbre et de la philosophie chez les Arabes ; quelques auteurs veulent qu'ils aient enveloppé celle-ci de beaucoup de minuties et de préjugés, mais l'histoire nous apprend, d'un autre côté, que Pythagore même eut recours à eux pour le perfectionnement de sa philosophie [1] ; et la Bible faisant l'éloge de la sagesse de Salomon le compare à celle des Orientaux qui étaient les Arabes.

Les saintes Écritures nous rappellent que la magnifique reine de Saba et les rois mages étaient de l'Arabie.

Au sujet de la philosophie je dois faire remarquer que « l'enseignement de l'Eglise s'affermit au moyen de l'aristotélisme emprunté aux Arabes, qui, sous les Abassides, avaient traduit dans leur langue les écrivains grecs, et rassemblé de riches bibliothèques [2]. »

Ils eurent beaucoup d'autres mathématiciens célèbres, et un plus grand nombre d'historiens non moins renommés, que l'Europe connaît cependant à peine.

L'érudition a été autrement en honneur chez les Arabes.

La médecine fut surtout cultivée par eux avec infiniment de succès. « Les amateurs de cette science étaient obligés d'aller « en Espagne, chez les Sarrasins, d'où revenant plus habiles on « les appelait *mages* [3]. »

Ce sont les écrits des Arabes qu'on expliquait uniquement dans les académies publiques, ceux des Grecs étant peu connus et sans crédit.

« Les Arabes furent les premiers maîtres dans l'art de guérir. Ils eurent des disciples chez toutes les nations. Les rois et les grands, affligés de maladies, leur donnaient leur confiance, qui était justifiée par quelques succès [4]. »

J'ai déjà nommé l'inventeur de la chimie chez les Arabes.

[1] Principalement sur la divination par le vol et le chant des oiseaux. (Encyclop., 1567.)

[2] Un million de faits, 875.

[3] Encyclop., x, 261.

[4] Idem, Supp., i, 502.

Je puis ajouter qu'on leur reconnaît la priorité dans l'application des produits chimiques à l'art de traiter les maladies.

Parmi les riches présents du calife de Bagdad à Charlemagne se trouvaient beaucoup de médicaments.

Les Arabes ont été aussi nos devanciers dans la recherche de la pierre philosophale, mais on leur pardonne leurs folies à ce sujet, parce qu'elles « n'en conduisirent pas moins à d'heureuses découvertes. Quelques astrologues, à force de regarder le ciel, en vinrent à y chercher les lois du mouvement des astres ; les alchimistes ne trouvèrent pas l'or dans leurs creusets, mais des corps nouveaux, en chemin faisant, quelque propriété des corps jusqu'alors inconnue. Ainsi furent découverts l'art de la distillation, des sels acides énergiques, des verres convexes, c'est-à-dire des lunettes, la poudre à canon, que les Arabes connaissaient déjà, et la boussole qui nous vient peut-être de la Chine [1]. »

Quoique la musique ne figure pas sur la liste des emprunts que nous avons faits à l'Orient, il n'est pas dit que nous n'en devions pas les éléments aux Arabes, puisqu'elle a été soumise chez eux à des règles fixes et que leur système noté est parvenu jusqu'à nous.

Elle paraît avoir pris naissance en Égypte. Si elle n'a pas progressé depuis Mahomet, c'est que ce prophète a été loin de l'encourager.

Des esprits observateurs ont trouvé, toutefois, que les airs arabes, dans leur gravité traditionnelle, pourraient bien être ceux qui servirent aux cérémonies religieuses des temps anciens, sauf quelques modifications ou agréments que le goût des exécutants y aurait introduits.

« Les mythologues et les auteurs de romans chez les Musulmans veulent, au surplus, que Zoharah (Vénus) soit l'idole de la musique, et ils lui font porter une lyre à la main, comme nous la donnons à Apollon [2]. »

En fait de peinture et de dessin, il est hors de doute que nous devons les arabesques à l'Orient. J'ajouterai pourtant que nous lui avons fait d'autres emprunts, et que l'ornementation de nos

[1] Duruy, Abrégé de l'Histoire de France, II, 134.
[2] D'Herbelot. Bibliot. orient., p. 938.

manuscrits est en tout point semblable à celle des livres arabes
et persans. L'identité est d'autant plus parfaite qu'ils n'en ont
point prescrit les figures comme les Musulmans sunnites, quoique leur législateur n'ait proprement défendu que les statues
et la représentation des êtres pourvus d'une âme.

Après avoir emprunté à l'Orient ses sciences nous lui avons
pris également ses mœurs. Il était tout naturel d'imiter ceux à
qui on reconnaissait une supériorité intellectuelle.

Nous étions illettrés lorsque les Arabes se montraient policés;
et, sans vouloir les excuser dans la transformation qu'ils durent
à leur fanatisme, je dirai que nous n'avons pas su discerner le
mérite là où il se trouvait, accompagné, il est vrai, de sentiments
que nous blâmions, bien que nous en fussions en quelque sorte
la cause.

Quoi de moins sympathique, en effet, que ce cri de guerre
qui n'a pas manqué de retentissement en Orient :

Croisade pour l'extirpation des infidèles [1] ?

Je ne rapporterai aucune des horreurs commises par les croisés sur les Mahométans; mais, pour donner une idée de ce dont
ils furent capables, je ne citerai que leur conduite à l'égard des
habitants *chrétiens* de Constantinople, le 12 avril 1204, jour à
jamais néfaste, et les dévastations qu'ils exercèrent contre les
nombreux objets d'arts qui embellissaient cette capitale, et
que leur barbarie les porta à détruire entièrement [2].

« Si les Arabes ont surpassé les autres nations en férocité, ils
ont aussi donné des exemples de bienfaisance qui ont eu peu
d'imitateurs. Nobles et fiers dans leurs sentiments, ils ont fait
consister la félicité dans la distribution des bienfaits, et le malheur dans l'humiliante nécessité d'en recevoir. Pères tendres,
enfants respectueux, ils écoutent avec une délicieuse émotion
la voix de la nature qui sans cesse parle à leur cœur. On a fait
de tout temps l'éloge de leur fidélité à tenir leurs engagements;
celui qui viole la sainteté du serment est condamné à vieillir
dans l'ignominie. C'est avec leur sang qu'ils scellent leurs al-

---

[1] Encyclop., XI, 504.
[2] H. Martin, IV, 158, et tous les historiens.

liances, pour leur imprimer un caractère plus sacré ; les droits de l'amitié sont inviolables [1]. »

Les rois d'Occident pouvaient recevoir de Salah-Eddin des leçons de politesse et de générosité, tandis qu'il n'avait rien à envier aux chrétiens, même sous le rapport de la milice [2].

« Rien n'irritait plus fort les Sarrasins, dit Mézeray [3], que la mauvaise justice. »

Ce fut à son retour de Palestine que Louis IX mit la main à l'œuvre de la réforme des mœurs en France par suite peut-être de ce que ses voyages lui avaient appris, et il débuta par détruire de grands abus.

« Le signal des réformes fut une ordonnance du mois de décembre 1254 [4]. »

Les usages empruntés à l'Orient se conservèrent longtemps chez les grands seigneurs qui vivaient dans leurs terres.

« Dès l'âge de sept ans, le futur chevalier était enlevé du milieu des femmes et confié à quelque vaillant baron qui lui donnait l'exemple des vertus chevaleresques. Jusqu'à 14 ans il accompagnait le châtelain et la châtelaine comme *page, varlet, damoiseau* ou *damoisel.* Il les suivait à la chasse, lançait et rappelait le faucon, maniait la lance et l'épée, et s'endurcissait aux plus rudes exercices. Par cette activité incessante, il se préparait aux fatigues de la guerre et acquérait la force physique nécessaire pour porter les lourdes armes du temps [5].

Les autres mœurs des anciens seigneurs présentent une parfaite analogie avec les coutumes qui se maintiennent encore, faiblement il est vrai, en Orient, n'étant plus l'apanage que des riches propriétaires jouissant d'un reste d'autorité.

« Les Français rapportèrent des croisades la mode des longs habits. C'était une soutane qui descendait jusqu'aux pieds. Les chevaliers avaient seuls le droit de porter un manteau [6]. »

Or, ce qu'on a appelé *soutane* c'est le *gombaz* des Arabes ; le manteau est le *bénéch* que revêtaient les gens de loi et les hauts employés.

[1] Encyclop., Suppl. I, 501.
[2] H. Martin, IV, 119.
[3] Idem, I, 314.
[4] Idem, IV, 541.
[5] Duruy, Abr. de l'Hist. de France, II, 92.
[6] Le Bagois, Instruct. sur l'Hist. de France, 100.

Nous leur avons pris aussi leurs souliers à pointe, et le baron de Tott penche à assigner une origine orientale aux bonnets cauchois.

Comme chez les Arabes, on se lavait chez nous les mains au commencement et à la fin des repas. L'eau était souvent aromatisée.

«Quand on buvait à quelqu'un, il était de la politesse que celui-ci fît raison aussitôt [1].»

Avant François Ier, le sceau tenait lieu de signature.

Tout cela se pratique encore en Orient.

L'usage des fous à la cour des rois vint sans doute des Arabes.

Nous leur empruntâmes, comme j'ai déjà dit, les idées chevaleresques, et je rappellerai, à cette occasion, que c'est un Provençal [2] qui, fondant l'ordre militaire des hospitaliers, fut un de leurs premiers imitateurs.

Les armoiries et les noms des familles datent du temps des croisades [3].

Malheureusement nous imitâmes encore les Orientaux dans un commerce justement reprouvé, le trafic des *blancs*, et nous nous y livrions honteusement avant d'entreprendre la traite des *noirs*.

C'étaient les Vénitiens et les marchands de Verdun qui vendaient en Syrie leurs propres concitoyens pour la garde des harems [4].

Le duc Eudes d'Aquitaine n'y fit-il pas entrer sa fille, «princesse d'une beauté incomparable, pour que le calife la ployât à sa fantaisie, et la rendît mahométane, s'il voulait [5]?» C'était en contractant une alliance avec ce prince qu'il cherchait ainsi à se le rendre favorable !...

Les premiers religieux chrétiens ayant apparu en Egypte alors que l'Orient était peuplé d'une infinité d'ordres de derviches, vivant absolument d'après des règles monastiques, ne serait-il pas possible que nos diverses corporations de religieux mendiants ne se fussent établies en France, au treizième siècle, que par suite des exemples d'édification donnés par les musulmans, fort ascétiques à cette époque?

[1] Le Ragois, Instruct. sur l'Hist. de France, 147.
[2] Gérard Tenque.
[3] V. Duruy, Abr. de l'Hist. de France, II, 91.
[4] Pouqueville, 18.
[5] Mézeray, I, 314.

Je n'ai trouvé nulle part que les Arabes nous aient appris à
fumer, et pourtant il est certain qu'ils se servaient d'une plante
nommée *tabegh* ou *tabagh*. Cette ressemblance d'appellation
n'autoriserait-elle pas au moins un doute sur l'usage du tabac
en France, avant l'introduction de la nicotiane en 1560? Ce serait, dans cette hypothèse, à celle-ci qu'aurait été donnée la dénomination de l'herbe déjà connue, mais fort peu, et peut-être
dans le midi seulement.

Pour apprécier les avantages que nous valurent nos relations
avec l'Orient, en fait d'industrie, il faut considérer, comme nous
venons de le voir, que cette contrée était aussi avancée sous le
rapport des arts que sous celui des sciences.

Nos voyageurs, guerriers ou commerçants, trouvèrent à y
puiser, en dehors de leurs professions, des lumières qu'ils rapportèrent dans leur patrie.

Les croisades coûtèrent immensément à la France, il est vrai;
mais elles leur rapportèrent en échange ces idées asiatiques de
goût et de luxe qui, en ravivant notre nation prête à s'éteindre
dans le marasme, lui inspirèrent l'amour du travail, éclairèrent
son génie, et, par le développement de ses rapports avec l'Orient,
finirent par lui faire sentir le besoin de régner aussi dans cette
riche partie du monde où d'autres nations avaient déjà conquis
de belles colonies.

« On sait que, dans les expéditions des croisés, on enrôlait de
préférence ceux qui avaient un métier ou qui exerçaient une
profession mécanique[1]. »

Par cet ingénieux moyen on réussit à posséder ce que les arts
d'Orient offraient de plus remarquable.

Michaud nous apprend aussi « que les Sarrasins avaient des
manufactures d'étoffes avant les croisades; qu'à Damas et dans
les villes d'Egypte on travaillait les métaux avec plus de perfection que dans l'Occident. »

Il rapporte que le sire Joinville, ayant acheté à Tripoli des
camelots, en expédia des pièces à la reine Marguerite qui, les
prenant pour des reliques, s'agenouilla d'abord pour les recevoir. Il ajoute que ce tissu devait jouir déjà d'une certaine renommée, puisque c'était le roi qui en avait fait la demande.

[1] Michaud, Hist. des Croisades, VI, 348.

Chaptal reconnaît que nous importâmes d'Orient des machines et des procédés utiles.

C'est à l'époque des croisades que « l'on vit se former, dit-il, des manufactures de toile à Laval, à Lille et à Cambrai ; des fabriques de draps à Amiens, à Reims, à Arras, à Beauvais, et qu'on enrichit la France de la distillation des vins, de l'art de fabriquer les parfums, etc. [1].»

Née sous François Ier et Henri IV, l'industrie ne devait toutefois progresser que par l'impulsion que lui donnerait Colbert.

Ce ministre ne s'inquiéta pas de lui faire rendre beaucoup : il voulut qu'elle produisît bien [2].

Les tapis, les riches étoffes tramées d'or et d'argent, de même que le fer étamé, l'acier, les poteries fines, les verreries, les peaux ne nous vinrent plus de l'Orient.

Nous continuâmes cependant à en tirer le verre, dont la découverte eut lieu sur la plage près de Saint-Jean-d'Acre, des arbres et des plantes utiles, des tissus de coton enfin que le Levant a été en possession de nous fournir jusqu'au commencement de ce siècle [3].

Les croisés apprirent en Orient l'orfévrerie et l'art d'appliquer l'émail. Ils nous rapportèrent les moulins à vent.

Nul n'ignore que la première horloge mécanique qu'on ait vue en France avait fait partie des riches présents adressés à Charlemagne par Haroun-el-Rachid.

Ce roi lui avait envoyé un prêtre pour le rendre favorable aux chrétiens de Syrie [4].

Gerbert, qui inventa en France la première horloge à balancier, dut y employer les chiffres arabes [5].

La seconde ambassade du calife de Bagdad apporta au roi « des tentes de lin teintes d'éblouissantes couleurs, des vêtements de soie, des parfums, du baume, diverses sortes de médicaments ; toutes ces choses en telle quantité qu'il semblait qu'on en eût vidé l'Orient pour en remplir l'Occident [6].

[1] De l'Industrie française, disc. prél. xxxv.

[2] V. Duruy, Abr. de l'Hist. de France, iii, 223.

[3] Le décret qui prohiba les toiles de coton et frappa les cotons filés d'un droit de 60 pour 100 est du 22 février 1806.

[4] V. Mézeray, i, 423.

[5] Le Ragois, 107.

[6] H. Martin, ii, 477.

J'oubliais de dire que l'horloge envoyée par Haroun-el-Rachid était en bronze doré avec carillon et personnages mouvants [1].

M. J. Julliani, qui a si parfaitement traité l'histoire commerciale de Marseille, fonde la prospérité de cette ville sur ses relations avec le Levant et en fait remonter l'origine à son berceau [2].

C'est conclure *à priori* que les rapports de cette ville avec l'Orient datent des temps les plus reculés.

Cet écrivain établit également que ce commerce « était au moyen-âge la source de toutes les richesses de l'Europe [3]. »

Savary n'évalue cependant qu'à 20 millions le montant des produits qu'on retirait annuellement des Etats du Grand-Seigneur. Il n'en accorde que 2 1/2 aux Français, 15 aux Anglais et aux Hollandais, le reste aux Vénitiens et aux Génois, et donne aux retours des seuls comptoirs de la basse Syrie une valeur de 962,500 fr. [4].

Pendant les croisades, Alexandrie devint l'intermédiaire des relations de l'Egypte, des Arabies et de la mer des Indes avec l'Occident, comme la haute Syrie fut celle de ces contrées avec l'Asie centrale.

N'oublions pas toutefois qu'en ce temps-là, le commerce de Marseille n'était pas celui de tout le pays. Il faut donc chercher quelle direction les marchands du royaume faisaient prendre aux affaires de leur négoce; car, bien que M. H. Martin les accuse d'une extrème indifférence à cause de la commode situation de la France, qui lui permettait « de recevoir de toutes mains les productions des autres peuples, » ce qui laissait engourdir ses plus belles facultés, en la condamnant à rester au-dessous de ses destinées intellectuelles, une réaction se manifesta « contre cette facilité à s'ouvrir passivement à toutes choses extérieures et fut suivie d'une salutaire excitation à produire [5]. »

Les principes de Henri IV et de Colbert l'avaient emporté sur ceux de Sully et des économistes en fait d'industrie. C'est à ces deux grands hommes que la France dut ses manufactures de tissus divers et d'une infinité d'autres produits artistiques

[1] H. Martin, II, 477.
[2] Essai sur le commerce de Marseille, II, 209.
[3] Idem, 210.
[4] Dict. de commerce, I, 313.
[5] Hist. de France, XIV, 690.

qui l'enrichirent tour à tour, sans compter la propagation du
mûrier qui lui vint aussi de la Syrie.

Les tissus étrangers que nous parvînmes à fabriquer et qui
consistaient en toiles blanches et peintes, en satins, bours, ker-
menouts, etc., autres étoffes de soie, c'était Alep et ses environs [1] qui nous les avaient fournis jusque-là [2].

Jacques Cœur s'élance en 1429 de la ville de Bourges vers la
Syrie et l'Egypte, résolu à associer sa patrie aux immenses
avantages que les relations avec l'Orient valaient aux nations
qui s'y livraient.

Il crée une marine, place des agents partout, et, au moyen
d'opérations bien combinées, les articles de ces contrées affluent
à Montpellier [3] et y entretiennent un commerce avantageux pendant un long espace de temps.

Les opérations de Jacques Cœur n'avaient pas seulement
pour but les étoffes, les épiceries, d'autres denrées encore, elles
embrassaient particulièrement l'échange du cuivre rouge d'Occident contre les monnaies d'or et d'argent d'Egypte et de Syrie,
échange qu'il savait rendre très-lucratif [4].

Le port de Narbonne, compté alors au premier rang des villes
marchandes, devint aussi le rendez-vous des flottes de l'Orient [5].

L'or qui nous venait de ce pays n'empêcha pourtant pas Sully
de prohiber, en 1604, la sortie de ce métal [6].

Le besoin aussi indispensable que pressant de se procurer
les produits de l'Orient fut longtemps satisfait au détriment de
de l'intérêt général, car si les commerçants retiraient d'énormes
bénéfices dans leurs spéculations, la nation, en perdant son
numéraire, se voyait privée de ce grand moteur du commerce.

Ce ne fut qu'à la longue qu'on songea à remédier à ce grave
inconvénient en essayant d'importer différents articles qui prirent faveur sur les divers points où nous entretenions des rapports, et ces débouchés s'étendant de plus en plus, nos manu-

[1] Le Diarbekir, le Kurdistan, etc.

[2] Chaptal, de l'Industrie française, I, 119.

[3] Cette ville était alors le port où abordaient les navires de Jacques
Cœur.

[4] H. Martin, VII, 288.

[5] Pouqueville, 7.

[6] Duruy, Abrégé de l'Histoire de France, III, 157.

factures jouirent d'un nouvel avantage, puisque l'argent dont nos négociants s'étaient privés jusque-là resta en France.

Dans une assemblée de commerce que Henri IV convoqua, on se proposa, entre autres choses, de se soustraire, en fondant des haras, à l'obligation d'acheter des chevaux à la Turquie.

En 1670, « Colbert encouragea la formation d'une compagnie du Levant, à laquelle le roi prêta 200,000 livres et accorda pour quatre ans une prime de 10 livres par pièce de drap qu'elle transporterait en Turquie avec quelques autres priviléges [1].

Ce ministre ne s'en tint pas là. Il établit une compagnie des Indes et ouvrit de nouvelles voies au commerce de l'Asie par la mer Rouge et le golfe Persique. Des préparatifs militaires furent en même temps faits dans le cas où l'on rencontrerait de l'opposition de la part du pouvoir ottoman. Aussi doit-on considérer comme une sorte de révélation ce que Boileau dit au roi dans une épître :

> Ce n'est pas... que je ne pusse...
> Te livrer le Bosphore, et d'un vers incivil
> Proposer au sultan de te céder le Nil.

Car, quel que fût le secret des affaires en ce temps-là, il était facile de comprendre que le souverain avait fixé son attention sur de grandes conquêtes à faire dans l'Asie centrale, et l'on est fondé à croire que l'expédition entreprise dans les temps modernes par Bonaparte n'a été qu'une réminiscence du projet de Louis XIV.

Malheureusement des actes d'ingratitude et de déloyauté avaient été commis dans les Indes ; quelques négociants, ne mettant plus de borne à leur avidité, s'étaient livrés à toutes sortes de fraudes dans les fournitures qu'ils faisaient à ces peuples lointains chez lesquels ils avaient puisé de si nombreux éléments de fortune.

Nous ne relèverons un petit coin du rideau qui cache cet hideux souvenir que pour citer le fait relatif au droit qu'on avait alors de battre monnaie. Par l'alliage qu'on augmentait continuellement, on parvint à ne mettre en circulation que de fausses monnaies et à recueillir ainsi un bénéfice frauduleux de 80 à 90 pour 100.

---

[1] H. Martin, XIV, 670.

« Cette monnaie portait pour légende : *Vera virtute imago,* et, au revers, l'écusson de France entouré de ces mots : *Currens per totam Asiam*[1]. »

Hâtons-nous d'ajouter que ce fut « après la cessation de ce brigandage, en 1660, que la chambre de commerce de Marseille s'organisa et qu'elle fut approuvée par le roi[2]. »

Les faits que nous venons de rapporter ne sont certainement pas les seuls qui prouveraient le changement total qu'ont subi les choses d'Orient et d'Occident, mais ils suffisent pour faire apparaître à nos yeux un tableau de ce qu'on appelle vulgairement *le monde renversé.*

L'esquisse rapide des événements qui se rattachent à la politique a suffisamment démontré, je pense, qu'en agissant comme elle a fait dernièrement, la France a rempli envers la Turquie un devoir de reconnaissance, en même temps qu'elle a répondu au vœu de l'Europe, dont sa position la rend en quelque sorte l'arbitre.

Mais avons-nous besoin de faire remarquer davantage ce qui ressort de plus clair de notre parallèle entre les deux temps ? Prépondérance, force, tactique, lumières, richesses, tout a abandonné l'Orient pour venir se fixer en Occident.

Nous fournissons des maîtres à la Turquie, et tous les travaux n'y sont entrepris que sur le tracé de nos ingénieurs.

Nous avons successivement communiqué aux Turcs nos perfectionnements administratifs et nos découvertes dans l'art de la guerre.

La supériorité maritime de l'Occident est dans des proportions autrement grandes.

Ses progrès dans les sciences et les arts sont encore plus incommensurables.

L'Orient se fait, à son tour, honneur d'emprunter ses professeurs en tous genres à l'Europe savante.

Des écoles françaises sont ouvertes en Orient, et notre langue est déjà étudiée et parlée par un grand nombre de Turcs et d'Arabes. Ce sont nos livres qui leur enseignent les sciences aujourd'hui.

[1] Pouqueville, 62.
[2] Idem, 63.

A cette demande que fit en Egypte M. Michaud, à savoir si l'on composait des ouvrages nouveaux, on lui répondit : « Quelques traductions des langues européennes, rien autre [1]. »

L'*Antologie arabe*, imprimée au Caire, est la reproduction de l'œuvre composée par M. Humbert de Genève, de sorte que les Orientaux en sont réduits à traduire nos livres ou à nous demander les leurs, pour les répandre au moyen de la typographie que nous leur avons pareillement enseignée.

Il faut avouer cependant que l'Europe a fait acte de barbarie à l'égard de l'Orient, en prenant le râteau de son insatiable curiosité dans ses bibliothèques, et en retirant les meilleurs ouvrages qu'elles renfermaient ; de sorte que maintenant que les peuples de ce pays, sortant de la léthargie dans laquelle l'ignorance les avait insensiblement jetés, doivent tourner forcément vers l'Europe leurs regards, pour lui emprunter leurs anciens écrits et ceux que les progrès des lumières y a fait naître.

Les Orientaux n'étaient toutefois que médiocrement édifiés de ce qu'ils entendaient dire des discordes civiles, de l'oubli des devoirs et du relâchement des mœurs en Europe, et ils redoutaient tout ce qui en venait. Aussi leur apathie traditionnelle leur faisait-elle préférer leur position précaire aux changements qui, en promettant le bien, augmentent souvent le mal. Ils ont vu fréquemment, en effet, de prétendues propagations de lumières servir plutôt à troubler les sociétés qu'à les éclairer.

C'est ce qui fait qu'en général ils ne nous imitent qu'extérieurement, n'ayant pris au sérieux que nos costumes, nos modes et nos manières.

Il est toutefois des personnages en Orient chez lesquels les préventions se sont en partie dissipées, et qui nous considèrent comme les arbitres des futures destinées de la Turquie.

Sans entamer la nomenclature des nombreux procédés fournis à l'Orient, en échange de ceux dont il nous avait gratifiés jadis, je me bornerai à dire que le moulin à vent a été remplacé là-bas par le moulin à vapeur, et le vulgaire alambic par des appareils distillatoires d'une toute autre puissance.

Quant au commerce avec l'Orient, j'avouerai qu'il a subi une infinité de transformations, et que si, pendant qu'il florissait entre nos mains, quelques années suffisaient aux Français éta-

[1] Correspond. d'Orient, vi, 301.

blis dans ces contrées pour se retirer avec une brillante fortune, ce sont, depuis plus de trente ans, des Levantins venus à Marseille, qui, l'ayant sensiblement accru, l'exploitent maintenant, en y faisant d'énormes bénéfices.

Depuis que nous fournissons à l'Orient plus que nous n'en retirons, c'est lui qui nous solde en numéraire.

Après tous les changements dont nous avons été témoins et surtout après les événements qui viennent de s'accomplir, il est permis de prédire que les sujets de l'empire ottoman, longtemps séparés, pourront vivre entre eux à l'avenir, si ce n'est entièrement en frères, du moins en compatriotes, puisqu'ils seront unis par les liens d'un intérêt commun, l'égalité établie devant la loi parmi les individus des diverses religions composant la nation turque, égalité qui les rendra solidaires les uns des autres.

Je suis toutefois obligé d'ajouter, pour ceux qui ne connaissent pas l'esprit de ces populations, que le résultat tant désiré ne sera dû qu'aux efforts réunis des musulmans et des chrétiens pour se relâcher de leurs prétentions anciennes chez les uns, nouvelles chez les autres. Là est la pierre d'achoppement. Le temps seul, par l'œuvre lente des générations, pourra produire une abnégation heureuse d'où sortira la concorde.

L'état présent de ce pays ne révèle pas moins aux plus incrédules un pas immense vers le bonheur de tous, vers celui des particuliers comme vers celui du pouvoir, qui rencontre déjà moins de difficultés dans les mesures qui lui restent à prendre pour doter enfin l'empire d'une administration irréprochable, ayant pour bases les principes dont l'Europe civilisée lui donne l'exemple.

HENRY GUYS,
Ancien consul de France en Syrie.

RECHERCHES GÉOGRAPHIQUES

SUR L'AFRIQUE,

D'APRÈS DES DOCUMENTS PORTUGAIS ET BRÉSILIENS.

L'étude de la géographie, de l'histoire naturelle et de l'ethno-graphie de l'Afrique a été, depuis longtemps, de la part des Portugais, l'objet de consciencieuses recherches et de sérieuses méditations. Ils revendiquent avec orgueil la gloire d'avoir, sur les traces des Carthaginois et des Romains, découvert et visité les côtes et l'intérieur de cette partie du monde, encore aujour-d'hui si peu connue, et où croît et se multiplie la race des nègres, qu'à tort ou à raison, ils regardent comme une des plus an-ciennes et des plus pures de l'univers.

Depuis les premières lueurs de la civilisation méridionale, l'Afrique joue un rôle à part dans la mythologie grecque. La cordilière de l'Atlas qui, à des époques fort reculées, a pu être une île baignée par la mer, s'y lie à la région des Hespérides, et celle-ci au pays des Gorgones, vastes théâtres des anciennes fables d'Hercule et de Persée. Vouloir que ces fables n'aient eu pour base aucun fondement historique, qu'elles reposent uni-quement sur des allégories astronomiques du Soleil et de ses travaux, comme l'ont prétendu Court de Gébelin et Dupuy, c'est nier la nature de ces traditions, c'est confondre à plaisir toutes les notions de l'antiquité. Ce que Platon a raconté dans son *Timée* et, plus tard, dans son *Critias*, ne saurait être, en tout et pour tout, une pure invention poétique du sage Solon, le grand législateur d'Athènes.

Hérodote nous donne des notions géographiques curieuses, non seulement sur la partie septentrionale, mais sur les côtes occidentales et l'intérieur de l'Afrique. La source de ces rensei-gnements ne se tarit point à sa mort : elle devint même plus abondante, grâce aux investigations de Scylax, de Pomponius Mela, de Pline surtout, qui profita de la description de l'em-pire romain, faite par ordre d'Agrippa, des œuvres du roi afri-cain Juba et de Stace, des Mémoires de Séna, etc.; mais nous devons les détails les plus précieux sur l'Afrique occidentale à à Ptolémée, dont les tables géographiques seront la source la meilleure et la plus pure que nous posséderons sur la topographie et l'étymologie de cette contrée, dès que nous aurons le bonheur d'en avoir une édition correcte. C'est à quelque savant français qu'il appartient de nous la donner, en comparant l'immensité des manuscrits grecs et latins de cette œuvre que possède la Bibliothèque impériale de Paris, pour en former un texte exact et irréprochable. Alors nous pourrons plus facilement pénétrer l'origine et les motifs des erreurs de degrés de l'auteur, et corriger surtout des longitudes, dans lesquelles nous trouvons (peut-être à cause de la position de son premier méridien qu'il place au cap Sacré, ou cap de Saint-Vincent, vers le sud) une erreur d'au moins 6° 48'. On doit, au reste, à Ptolémée d'intéressantes données sur l'existence et le cours du Niger, que Pline avait à peine reconnu.

La décadence de l'empire romain et l'irruption des Barbares suspendirent en Europe les études géographiques; mais, par bonheur, les Arabes ayant traduit les livres grecs, et s'étant adonnés aux sciences physiques et mathématiques, plusieurs géographes appartenant à cette race nous ont laissé des renseignements étendus sur cette partie de l'Afrique. Une mention honorable est due à Edrisy, vulgairement et improprement appelé le Maure-Nubien, et au Maure baptisé Jean-Léon l'Africain. Il ne faut pas oublier, non plus, Ebn-Hhaoakal de Baghdad, qui écrivait dans la seconde moitié du dixième siècle, ni Abou-Obyd-el-Bekry, de Cordoue, ni Ebn-Bathoutha, qui a mentionné le premier la célèbre ville de Ten-Boktou. Ce dernier est postérieur à Edrisy; les autres l'ont précédé.

Les Portugais, jaloux de combattre l'islamisme sur tous les points du globe et d'accroître l'étendue de leur teritoire, sont, de tous les peuples modernes, celui à qui la géographie en général, et la connaissance de l'Afrique en particulier, ont les plus grandes obligations. Leurs découvertes sur l'Océan atlantique occidental ne datent pas de l'infant don Henrique, comme on le pense vulgairement. Déjà, sous le règne d'Alphonse IV, ils connaissaient les Canaries et les côtes d'Afrique au-delà du cap de Nou. Si nos navigations cessèrent ou diminuèrent jusqu'au temps de dom Duarte, il ne faut l'attribuer qu'aux désordres et aux guerres des règnes de Ferdinand et de Jean Ier.

Ce fait résulte de la réponse que fit Alphonse IV, le 12 février 1345, au pape qui lui demandait de reconnaître et de soutenir don Luis de la Cerda comme roi des îles Canaries, qu'il appelle *Fortunées*, à la manière des anciens, et de quelques autres pays qui n'avaient pas encore embrassé le christianisme. La preuve de ce qui précède existe dans la continuation des *Annales ecclésiastiques de Baronius*, par Odéric Rainaldi (tome IV, collection 1re et 2e).

Si nous devons ajouter foi à quelques fragments extraits par Groberg d'un manuscrit intitulé : *Itinéraire d'Antonin*, lequel est déposé aux archives secrètes de la ville de Gênes, déjà, en 1221, les Génois auraient dirigé leurs courses aventureuses vers les mers de Guinée. Or, cet Antonin, arrivé à la hauteur des Algames en Portugal, aurait été formellement invité par l'infant don Henrique à continuer l'exploration des côtes d'Afrique ; et, suivant une de ses lettres écrite à ses frères, et que le même Groberg nous a conservée, il aurait, dès son premier voyage, poussé ses découvertes jusqu'à l'équateur, et pénétré dans le fleuve Gambie. Ce qu'il y a de certain, c'est que, dans la carte de Pécigano, publiée en 1367, on trouve, selon Buache, la configuration bien exacte du littoral de l'Afrique jusqu'au cap Bujador.

Les découvertes des Portugais sur les côtes d'Afrique, commencées au quatorzième siècle, continuèrent, avec plus ou moins d'activité, durant les quinzième, seizième et dix-septième siècles ; elles n'ont pas même été entièrement suspendues dans les temps modernes. Outre les provinces du vaste empire d'Abyssinie, ils ont reconnu, parcouru et décrit la côte orientale, depuis le cap de Bonne-Espérance jusqu'à la mer Rouge, et pénétré dans l'empire de Monomotapa, dans les royaumes de Quitève, Sedenda, Chicova, Bontona et même plus loin dans les régions qui s'étendent près des Etats du Jaga-Cassange, allié du Portugal, et vers les frontières des royaumes d'Angola et de Benguela, qu'ils ont également conquis et explorés. Ils ont remonté le Zambèze et le Séna, où, encore de nos jours, ils possèdent les forteresses de Séna et du Tete. Ils ont enfin navigué sur de grands fleuves tels que le Coango (Zaïre) et le Coanza.

Il est à regretter que la plus grande partie de ces anciens voyages, plans routiers et itinéraires portugais, soient aujourd'hui, ou perdus, ou ensevelis dans la poussière des bibliothèques et des archives. Qui ne déplore surtout la perte de la troisième partie de la *Chronique de Jean Ier*, par Ferdinand Lopez ; de l'*Histoire de Guinée*, de Gomes et Azurara, à laquelle le célèbre historien Barros confesse avoir de grandes obligations ; de l'*Histoire d'Afrique*, d'Alphonse Gerviera ; de la *Description de l'Afrique et de l'Ethiopie*, de l'illustre Vasco de Gama ; et de l'extrait des mêmes travaux entrepris par ordre de l'infant don Henrique, alors qu'il rêvait de nouvelles découvertes ? Qui ne déplore la perte de la *Géographie universelle*, du même Barros qui, le premier, détermina la forme et la disposition régulière des cartes hydrographiques et, aidé de vaillants collaborateurs, inventa la science nautique ; la perte enfin de la *Description de la côte de Guinée*, par Francisco Lamos, et de celle des *Mines de l'Ethiopie orientale*, par le père Francisco d'Avelar.

D'autres ouvrages, non moins recommandables, peuvent être également considérés comme perdus, puisqu'ils sont hors des atteintes du public et dorment enfouis dans les poudreuses collections des nobles portugais. Il existe, par exemple, dans la bibliothèque des ducs de Cadaval, une *Histoire d'Afrique*, en un volume in-folio, et un cahier, également in-folio, qui traite des herbes et des racines médicinales découvertes dans les déserts d'Angola. Que de mémoires intéressants parmi les collections cotées *Papiers divers* dans les différents dépôts et archives du Portugal, vaste assemblage d'anciennes recherches et de curieux renseignements qui se rattachent aux découvertes de cette nation ! J'ai vu dans cette bibliothèque des ducs de Cadaval un recueil de documents de ce genre, formant dix-huit volumes in-folio, outre beaucoup d'autres collections moins considérables.

Mon ami, Antonio Menezès Vasconcellos de Drummond, ambassadeur du Brésil à Lisbonne, possède une copie fort exacte d'un manuscrit appartenant à la bibliothèque publique de cette capitale, lequel a pour titre *Description sommaire du royaume d'Angola, de la découverte de l'île de Loanda, et de la grandeur des capitaineries du Brésil*, par Dermingo d'Abreu de Brito, Portugais. Ce manuscrit est dédié au roi Philippe Ier *pour l'accroissement de l'Etat et du revenu de sa couronne* (1592). On y trouve des notions fort intéressantes sur les communications par terre du royaume d'Angola avec celui de Mozambique. L'Académie royale des sciences de Lisbonne possède aussi un manuscrit fort curieux, en trois volumes in-folio, intitulé *Guerre d'Angola*, par Antonio d'Oliveira de Cademega, capitaine en réforme, habitant de la ville de Saint-Paul-de-l'Assomption, et natif de Villa-Viçosa. Il écrivait sous Jean IV. Ses deux premiers volumes traitent en détail de la conquête et de la colonisation du royaume d'Angola. Le troisième est consacré à la géographie et à la statistique du pays.

Cette Académie possède en outre un atlas grand in-folio sur parchemin intitulé : *Livre de tout l'univers*, dressé par Lazare Luis en 1563. Il est composé de dix feuilles ou cartes. Au revers de la troisième on trouve la description des côtes d'Afrique, depuis la hauteur de Tripoli, en suivant tout le littoral, jusqu'au cap de Lobo Gençalves, presque sous l'équateur. Dans la quatrième, cette description continue jusqu'au cap de Bonne-Espérance, en y comprenant les îles voisines de l'Afrique. Dans la cinquième, est contenue la description du cap de Bonne-Espérance, de la terre de Natal, des mines d'Aboutoua, Quiloa, Mombaça, jusqu'au 9e degré de latitude sud, ainsi que celle d'un grand nombre d'îles et de bas-fonds océaniques, dont quelques-uns sont aujourd'hui ou peu connus, ou entièrement ignorés. Cette feuille est, sans contredit, la plus importante de cet atlas maritime. Il est à remarquer qu'au 12° 30' de latitude, l'auteur place, dans l'intérieur de cette partie de l'Afrique, un lac, d'où il fait sortir un fleuve, qui se dirige vers le N.-O. ; deux autres, qui coulent à peu de distance, et qui se réunissent pour former la rivière de Sena, ou Senne, et enfin un quatrième qui se dirige vers le sud et va se perdre dans la terre de Natal. Il lui donne le nom de Comanhise, et indique comme s'y joignant, presque à son embouchures, deux autres rivières, dont l'une est celle d'Espíritu-Santo. Du même lac descend un autre cours d'eau, qui va se décharger au cap Faux. Enfin deux encore qui en sortent, s'élancent à travers la côte occidentale d'Afrique. Il place dans ce grand lac sept îles. Au verso de la cinquième feuille continue la description de Mélinde, de l'Abyssinie et de l'Égypte.

Notre Bibliothèque impériale de Paris, si riche en curieux manuscrits, contient aussi bon nombre de mémoires relatifs à ces découvertes, des *roteiros*, des itinéraires de ces hardis navigateurs qui, abandonnant leurs flottes, s'aventuraient souvent sur la terre ferme, dans l'intérieur de l'Afrique, à d'assez grandes distances. Il est à regretter que ces sources précieuses pour la géographie et l'histoire restent enfouies, pour la masse du public, tandis que, chaque jour, on réimprime tant d'ouvrages futiles, sans caractère et sans portée.

On rencontre enfin dans les rapports annuels des missions des jésuites portugais à travers ces parages peu fréquentés beaucoup de détails importants sur l'Afrique, non seulement relativement à ses côtes, mais encore pour ce qui concerne l'intérieur de ce continent. Parmi ces relations, une mention toute particulière est due à ceux du père Fernando Guerreiro, imprimés à Lisbonne en 1605, in-8.

Je ne pousserai pas plus loin la récapitulation des écrits de ce genre qui ont été imprimés en Portugal dans le seizième siècle et au commencement du dix-septième. Quelques-uns ont été, en partie, traduits et insérés dans les collections étrangères de voyages de Ramusio, Hacluyt, Purchas, Thévenot, Vander, etc.

Feu mon savant et respectable ami José Bonifacio d'Andrada, le patriarche de l'indépendance brésilienne, le président du conseil des ministres de l'empereur dom Pedro 1er, a, dans ses *Antiquités mythologiques et historiques de l'Europe et de l'Afrique occidentale*, traité la question de l'Atlantide avec beaucoup d'étendue et avec sa saine critique habituelle, également éloignée de la fougue du romancier et de ce pyrrhonisme facile qui fut très-longtemps à la mode.

Durant sa mémorable administration, José Bonifacio eut recours à un singulier expédient pour dresser, sans quitter Rio-de-Janeiro, une carte d'une grande partie de cet intérieur de l'Afrique, si peu accessible aux Européens. J'habitais alors cette capitale. Il envoya des émissaires sur tous les points du Brésil pour aller chercher dans les diverses plantations des nègres venus d'Afrique, surtout du centre de ce grand continent, et on les choisissait de préférence parmi ceux qui savaient lire et écrire. On en réunit ainsi un grand nombre, qu'on groupa par huit ou dix, et on se mit à les interroger individuellement, un à un, sur la position de leur terre natale, le nom de ce lieu, son esprit, sa population, son commerce, ses montagnes, ses rivières, ses fleuves, ses lacs, et sur la topographie des principales localités environnantes. On leur demandait ensuite d'indiquer, parmi les autres nègres, celui dont le lieu natal était le plus près du leur, et on faisait subir à celui-ci le même interrogatoire qu'on recommençait sur celui que le dernier signalait à son tour comme étant là-bas son plus proche voisin. Un géographe assistait à ce singulier congrès d'esclaves et en traçait les résultats sur le papier à mesure que les réponses des Africains lui parvenaient. Dans le nombre, se trouvaient un ancien fils de roi d'une peuplade de cette région lointaine, d'anciens chefs qui avaient commandé des armées, un ancien marabout, maître d'école dans sa patrie, etc., etc., pauvres puissances déchues, courbées sous le joug de la servitude aux antipodes des contrées qui les avaient vus naître, et ils fournirent au ministre, sur la topographie de leur pays, des renseignements pleins d'intérêt, et d'une exactitude parfois irrécusable.

Cette enquête minutieuse produisit un croquis de carte, assez détaillée, de quelques parties peu connues de l'intérieur de l'Afrique. Elle doit renfermer sans doute des erreurs nombreuses, mais c'est encore, je ne crains pas de le dire, un des plus exacts peut-être que nous possédions. Elle fut déposée, accompagnée des réponses des différents nègres, à la bibliothèque impériale de Rio-de-Janeiro, où il est probable qu'on la trouve encore. Les réponses portent principalement sur la population des localités, la manière dont elles sont bâties, la religion, les mœurs, les costumes des habitants, le cours des fleuves, la direction des routes principales, les noms des nations voisines, et aussi sur *Ten-Boktou*, qui était alors et qui est encore presque la seule localité importante, un peu connue, dans l'intérieur de l'Afrique.

Ce travail est certainement fort incomplet et laisse beaucoup à désirer, mais, tel qu'il est, il contient le germe d'une idée neuve ; et les idées neuves sont peu abondantes dans notre siècle où tout le monde prétend en avoir. Il serait à désirer que tous les gouvernements qui ont des colonies possédant encore des esclaves venus directement d'Afrique, entreprissent, sans retard, une pareille exploration à poste fixe ; car la suppression de la traite des noirs et de l'esclavage, le temps surtout qui moissonne de plus en plus les générations issues de ces contrées, auront rendu, dans quelques années, le renouvellement

de pareilles enquêtes complétement impossibles, et tout le
monde connaît le triste sort généralement réservé jusqu'à ce
jour aux hardis voyageurs qui ne craignent pas de s'aventurer
dans les déserts brûlants de l'antique Lybie.

Une explication est ici indispensable, avant d'aller plus loin :
les nègres, en débarquant sur les côtes du Brésil, sont dépouillés de leurs noms africains, et reçoivent, avec le baptême,
des noms de saints, qu'ils ne quitteront plus. Telle est l'origine
des noms chrétiens ; de *Matthieu, Joseph, Bernard, Benoît,
Boniface, François, etc., etc.*, que portent les noirs, qui vont
successivement défiler devant nous.

MATTHIEU, le premier nègre interrogé, appartient à la tribu
des *Beni-Daurah. Daurah,* qu'il faut prononcer *Daourah,* est
le *Daoury,* mentionné dans le manuscrit sur le Takrour, rapporté par Clapperton, comme une province du *Haoussah,* limi-
trophe de la partie méridionale du *Zegzeg.* Mais ici le voyageur
anglais n'est nullement d'accord avec sa carte, dans laquelle il
place *Daoury* entre *Kano* et *Keschendâh,* et qui s'accorde d'ailleurs parfaitement avec les indications du nègre *Matthieu.*
« *Daurah,* dit-il, est situé au-dessus de *Kanoh,* et *Kanoh* au-
dessus de *Zamphara.* C'est une ville de moyenne étendue, avec
des cases de terre glaise, à toits plats ; elle est entourée de murs
percés de six portes et renferme 6,000 habitants. » Les peuples voisins qu'il connaît sont les *Beni-Kanoh,* les *Beni-Kas-
chendâh,* les *Beni-Tzozot,* les *Beni-Zamphara,* les *Beni-Goebert,* les *Beni-Kabih,* les *Beni-Enhau* et les *Beni-Gurumète.*

Excepté les *Beni-Enhau,* tous ces noms sont connus. *Kanoh,*
d'après Clapperton, est une des plus grandes villes du *Takrour.*
Elle est située par 12° 0' de latitude nord, et 9° 20' de longitude, du méridien de Greenwich (7° de Paris). On y compte
de 30 à 40,000 habitants sédentaires, dont plus de la moitié
sont esclaves ; mais, pendant les mois d'été, il y afflue une
multitude d'étrangers de toutes les parties de l'Afrique, des
rivages de la Méditerranée, des monts Gebel-el-Koumr, du
Sennâr, de l'Achanté. Elle est environnée de murailles en terre
de 30 pieds de haut, protégées par des fossés intérieurs et extérieurs, et percées de quinze portes fortifiées, qu'on ferme et
qu'on ouvre régulièrement au coucher et au lever du soleil. Son
circuit est de près de 15 milles (plus de cinq lieues) ; mais il

n'y a guère qu'un quart de la superficie couvert de maisons. Celles-ci sont bâties à la mauresque. Son marché ou souq est toujours abondamment approvisionné de tous les objets de nécessité et de luxe dont font usage les peuples de ces contrées. *Kanoh* est renommée dans toute l'Afrique pour la teinture des étoffes.

La ville des *Beni-Kaschenâh*, qu'il faut lire *Cachenâh*, et dont l'orthographe la plus exacte est *Kâsyna*, a été visitée par Clapperton dans son premier voyage, appartenant au *Haoussah* et capitale d'une province importante de cet empire; elle est située sur une crête de collines, par 12° 59' de latitude nord. Quoique bien déchue depuis la conquête des Fellâns, elle fait encore un commerce considérable, parce que c'est le marché que les Touarik, fréquentent de préférence. Son enceinte, qui est très-étendue, a le même aspect que celle de *Kanoh*. Le palais du gouverneur ressemble à un grand village. La principale industrie des habitants est la préparation des peaux.

Les *Beni-Tzozot* sont probablement les *Beni-Zegzeg* de Clapperton, une des tribus du *Haoussah*, entre *Kanoh* et le Niger. Le voyageur l'a traversée dans sa route du golfe de Guinée à *Sakkatou*.

Les *Beni-Zamphara*. Clapperton a aussi visité cette contrée et séjourné à *Zirmie*, sa capitale, qui est bâtie sur une péninsule, formée par la rivière du même nom, dont les bords sont ici hauts et escarpés, couverts de mimosa et de buissons épais. Cette ville est environnée d'une muraille en terre avec fossé, ses habitants passent pour les plus grands voleurs du pays. Les esclaves fugitifs y accourent de toutes parts et y sont toujours bien accueillis. *Zirmie* est à quarante-deux lieues est de *Sakkatou*.

Les *Beni-Goebert* sont les *Beni-Ghouberr*, tribu du *Haoussah*, située à l'ouest du *Kâsyna*, et au nord-est de *Sakkatou*. Clapperton en a passé à peu de distance, et mentionne sa capitale qu'il nomme *Kalaouaoua*.

Les *Beni-Kabih* sont les *Beni-Cubbe* de Clapperton, au nom desquels la prononciation anglaise donne une euphonie presque semblable. Le voyageur anglais l'indique comme un district que traverse la rivière de *Zimie* ou *Kouarrama*, qui se dirige au sud-ouest, après avoir passé par *Sakkatou*, pour aller se jeter dans le *Kouarâh*.

— 272 —

Les *Beni-Gouroumète* semblent être les *Beni-Gouroumâh*, de quelques auteurs et les *Beni-Gourmâh*, indiqués par le sulthan Bello. Clapperton, en parlant de *Borgou*, dit qu'il a au nord le *Gourmâh;* cette simple remarque suffit pour marquer sa position.

D'après cette succession de noms, de lieux, qui s'échelonnent régulièrement depuis le point de départ, il est probable que le nègre Matthieu les a énumérés tels qu'ils se sont présentés à lui dans sa route vers la mer. Mais le mémoire ne fait point mention des contrées qu'il a dû nécessairement traverser depuis *Gouroumâh* jusqu'au lieu de l'embarquement. Il s'ensuivrait que les *Beni-Enhau* auraient leurs habitations entre les *Beni-Kabih* et les *Beni-Gurumète.*

Le même nègre Matthieu ajoute que de *Daurah* ou Niger, appelé *Gûlby*, par les tribus du *Haoussah*, il y a vingt jours de route de cheval, mais que de *Daurah* à *Kaschenah* il n'y en a que six, et de *Daurah* à la capitale du grand roi de *Bornuh*, en passant par les villes de *Sossebaki* et *Malah*, trente-cinq jours de chemin.

Bornud, qu'il faut lire *Bornouk*, est évidemment le *Bournou* des voyageurs anglais. Sa capitale, à l'époque de leur examen, était *Kouka*, ville située à deux lieues et demie du grand lac *Tchad*, et qui contenait 80,000 habitants. *Sossebaki* et *Malah* ne sont pas mentionnés dans leur itinéraire entre *Kouka* et *Kano*, où *Daurah.*

Avant d'arriver à la capitale du grand roi de *Bornuh*, ajoute le nègre Matthieu, on traverse une grande forêt : du côté par où il y pénétra, on remarque un arbre gigantesque, à l'ombre duquel les habitants viennent prendre le frais. Le commerce d'exportation de cette ville consiste en comestibles divers, et en articles de soie ordinaire, indépendamment de celle que donne un insecte particulier au pays et qu'on élève avec les feuilles d'un arbre appelé *Samiah*. Général en chef de ses compatriotes, Matthieu fut fait prisonnier dans une grande bataille par les *Fukahis*. Il est assez difficile de découvrir le synonyme de ce nom de *Fukahi*, s'il existe. On peut toutefois présumer, d'après le point de départ du nègre, qu'il veut parler des *Fellâns* ou *Fellatas*, peuple conquérant de l'Afrique centrale.

Prisonnier, il est conduit à travers les tribus des *Beni-Kanoh*, des *Beni-Zaret*, des *Beni-Bergu*, des *Beni-Bakani* et des *Beni-Gutâh*. Nous avons parlé des *Beni-Kanoh*. Les *Beni-Bergu* sont évidemment les *Beni-Borgon* de Clapperton, qui vivent sur la rive droite du *Kouarâh* et se divisent en quatre petits Etats : *Boussa*, *Niki*, *Ouaoua* et *Kiamâ*. Ils s'étendent du *Dahomey* au *Kouarâh*, sur une longueur de trente jours de marche et une largeur de onze ; le sulthan de *Boussa* est le chef de cette confédération.

Les *Beni-Zaret*, entre *Kanoh* et le *Borgon* sont probablement les *Beni-Zegrey*.

Les *Beni-Bakani* et les *Beni-Gutâh*, qui nous sont inconnus, paraissent habiter le *Dahomey*, qui vient immédiatement après le *Borgou*.

A l'interrogatoire du nègre Matthieu succède celui du nègre Joseph. Il dit que *Tabaran*, sa patrie, est une grande ville dont il évalue la population à près de 20,000 âmes. Elle a des murailles en briques et quatre portes. Les cases sont de terre glaise, rondes, avec un trou au milieu.

Ce *Tabaran* est évidemment *Tabra*, ville du *Nyfféh*, à trois jours du *Kouarâh*, que Clapperton traversa en se dirigeant vers le *Zegreg* : « Elle s'élève, dit-il, sur le *May-Yarron*, affluent du *Kouarâh*, qui la divise en deux parties et peut renfermer de 15 à 20,000 habitants, qui ont la réputation d'être de grands ivrognes, hommes et femmes. »

Le nègre Joseph ajoute que, près de *Tabaran*, à une demi-journée de chemin, coule une rivière du nom de *Gagailhe*, voisine d'une autre, appelée *Bontulo*, se jetant toutes deux dans le *Kuara*, nom que porte le Niger inférieur. Le *Gagailhe* serait, d'après lui, fort rapide, et, dans sa partie la plus étroite, il aurait plus de trois cents brasses. Le *Bontulo* serait moindre.

Il est impossible de reconnaître dans le *Gagailhe* le *May-Yarron* de Capperton, qui passe à *Tabra* même, dont l'autre est distant d'une demi-lieue. Peut-être cette rivière et le *Bontulo* sont-ils deux affluents distincts du *Kouarâh* ou *Kuara*.

Le nègre Joseph fut pris dans la ville de *Noféh*, le *Nyfféh* de Clapperton, qui ne fait mention que du royaume et n'a pas vu la ville. C'est là qu'a péri, selon toutes les apparences, son compagnon Hornemann.

Noféh, ajoute Joseph, est distante du *Kuara* de trois jours de marche. Il y était allé faire du commerce. Il offrait en vente des blocs de sel et des coquillages et prenait en échange des toiles de coton. De *Noféd* on l'emmena sur les bords du *Kuara*, qu'il descendit en pirogue pendant quatre jours. Après son débarquement, il alla par terre à *Laka*, probablement le *Raka*, devant lequel passa Lander en descendant le *Kouarâh*, et qu'il place à quelque distance au nord de *Katanghâ*, sur la rive droite du fleuve. De là il se dirigea vers *Katanya* ou *Katanghâ*, dans la langue *Haoussâh*, qui est la capitale du *Youriba* ou *Yarriba* et se nomme dans le pays *Lyéo :* elle est bâtie sur le penchant et au pied d'une chaîne de collines à une trentaine de milles du *Kouarâh ;* ses murailles ont le même développement que celles de *Kanoh ;* le palais du roi a un mille carré anglais (825 toises carrées) de superficie. Quelques jours après, il arriva sur le rivage de la mer où il fut embarqué pour le Brésil.

Interrogé s'il connaît le pays des *Zegreghis*, il répond que la capitale se nomme *Zaila*, et que de *Tabaran* à cette ville il y a deux ou trois jours de marche ; qu'elle couvre un espace de plus d'une lieue, mais qu'il s'y trouve beaucoup de bois, de terres labourées et que le palais du roi a plus de deux cents brasses de longueur. L'ancienne capitale a été détruite par les *Fellâns*, qui ont élevé la nouvelle à quelque distance. Clapperton la nomme *Zaria :* il dit que c'est un assemblage de petits villages et d'habitations détachées répandues sur un vaste terrain environné de murailles. La population surpasse, assure-t-il, celle de *Kanoh* et serait ainsi de 50,000 âmes. Cette capitale est par 10°59' de latitude nord et 6°22' (8°42' Greenwich) de longitude orientale.

Le nègre Joseph commet une erreur en prétendant qu'il n'y a que deux ou trois jours de marche de *Tabaran* ou *Tabra* à *Zaria*, car Clapperton en a mis vingt-deux à parcourir l'espace qui sépare ces deux villes, lequel est de plus de cinquante lieues. Il est donc impossible de faire concorder son itinéraire entre ces deux villes avec celui du voyageur anglais. Il est probable qu'il aura suivi une route différente. Interrogé en effet sur celle qu'il a dû prendre pour aller de sa patrie à *Zaila* ou *Zaria*, il répond qu'en sortant de *Tabaran*, il est allé coucher chez les *Beni-Garaghi ;* de chez eux, le jour suivant, à *Panhah*, belle ville ; de *Panhah* à *Cuya*, ville fort grande ; de là à *Ghüiah*, ville beaucoup plus grande encore qui appartient à la nation *Zegreghi*, et enfin de *Ghiiiah*, en un jour, à *Zaila* ou *Zaria*.

A l'interrogatoire du nègre JOSEPH succède celui du nègre BERNARD. Celui-ci, natif de *Gobor* et fils aîné du sulthan de cette ville, dit qu'elle est fort grande, toute murée, avec plusieurs forts, et défendue par des soldats de cavalerie et d'infanterie qui ont un uniforme composé d'une grande chemise et d'un bonnet blanc en forme de casque. Leurs armes sont des épées, des arcs et des flèches; les cavaliers manient la zagaïe ou la lance; les fantassins qui gardent les forts ont des fusils. Ces renseignements sont un véritable trésor, Clapperton n'ayant pas visité cette ville, qu'il nomme *Kalaouaoua*, dans son voyage à *Sakkatou*.

Bernard fut pris en allant, à la tête d'une vaillante escorte, chercher du sel pour le sulthan son père, dans le désert, au lieu appelé *Fugah* ou *Fougah*, qui nous était jusqu'à ce jour inconnu et qu'on suppose être une mine de sel gemme comme celles de *Tichite* et de *Tondéyni*, au milieu des immenses solitudes du *Sahra*. Il fit une courageuse résistance avec ses hommes, mais ils furent vaincus par des forces supérieures et conduits à un port de mer appelé *Agacy*, d'où ils furent embarqués pour le Brésil. *Agacy* est sans doute *Aouary*, nom indigène du port que les Portugais nomment *Lagos*, où ils font un commerce considérable d'esclaves.

Ils mirent cinq mois et demi de chemin pour se rendre à *Agacy*, ne se reposant qu'un jour par semaine, quelquefois moins. Dans ce voyage, il passa par les peuplades ou villes de *Yauri*, *Nofêh*, *Yerabâh*, *Aiaschi*, *Dhiabûh*, etc. *Yauri* est la capitale d'un royaume, ennemi du *Gober*, situé sur le Niger au-dessus du *Bergou* et qui a été visité par Lander. Nous avons déjà parlé de *Nofêh*. *Yerabâh* est le *Youriba* ou *Yarriba*, royaume qui s'étend depuis les rivages de l'Océan Atlantique jusqu'au *Bergou* et au Niger vers le nord : Clapperton l'a traversé dans toute sa longueur. *Aiaschi* est sans doute une ville du *Yarriba*, ainsi que *Dhiabûh*, qui pourrait bien être le *Liabou* traversé par Clapperton au commencement de son voyage dans cette contrée. Bernard, au temps de sa puissance, ne voyageait, comme le sulthan son père, qu'en palanquin porté sur les épaules de ses vigoureux sujets. Dans ce voyage à pied de plus de cinq mois durant la mauvaise saison, le jeune prince eut beaucoup à souffrir. Esclave au Brésil, il supporte avec résignation sa mauvaise fortune, chéri de son maître, qui est un riche planteur des environs de Campos et qui en a fait une espèce de majordome ou de commandeur. Cette résignation, il l'a puisée dans le catholicisme qu'il a embrassé à son arrivée en Amérique, comme tous ses compagnons de servitude.

Le nègre Benoît, natif de *Ghüiah*, dit que cette ville est considérable, qu'elle a des cases de terre glaise rondes, couvertes de chaume, et qu'elle appartient au roi de *Tzotzot*. Interrogé sur les peuplades ou les villes de ce royaume, il a cité *Eférah*, *Apakah*, *Schadüh*, *Gaïâne*, *Egurüh*, *Kutâh*, situées au milieu des montagnes, *Baküh*, *Atlanâh*, *Zobâh*, *Gurusso*, *Ussalrich*, *Daidei*, *Dauroro*, *Hanfanjâh*, *Daalladgeh*. Il ajoute que le roi des *Zegzeghis* est vassal de celui des *Beni-Kaschenâh*, et que les *Zegzeghis* sont plus barbares que les peuples du *Kaschenâh*. Il ajoute encore que, pour traverser le royaume du *Tzotzot*, il faut quarante jours de route, et qu'on y forge du fer; qu'il fut fait prisonnier dans sa patrie par des voleurs de la ville de *Nofêh*, qui l'emmenèrent à *Akâh*, où il s'embarqua sur le *Kuara*; qu'il passa de ce lieu à *Bargou* et enfin à *Yerabâh*, d'où il fut conduit au port de mer de *Aigaschei*, voyage dans lequel il employa cinquante jours.

Ghüiâh a été citée déjà par le nègre Joseph, qui la place sur la route qu'il suivit pour aller de *Tabra* à *Zaria*. *Tzotzot* est *Zegzeg*. Des six premiers noms de villes cités par Benoît, il n'y a que *Egurüh* que l'on puisse rattacher à une exploration européenne : Lander, dans la route qu'il suivit de ce côté, traversa un endroit qu'il nomme *Kourou* et qui est situé en effet dans les montagnes. Parmi les neuf autres, *Dauroro* ne serait-il pas *Dumora*, terme de son voyage au midi du *Zegzeg*? Le roi des *Zegzeghis* ou de *Tzotzot*, le *Zegzeg* des Anglais, n'est plus tributaire du roi de *Kaschenâh*; il reconnaît, ainsi que celui-ci, l'autorité du sulthan des *Fellâns*. Nous avons déjà parlé de *Nofêh*. *Abou* n'est pas mentionné par Lander dans son voyage sur le Niger. *Bargou* est le *Borgou* ou *Bergou* déjà cité, *Yerabâh*, le *Yarriba*; *Aigaschei* est *Lagos*.

Le nègre Boniface, natif du village de *Kabih*, dans le royaume de *Zamphara*, dit que la capitale porte le même nom que le pays; qu'elle est grande, murée seulement d'un côté, ayant des cases de terre glaise, couvertes de chaume, et des mosquées dont les prêtres lisent et expliquent le Koran. Cette peuplade appartient au roi de *Haoussâh*, dont la capitale est toute murée et dont les soldats sont armés d'arcs, de flèches, de zagaïes et d'épées, dont la lame se fabrique dans le pays. Les Maures apportent dans cette ville, entre autres marchandises, de l'or de *Tombuto*, qu'il prononce ainsi et non *Tombouctou*. Dans le royaume de *Haoussâh*, le peuple se nourrit de riz, de *durrah* ou *danah* blanc (gros maïs ordinaire), d'un autre maïs appelé *gherod*, d'un autre encore auquel on donne le nom de *mainhah*, de haricots (*maki*), de citrouilles (*kubisch*), de viande de vache, de chèvre, de mouton et d'éléphant. Il y a des buffles ou bœufs de bois (*kuanki*), des mulets, des chevaux, des hippopotames (*dorinah*), des cerfs, des sangliers, des lions et des tigres. Interrogé sur le Niger, il répond que dans la langue générale du *Haoussâh* il se nomme *Gülbi*; qu'il parcourt le pays de *Zamphara*, où souvent il n'a que vingt brasses de large; qu'il est très-poissonneux et navigable pour les pirogues. De là il se dirige vers le pays de *Vangara*, puis vers le lac de *Caduna*, à la sortie duquel il perd son nom et s'appelle *Kuara* comme le pays voisin de *Kalabar*. Au côté gauche du fleuve court une chaîne de montagnes, nommées *Zaba-Gülbi*, qui sont fort hautes, et au côté droit est situé le royaume de *Bornuh*.

Interrogé sur les parties de cette contrée qu'il connaît et qu'il a visitées, il répond qu'il a été à *Kaoussâh*, à *Kaschenâh*, à *Melli*, à *Ganâh*, à *Bornuh*, qui est un très-grand pays, dont le sulthan, suivant son expression, domine tout; à *Daurâh*, qui possède aussi un roi puissant, à *Kanoh* et à *Kurnâh*. Il est allé aussi à *Tombuto*, qui est une ville considérable, environnée de murs; les nobles et les riches y vont à cheval, avec des chemises blanches ou de nankin bleu que fabriquent les indigènes. Il y a dans cette capitale des ouvriers maçons, charpentiers, tailleurs, orfèvres en or et en argent, etc., etc. Dans son district, on exploite des mines d'or. Il fut pris par des voleurs *bantschi*, qui l'emmenèrent à *Tombuto* et de là à *Yaury* et à *Nofêh*, d'où il passa en pirogue le *Gülbi*, qui là s'appelle *Kuara* et a plus d'une lieue de large. Il alla débarquer à *Yerabâh*, d'où on le conduisit par terre au fort de Saint-Georges de Mina. Là il fut vendu pour le Brésil.

Dans le pays de *Ferabâh*, s'élève une grande ville appelée *Katango*. Jusqu'à Nofêh on parle la langue *haoussâh*, qui est générale dans ces contrées et se divise en divers dialectes. Passé *Nofêh*, on parle d'autres langues. Depuis que le nègre Boniface fut pris jusqu'à son arrivée au fort Saint-Georges, il resta plus de six mois en voyage, se reposant deux ou trois jours, et même davantage dans les peuplades qu'il traversait.

Il est à remarquer que le nègre place *Kabih*, village où il est né, dans le *Zamphara*, et que plus loin il dit que le *Zuara* arrose cette contrée. S'il ne se trompe pas, le *Zamphara* aurait donc bien plus d'étendue que ne semble lui en donner Clapperton. La capitale du *Haoussâh* est *Sakkatou*, qui signifie *halte*. Cette ville, la plus peuplée que le voyageur anglais ait vue dans l'intérieur de l'Afrique, a été bâtie par les *Fellâns* en 1805 après leur conquête du *Ghouber* et du *Zamphara*. Elle est située sur le plateau d'une colline peu élevée au confluent du *Kouarrama* et d'une petite rivière par 13° 4' nord et 8° 52' (6° 12' Greenwich) de longitude est.

La véritable orthographe de *Tombouctou* ou *Tombuto* est *Ten-Boktou*. On reconnaît dans les détails que le nègre Boniface donne sur cette ville l'influence d'autres idées que les siennes. On a voulu que sa superficie fût en rapport avec sa renommée ; mais on n'a pas réfléchi que celle-ci est uniquement due à sa position. Aussi la surprise fut-elle grande lorsque l'intrépide Caillé vint dire que *Ten-Boktou* ne contenait pas plus de dix à douze mille habitants. Les indigènes avaient d'ailleurs déjà répondu à Clapperton que c'était peu de chose. Cette ville s'élève à cinq lieues du Niger, sur lequel elle a le port de *Kabra*. Elle a été fondée, d'après une chronique du pays, l'an 1116 de l'ère vulgaire ; on ne saurait donc la faire correspondre avec la *Thamondo Cana* de Ptolémée, ainsi qu'un écrivain anglais, M. Leake, l'a prétendu. Au reste sa position exacte n'est plus certaine aujourd'hui qu'au temps de l'exploration de Caillé, qui avoue n'avoir pu y faire aucune observation astronomique. Le nom de *Vangara* ou plutôt d'*Ouankarah*, que l'on a donné à diverses contrées de l'Afrique, indique chez les indigènes les contrées centrales et orientales de la Guinée du Nord.

Le lac de *Caduna* nous est inconnu. Quant à l'étymologie du mot *Kuara* ou *Kouarâh*, il nous a été impossible d'en découvrir l'origine : il est certain que le fleuve porte déjà ce nom bien avant de former son delta. Les monts *Daba-Gülbi* sont probablement la chaîne qui termine sur la côte les hautes cimes des *Camaraôs*, dont la hauteur est de 13,000 pieds. Il y a erreur dans l'appellation de *Bornuh* : c'est du *Bargou* bien certainement qu'a voulu parler le nègre Boniface.

Le *Haoussâh* forme le cœur des possessions des *Fellâns* dans l'Afrique centrale. *Gaschendâh* ou *Kaschendâh* est *Kasyna*. Le *Melli* est une grande contrée située entre le Niger et les montagnes de *Koung*, au sud de *Teu-Boktou*; elle nous est peu connue. *Gandâh* ou *Kanâh* est *Kanoh*. *Bornuh* est le *Bournou*, royaume puissant qui s'étend à l'ouest du lac *Tchad*. Nous avons déjà décrit le *Daurâh*. *Kanôh* est une répétition de *Kano*. *Kurnâd* nous est inconnu. Nous avons déjà parlé de *Yaury*, *Nofêh* et *Yérabâh*. Le fort Saint-Georges de la Mine est le plus important des établissements anglais de la côte de Guinée. La ville compte 10,000 habitants.

Le nègre François, homme honorable et fort intelligent, grand mathématicien, écrivant fort bien l'arabe, marabout instruit, ayant rempli les fonctions de prêtre de la loi et de directeur d'une grande école publique, dit qu'il est natif du royaume de *Kanôh* ou *Ganôh*, pays montagneux; qu'il a vu le jour à *Toobâh*, ville de plus de quatre mille âmes, qui possède des cases de terre glaise, rondes, couvertes de chaume; qu'elle est environnée de murs et qu'elle a quatre portes; que près de *Toobâh*, court la rivière *Utiri*, qui, se réunissant au *Kaghi*, va se jeter dans le *Kuara*. Il ajoute que le *Gülbi* (Niger), après un très-long cours, depuis *Kanôh* ou *Ganôh*, entre dans le pays de *Kuara*, dont il prend le nom, et va de là se décharger dans la mer à *Koghi-Udil*. Avant d'être pris et conduit sur le littoral pour y être vendu, il avait fait un voyage à *Tombuto* avec une caravane de 160 chameaux. Elle traînait à sa suite, pour les vendre, des chevaux, des vêtements et des esclaves.

Voici comment il décrit son itinéraire :

Le premier pays où royaume par lequel il passa pour aller de *Kanoh* à *Tombuto*, fut celui de *Daurâh*, ensuite ceux des *Beni-Kaschena*, des *Beni-Gurgar*, de *Zamphara*, *Vlumdar*, *Mallay*, *Galefatz* et *Afbey*. Là ils entrèrent dans un désert ou vaste plaine, qu'ils mirent un mois et demi à traverser jusqu'à *Tom-*

buto, où ils demeurèrent quelque temps pour écouler leurs marchandises et en acheter d'autres, consistant en cordons de soie,
or, robes de soie, épées et fusils. Dans ce voyage, le séjour qu'ils
firent à *Tombuto*, ils employèrent cinq mois. Il dit qu'il a été
pris dans le royaume de *Tzotzot* et de là amené à *Maskâh*,
Ghuia, *Benihguâri*, *Audelâh*, *Bocany* et *Sansâny*, jusqu'où
s'étend la langue *Haoussâh*, bien que ces deux derniers pays
aient aussi leur langue particulière. A *Sansâny* il passa le *Gülbi*
(qui déjà se nomme *Kuara*) et fut ensuite conduit à *Lacak*, *Ka-
tanga*, *Ghebüh* et *Ico*, où il fut acheté par un Portugais et embarqué sur une rivière jusqu'au port de mer d'*Aghey*, d'où il
partit pour le Brésil. Jusqu'à *Aghey*, il fut trois mois en route,
ne s'étant reposé en tout que huit jours.

Il dit que le royaume de *Haoussâh* possède des mines de cuivre
et de fer. Partant de *Toobâh*, sa patrie, pour parvenir aux bords
du *Gülbi*, dans le royaume de *Yerabâh*, il est resté trois mois
en route. Dans ce voyage, il a passé par *Kaschenâh*, *Tzotzot*,
Salkingari et *Solkimuti*. Il rapporte que la ville de *Berguh* est
voisine du *Gülbi* ou Niger, et que la ville de *Haoussâh*, capitale
du royaume de ce nom, a une étendue considérable; qu'elle est
murée; qu'on y entre par sept portes; que le palais du roi est
en torchis, couvert d'un plancher supportant de la terre sèche
et formant un toit plat; que les fantassins de ce sulthan sont
armés d'arcs, de flèches, d'épées et les cavaliers de zagaïes;
qu'on y fabrique des toiles de coton, qu'ils teignent en noir
en les plongeant dans des fosses; qu'il y a des mines d'or
et de fer exploitées et des ateliers de charpentiers, maçons,
orfèvres, etc.; que les habitants de la campagne cultivent en
abondance du blé, dont ils font de la farine et du pain; qu'ils
cultivent aussi du maïs, du millet de trois espèces, le blanc,
(*parparad*), le noir (*dgedava*) et le long (*dgroh*); des melons
d'eau, des pommes de terres douces, rouges, du riz (*dgeneava*),
des oignons, de l'ail, du manioc doux ou *aipim*. Il y a des bœufs
à barbe et à bosses, des chameaux, des chevaux, des mulets,
des ânes, des éléphants, dont on mange la chair; des hippopotames, des cerfs, des sangliers, des lions, des tigres et des zèbres.

Dans la ville de *Haoussâh* on voit des mosquées avec des
prêtres qui expliquent le Koran. On circoncit les enfants à l'âge
de sept à huit ans. Dans ses voyages, Joseph est allé de *Haoussâh*

à *Kaschendh, Beningnole, Noféh, Nogo, Djebu, Djeje* et *Kota-gni*. Il a traversé également le pays de *Libour. Tombuto* est, d'après son récit, une grande ville, entourée de murs en pierre et terre glaise, garnis de pièces d'artillerie, d'un calibre raisonnable; on y entre par sept portes. Les fantassins portent un arc, des flèches, une épée, plusieurs ont des fusils. Les cavaliers sont armés d'épées et de zagaïes, ou de javelots. Ils sont vêtus d'une capote avec capuchon. Le roi a trois femmes; chacun de ses sujets peut aussi en avoir trois. Dans cette ville viennent commencer les nations maures, *Oulouamadâh, Larabâh, Gale-fatz*. Les Maures y apportent des vêtements de soie et de lin, de l'or et de l'agent ouvrés, et des bonnets; ils en retirent des vêtements de coton, des esclaves, des chevaux et des chameaux. Les *Ulamadahs* n'apportent pas de marchandises à vendre : ils errent en demandant l'aumône, expliquent les songes et disent la bonne aventure; ce sont des espèces de bohémiens. Les *Lara-bahs* apportent des articles de soie, des couteaux, des aiguilles; ils prennent en échange des chameaux, de la teinture noire, des chevaux, des esclaves, du blé, du riz, des vêtements noirs de coton, des cuirs de bœuf coupés et teints en noir, en jaune, ou en rouge, que l'on prépare à *Tombuto*.

Les esclaves ne sont pas les seuls qui travaillent la terre : les hommes libres s'adonnent aussi beaucoup à la culture. Il y a un grand-prêtre, espèce d'archevêque, qu'ils appellent *Maleu-Issumah* (le père saint) et qu'ils nomment aussi le père du roi. Les prêtres qui desservent les mosquées sont entretenus aux frais de l'Etat; ils dirigent les écoles où la jeunesse apprend les principes de la religion, de la lecture, de l'écriture et du calcul.

Cette ville de *Toobah*, où est né le nègre François, est une nouveauté pour nous, ainsi que les détails qui s'y rapportent. *Kuara, Gülbi* et *Niger* sont trois synonymes. Le *Kouara* passe à plus de cent lieues de *Kanôh;* ainsi il y a erreur évidente dans l'indication de son cours, à moins qu'en disant depuis *Kano*, François n'ait entendu dire depuis la hauteur de *Kano*. Dans la première partie de l'itinéraire, *Ouloumdar, Galefaty* et *Afbey* nous sont inconnus. Le *Gargas* est probablement le *Ghouber* d'après la succession des noms; et *Mallay* le *Melli*, déjà cité.

Tzolzot est toujours le *Zegzeg*, mais, dans les six noms qui suivent, nous n'en retrouvons qu'un qui nous soit connu, le

Ghuia, dont a parlé un autre nègre. *Sansany* pourrait bien être
le camp où Clapperton alla rendre visite à la reine de *Nyféy* et
qui se trouvait peu éloigné du *Kouarah*. *Lacak* est le *Laca* de
Joseph et le *Raca* de Lander. *Katangha* a été déjà décrit. On ne
trouve pas *Ghebüh* dans les routes de Clapperton et de Lander
à travers le *Yariba*; mais *Ico* est probablement l'*Eco* où a passé
ce dernier en gravissant la chaîne de *Khoung*. *Aghey* est l'*Agacy*
et l'*Aigaschei* de Bernard et de Benoît. Nous avons vu qu'il
correspond au *Lagos* des cartes.

Salkingari et *Solkinuti* nous sont inconnus. Nous ne connaissons pas davantage la ville de *Berguh*, mais seulement celle
de *Boussa*, qui est la capitale du *Bergou* et qui s'élève sur le
Niger. C'est de celle-là probablement que François veut parler.
La ville de *Haoussah* paraît être *Sakkaton* : cette identité de
nom entre le pays et sa capitale s'explique par l'habitude de
ces contrées de donner le nom du pays au chef-lieu. Des diverses
contrées que François a visitées en quittant *Haoussah*, nous ne
reconnaissons que *Kaschenah* et *Noféh*. *Kotayni* est peut être
Katangha. *Liabou* et *Labou*, deux villes du Yariba se rapprochant assez de *Libous*, *Ouloumadâh*, qu'il faut lire *Oulad-
Amar*, est une peuplade arabe, sur les frontières de la Sénégambie, de la Nigritie et du Sahara. Quant aux *Larabahs* et
aux *Galefaty*, déjà cités, nous ne leur trouvons pas de synonymes et nous ignorons absolument leurs positions.

De ces interrogatoires successifs résultent surtout de précieuses notions sur le cours du Niger et sur la position des
contrées environnantes.

En résumé, pour ma part, ces interrogatoires me paraissent
ajouter quelques renseignements assez curieux à ceux qu'on
possède déjà sur cette partie de l'Afrique centrale. Mon seul
regret est de ne pouvoir consigner ici les réponses de tous les
nègres si minutieusement interrogés par mon respectable ami.
La science géographique y eût incontestablement gagné.

Eugène de Monglave.

APERÇU GÉNÉRAL

DES

LANGUES SÉMITIQUES

ET DE LEUR HISTOIRE.

[Histoire générale et système comparé des langues sémitiques, par Ernest Renan. Paris, 1855. In-8°.]

(Troisième et dernier article [1].)

VIII.

La présence de trois consonnes radicales, dont deux surtout représentent l'idée principale du mot, est un caractère important à constater dans la forme des racines sémitiques ; la troisième de ces consonnes paraît y avoir été ultérieurement affixée dans le but d'établir des nuances et des modifications dans le sens primitif de la racine [2]. Cette troisième lettre semble tellement avoir été ajoutée après coup, qu'il arrive quelquefois qu'un thème bilitère peut devenir trilitère de plusieurs manières, sans changer de signification. M. Ernest Renan remarque, en outre, que la trilitérité (si toutefois l'on est obligé de l'admettre comme particulière à quelques verbes) n'exclut pas le monosyllabisme dans les racines sémitiques, car les liquides et les aspirées qui s'y rencontrent alors, ne sont que des demi-voyelles qui ne sauraient détruire la forme monosyllabique des racines.

L'hypothèse du monosyllabisme des racines sémitiques, émise d'abord dans le *Mithridates* d'Adelung, conduisit Kla-

---

[1] Voyez, pour le premier article, la livraison de mai 1856 (page 363 et suiv.) de la *Revue de l'Orient*, et pour le second article, le numéro d'octobre-novembre 1856 (p. 367 et suiv.)

[2] *tr*, dans les inscriptions cunéiformes persanes, est représenté par un seul signe.

proth à publier un mémoire[1] dans lequel il essaya de prouver
« que ces prétendues racines [les racines dissyllabiques] ne
sont réellement que des mots composés d'une syllabe, de
deux consonnes et d'une voyelle intermédiaire, et d'une
autre consonne finale, laquelle modifie l'idée de la racine
monosyllabique. »

Dans les langues sémitiques, dit M. Ernest Renan, « le
sens nous apparaît partout attaché à deux idées fonda-
mentales qui s'adoucissent, se fortifient, se complètent de
mille manières, selon la nuance qu'il s'agit d'exprimer. On
arrive ainsi, poursuit le savant philologue, à une langue
simple et monosyllabique, sans flexions, sans catégories
grammaticales, exprimant les idées par la juxta-position
ou l'agglutination des mots; à une langue, en un mot,
assez analogue aux formes les plus anciennes de la langue
chinoise[2]. »

Est-on en droit de supposer que tel ait été l'état
primitif des langues sémitiques? M. Ernest Renan pense,
à cet égard, qu'un esprit sage, persuadé qu'on ne saurait
deviner *à priori* les voies infiniment multiples de l'esprit
humain, hésitera toujours à se prononcer sur cette question.

Nous croyons, avec le savant orientaliste, que chercher
à deviner *à priori* la solution d'un tel problème est une
tentative, sinon impossible, du moins téméraire et péril-
leuse; mais nous sommes également persuadés que le résultat désiré, peut être obtenu en procédant par analogie,
c'est-à-dire en étudiant les transformations successives
d'un idiome tel que la langue chinoise dont nous pouvons
retrouver l'histoire depuis une époque qui touche de très-
près à ses origines. Il est à regretter, suivant nous, que la
plupart des linguistes de notre époque, préoccupés d'ailleurs par de louables recherches, négligent de porter leur

---

[1] *Observations sur les racines des langues sémitiques*, par KLAPROTH.
pag. 212.

[2] *Hist. gén. et syst. compar. des lang. sémitiq.*, page 87.

attention sur les différentes formes de la langue chinoise et sur ceux d'entre ses dialectes qui ont conservé le plus de traces de son système primitif. Il est une foule de questions philologiques qu'on ne saurait résoudre définitivement sans avoir acquis une connaissance générale et préalable des particularités caractéristiques des différentes familles de langues; et il est à craindre qu'on ne se voie tôt ou tard dans la triste nécessité de reprendre, *ab ovo*, des travaux élaborés par des linguistes trop exclusifs, et uniquement adonnés à l'étude des idiomes les mieux connus ou les plus étroitement liés à nos annales.

IX.

A l'étude générale des langues sémitiques, se rattache une question de la plus haute importance pour la science et pour l'histoire de l'humanité. Il s'agit de savoir s'il existe des affinités réelles entre les idiomes sémitiques et ceux des autres groupes ethnographiques et si ces affinités sont suffisantes pour conclure l'unité primitive du langage, afin d'en arriver à la discussion du principe de l'unité des races. M. Ernest Renan semble porté à résoudre cette question, ou tout au moins la première partie, d'une manière négative. « Quelque divers que soient entre eux les groupes qui forment la famille indo-européenne, on explique parfaitement comment tous se rapportent à un mode identique et ont pu sortir d'un même idiome primitif. Il n'est pas permis d'en dire autant des langues sémitiques comparées aux langues indo-européennes, ni du chinois comparé à ces deux familles [1]. »

En effet, on ne peut s'empêcher de reconnaître une différence considérable, je dirais même radicale, si je n'avais crainte de froisser des intérêts et des opinions respectables à plus d'un titre, entre les idiomes des Sémites, des Ariens, des Chinois et d'autres races aussi profondément

[1] *Hist. génér. des lang. sémit.. p.* 119.

distinctes les unes des autres. Mais en suit-il nécessairement que, de ces différences, il faille aller jusqu'à admettre,
contrairement aux traditions bibliques et à celles de presque tous les peuples, une multiplicité primitive dans la
création ? — Il y a là une question que la critique aura
vraisemblablement longtemps encore, il faut l'avouer,
beaucoup de peine à éclaircir d'une manière satisfaisante,
et les notions que nous avons reçues des temps primitifs
sont encore ou trop vagues ou trop incertaines pour que
nous puissions appuyer, sur leur foi, un système acceptable de l'origine des races. « On concevrait à la rigueur,
lisons-nous dans l'Histoire générale des langues sémitiques [1], qu'une même race, scindée dès son origine en deux
ou trois branches, eût créé le langage sur deux ou trois
types différents. Il n'est pas possible que la naissance du
langage ait été précédée d'une période d'incubation, durant
laquelle des causes, en tout autre temps secondaires, auraient agi d'une manière énergique et creusé les abîmes de
séparation qui nous étonnent. »

On a présenté, il est vrai, quelques rapprochements entre
les racines sémitiques et les racines indo-européennes, qui
ne manquent pas d'un certain intérêt et de peser dans
cette question encore *sub judice*. M. Renan en cite quelques exemples empruntés pour la plupart à Gésénius :
nous allons les reproduire en partie ci-dessous, mais en
ayant soin de transcrire en caractères romains les mots
comparés que le savant philologue a cru devoir citer seulement en caractères exotiques. Nous croyons qu'il est
tout à la fois logique et utile, pour ne pas dire indispensable, de présenter les mots qui font l'objet de comparaisons linguistiques ou d'étymologies, en lettres européennes, c'est à-dire dans un alphabet unique et commun de
transcription, sauf à donner en outre les signes originaux
propres à chaque idiome, dans le but de permettre aux

Loc. cit.

orientalistes de vérifier aussi rapidement que possible, l'exactitude des exemples soumis à leur appréciation.

Voici donc les comparaisons dont nous venons de parler :

Langues sémitiques.		Langues indo-européennes.
Hébreu.	*Halal* (bruit ou acclamation d'une foule).	Grec, *'ololuzein, alalazein*; lat., *ulu-lare*; armén., *lal.*
Hébreu.	*Qarah* (crier).	Grec, *krazó*; allem., *krœhen*, angl., *Cry* (*to*); suéd., *skria*; russe, *krit-chate, krike* (cri); franç., *crier.*
Hébreu.	*Charaq* (siffler).	Grec, *surizó, surigx.*
Hébreu.	*Qeren* (corne).	Grec, *kéras*; latin, *cornu*; celt., *kern*; goth., *haurns*; allem., *horn*; français, *corne.*
Hébreu.	*Erets* (terre).	Pehlwi, *arta* (sanscr., *dhara*, d'où lat., *terra*); goth., *airtha*; allem., *erde*; angl., *earth.*
Hébreu.	*Carath* (couper). *Cour* (percer). *Carah* (creuser).	Sanscr., *khoûr* (percer), *krat.* Grec, *keiró.*
Arabe.	*Karah* (creuser).	Russe, *kroïle.*
Hébreu.	*Masac* (mêler).	Sanscr., *misr, makch*; persan, *ami-zidan* et *amiktan*; grec, *misgô*; lat., *misceo*; russe, *miéchate*; polon., *mieszam* : bohém., *smisseti*; angl., *to mash. to mix*; allem., *mischen*; celt., *miskam.*
Hébreu.	*Halab* (être gras).	Sanscr., *lip*; grec, *lipa, lipaô*, etc.
Hébreu.	*Coum* (idée de réunion, *Amam.* conjonction).	Lat., *cum, cumulus.* Grec, *'ama*; sanscr., *sam* (cf. pers. *hem*), grec, *sun*; mœsogoth., *sama, saman*; russe, *se, so*; allem., *sammt, zusammen*; français, ensemble.

Ces rapports, il faut l'avouer, bien que bons à constater pour les retrouver au besoin réunis, sont très-insuffisants pour prouver l'exactitude de la thèse de l'unité primitive des langues et, par suite, des familles sémitiques et indo-européennes. M. Renan remarque avec raison que quelques-uns des radicaux comparés ci-dessus (les quatre premiers, par exemple) étant des onomatopées, il n'y a rien de surprenant de les retrouver chez des peuples complétement étrangers les uns aux autres ; qu'il est en vérité plus difficile de rattacher les autres à des sons imitatifs des objets désignés ; mais qu'il faut reconnaître qu'une foule de relations onomatopiques , qui frappaient

les organes délicats et sensibles de nos premiers pères
nous échappent aujourd'hui ; qu'il n'est donc pas étonnant que nous soyons embarrassés pour expliquer des rapprochements du genre de ceux qu'on a vus plus haut ;
qu'enfin « toute appellation a sa cause dans l'objet appelé
et que le hasard n'eut aucune part dans l'œuvre constitu-
tive des langues. » Ce principe une fois admis, la présence de radicaux identiques, dans différentes familles de
langues, n'implique point la conséquence de leur unité
primitive, et il faut chercher, dans un autre ordre d'idées,
la solution importante du problème relatif à l'origine du
langage.

L. Léon de Rosny.

HISTOIRE DU FENEK OU FINK

D'APRÈS LES AUTEURS ARABES.

Parmi les animaux rares et curieux envoyés l'an dernier au Muséum d'histoire naturelle de Paris par M. Delaporte, consul au Caire, le fenek n'est pas le moins intéressant. Il mérite de fixer l'attention des naturalistes, tant par sa nouveauté que parce qu'il constate l'existence d'un animal bien longtemps considéré comme un être problématique. Il doit aussi attirer l'attention des orientalistes, parce qu'il servira encore à éclaircir une question douteuse de l'histoire naturelle des Arabes et par suite rectifier la nomenclature [1] jusqu'ici fort inexacte.

Le *fenek* n'était point ignoré des Arabes, puisque Danieri, dans son dictionnaire zoologique qui a pour titre *Vie des grands animaux*, lui a consacré une notice. Ibn Béithai, dans son livre bien connu des *Médicaments simples* [2], lui a également consacré un article. L'animal avait été oublié, il n'en était resté que le nom, connu seulement des savants et enfoui dans les livres d'érudition. Mais ce nom existait isolé, pour ainsi dire, sans rien rappeler de positif; la diversité des noms par lesquels on l'expliquait témoignait assez l'incertitude. Il est vrai que les articles qui sont dans le zoologiste arabe Danieri ou dans le médecin Ibn Béithai ne peuvent guère, comme on le verra, mettre sur la voie pour arriver à une détermination exacte. Il n'est, dans les deux articles, question, pour ainsi dire, que des lieux de la provenance et des avantages que l'hygiène peut tirer de la fourrure. Quelques autres animaux sont cités comme points de comparaison, mais on ne dit rien des formes extérieures ni des habitudes. Il faut remonter jusqu'à l'année 1777 pour trouver une description qui puisse satisfaire le naturaliste et qui

---

[1] M. Hugard en a donné la figure avec une description très-curieuse dans le journal *l'Illustration* de mai 1856.

[2] Mss. B. I. 873. F. S.

[3] Mss. Bib. I. 1025. F. S. Cet ouvrage a été publié en allemand par M. Southeimes. Stuttgard, 1840. 2 vol. gr. in-N.

lui apprenne enfin quelle espèce d'animal est le fenek, et lui fournisse les moyens de le classer. Ce fut donc dans cette année 1777 que parut dans les *Transactions de Suède*, 3ᵉ partie, la première notice descriptive publiée par Bender, consul de Suède. L'animal est désigné sous le nom de *Zerda*. Bruce ensuite le décrivit et le figura, dans son *Voyage en Abyssinie*, sous son vrai nom oriental de *fenek*; plus tard il fut possible de constater l'exactitude du texte et de la figure de Bruce [1]. Cependant toute la polémique soulevée par le fenek n'était point terminée, il reste encore du sceptique. Buffon, qui ne connaissait le fenek que par ce qu'il en avait lu dans la description donnée par Bruce dans la relation de son voyage, n'osa pas lui conserver son nom; mais il le décrivit sous le nom d'*animal anonyme*, reproduisant du reste ce qui avait été dit avant lui [2].

Illiger en avait formé un genre sous le nom de *Megalotis*, qu'il avait, sans aucun doute, imposé à l'animal à cause de la longueur démesurée de ses oreilles. Avec des documents aussi précis, des témoignages aussi irréfragables, Geoffroy Saint-Hilaire rejeta encore le fenek, déclarant qu'il ne pouvait exister, au moins comme espèce hors du genre *galogo* [3].

Gmelin, prenant le nom donné par Bender et l'altérant un peu, le décrivit sous les noms de *canis cerdo*.

Enfin deux couples de cet animal sont venus au jardin des plantes, arrivant l'un du Sennar et l'autre du nord de l'Afrique, deux points très-distants et en quelque sorte les deux extrêmes de cette partie du monde. Ils y ont vécu; chacun a pu les voir, les étudier et se convaincre de l'exactitude de la description et de la figure donnée par le voyageur écossais. Maintenant que l'existence du fenek est bien constatée et que le doute n'est plus permis, voyons les textes orientaux et ce que l'on peut en tirer au profit de la science.

Deux auteurs seulement, a-t-il été dit plus haut, en ont parlé, Ibn Béithai et Danieri. Kezwim, surnommé à bon droit le *Pline des Arabes*, n'en dit rien; Avicenne, qui a cité tant d'animaux

<hr>

[1] Tome IX, p. 262. Voyage en Nubie et en Abyssinie, etc., trad. de l'angl. par Castera. Paris, 1790-92. 5 vol. in 4, atlas; ou 10 in-8, atlas in-4. —Londres, 13 vol. in-8, 1791.

[2] Suppl. III, p. 148. Buffon. Imp. roy. In-4.

[3] Dict. class. Hist. nat. de Bory Saint-Vincent, vᵒ *Fenek*.

ou de substances connues en histoire naturelle, n'en parle pas
non plus. Nous allons donc reprendre les expressions des deux
premiers dont les textes ont été en grande partie reproduits par
Bochart[1], où l'on peut les consulter.

On lit dans Ibn Béithai : « Le fink, suivant quelques-uns de
« nos docteurs, est un animal chaud ; il exhale une bonne odeur ;
« il fournit les meilleures de toutes les fourrures. On en tire en
« grande quantité du pays des Esclavons. Sa chair paraît avoir
« une saveur douce. Sa fourrure est moins chaude que la sam-
« mos et elle entretient une chaleur plus égale. Elle est plus
« chaude que celle du soudjab. La plupart des hommes sur le
« retour de l'âge usent de fourrures de fink. Rhazès dit que
« les peaux du fink, du kakour (l'hermine) et du *hazal*[2] ont
« une chaleur moyenne, qu'elles sont légères et conviennent
« aux tempéraments moyens. Les autres fourrures à long poil
« sont chaudes et conviennent aux tempéraments qui le sont
« aussi. »

On trouve dans Danieri à peu près la même chose ; car il n'a
fait pour ainsi dire qu'abréger l'article d'Ibn Béithai : « Le *fink*
« (Il faut prononcer ce mot comme on prononce *phil*) est un
« petit animal duquel on tire des fourrures. Ibn Béithai dit que
« ce sont les meilleures de toutes ; on les tire en grand nombre
« du pays des Esclavons. Sa chair paraît avoir une saveur
« douce. La peau du fenek est moins chaude que celle du sam-
« mos ; elle donne une chaleur plus régulière, mais moindre que
« celle du soudjab. Elle convient aux individus doués d'un
« tempérament moyen. Le fenek n'est point illicite, car il n'est
« point dans les animaux impurs. L'iman Abou-Omar-ben-
« Abd-el-Barr dit dans le *Tamid*[3], d'après Abou-Souffouf, qu'il
« y a dans le soudjab, le fink et le sammos de la ressemblance
« avec le renard et la belette. Mais Dieu est le plus savant. »

Le *Schazous*, dictionnaire arabe manuscrit d'histoire naturelle et de médecine donné à la Bibliothèque impériale par Clot-

---

[1] Hierozoicon, lib. III, cap. xxxiii, p. 416 et suiv., édit. Ros. Mul.,
et 1007, édit. in-fol.

[2] Nom d'un animal complétement inconnu.

[3] On lit dans Hadji-Kalfa, trad. et édit. Fluegel : *Tamid, etc. Concin-
natio sententiarum et auctoritatum quæ in* MOWALTA *obviæ sunt auctore
Hafs-Abou-Amrou-ben-Abd-el-Berr.* — T. 2, p. 422. 3594. — Cet auteur
mourut l'année 463 de l'hégire.

Bey, ne contient qu'un extrait très-succinct de Danieri, sans rien apprendre de nouveau sur la question.

On voit combien les auteurs arabes sont pauvres en indications caractéristiques. La partie médicale et les avantages que peut tirer l'hygiène des fourrures du fenek, sont les seuls points qui les occupent; ils négligent tout le reste. Pour arriver à quelque appréciation sérieuse, il faudrait recourir à des inductions déduites de la comparaison avec des animaux analogues.

Il est vrai que pour le fenek proprement dit, il n'existe plus d'incertitude pour nous, puisque nous avons là, sous la main, l'animal même. Mais pour les Arabes le nom de fenek n'était pas limité à celui que nous connaissons sous ce nom; il était encore appliqué à d'autres animaux venus du Nord, comme nous le verrons.

Le lieu principal de la provenance du fenek, suivant les Arabes, est particulièrement le *pays des Esclavons*, qui est, comme on le voit dans Edrisi, cette partie de l'Europe connue sous le nom de *pays des Slaves* [1], baignée par la mer des Vénitiens ou golfe Adriatique, et circonscrite vers l'Orient par les montagnes de *Lesso* (*Alessio*). Mais ici cette dénomination doit prendre plus d'extension et s'entendre aussi des contrées septentrionales voisines, *gens sythica, Slavi, Russi*, comme porte Castel. Bochart autorise aussi cette interprétation en désignant sur la foi d'Agricola, comme patrie du fenek le pays des Finnois, c'est-à-dire la Finlande, contrée située, suivant Ptolémée, vers la Vistule, où sont les Githons, puis les Finnois, Φίννοι. C'est même de là que serait dérivé le nom du *fennec* ou *mus fineus*, comme l'appelle Agricola. Il y a loin de ces contrées à celles où vit le fenek, puisqu'il habite les régions chaudes de l'Afrique depuis l'Abyssinie et le Darfour jusqu'au nord de l'Afrique, à Constantine.

Deux faits en apparence si contradictoires peuvent se concilier assez facilement, c'est que ce nom de fenek aura été, comme nous l'avons déjà donné à entendre, une dénomination commerciale générique appliquée à toutes les fourrures sans distinction d'origine, soit qu'elles vinssent du Nord ou du Midi. Primitivement *nom d'animal*, il sera devenu celui de la peau, et comme

---

[1] (Jaub., trad. Edrisi, II, 386.) Aboulfède dit à peu près de même, trad. par M. Reinaud, t. II, p. 309.

elle était précieuse, on lui a comparé les belles fourrures, même celles du Nord, et on se sera habitué à les comprendre toutes sous le même nom, en oubliant sa valeur primitive. Il en est à peu près de même chez nous, et pour ne citer qu'un seul exemple, le tissu fait du poil des chèvres du Thibet a pris le nom de *cachemir*, de la contrée de cette partie de l'Asie qui fournit le plus beau travail, puis on l'a appliqué au schale de l'Inde, et par abus de mot nous avons aussi les cachemirs français. Comme les régions du Nord fournissent en général infiniment plus de fourrures moelleuses que les régions méridionales, les auteurs durent en faire la remarque. Ce qui porte à supposer que l'animal vivait dans l'Orient, c'est qu'on mangeait sa chair, dont on indique la saveur, et qu'ainsi il n'y a point erreur à croire que les Arabes connurent réellement notre fenek actuel, *fenedus arabicus*, Son.; *canis cerdo*, Gmel., qu'ils usèrent de sa fourrure, qui est très-moelleuse, mais qu'ils donnèrent aussi son nom à d'autres animaux analogues. Une circonstance pourtant assez importante à noter, c'est qu'il ne soit fait aucune mention de la longueur des oreilles, qui est telle, qu'elle a porté Illiger à lui donner le nom de *megalotis*.

Nous avons dit que le nom de fenek était appliqué à d'autres animaux venus du Nord, il est probable qu'il en est beaucoup dont les noms devront nous rester à jamais inconnus. Mais il est probable aussi que ces animaux devaient être de l'ordre des rongeurs, martes ou autres à peau plus ou moins blanche, telle que celle du fenek, qui est d'une couleur isabelle claire, couleur qui est en général celle des animaux de l'Afrique centrale et des sables du désert. Nous devrons voir disparaître du dictionnaire comme des traductions des relations de l'Afrique cette dénomination de *mustela fœnaria*, qui n'est admissible sous aucun rapport, ni pour l'habitation, la fouine qui fréquente les alentours des habitations de l'homme et jamais les déserts de l'Afrique, ni les bois de palmiers, comme le dit Bruce en parlant du fenek. On prétendait autoriser cette traduction en faisant dériver le mot fenek de *fœnum*, *foin*, dont on déduisait un adjectif barbare *fœnicum*, étymologie qui n'est guère mieux fondée que celle qui le faisait venir du grec φιννοι, *pays du finnois*, d'où par suite on aura écrit *feneq* avec deux *n*, contrairement à l'orthographe arabe ; si nous osions à notre tour proposer une

étymologie, nous la tirerions des habitudes attribuées à l'animal par Gabriel Sionite [1], c'est-à-dire de vivre et de faire son
nid sur les *hauts palmiers dont est couvert le pays des anciens
Gétules; fenec* serait donc une modification de l'adjectif φοινικὸς
dérivé du substantif φοῖνιξ, *palmier*, hypothèse qui rend vraisemblable la diffusion de la langue grecque, par suite des conquêtes d'Alexandre, comme le fait remarquer Bruce. Gabriel
Sionite, en traduisant le nom arabe fenek par *mustela alba*,
qu'on retrouve dans Castel, s'approchait davantage de la vérité.

On a voulu voir aussi dans le fenek le *schaphan*, animal
déclaré immonde par la loi mosaïque (Levit., xi, 5, Deut. xiv, 7).
Déjà Bochart, avec l'érudition qui le caractérise, avait réfuté
victorieusement cette assertion. (V. Hierozoïs, iii, c. 33, p. 417,
éd. Ros. Mul.) Mais aujourd'hui que le fenek nous est bien
connu, l'impossibilité est démontrée d'une manière encore plus
péremptoire, et l'on devient toujours de plus en plus convaincu
que le schaphan de la Bible est le *damanz* des modernes ou
wabre des Arabes, comme nous espérons le prouver ailleurs.
Nous avons vu que le fenek avait reçu de Gmelin le nom de
canis cerdo. Ce nom de *cerdo* est sans contredit une modification de *Zerda* donné au fenek par le docteur Bender. *C'est*,
dit Bruce, *la manière la plus douce de rendre le mot arabe jerd*,
qui est la transcription anglaise du mot *djerd*, la lettre *djein*
passant en anglais en j ou i. Ce nom était assez mal choisi, car
il n'est pas celui d'un chien, mais celui d'un rongeur (rat) d'une
très-grosse espèce, qu'un chat seul redoute d'attaquer ; il y a
entre lui et le rat ordinaire la différence qui existe entre le
bœuf commun et le djaurouz (bubal). Conséquemment rien
d'où l'on puisse induire quelque analogie entre cet animal et le
fenek. V. Danieri, vº *Djerd*.

---

[1] Gab. Sion., géograph. nub., pag. 9. — Le passage d'Edrisi qui a
fourni à Gabriel Sionite sa citation a été lu diversement par Hartmann
(Edrisii Africa,), et par M. Joubert dans la traduction d'Edrisi. Le
premier a lu *afnah* pluriel, qu'il traduit par *mustilæ fœnariæ*. Le second a lu *afial*, plur. de *fil*, des *éléphants*, par suite d'une de ces erreurs de copistes bien fréquentes dans les mémoires arabes.

Le fenek est encore cité comme un animal qu'on chasse dans les
forêts d'Afrique, par l'auteur du *Achbar azzeman, ou almasalih ou al-
memalih*. V. Mém. Et. Quatremère, not. et ext. t. xii.

En terminant, nous dirons qu'on a voulu retrouver le fenek dans les bas-reliefs et sur les monuments égyptiens, suivant l'auteur de l'art. du dict. class. d'hist. naturelle. On obtiendrait ainsi un *moyen d'établir zoologiquement l'origine des Égyptiens*. Cette assertion était sans doute le résultat d'une illusion dans les formes de quelques animaux analogues. Elle ne s'était pas sans doute produite en France seule, car Ehrenberg, dans sa *Symbolæ physicæ* [1] cherche à prémunir les archéologues en leur disant : *Sedentem semper vidi leporem auribusque longissimis insignem archæologis cavendum est Ægyptias illas icones pro canis megalotis fenek dicti simulacris habeant.* Pour mon compte, j'ai examiné avec une scrupuleuse attention les monuments égyptiens du musée impérial du Louvre, sans rien trouver qui rappelât le fenek, si facile à reconnaître, et par sa queue analogue à celle du renard, et surtout par ses grandes oreilles.

J. J. Clément Mullet.

[1] Symbolæ physicæ, seu icones et descriptiones mammalium quæ exitinere per Africam borealem et Asiam occidentalem fr. Guil. Hemprich et Christ. God. Ehremberg studio nova et illustrata redierunt. Percensuit et regis jussu et impensis edidit C. G. Ehremberg Berol., off. acad. fol.

ALGÉRIE.

Les Producteurs.

M. Clément Duvernois va prochainement publier un livre relatif à l'Algérie. [L'auteur a bien voulu autoriser à en détacher quelques pages. Leur lecture permettra d'apprécier l'esprit d'observation que M. Clément Duvernois a apporté dans la rédaction de son travail.   V. L.

Parmi les préjugés de tous genres qui sont accrédités en Algérie, il en est un que nous voudrions déraciner complétement ; mais nous ne nous dissimulons pas que ce sera chose difficile, car ce préjugé est devenu un article de foi pour un grand nombre d'Algériens : « Le travail indigène, dit-on, est « plus économique que le travail européen. »

De prime abord, nous le reconnaissons, cette opinion paraît fondée, et il n'est pas extraordinaire qu'elle ait été prise au sérieux par quelques touristes qui n'ont vu les choses algériennes que superficiellement. Mais il suffit de jeter un regard un peu attentif sur notre agriculture pour reconnaître que l'Arabe est un détestable travailleur, un pitoyable producteur.

Ce qui a frappé surtout les propriétaires, ce qui les a engagés, dans le principe, à préférer le travail arabe à tout autre, c'est qu'ils ont remarqué la sobriété exceptionnelle de l'indigène, c'est que l'Arabe, consommant peu, loue ses bras à très-bas prix. Ainsi, là où l'Européen exige 2 fr. 50 c. par jour, l'Arabe se contente de 1 fr. 50 c.

Mais cette différence dans le coût de la main-d'œuvre n'est pas aussi réelle qu'elle le paraît, car elle est compensée par une différence notable dans le produit du travail.

L'Arabe est sobre, cela est vrai, mais sa sobriété a pour premier mobile l'avarice. Il se refuse une nourriture substantielle, et il en résulte une déperdition énorme de ses forces physiques. En Europe, des expériences ont prouvé que l'ouvrier mal nourri est frappé d'incapacité ; pourquoi en serait-il autrement en Algérie ?

Nous avons souvent été à même de voir travailler des Arabes, et nous avons pu constater l'influence fâcheuse qu'exercent sur leur travail les privations qu'ils s'imposent ; nous connaissons un grand nombre de propriétaires qui ont essayé d'employer des indigènes, tous partagent notre opinion.

On remarque, par exemple, qu'un Arabe ne peut exécuter pendant plus de deux heures consécutives un travail qui nécessite l'emploi des mêmes parties du corps ; au bout de ce temps, ces parties sont épuisées.

Pour faire un travailleur passable du travailleur indigène, il faudrait donc pouvoir l'appliquer à des travaux variés qui demanderaient l'emploi successif des diverses parties du corps.

Malheureusement, le travail agricole ne se prête pas toujours à cette combinaison. Souvent il faut labourer pendant tout un jour, et même pendant plusieurs jours ; il arrive alors que l'Arabe, fatigué après une séance de deux heures, travaille mollement jusqu'à la fin de sa journée.

On comprend déjà combien cette faiblesse du travailleur augmente le coût de la main-d'œuvre, et l'on voit que la sobriété de l'Arabe est un défaut plutôt qu'une qualité.

L'ignorance absolue de l'indigène ne met pas un moindre obstacle à la bonne exécution de sa tâche.

Le travail agricole comprend le maniement de la pioche, de la pelle, de la bêche, de la serpe, de la hache, de la faulx et de la scie, et, parmi les instruments compliqués, de la charrue, de la herse, du tombereau et de la voiture.

Or, l'Arabe se sert très-maladroitement de la pioche ;

Plus maladroitement encore de la pelle ;

L'habitude de marcher pieds nus lui interdit l'usage de la bêche ;

Il ne connaît pas l'emploi de la faulx, et n'en veut pas faire l'apprentissage, cet instrument étant trop fatigant pour lui ;

Pas un paysan arabe ne sait se servir de la scie ; s'il essaie d'en employer une, il la brise ;

Il comprend l'utilité de la voiture, mais sa nonchalance l'empêche d'en apprendre l'usage.

En fait d'instruments simples, il ne connaît que la binette et la faucille. Si on veut lui en mettre d'autres entre les mains, il les repousse comme étant trop lourds et d'un maniement trop pénible.

Parmi les instruments compliqués, la charrue est le seul dont il se serve. Encore la charrue arabe est-elle un instrument très-insuffisant : c'est un mauvais araire que le laboureur conduit d'une main, tandis que de l'autre il pique une paire de bœufs mal attelés.

Si, à cette ignorance, on ajoute l'indolence qui est le fond du caractère de l'Arabe, on se fera une idée de ce que peut produire son travail.

Le bonheur suprême de l'Arabe est de ne rien faire ; il aime à s'étendre au soleil pendant de longues journées, à passer son temps en interminables bavardages.

Si la nécessité l'appelle au travail, il s'y adonne sans goût, et fait le moins possible, sans s'inquiéter des résultats.

S'il laboure, il a grand soin de ne pas arracher les jujubiers ou les palmiers nains qu'il trouve sous ses pas : il les contourne respectueusement avec sa charrue.

S'il moissonne, il coupe le blé très-haut, pour ne pas se baisser et aussi parce que l'épi, embarrassé de la paille, lui donnerait plus de peine pour le dépiquage ;

S'il travaille chez un Européen, il faut que celui-ci se transforme en garde-chiourme, et veille à l'exécution de la tâche imposée, car l'Arabe s'inquiète peu de savoir s'il gagne ou non le salaire qu'on lui donne, et cesse de travailler dès qu'on ne le surveille plus.

Ce tableau peut paraître chargé, mais nous en garantissons la parfaite exactitude.

Les résultats obtenus par les indigènes ne viennent-ils pas d'ailleurs à l'appui de ce que nous venons de dire ?

Nous avons vu que le territoire arabe ne donne qu'une production insignifiante eu égard à sa superficie ; nous allons voir combien la cherté de la main-d'œuvre arabe concourt à ce résultat, et nous verrons ensuite combien cette main-d'œuvre est coûteuse aux Européens qui sont obligés de s'en servir.

Dès qu'un Arabe a assez d'argent pour acheter une charrue et deux bœufs, il prend de la terre et la laboure. Pour l'unique labour qu'il donne à la terre, il se fait aider par un *khremmès, travailleur* au cinquième.

Nous disons travailleur et non pas fermier, car on s'est trompé complétement en donnant ce dernier nom au khremmès. Le khremmès n'exécute absolument que le labour ; la moisson est faite par des *mekariin*, ouvriers à la journée.

Cette erreur en a engendré une foule d'autres, et chacun a envié le sort du propriétaire arabe qui, moyennant un cinquième du produit brut, a pour bénéfice net les quatre autres cinquièmes. On voit qu'il n'en est rien.

Les mekariin employés à la moisson sont payés à raison de 1 fr. 50 c. par jour. Le propriétaire leur doit en outre la nourriture. Or, comme ils travaillent peu et mal, comme ils laissent perdre la majeure partie de la paille, leur service coûte très-cher.

Si l'on ajoute à leur salaire le cinquième dévolu au khremmès et les frais de dépiquage, on trouve que l'agriculture arabe ne donne au propriétaire qu'un produit insignifiant. Il est bon de rappeler ici que la terre cultivée par les indigènes ne rend pas plus que de cinq ou six hectolitres par hectare.

On voit ce qu'est l'Arabe chez lui.

Chez le colon, son service est beaucoup plus chèrement **payé** que celui de l'Européen.

Nous avons dit que l'Européen exige 2 fr. 50 c. par jour, tandis que l'Arabe se contente de 1 fr. 50c.; mais aussi quelle différence entre les deux travailleurs !

Un de nos amis, l'hiver dernier, faisait faire des trous d'arbre. Comme il était pressé, il employait tout à la fois des Arabes et des Européens. Aux premiers, il donnait **2 fr. par jour; aux** seconds, il allouait 30 centimes par trou d'arbre.

Au bout de quelque temps, il constata que les indigènes ne pouvaient parvenir à creuser plus de trois trous par jour, et que, par conséquent, chaque trou creusé par eux lui revenait à **65** centimes!

Il est bon d'observer que les faits qui précèdent se rapportent à des travaux où l'intelligence et l'expérience agricole comptent pour peu de chose. Les différences seraient plus marquées si nous parlions de la culture proprement dite ; la proportion serait alors de 1 à 4.

Voilà ce qu'est le travail indigène.

Il ne faut donc pas s'étonner si l'Algérie est à peu près improductive, puisque la population arabe, cette population fainéante et ignorante, détient la presque totalité du territoire exploitable.

Nous n'avons pas à nous occuper longuement des producteurs européens : leur supériorité sur les producteurs indigènes ressort assez clairement de ce qui précède. Leur part dans la production générale est d'ailleurs forcément limitée par l'infériorité de leur nombre.

Le seul point qui doive nous préoccuper est de savoir si leur infériorité relativement aux cultivateurs métropolitains prend sa source dans leur nature même. Nous avons constaté précédemment qu'ils élèvent peu de bétail, que le rendement de l'hectare cultivé par eux est très-faible, devons-nous en conclure qu'ils sont moins laborieux ou moins intelligents que ceux de leurs compatriotes qui n'ont pas émigré?

Nous n'hésitons pas à répondre par la négation la plus formelle.

Il est vrai, et nous ne songeons pas à le contester, que, dans les premières années qui suivirent la conquête, les Européens qui débarquèrent n'étaient pas précisément purs. L'Algérie était alors une caserne, et tous ceux qui suivaient l'armée étaient des cantiniers.

Mais ce premier flot a disparu depuis longtemps, et, aujourd'hui, on a de la peine à en retrouver les vestiges. Les hommes qui viennent maintenant en Algérie y viennent avec des idées de travail et d'économie. Nous devons pourtant établir entre eux une distinction, suivant les races auxquels ils appartiennent.

L'émigration algérienne se recrute surtout parmi les Français, les Mahonnais et les Allemands.

Le Français est, de tous, celui qui, dans le principe, est le plus mauvais colon. D'ordinaire, il n'a quitté son pays natal que poussé par des rêves ambitieux. Il espère, il croit faire une fortune rapide, et l'administration aidant, il se lance à corps perdu dans les expérimentations agricoles. Mais bientôt et quand les revers l'ont éclairé, quand du rêve il tombe dans le monde réel, il devient aussi prudent qu'il l'était en France, et à cette prudence il ajoute une intelligence, une entente de ses intérêts qu'on ne trouverait pas toujours dans les campagnes de la métropole. C'est alors un colon excellent.

Les deux défauts qui dominent chez l'émigrant français sont une somme très-grande de besoins et un excessif désir d'être immédiatement propriétaire.

Nous avons reconnu que l'Arabe est trop sobre : le Français, lui, ne l'est pas assez. L'Arabe se met dans l'impossibilité de travailler, en ne mangeant pas ; le Français se met dans l'impossibilité de travailler en se créant un nombre de besoins qui triplent, qui quadruplent le coût de la main-d'œuvre. Voilà son premier défaut.

Le second vient de ce que le Français se souvient trop que l'Algérie est une conquête française. Volontairement ou non, le plus souvent, sans même s'en rendre compte, il y pose en conquérant. Il ne se plie pas de bon gré aux exigences de sa position, il n'accepte pas d'emplois subalternes, il veut travailler pour son compte, être propriétaire ou tout au moins surveillant. Comme ses prétentions ne sont pas toujours en rapport avec l'état de sa fortune ou de ses connaissances, il en résulte souvent pour lui de longs chômages et de cuisantes déceptions.

Le Mahonnais est tout autre.

Chassé de chez lui par la misère, il cherche l'aisance, mais pour y arriver il prend la voie véritable : le travail et l'économie. À peine débarqué en Algérie, il trouve de l'occupation, car aucune peine ne le rebute, aucun labeur ne lui paraît indigne de lui. Sobre, patient, économe, il va lentement, et presque toujours il arrive. Mais ce n'est qu'un bon manœuvre, ce n'est pas l'homme de progrès, et on lui demanderait en vain l'intelligence qu'on trouve chez nos nationaux.

Les Allemands sont beaucoup moins nombreux en Algérie que les Français et les Mahonnais : il est donc plus difficile de définir le caractère qu'ils y revêtent. Néanmoins il est permis de les classer comme transition entre les deux autres. D'un pays plus froid, l'Allemand s'acclimate plus difficilement.

Les caractères de l'émigration algérienne peuvent se résumer en deux mots : l'intelligence représentée par le Français et le travail représenté par les étrangers. Avec ces deux éléments combinés on peut tout faire.

Prise dans son ensemble, la population algérienne est intelligente. On en trouve une preuve irrécusable par le nombre très-considérable des enfants qui fréquentent les écoles. L'empressement que mettent les parents à faire instruire leurs enfants témoigne d'un développement intellectuel supérieur à celui que l'on rencontrerait dans les campagnes de France.

Si donc les producteurs algériens sont inférieurs aux producteurs français, cela ne peut être de leur fait, et cela doit être attribué au milieu dans lequel ils se trouvent, aux institutions sous l'empire desquelles ils sont placés.

Clément Duvernois.

BIBLIOGRAPHIE.

Vocabulaire hébreu comparé de Jehuda ben Koreisch (Juda-ben-Karisch).

[Rabbi-Jehuda ben Koreisch tiharetensis africani ad synagogam judæorum civitatis Fez, Epistola de studii targum utilitate, et de linguæ chaldaïcæ, misnicæ, talmudicæ, arabicæ, vocabulorum item nonnulorum barbaricorum convenientia cum hebræa. — Edité par M. Bargès, professeur d'hébreu à la Sorbonne, et par M. Goldberg. — In-8°. Paris, 1857. Benjamin Duprat.]

A l'époque où Charlemagne s'efforçait de reconstituer le vieux monde romain et de donner à ses débris une vie passagère, l'Orient renaissait à la civilisation sous la brillante impulsion des khalifes. Certes, rien ne manque à leur gloire, au moins dans la mesure que comporte un pareil milieu. Leur empire, aussi développé que celui de Rome, s'étendait de l'Indus aux Pyrénées ; les mœurs étaient plus policées que la législation du Coran ne semble le permettre ; enfin, une littérature brillante contrastait avec la barbarie de la partie du monde qui n'était pas byzantine.

Comme il arrive fréquemment dans l'histoire des peuples, le progrès des armes prépara l'invasion des idées, et l'influence arabe s'étendit aussi loin que les conquêtes des héritiers de Mahomet. C'est à cet ordre de faits que le nord de l'Afrique doit une de ses périodes les plus brillantes ; car il eut aussi sa littérature qui présente un double aspect selon qu'elle est musulmane ou juive.

On sait que les Israélites suivent volontiers les conquérants musulmans ; aussi les trouvons-nous établis en Afrique dès les premiers temps de l'occupation. Au dix-neuvième siècle, ils y formaient des communautés ou synagogues importantes : c'est à l'une d'elles qu'appartenait notre auteur, Jehuda-ben-Koreisch ; telle est l'orthographe adoptée par les Karaïtes qui le considèrent comme un de leurs coréligionnaires, ainsi qu'il résulte du témoignage des auteurs cités dans l'Encyclopédie de MM. Ersch et Gruber. Ben-Karisch est donc une orthographe vicieuse.

Le célèbre Aben-Ezra fait naître Jehuda-ben-Koreisch à Tahort, aujourd'hui Tiaret dans la province d'Oran. La date précise est demeurée inconnue, mais les historiens les plus accrédités semblent s'accorder à la placer dans la seconde moitié du neuvième siècle, et, selon les mêmes témoignages, Ben-Koreisch aurait vécu jusqu'au milieu du siècle suivant. Ce qui donne une sorte de certitude à cette opinion, c'est que notre grammairien est antérieur à Menahem-ben-Sarouk qui l'a mentionné dans son lexique bébreu, et a réfuté plusieurs de ses interprétations ; il était ainsi contemporain de Rabbi-Saadas, l'auteur de la première traduction arabe du Pentateuque, publiée dans la Polyglotte de Walton, des psaumes, etc.

M. Bargès pense que Ben-Koreisch a été élevé à Tiaret sous la dynastie des Beni-Roustem ; il devait s'y trouver, l'an 296 de l'hégire, lorsque la ville fut prise par Abd-Allah, général d'Obéid-Allah-el-Mahadi, et ce fut alors qu'il émigra avec ses parents pour s'établir à Fez, capitale du gouvernement des Edrissites. Probablement, ajoute le savant professeur de la Sorbonne, il y forma l'école d'où est sorti le grammairien Rabbi-Dounasch, souvent cité par Raschi. En tout cas, c'est là qu'il écrivit sa lettre adressée à la communauté des juifs de la ville.

C'est dans ce travail que se trouve contenu le vocabulaire que nous annonçons. Cet ouvrage, le plus ancien qu'aucun grammairien juif ait écrit, a joui d'une grande célébrité : on le trouve cité dans les principaux philologues de cette nation ; nous en avons mentionné quelques-uns auxquels il convient d'ajouter Rabbi-Jonah-ben-Djanah dans le livre des racines hébraïques, cité lui-même par David Kimchi, Raschi dans ses commentaires de Jérémie. M. l'abbé Bargès fait connaître, dans sa préface, la liste des auteurs européens qui ont parlé de Jéhuda-ben-Koreisch. Enfin, nous aurons complété notre notice si nous ajoutons qu'aux yeux des philologues et des commentateurs hébreux, Ben-Koreisch est un guide plein d'autorité dans lequel la linguistique et l'exégèse puisent avec profit.

Il restait un exemplaire unique, déposé à Oxford dans la bibliothèque Bodleyenne et dont la description se trouve dans le catalogue d'Uri (manuscrits hébreux, chaldaïques et arabes en caractères bébreux).

« Mo 485. Codex chartaceus, elegantissimus, absque tempo-
« ris mentione exaratus, ubi continentur :

« 1° R. Jehuda-ben-Karisch ad synagogam Judæorum Fez
« de studii Targum utilitate, Epistola arabica tripartita ; prima
« voces explicat chaldaïcas, in Scripturâ sacrâ obvias, ordine
« alphabetico; secunda eâdem methodo eas explanat scripturæ
« voces quæ in Mishna et Talmude occurrunt; agit tertia de
« linguæ arabicæ, vocabulorum item nonnullorum persicorum
« et barbaricorum convenientiâ cum hebræâ, Foliis 82 (in-8°)
« absolvitur.

« 2° Explicatio septuaginta vocum hebraicarum arabica par-
« tim, partim hebraica ex mishna, pagina quatuor constans.
« Auctor R. Saadia Gaon (Huttington, 573). »

Le texte de l'ouvrage, qui est arabe, et les citations de mots
chaldaïques, talmudiques, berbères et étrangers, sont également transcrits en caractères rabbiniques dans le manuscrit que
nous venons de mentionner ; c'est sous cette forme que M. Goldberg en a pris copie. Les deux savants éditeurs ont pensé devoir adopter les caractères hébraïques dans leur publication pour
en rendre la lecture plus commode.

L'ouvrage s'ouvre par une préface arabe de M. l'abbé Bargès,
dont l'introduction en phrases assonnantes nous a semblé digne
d'un aussi éminent orientaliste. Le surplus est consacré à faire
connaître au lecteur la plupart des faits dont le détail précède.
Le travail se termine par un alphabet harmonique arabico-
hébraïque destiné à donner la clef de la transcription.

M. Goldberg, le savant éditeur de plusieurs livres hébreux,
et notamment du Sépher harikma ou grammaire hébraïque de
Rabbi-Jonah-ben-Djannah, a fait aussi une préface ; celle-ci est
en hébreu et contient de curieux renseignements sur l'époque
où le livre a été écrit, ainsi que des citations d'auteurs inédits.

Notre première pensée avait été de nous demander si des
préfaces latines n'auraient pas mieux rempli le but ; mais des
renseignements ultérieurs ont modifié notre opinion. Il paraît
qu'on espère une certaine publicité parmi les Israélites des pays
musulmans, lesquels sont généralement peu familiers avec la
langue de Cicéron. Quant aux savants orientalistes d'Europe,
nous aimons à penser qu'il n'en est pas un, à Paris surtout, qui
ne lise couramment la notice arabe de M. Bargès, ou tout au
moins les broderies hébraïques de M. Goldberg.

Vient ensuite, en trois pages, la préface de l'auteur lui-même, laquelle sert d'introduction au vocabulaire, composé de trois parties.

La première est consacrée à la concordance de l'hébreu avec la langue araméenne (chaldaïque, syriaque) que Ben-Koreisch appelle *syriani*, c'est-à-dire *assyrienne*, ce qui correspond à chaldaïque. Cette portion de l'ouvrage présente une regrettable lacune s'étendant de la lettre *Lamed* jusqu'au commencement du *thav*.

La deuxième partie contient les concordances avec la langue de la Mischna et du Talmud.

La troisième indique les concordances arabes; elle contient, en outre, des rapprochements, et se termine par une sorte de traité comparé des formes grammaticales de ces diverses langues.

A la suite viennent les mots que le catalogue d'Uri appelle *persans*, mais que Ben-Koreisch désigne sous le nom d'*âdjemi*, lequel, dans un sens général, signifie étranger. M. Bargès y reconnaît du latin, du maltais, du persan, du français même (ce qui est contestable) ; enfin une dizaine de mots berbères, les plus anciens dont aucune littérature fasse mention.

On a imprimé à la suite un appendice contenant l'explication de soixante-dix mots, attribuée à Rabbi-Saadias-Le-Gaon.

Enfin, dans des notes latines qui ferment le volume, nous avons reconnu l'érudition si étendue et si sûre du professeur, qui est aujourd'hui le représentant le plus complet de la philologie orientale. M. l'abbé Bargès a parsemé ces notes de citations où le monde savant trouvera avec plaisir des passages inédits de Mordekhaï-Contino, et de R. Tanhum de Jérusalem.

Ce n'est pas au public qu'une pareille publication s'adresse; sa forme insolite suffirait pour détourner le profane vulgaire; mais si le cercle des initiés est restreint, le profit n'en sera que plus sensible. A la source même où la philologie spéciale a déjà puisé, on rencontrera encore des trésors inconnus : sentences d'anciens sages, fragments de poètes disparus, interprétations plausibles, rapprochements ingénieux, origines curieuses. Le résultat en sera une pensée de gratitude pour les deux savants qui, sans espoir de récompense probable, ont généreusement donné, l'un ses ressources pécuniaires, et tous les deux le fruit d'une vie de recherches, d'érudition et de travail.

ALPH. CASTAING.

Introduction à l'étude de la langue japonaise, par L. Léon de Rosny. *Paris*, 1856. 1 vol. in-4 et 7 planches. — **Dictionnaire japonais-français-anglais,** par le même. *Paris*, 1857. Livraisons in-4.

Les traités conclus dans ces dernières années entre les puissances de l'Europe et de l'Amérique et le gouvernement japonais, rendaient indispensable la publication d'un ouvrage renfermant les principes de la langue du Japon et celle d'un dictionnaire de cet idiome assez complet, pour permettre de comprendre la langue commune et celle des livres. C'est pour répondre à ce besoin réel, que M. de Rosny a mis au jour la grammaire japonaise que nous annonçons ci-dessus et qu'il y joint un dictionnaire publié par livraisons. Rédigée avec clarté et imprimée avec un soin des plus remarquables, l'Introduction à l'étude de la langue japonaise permettra désormais d'apprendre, aussi rapidement que possible, un idiome dont la principale difficulté semble résider dans la complication des caractères avec lesquels on l'écrit. Sous ce rapport, nous regrettons que M. de Rosny n'ait donné qu'un petit nombre d'exercices de lecture. Toutefois, il annonce dans son ouvrage qu'il publiera prochainement un travail étendu sur les syllabaires japonais, dans le but de faciliter le déchiffrement jusqu'à présent à peu près insurmontable des textes japonais. Un chapitre particulièrement remarquable de l'Introduction de M. de Rosny est celui qui termine la partie purement grammaticale du livre. L'auteur y présente des considérations sur les rapports de la langue japonaise avec les autres langues du globe. Au point de vue de la grammaire, on doit rattacher le japonais à la famille tartare.

Qu'on nous permette de citer encore le chapitre consacré à la littérature mixte dite *sinico-japonaise*, où l'on trouve le rapprochement extrêmement intéressant d'un texte chinois et de sa traduction en japonais et en tartare mandchou, le tout accompagné d'une version latine littérale, d'une version française et d'un mot à mot du texte chinois à l'usage des personnes étrangères à l'étude de cette langue.

Le Dictionnaire du même auteur est imprimé à deux colonnes. Les mots japonais sont d'abord écrits en lettres indigènes, puis en lettres latines; deux traductions y sont jointes, l'une en français, l'autre en anglais. L'histoire naturelle, et surtout la botanique, y sont largement représentées. La langue bouddhique et les mots indiens introduits au Japon y ont également trouvé place. Enfin les expressions relatives au culte national des Japonais y ont été recueillis avec un soin tout particulier. Ce Dictionnaire, une fois achevé, constituera une œuvre vraiment nationale et d'une utilité immédiate dans les circonstances actuelles. C'est à ce double titre que nous avons cru devoir l'annoncer dans cette *Revue*.

J. B.

Haudiquat ul-Akhbar (le Jardin des nouvelles).

Dans un écrit qu'il a publié l'année dernière sur le progrès et le goût des études chez les chrétiens de la Syrie, M. Reynaud nous avait déjà signalé la fondation à Beyrout d'une sorte d'Académie, une véritable Société asiatique. De la formation d'une telle association à la publication d'un journal, il n'y avait qu'un pas. Ce résultat vient en effet de se produire par l'apparition d'un journal hebdomadaire portant le titre de *Hadiquat ul-Akhbar* (le Jardin des nouvelles.) Cette feuille, qui a paru pour la première fois à Beyrout le 1ᵉʳ janvier dernier, s'intitule en outre Journal de la ville, des sciences, du commerce et de l'histoire. Imprimé sur beau papier dans le format ordinaire des journaux de l'Europe, le *Hadiquat ul-Akhbar* se recommande autant par la perfection de ses caractères typographiques que par l'extrême facilité qu'ils présentent à la lecture.

Le rédacteur en chef est M. Halil Houri; l'abonnement annuel est de 130 piastres turques (30 fr. environ) pour Beyrout et la montagne du Liban, et de 144 piastres pour les autres parties de la Turquie. Le prix des annonces est fixé à 5 piastres la ligne.

Nous bornant pour le moment à cette simple indication, nous reviendrons plus tard sur le mérite littéraire de ce nouveau journal et ferons connaître l'importance et l'utilité des articles dont il se compose.

X. B.

Grammaire française de Lhomond, traduite en arabe, par Soliman al-Haraïri, notaire et secrétaire arabe du Consulat de France à Tunis. Paris, 1857, in-8.

Cet ouvrage, destiné à faciliter l'intelligence de la langue française aux nations musulmanes, comprend une traduction arabe mot à mot imprimée en regard du texte original français de la grammaire de Lhomond; puis une autre traduction plus libre, qui rétablit, en bon arabe, ce qu'avait eu forcément d'imparfait ou d'obscur la première version littérale de ce petit ouvrage. Les Arabes trouveront, dans l'étude de ce volume, un exposé des principales règles de notre langue et un exercice de traduction disposé de façon à leur aplanir les principales difficultés. De leur côté, les Français qui pourraient se servir de cette grammaire trouveront également la version arabe mot à mot très-commode pour leur permettre l'acquisition rapide d'un grand nombre de mots et de formes grammaticales arabes qu'elle renferme à chaque page. Quant à la préface arabe-française qui précède chacune des deux versions du livre, elle mérite une attention toute particulière. L'auteur prouve avec beaucoup d'intelligence et d'érudition que, non seulement l'islamisme ne défend point les relations de commerce et d'amitié entre les Musulmans et les peuples des autres croyances, mais, tout au contraire, que l'isolement est réprouvé par le prophète et par les Codes des quatre sectes. A l'appui de la thèse qu'il soutient avec talent, M. Soliman al-Harairi cite de nombreux extraits d'écrivains arabes qui considèrent l'étude des sciences comme indispensable à tout bon Musulman, dont le devoir est de chercher à s'instruire, de quelque endroit que puisse lui venir l'instruction, pourvu que ce ne soient pas des gens intéressés à lui faire changer de religion et à abandonner l'Iman. Cette préface curieuse peut avoir une grande influence sur l'esprit des Arabes appelés à la lire ; puisse-t-elle contribuer au développement intellectuel des populations musulmanes, et à les rendre dignes de communier un jour, avec le reste du monde civilisé, au grand banquet de l'avenir!

L. Léon de Rosny.

Le Gérant : J. ROUVIER.

SOCIÉTÉ ORIENTALE DE FRANCE.

1858.

— ◆ —

Président.

M. DE LA ROCHEFOUCAULD, duc de DOUDEAUVILLE (C. ❋).

Vice-présidents.

MM. AUDIFFRED.

GARCIN DE TASSY (❋), membre de l'Institut.

Vicomte de KERVÉGUEN (❋), député au Corps législatif.

GIROU DE BUZAREINGUES (❋), député au Corps législatif.

Secrétaire général.

VICTOR LANGLOIS.

Secrétaire adjoint.

LÉON DE ROSNY.

Trésorier.

D. GIRARD.

MEMBRES TITULAIRES (60 membres).

1re Section. Langues et littérature.

1. MM. BARGÈS (l'abbé), professeur d'hébreu à la Sorbonne.
2. BIANCHI (O. ❋), ancien secrétaire-interprète du roi.
3. DULAURIER (❋), professeur à l'école des LL. OO.
4. DUGAT (Gustave).
5. FOUCAUX (Ed.), professeur au Collége de France.
6. GARCIN DE TASSY (❋), membre de l'Institut.
7. JULIEN (Stanislas) (O. ❋), membre de l'Institut.
8. LATOUCHE (Emmanuel), secrétaire de l'école des LL. OO.
9. REINAUD (❋), membre de l'Institut.
10. ROSNY (Léon de).

2e Section. Histoire, archéologie, beaux-arts.

11. MM. ESCHAVANNES (le comte d'), S. Conservateur au Louvre.
12. GIVODAN (le comte de).
13. DOUDEAUVILLE (duc de) (C. ❋).
14. LANGLOIS (Victor), voyageur en Orient.
15. LENORMAND (François).
16. MONTFORT, voyageur en Orient.
17. SAULCY (de) (O ❋), membre de l'Institut.
18. J. OPPERT, professeur à l'école des LL. OO.
19. VOGÜÉ (comte Melchior de), voyageur en Orient.
20. JUDIS (docteur) (❋), secrétaire du conseil de santé des armées.

3e Section. Géographie et voyages.

21. MM. Beaumont (le vicomte Ad. de).
22.   Chodzko (Alex.) (✻), professeur au Collége de France.
23.   La Nour (le vicomte de) (✻), voyageur en Orient.
24.   Peccarère, voyageur en Orient.
25.   J. Rivière, voyageur en Orient.
26.   Trémaux, voyageur en Orient.
27.   Delatre (Louis), voyageur en Orient.
28.   Mariette (Aug). (✻), conservateur au Louvre.
29.   Lavollée (Ch.) (✻), voyageur en Chine.
30.   Garnier (Ch.), architecte, voyageur en Grèce.

4e Section. Commerce, agriculture, colonisation.

31. MM. Audiffred, voyageur en Orient.
32.   Berthier (le vicomte de) (✻).
33.   Chérubini, voyageur en Orient.
34.   Daumas (le général) (G. O. ✻), sénateur, directeur des affaires de l'Algérie.
35.   D. Girard, voyageur en Orient.
36.   Guilloux, voyageur en Orient.
37.   Plateret, voyageur en Orient.
38.   G. Depping, de la Bibliothèque impériale.
39.   Ch. Bonnet.
40.   Clément Duvernois, voyageur en Algérie.

5e Section. Sciences exactes et naturelles.

41. MM. Aubert-Roche (le docteur), ancien médecin du vice-roi d'Egypte.
42.   Castellane (le comte Jules de), (O. ✻).
43.   Cloquet (le docteur) (O. ✻), membre de l'Institut.
44.   Daux (✻), ancien ingénieur du bey de Tunis.
45.   Gaudin (le colonel) (O. ✻).
46.   La Guiche (le marquis de) (✻).
47.   Pommereu (le comte Alexis de).
48.   Tretaigne (Léon de).
49.   Verteillac (le marquis de) (✻).
50.   . . . .

6e Section. Législation, mœurs et coutumes.

51. MM. Breulier (Ad.), avocat à la Cour impériale.
52.   Fouquier (Achille), voyageur en Orient.
53.   Franchetti.
54.   Girou de Buzareingues (le Dr) (✻), député au Corps législatif.
55.   Massot, avocat à la Cour impériale de Paris.
56.   Gatines (de.)
57.   . . . .
58.   . . . .
59.   . . . .
60.   . . . .

Vice-présidents honoraires.

MM. Pommereu (le comte Alexis de).

S. E. Ferruk-Khan (G. C. ✳), ambassadeur de Perse à Paris.

MEMBRES HONORAIRES (60 membres).

1. MM. Abd-el-Kader (l'émir), à Damas.
2. Agop-Effendy (C. ✳), chargé d'affaires de Turquie à Paris.
3. Mussurus, ambassadeur de Turquie à Londres.
4. Nieuwerkerke (comte de) (C. ✳), directeur général des Musées impériaux, membre de l'Institut.
5. Pallegoix (Mgr.) (✳), évêque de Siam.
6. Pélissier (le maréchal) duc de Malakoff (G. C. ✳).
7. Randon (le maréchal comte), (G. C. ✳), gouverneur général de l'Algérie.
8. Vernet (Horace) (C. ✳), membre de l'Institut.
9. Taylor (C. ✳), membre de l'Institut.
10. Bourrée (Pr.) (C. ✳), ministre de France.
11. Melkom-Khan, (✳), conseiller de l'ambassade de Perse.
12. Mirza-Zeman-Khan (✳), conseiller de l'ambassade de Perse.
13. Vlangali-Hangéri (le prince).
14. Lazareff (S. E. Jean de), chambellan de S. M. l'Empereur de Russie.
15. Lazareff (S. E. Christophe de), chambellan de S. M. l'Empereur de Russie.
16. Mehemed-Kepresli-Pacha (S. E.), ambassadeur de Turquie.
17. Ohannès-bey-Dadian (S. E.), directeur général des poudrières de l'Empire ottoman.
18. Antioche (le comte d'), à Turin.
19. Orgoni (le général d'), envoyé de S. M. Birmane.

Membres correspondants.

MM. Aly-Aga, attaché à l'ambassade de Perse.

Aïwazowski, archevêque arménien de Bessarabie.

Ango, officier de hussards.

Baillet, à Rouen.

Baissac, interprète au ministère de la guerre.

Bardy (G.), conseiller à la Cour impériale de Poitiers.

Baruffi (✳), de l'Académie des sciences de Turin.

Bellin, juge au tribunal civil à Lyon.

Berbrugger (✳), conservateur du musée d'Alger, corr. de l'Institut.

Beyran (Dr), médecin de l'ambassade ottomane, à Paris.

Biondelli, à Milan.

Boutet (capitaine) (✳), chef de bureau arabe en Algérie.

Bray de Buyser, à Dunkerke.

Brinckmann (de), à New-York.

Chanoine, à Lyon.

Cournault, à Nancy.

Cherbonneau, à Constantine.

Dadian (Arakel-Bey), sous-directeur des poudrières ottomanes.

Damaschino, docteur en droit, à Athènes.

Desvaux (le général) (C. ✳), à Batna.

Donon (✳), consul général de Turquie à Paris.

Durfort de Civrac (le comte), à Angers.

Douglas-Scotti (le comte), à Plaisance.

Dunant (H.), à Genève.

Escayrac de Lauture (le comte d') (O. ✳), en Egypte.

Estancelin, à Eu.

R. P. Etienne, supérieur des Lazaristes, à Paris.

R. P. Furet, supérieur de la mission catholique au Japon.

Guigou, avocat, à Marseille.

Guys (H.) (O. ✳), ancien consul de France, à Marseille.

Harairi (Soliman Al.), attaché au consulat de France, à Tunis.

Hoffmann (le Dr), à Leyde.

Janin (A.), à Genève.

Labarthe (Ch. de), élève de l'Ecole des LL. OO.

Lacour (P.), à Bordeaux.

Leclerc (L.) (✳), médecin militaire, à Alger.

Lévy, à Bukharest.

Mac Carthy, voyageur à Tombouctou.

Mirza Kasem-bek, à Saint-Pétersbourg.

Mallouf (N.), à Smyrne.

Mirza-Aly-Nagui, attaché à l'ambassade de Perse.

M'Roé, substitut du procureur impérial, à Lyon.

Nardi, à Padoue.

Peuchgaric, à Agde.

Prézadowitch, à Pétersbourg.

Pharaon (Florian), à Auxerre.

Power de Beymont, à Médéah.

Promis, bibliothécaire de S. M. le roi de Sardaigne, à Turin.

Querry, attaché à l'ambassade française, à Téhéran.

Romer (John), à Londres.

Salisbury, secrétaire de la Société orientale, à Philadelphie.

Séguin, à Genève.

Seroka, chef de bataillon (✳), à Biskra.

Servan de Sugny, à Lyon.

Soret (✳), à Genève.

Soupé (Phil.), professeur au lycée impérial de Grenoble.

Soyer, chef de bataillon (✳), à Colonges.

Spencer, à New-York.

Tretaigne (le baron de) (✳), à Montmartre.

Trubner, à Londres.

Vecchi (Félix), à Milan.

TABLE DES MATIERES.

Tome VI. — Deuxième semestre 1857.

MÉLANGES ET NOUVELLES.

TABLE DES AUTEURS.

FIN DE LA TABLE.

ERRATA TYPOGRAPHIQUES DU NUMÉRO D'OCTOBRE.

Article bibliographique de M. X. BIANCHI.

Pag. 206, lig. 29, *lisez :* sahhâf, *au lieu de :* sahof.
— — — 33, — ahvuâl, — ahvuol.
— 207, — 1, — deurdundju, — deurduneju.
— — — 10, — chou'ara, — chou'ora.
— — — 13, — abdunnañ, — abdunna.
— — — 31, — defaï, — Desaï.
— 208, — 1, — merhoumoun, — merhououn.
— — — 2, — iduguï, — idughï.
— — — 4, — mysr, — mysre.
— 211, — 30, — a'zâliqlerilè, — o'zâliglerilè.
— — — 35, — Ahmed. — Ahmet.
— 212, — 5, — à 1196, — à 1796.
— 212, — 17, — Mèçâïli, — Mécàïli.
— 213, — 2, — Kharithacy, — Karihacy.
— 213, — 17, — Tchèlèbi, — Tehélebi.
— — — 42, — olounan, — olounan.

Paris. — Impr. de POMMERET et MOREAU, 42, rue Varin.